Le Québec
entre Pétain et de Gaulle

ÉRIC AMYOT

Le Québec
entre Pétain et de Gaulle

*Vichy, la France libre
et les Canadiens français*

1940 – 1945

FIDES

Données de catalogage avant publication (Canada)

Amyot, Éric
Le Québec entre Pétain et de Gaulle:
Vichy, la France libre et les Canadiens français, 1940-1945
Comprend des réf. bibliogr. et un index

ISBN 2-7621-2088-8

1. France – Politique et gouvernement – 1940-1945 – Opinion publique.
2. France – Opinion publique québécoise.
3. Opinion publique – Québec (Province).
4. Propagande française. I. Titre.
5. France – Relations – Canada.
6. Canada – Relations – France.
7. Guerre mondiale, 1939-1945 – France.
I. Titre.

DC397.A66 1999   944.081'6   C99-941069-5

Dépôt légal: 3ᵉ trimestre 1999
Bibliothèque nationale du Québec
© Éditions Fides, 1999

Les Éditions Fides remercient le ministère du Patrimoine canadien du soutien
qui leur est accordé dans le cadre du Programme d'aide
au développement de l'industrie de l'édition.
Les Éditions Fides remercient également le Conseil des Arts du Canada
et la Société de développement des entreprises culturelles du Québec (SODEC).

IMPRIMÉ AU CANADA

À Paul Amyot

Introduction

Au printemps 1994, dans un article publié dans le quotidien montréalais *Le Devoir*, deux jeunes chercheurs rappelaient aux Québécois un épisode oublié de leur histoire collective : l'appui d'une partie de l'élite canadienne-française à des collaborateurs français réfugiés au Québec au lendemain de la Deuxième Guerre mondiale[1]. La « fièvre » Bernonville — du nom du plus célèbre des « réfugiés politiques français » ayant gagné le Canada après 1945 — allait s'emparer du Québec pendant quelques mois[2], culminant avec la publication de l'ouvrage de Yves Lavertu, *L'affaire Bernonville*[3].

Au fil des interventions médiatiques d'historiens et de journalistes, les Québécois apprenaient soudainement qu'en cette terre d'Amérique française, des hommes qui, au nom du maréchal Pétain, prêtèrent leur concours aux forces nazies trouvèrent refuge et protection. En fouillant un peu plus, on découvrait que le régime de Vichy avait joui, pendant la guerre, des faveurs d'une partie de l'opinion canadienne-française[4].

---

1. *Le Devoir*, 20 mai 1994.

2. *Le Devoir*, 26 mai, 27 mai, 3 juin, 9 juin 1994 ; *Le Soleil*, 21 mai 1994.

3. Yves LAVERTU, *L'affaire Bernonville*, Montréal, VLB éditeur, 1994. Voir aussi les comptes rendus dans *Le Devoir* du 8 octobre 1994, *La Presse* du 12 octobre 1994 et *L'actualité*, vol. 19, n° 18, 15 novembre 1994.

4. Ces « découvertes » devaient beaucoup à l'Association québécoise d'histoire politique qui organisait au Collège militaire de Saint-Jean et à l'Université du Québec à Montréal, à l'automne 1994, un colloque sur la participation canadienne-française à la Deuxième Guerre mondiale. Les collaborations au colloque furent publiées dans le *Bulletin d'histoire politique* n°s 3/4, printemps-été 1995.

Après avoir occupé pendant quelque temps l'attention des médias, l'« affaire Bernonville » céda les pages des journaux à d'autres questions. Puis, à l'automne 1996, l'« affaire Jean-Louis Roux » relançait une fois de plus le débat sur le Québec des années 1940[5]. Les confessions du lieutenant-gouverneur, faites dans un Québec en plein bouillonnement politique, radicalisèrent le débat autour des possibles sentiments « fascistes » d'une partie de l'élite canadienne-française. Malheureusement, les passions politiques déchaînées en cette occasion ne firent rien pour éclaircir une période encore mal connue de l'histoire québécoise[6].

Le présent ouvrage se veut une modeste contribution au travail déjà entamé par ceux qui tentent de mieux comprendre une période encore méconnue. Nous nous proposons d'étudier les rapports complexes entre le Québec des années 1940 et les deux France qui se sont disputé, jusqu'à la guerre civile, l'appui des Français : la France de Vichy et la France libre[7]. Plus précisément, nous tenterons d'évaluer l'impact de l'opinion canadienne-française sur les rapports franco-canadiens entre 1940 et 1945.

Nous croyons que, contrairement à ce qu'écrivait Mason Wade dans son célèbre ouvrage sur l'histoire des Canadiens français[8], l'intérêt pour la rivalité de Gaulle-Pétain a dépassé les milieux étroits des élites intellectuelles. Il suffit de voir l'espace réservé dans les journaux, autant dans les grands quotidiens tels *Le Devoir* ou *Le Soleil* que dans les hebdomadaires et mensuels comme *La Terre de Chez-Nous*, *Le Temps*, *La Boussole* ou *L'Œil* ; d'étudier les thèmes abordés par le journaliste vedette de Radio-Canada, Louis Francœur, dans son émission *La Situation ce soir*[9] ; ou encore d'évaluer le très faible

---

5. Pour consulter l'article qui déclencha l'affaire, voir *L'actualité*, vol. 21, n° 18, 15 novembre 1996.

6. Il serait trop long d'énumérer les éditoriaux, articles et commentaires suscités par l'affaire. Nous conseillons aux lecteurs d'aller consulter les journaux québécois des mois de novembre et décembre 1996 pour constater l'étendue et la teneur du débat.

7. Par France libre, nous entendons l'organisation, puis l'administration et enfin le gouvernement provisoire dont le général de Gaulle assura la direction de 1940 à 1945.

8. Mason WADE, *Les Canadiens français, de 1760 à nos jours*, tome II : 1911-1963, Montréal, Cercle du livre de France, 1963, p. 363. Depuis Wade, la plupart des historiens minimisent l'importance de l'intérêt des Canadiens français pour le régime de Vichy.

9. Louis FRANCŒUR, *La situation ce soir*, vol. 1-10, Montréal, 1941.

taux d'indécis dans les sondages effectués par l'institut Gallup sur la situation française[10], pour comprendre que les événements qui se déroulaient de l'autre côté de l'Atlantique intéressaient les Canadiens français.

Comment en irait-il autrement? En 1940, après la chute de la France, le Canada devient, pour quelques mois, l'allié le plus important de l'Angleterre. À Ottawa, à Montréal et à Québec, on est conscient de l'impact qu'aurait un affrontement entre Londres et Vichy. De plus, de mois en mois, le nombre de Canadiens français envoyés en Angleterre en prévision d'une opération en Europe augmente. Tout le monde a un fils, un frère, un cousin ou un ami enrôlé dans les Forces armées canadiennes. Ne serait-ce que par souci de leur sort, on porte une attention particulière aux événements politiques internationaux.

Le gouvernement de Vichy et la France libre se retrouvent souvent au milieu de la tourmente. Dakar et Montoire à l'automne 1940, la Syrie à l'été 1941, l'affaire Saint-Pierre-et-Miquelon à l'hiver 1941, le retour de Laval en avril 1942, l'opération Torch en Afrique du Nord en novembre 1942... autant d'événements importants qui replacent constamment sous les feux de l'actualité les acteurs du drame français.

Et c'est sans compter sur les liens intellectuels et affectifs des Canadiens français envers la France qui, malgré les années et la distance, n'ont pas totalement disparu. Gérald Pelletier n'écrit-il pas que «[n]ous rêvions d'une culture dont l'épicentre ne se trouvait ni à Québec ni à Montréal, mais sur un autre continent. Nos lectures, qu'il s'agît de littérature, de politique, de sociologie ou d'histoire, nous transportaient inévitablement en Europe... Et c'est vers cet ailleurs que nous brûlions de partir[11]. »

Bien sûr, le Canadien français moyen est plus loin de la France que l'élite intellectuelle de Montréal ou de Québec. Il écoute souvent de façon distraite le sermon du curé à la gloire du maréchal Pétain et de la Révolution nationale. Mais de là à conclure qu'il contemple avec indifférence la situation en France et la rivalité de Gaulle-Pétain, il y a un pas que nous n'osons franchir.

---

10. Wilfrid SANDERS, *Jack et Jacques, une étude à caractère scientifique sur l'opinion des francophones et des non-francophones au Canada*, Montréal, Comeau & Nadeau éditeurs, 1996 (1943), p. 78 ; CANADIAN INSTITUTE OF PUBLIC OPINION, *Public Opinion News-Service*, 3 janvier 1942.

11. Gérard PELLETIER, *Les années d'impatience*, Montréal, Stanké, 1983, p. 38.

Nous croyons plutôt que la situation française a intéressé la population francophone du Canada. Assez du moins pour que l'opinion publique devienne l'un des éléments sur lesquels allaient s'élaborer les rapports entre le gouvernement de Mackenzie King et les deux prétendants à la légitimité française : la France de Vichy et la France libre.

Et pourquoi Vichy et la France libre s'intéressent-ils au Canada ? Contentons-nous pour l'instant de citer l'historien Paul Couture, avant de répondre plus en détail à cette question dans notre premier chapitre :

> As Quebec constituted the largest francophone population outside France, it represented an inviting target for the two opposing French factions during the war, both of whom were struggling to assert their claims as legitimate leaders of the French nation. By July, 1940, therefore, the Pétainists and Gaullists were turning their attentions toward Quebec in order to gain greater international recognition for their respective causes[12].

Nous tenterons donc de démontrer, dans un premier temps, le rôle que joua le Canada français dans les calculs des différents acteurs (le gouvernement canadien, l'État français de Vichy et la France libre) et, dans un deuxième temps, la manière dont les propagandes vichystes et gaullistes se disputèrent l'opinion publique canadienne-française. Ce faisant, nous nous pencherons sur les appareils qui ont structuré cette propagande, sur les canaux utilisés pour la diffuser, et finalement sur son contenu.

À l'exception de la communauté francophone d'Ottawa, nous limiterons notre étude à la population canadienne-française du Québec. Bien que la réalité canadienne-française, à l'époque comme aujourd'hui, dépassait largement les frontières du Québec, son importance politique était essentiellement concentrée dans cette province. C'est pourquoi d'ailleurs vichystes et gaullistes allaient y concentrer l'essentiel de leur effort de propagande.

---

12. Paul COUTURE, « The Vichy - Free French Propaganda War in Quebec, 1940-1942 », *Historical Papers*, 1978, p. 209. « La province de Québec comptant la plus importante population francophone hors de France, elle représentait, pendant la guerre, une cible de choix pour les deux factions françaises, chacune luttant pour le titre de dirigeant légitime de la nation française. Dès juillet 1940, pour obtenir une plus grande reconnaissance internationale, pétainistes et gaullistes s'intéressèrent donc au Québec. » (*Nous traduisons.*)

Pendant les deux années et demie où la France de Vichy a été représentée au Canada, bien des rumeurs ont circulé sur les activités des diplomates français en poste au Canada. Dans le présent ouvrage, nous nous limiterons aux cas de propagande sur lesquels nous disposons d'informations suffisantes. En période de crise, des rumeurs deviennent parfois pour certains des faits incontestables. Il est du ressort des historiens, une fois la poussière des événements retombée, de départager, au mieux de leurs compétences, les humeurs de l'opinion des faits incontestables.

La présence de représentants d'un gouvernement qui, à maintes reprises, manifesta publiquement sa volonté de collaborer avec le régime hitlérien pouvait facilement alarmer l'opinion publique. Ce fut particulièrement le cas du Canada anglais qui, dès l'été 1940, solidaire de l'Angleterre bombardée, exprima son insatisfaction au sujet du maintien de la légation française au Canada et sa méfiance à l'endroit des sympathies canadiennes-françaises pour le régime du maréchal Pétain. D'autant plus qu'à l'ouest de la rivière des Outaouais, l'on doutait de la volonté de combattre des Canadiens français. Ces deux éléments alimentèrent à profusion la machine à rumeurs, lesquelles parfois éclipsaient totalement la réalité.

Ce sera le cas au sujet de la subvention de l'État français accordée au collège Stanislas, filiale du collège Stanislas de Paris, pour la construction de ses nouveaux locaux à Outremont. Inauguré en septembre 1942 en présence de l'ambassadeur français René Ristelhueber, Stanislas sera perçu au Canada anglais comme l'œuvre du régime de Vichy, alors qu'en fait les fonds utilisés pour la construction de l'édifice avaient été débloqués par le gouvernement de la Troisième République[13].

Les rumeurs faisaient parfois leur chemin jusqu'au sein de l'appareil fédéral. Un rapport rédigé à la fin de juillet 1942 par la Gendarmerie royale du Canada, se basant sur les dires d'un informateur et sur l'étude des comptes du consul français à Montréal, avançait l'hypothèse selon laquelle le consul avait financé la Ligue pour la défense du Canada[14]. Ces allégations n'ont jamais été prouvées.

---

13. *MAE*, série guerre 39-45, sous-série Vichy-Amérique, vol. 5. Lettre du 2 octobre 1942, Risltelhueber à Laval; Paul COUTURE, « Politics of Diplomacy: the Crisis of Canada-France Relations », thèse de doctorat, Université de York, 1981, p. 349-350.

14. La Ligue pour la défense du Canada coordonne, au début de l'année 1942, l'opposition canadienne-française au plébiscite organisé par le gouvernement Mac-

Bien qu'elle aurait été souhaitable, nous ne pourrons procéder à l'étude de l'impact des propagandes gaullistes et vichystes au Canada français. À notre avis, vu les instruments de recherche à notre disposition, cette tâche s'avère impossible. Tout en ne partageant pas la vision du général de Gaulle pour qui « la propagande n'avait, comme toujours, que peu de valeur par elle-même. Tout dépendait des événements[15] », nous devons admettre qu'il est à peu près impossible de séparer et d'évaluer la part de la propagande de la simple réaction populaire aux multiples événements qui ponctuent les années 1940 à 1945. L'évolution de la guerre, la situation politique interne, les changements socio-économiques... autant de données qui modifient les perceptions et les rapports des individus aux événements. La pénurie d'études portant sur l'opinion publique au Québec pendant la guerre vient mettre un terme à toute velléité de réussir la quadrature du cercle. Le chercheur doit se montrer modeste, se limiter au possible. C'est ce que nous avons tenté de faire.

Vu l'importance que prend l'opinion publique pour notre démonstration, il serait utile, avant d'entreprendre le récit, de nous arrêter sur les outils utilisés pour en analyser les fluctuations pendant la guerre.

Aujourd'hui, s'il veut prendre le pouls d'une population, le chercheur consulte les sondages d'opinions. Au début des années 1940, les instituts de sondages en sont à leurs premiers balbutiements. Quelques sondages effectués à l'époque se sont rendus jusqu'à nous. Il va sans dire que nous les avons étudiés. Mais le chercheur doit les utiliser avec prudence. Tout d'abord, la quantité limitée des sondages reliés directement ou indirectement à notre sujet ne livre qu'un portrait partiel de l'opinion. De plus, si aujourd'hui encore l'on se montre prudent avec les résultats d'un sondage, il va sans dire qu'on doit l'être encore plus avec ceux de l'époque. En 1940, les techniques d'échantillonnage n'ont pas encore fait leurs preuves.

kenzie King qui souhaite se libérer d'un engagement pris en 1939 par lequel son gouvernement promettait de ne pas recourir à la conscription pour le service outremer. *APC*, série archives privées, sous-série MG26L, Papiers Louis St-Laurent, vol. 4, dossier 53-2. Rapport daté du 27 juillet 1942, J.A.O. Tassé, Gendarmerie royale du Canada ; COUTURE, «Politics of Diplomacy», p. 326.

15. Charles DE GAULLE, *Mémoires de guerre*, tome I : *L'appel 1940-1942*, Paris, Plon, Presse-Pocket, 1954, p. 167.

Les sondages qui précédèrent l'élection d'août 1944 au Québec illustrent à merveille les limites d'une industrie naissante. Un mois avant les élections, Gallup prédisait une victoire facile aux libéraux du premier ministre sortant, Adélard Godbout, qui, avec 37 % des intentions de vote, devançaient largement le Bloc populaire et l'Union nationale, respectivement crédités de 27 % et 14 % des intentions de vote[16]. Un peu plus d'une semaine avant le scrutin, Gallup prévoyait toujours une victoire libérale à 40 %, alors que l'Union nationale doublait son appui, à 29 %, et le Bloc populaire fléchissait à 25 %[17]. Or le 8 août 1944, Maurice Duplessis et son Union nationale obtenaient plus de 38 % des voix, contre 40 % pour le Parti libéral et 15 % pour le Bloc populaire[18]. Si Gallup avait vu juste au sujet du vote libéral, il avait sous-estimé de 10 % l'électorat de l'Union nationale, et, dans une même proportion, surestimé celui du Bloc populaire.

Le moyen le plus couramment employé pour mesurer l'opinion consiste à se référer aux journaux de l'époque. Analyser l'opinion de cette façon offre plusieurs avantages méthodologiques (facilité d'accès et multitude des sources). Cela permet également d'évaluer, dans une certaine mesure, la place prise par une question donnée au sein du débat public. Mais, une fois les contenus éditoriaux des journaux analysés, comment mesurer l'impact des positions éditoriales sur l'opinion publique ?

La façon la plus simple et la plus rapide d'évaluer l'influence d'un journal est de comparer son tirage avec celui de ses concurrents. Analysé de la sorte, *Le Devoir* des années 1940 passerait pour un joueur plutôt marginal. Avec un tirage qui oscille aux environs de 20 000 exemplaires[19], il arrive loin derrière des journaux comme *La Presse*, *Le Soleil* ou *L'Action catholique*. Mais une telle grille d'évaluation est-elle satisfaisante ? À ne regarder que les chiffres bruts, *Le Devoir* n'aurait que le dixième de l'influence de *La Presse*. Toutefois, lorsqu'on examine les rapports rédigés par les fonctionnaires, fran-

16. *La Presse*, 8 juillet 1944.

17. *La Presse*, 29 juillet 1944.

18. Paul-André LINTEAU, René DUROCHER, Jean-Claude ROBERT, François RICARD, *Histoire du Québec contemporain*, tome II : *Le Québec depuis 1930*, Montréal, Boréal, 1986, p. 141.

19. Robert ARCAND, « Pétain et de Gaulle dans la presse québécoise entre juin 1940 et novembre 1942 », *Revue d'histoire de l'Amérique française*, vol. 44, n° 3, hiver 1991, p. 365.

çais ou canadiens, *Le Devoir* est toujours au centre des analyses de la presse, alors que le journal *La Presse* attire rarement l'attention. Pourquoi, à Ottawa, à Vichy et à Londres, se montre-t-on à ce point attentif aux prises de position d'un quotidien ayant un si faible tirage ?

C'est que l'impact d'un journal comme *Le Devoir* vient essentiellement de la catégorie de lecteurs qu'il attire. *Le Devoir* s'adresse à l'élite canadienne-française, à celle qui, en partie du moins, modèle l'opinion publique. Les agents gaullistes au Canada ne cessent de rappeler à leurs supérieurs la prépondérance du journal dans les séminaires et les presbytères[20]. À titre de journal d'idées, *Le Devoir* rivalise plutôt avec d'autres journaux d'opinion comme *Le Jour, Le Canada* ou *Le Soleil.*

Mais une publication peut être autant un reflet partiel des opinions présentes dans une société qu'un instrument pour influencer cette même société. Instrument d'information, il peut également devenir instrument de propagande. Les journaux du Canada français des années 1940 sont, parfois malgré eux, des agents discrets de propagande. Il y a tout d'abord la pression exercée par l'État canadien : censure officielle et autocensure qui en découle. Il y a également la pression discrète exercée par les propriétaires des journaux. Aujourd'hui, comme à l'époque d'ailleurs, tout le monde reconnaît que *Le Canada* reflétait plus ou moins l'avis du gouvernement libéral de Mackenzie King, alors que *L'Action catholique* représentait l'opinion de l'évêché de Québec.

L'étude des journaux pose d'autres difficultés. Comme l'écrit Arcand, « [l]'impact réel des opinions exprimées par les éditorialistes sur la population en général nous échappe[21] ». Comment mesurer l'influence des journaux d'opinion sur les élites intellectuelles et comment ensuite estimer le poids des élites sur l'opinion publique en général ? Les pages qui suivent ne répondront malheureusement pas à ces questions. Mais Arcand a raison d'ajouter que l'étude des contenus éditoriaux « permet cependant de cerner les idées qui circulent parmi l'élite et qui, par la voie des journaux, finissent par influencer l'opinion de la masse[22] ». Les médias imprimés constituent donc des outils de mesure valables, mais incomplets.

---

20. MAE, série guerre 39-45, sous-série Londres, vol. 198. Note rédigée le 12 octobre 1942 à Londres par le médecin lieutenant-colonel Vignal, premier représentant du général de Gaulle au Canada.

21. ARCAND, « Pétain et de Gaulle dans la presse québécoise », p. 386.

22. *Ibid.*, p. 386.

Les résultats du plébiscite d'avril 1942 témoignent de la faiblesse d'une lecture de l'opinion fondée exclusivement sur les imprimés. Comme l'écrivait André Laurendeau une vingtaine d'années après la crise, de tous les médias canadiens-français importants, *Le Devoir* fut le seul à s'engager à fond derrière la campagne de la Ligue pour la défense du Canada[23]. Robert Rumilly, autre témoin de l'époque, confirme : « [l]a coalition conscriptionniste, maîtresse de Radio-Canada, est sûre de presque tous les journaux du pays, peut-être de tous les quotidiens, à l'exception du *Devoir*[24] ». Malgré ce handicap, la Ligue réussira à convaincre, dans la province de Québec, plus de 80 % des électeurs francophones[25].

Pour étudier l'opinion, l'historien se tournera vers d'autres indicateurs, comme par exemple les mémoires et les journaux personnels rédigés par les acteurs et témoins de l'époque. Plusieurs ont laissé, pour la postérité, leurs impressions sur la Deuxième Guerre mondiale. Nombreux sont ceux qui ont abordé la question des sentiments des Canadiens français à l'endroit de la France de Vichy et de la France libre. On pense par exemple à André Laurendeau[26], Georges-Henri Lévesque[27], Jean-Louis Gagnon[28], Georges-Émile Lapalme[29], René Ristelhueber[30], Élisabeth de Miribel[31], l'historien-mémorialiste Rumilly[32]... Mais ces instruments souffrent également de lacunes : les récits autobiographiques reflètent peut-être d'avantage l'opinion d'une élite. De plus, ils sont souvent le fait de mémoires sélectives, qui hésitent parfois à revenir sur certains sujets volontairement, ou involontairement, oubliés...

23. André LAURENDEAU, *La crise de la conscription, 1942*, Montréal, Éditions du Jour, 1962, p. 83.

24. Robert RUMILLY, *Histoire de Montréal*, tome V : *1939-1967*, Montréal, Fides, 1974, p. 62.

25. LAURENDEAU, *La crise de la conscription*, p. 119-120.

26. *Ibid.*

27. Georges-Henri LÉVESQUE, *Souvenances*, tome I, Montréal, Éditions La Presse, 1983.

28. Jean-Louis GAGNON, *Les apostasies*, tome II : *Les dangers de la vertu*, Montréal, Éditions La Presse, 1988.

29. Georges-Émile LAPALME, *Le bruit des choses réveillées*, tome I, Montréal, Leméac, 1969.

30. René RISTELHUEBER, « Mackenzie King et la France », *Revue des Deux Mondes*, 1er mars, 15 mars et 1er avril 1954.

31. Élisabeth DE MIRIBEL, *La liberté souffre violence*, Paris, Plon, 1981.

32. Robert RUMILLY, *Histoire de la province de Québec*, tomes 38 à 40, Montréal, Fides.

L'historien peut aussi consulter les documents officiels de l'époque. C'est le propre de tout gouvernement, et particulièrement en temps de crise, de prendre le pouls de la population, souvent pour mieux la réorienter par la suite. En France, l'historien qui analyse l'opinion publique utilise les rapports rédigés par les autorités gouvernementales[33]. Dans son ouvrage de référence sur Pétain, Marc Ferro écrit:

> Rien n'est plus précieux à consulter qu'un état de l'opinion française, établi par les préfets, fin 1942. Quelque réserve qu'on puisse faire sur la valeur de ces enquêtes, elles valent au moins par ce qu'elles contiennent d'informations d'un préfet juge devoir communiquer à Pierre Laval. Indicateur biaisé, un rapport n'en est pas moins un indicateur précis[34].

Mais ces indicateurs ont eux aussi leurs faiblesses. Parmi celles-ci, signalons tout d'abord les limites intellectuelles et idéologiques des fonctionnaires qui doivent donner un sens aux informations qu'ils recueillent (partialité, mauvaise connaissance des dossiers, etc.). De plus, il est possible qu'un fonctionnaire, pour justifier son poste ou pour influencer ses lecteurs, modifie sciemment le contenu de ses communications en omettant ou en exagérant certains faits. Il faut par exemple se montrer particulièrement prudent avec certains documents produits par les bureaux des Français libres à Ottawa. Des rapports sur la situation au Québec et sur la propagande des agents de Vichy se retrouvent dans les fichiers des archives du ministère des Affaires extérieures du Canada à Ottawa[35]. Certains ont été volontairement fournis par les Français libres, d'autres subtilisés par les services de sécurité canadiens. Les Français libres qui ont écrit ces documents en ont peut-être modifié le contenu pour influencer les décisions du gouvernement canadien.

Pour brosser le plus fidèlement possible le portrait de l'opinion, nous utiliserons les différents outils déjà mentionnés. Nous accorderons toutefois une attention particulière aux rapports rédigés par les représentants de la France libre et par les fonctionnaires de Vichy. La

---

33. Voir par exemple Jean-Marie FLONNEAU, « L'évolution de l'opinion publique de 1940 à 1944 », *in* Jean-Pierre AZÉMA et François BÉDARIDA, *Vichy et les Français*, Paris, Fayard, 1992.

34. Marc FERRO, *Pétain*, Paris, Fayard, 1987, p. 466.

35. Voir *APC*, RG 25, série A-3, vol. 3011, dossier 3618-C-40c, partie 1. Traduction d'un rapport d'Élisabeth de Miribel fait en novembre 1941 pour DEJEAN, « Nazi Propaganda in Canada ».

présente étude portant sur la guerre de position que se livrent, au Canada, les deux prétendants à la légitimité française, il est pertinent de s'attarder sur les perceptions qu'ont les deux acteurs de l'évolution de l'opinion canadienne-française. C'est en effet en se basant sur ces évaluations que la France libre et Vichy orientent leur action.

Cela étant dit, nous n'avons pas la prétention de faire ici l'étude exhaustive de l'opinion publique canadienne-française à l'endroit de la France libre et de la France de Vichy. Ce travail ne mettra probablement pas un terme aux recherches portant sur l'opinion. Notre modeste ambition est de contribuer à l'historiographie d'une période encore mal connue.

1

Les Canadiens français, Vichy et la France libre

La politique française du gouvernement canadien, un délicat exercice d'équilibre

La diplomatie canadienne au service de la Grande-Bretagne. — Le 10 mai 1940, après avoir vérifié sa terrible efficacité en Pologne puis en Norvège, Hitler fait subir à la France le choc de la « guerre éclair ». En quelques jours, les panzers allemands enfoncent les lignes franco-britanniques. À la fin du mois, les Allemands ont acculé le corps expéditionnaire anglais et des unités de l'armée française aux plages de Dunkerque. En quelques heures, une flottille évacue une partie des troupes vers l'Angleterre. Mais il est trop tard. Les états-majors alliés n'ont pas le temps de redéployer leurs troupes que Paris tombe aux mains des forces allemandes. Le gouvernement de Paul Reynaud, réfugié à Bordeaux depuis le 14 juin, démissionne deux jours plus tard. Le maréchal Pétain, le héros de Verdun, prend en charge la direction des affaires et entame immédiatement les négociations avec les autorités allemandes.

Le 17 juin, alors que Charles de Gaulle arrive en Angleterre, Churchill espère toujours un revirement à Bordeaux. Le gouvernement de Pétain refusera peut-être les termes de l'armistice et se réfugiera en Afrique du Nord pour poursuivre la lutte. L'heure n'est pas encore à la rupture brutale. C'est pour augmenter la pression sur le gouvernement Pétain qu'on permet à Charles de Gaulle d'utiliser les ondes de la BBC le 18 juin 1940[1]. Toutefois, le sursaut d'honneur des autorités françaises, tant souhaité par Londres, ne viendra pas. Le 22 juin, le gouvernement de Bordeaux signe l'armistice. Dans les heures qui suivent, l'ambassadeur britannique en France, Sir Ronald Campbell, accompagné par les ministres du Canada, de la Nouvelle-Zélande et de l'Australie, quitte la France[2].

Alors que pèse sur l'Angleterre le spectre d'un débarquement allemand, les clauses de l'armistice relatives à la flotte française — à l'époque une des plus modernes et des plus puissantes — inquiètent le gouvernement britannique. L'article huit de la convention d'armistice alarme particulièrement les Britanniques. Selon cet article, la flotte française devait être démobilisée, désarmée et placée « sous le contrôle respectif de l'Allemagne et de l'Italie ». Les navires regagneraient leurs ports d'attache en temps de paix[3]. Mais, et c'est ce qui trouble au plus haut point l'Angleterre, tous les ports d'attache, à l'exception de Toulon, se trouvent en territoire occupé. L'engagement pris par les Allemands de ne pas toucher à la flotte avant la signature du traité de paix fait bien peu pour atténuer l'insécurité des Britanniques.

Pour assurer tangiblement la sécurité de la Grande-Bretagne, Londres donne son aval à l'opération Catapult. Le 3 juillet, une escadrille commandée par l'amiral Sommerville ouvre le feu sur les unités de la flotte française basée à Mers el-Kébir, en Afrique du Nord. Plusieurs navires français sont coulés ou endommagés et 1297 marins français perdent la vie[4].

Dans les semaines qui suivent, grâce aux exploits des pilotes de l'Empire et au courage du peuple anglais, la menace d'un débarquement allemand est provisoirement écartée. Mais le danger reste, à moyen terme, très réel. L'Angleterre doit résister assez longtemps pour que, au pire, l'industrie américaine lui procure une supériorité matérielle devant l'ennemi ; ou, au mieux, que l'Amérique elle-même se

1. Michèle et Jean-Paul COINTET, *La France à Londres, renaissance d'un État, 1940-1943*, Bruxelles, Complexe, 1990, p. 45.

2. Jean-Baptiste DUROSELLE, *Politique étrangère de la France. L'abîme, 1939-1945*, Paris, Imprimerie nationale, collection « Point-Histoire », 1986, p. 255.

3. Jean-Pierre AZÉMA, *Nouvelle histoire de la France contemporaine*, tome 14 : *De Munich à la Libération, 1938-1944*, Paris, Seuil, collection « Point-Histoire », 1992 (1979), p. 73 ; DUROSELLE, *Politique étrangère de la France*, p. 292.

4. DUROSELLE, *Politique étrangère de la France*, p. 294.

joigne au combat et procure la victoire aux Alliés. D'ici là, il faut que les troupes de Sa Majesté tiennent en Méditerranée. De plus, la flotte britannique doit empêcher les U-boats d'étouffer le transport maritime qui approvisionne les îles britanniques. Si la flotte et l'Empire français basculent dans le camp de l'Axe, l'Angleterre est menacée.

Après Mers el-Kébir, Vichy n'a pas l'intention de mettre en péril sa flotte. Reste à s'assurer de l'Empire. La France, avec les territoires qu'elle contrôle en Afrique du Nord, domine l'entrée de la Méditerranée. À Dakar, en Afrique-Occidentale, elle possède une base stratégique qui peut jouer un rôle déterminant dans la bataille de l'Atlantique[5].

Comment neutraliser l'Empire français sans précipiter la France du côté de l'Axe ? Durant l'été 1940, le gouvernement britannique mise sur l'éphémère sous-secrétaire d'État à la Guerre dans le dernier cabinet Reynaud, Charles de Gaulle, pour garder l'Empire français dans le combat.

En juin 1940, Churchill et son gouvernement attendaient avec impatience l'arrivée à Londres d'une personnalité imposante qui prendrait la tête des Français refusant l'armistice[6]. Ils durent se rendre à l'évidence : le général de Gaulle serait le seul prêt à s'aligner à leurs côtés. On se contentera donc de ce général inconnu du grand public. Le 28 juin, ils le reconnaissent comme chef des Français libres[7] ; puis, le 28 juillet, chef de tous les Français qui désirent poursuivre la lutte aux côtés des Alliés[8].

En septembre 1940, quelques jours après que les gaullistes eurent rallié avec brio l'Afrique-Équatoriale française, une expédition menée conjointement par les Français libres et la marine britannique essaie de prendre, dans un premier temps pacifiquement, puis dans un second temps militairement, Dakar et l'Afrique-Occidentale française. L'ex-

---

5. Philip M.H. Bell, « 1940-1944 : un bienfait oublié ? La Grande-Bretagne et de Gaulle », *Espoir*, n° 71 (juin 1990), p. 32.

6. Et ils ne sont pas seuls à attendre. De Gaulle aussi attend l'arrivée de personnalités marquantes pour prendre la tête des Français refusant la capitulation. Le 22 juin, de Gaulle fait part à Churchill et Halifax de son intention de laisser le leadership d'un Comité national à Georges Mandel ou Paul Reynaud s'ils parviennent à gagner l'Angleterre. Jean-Louis Crémieux-Brilhac, *La France libre*, Paris, Gallimard, 1996, p. 54-59.

7. Jean Lacouture, *De Gaulle*, tome I : *Le rebelle*, Paris, Seuil, coll. « Point-Histoire », 1984, p. 394.

8. R.T. Thomas, *The Dilemma of Anglo-French Relations 1940-1942*, Londres, Macmillan Press, 1979, p. 52.

pédition s'avère un échec cuisant, tant pour l'autorité du général de Gaulle que pour le prestige britannique : l'escadre doit rebrousser chemin devant l'opiniâtre résistance des forces loyales à Vichy.

Malgré le revers subi à Dakar, Winston Churchill réaffirme publiquement son appui à de Gaulle[9]. Pourtant, le coup est sévère. L'allié français a lamentablement échoué. De Gaulle a montré les limites de son influence. À Londres, certains critiquent la politique du premier ministre[10]. Mais Churchill refuse d'abandonner le Général. Ce dernier reste un allié, avec une petite force certes, mais qui détient, depuis la fin août 1940, une partie de l'Empire. De plus, de Gaulle et sa troupe représentent la France qui a refusé de s'avouer vaincue. Churchill apprécie l'importance symbolique des gaullistes. Mais le crédit de la France libre est entamé.

Après Dakar, Churchill revoit sa politique à l'égard de Vichy. Pour ne pas précipiter un renversement des alliances, on mettra de côté la manière forte utilisée à Mers el-Kébir et à Dakar. Londres réactive sa diplomatie. En septembre 1940, l'ambassadeur anglais à Madrid, Sir Samuel Hoare, rencontre son vis-à-vis français, Georges Renom de La Baume[11].

Les contacts entre Londres et Vichy passeront également par des voies plus hétérodoxes[12]. Des capitales du Commonwealth sont mises à contribution. Ottawa est du nombre.

Bien que le ministre du Canada en France, le colonel Georges Vanier, ait quitté Bordeaux en juin 1940, Vichy conserve toujours sa représentation au Canada. Le gouvernement britannique n'y voit pas d'inconvénient, bien au contraire. En temps opportun, le Canada pourrait servir d'intermédiaire entre Londres et Vichy. Georges Vanier,

---

9. Lacouture, *De Gaulle*, tome I : *Le rebelle*, p. 440 ; François Kersaudy, *De Gaulle et Churchill*, Paris, Plon, 1981, p. 86-87.

10. Voir par exemple David Dilks, *The Diaries of Sir Alexander Cadogan*, Londres, Cassels & Company, 1971.

11. Duroselle, *Politique étrangère de la France*, p. 351.

12. On pense entre autres aux célèbres « accords » Rougier-Churchill. Toute cette affaire a été amplement décrite et commentée par les principaux intéressés. Voir Louis Rougier, *Mission secrète à Londres, les accords Pétain-Churchill*, Montréal, 1945 ; Prince Xavier de Bourbon, *Les accords secrets franco-britanniques*, Paris, Plon, 1949 ; Prince Xavier de Bourbon, « Les accords secrets franco-britanniques de 1940 », *Revue des Deux Mondes*, juillet 1954. Robert Frank, dans sa contribution à l'ouvrage collectif *La France de Vichy*, a très bien démontré la dimension réelle et limitée de la démarche du professeur Rougier. Voir Robert Frank, « Vichy et les Britanniques », *in* Jean-Pierre Azéma et François Bédarida, *Vichy et les Français*, Paris, Fayard, 1992.

en exil à Londres, est du même avis[13]. Le premier ministre canadien Mackenzie King également[14].

Dans les premiers jours de novembre, Churchill sollicite les services de l'ancien secrétaire de la légation canadienne à Paris, Pierre Dupuy, pour une mission d'information à Vichy[15]. Depuis que l'on a rappelé Vanier au Canada, Dupuy agit à titre de chargé d'affaires canadien auprès des gouvernements en exil à Londres. King, tout en recommandant la plus grande prudence et une discrétion absolue, accepte[16]. Churchill confie un message à Dupuy pour le professeur Jacques Chevalier, secrétaire général du ministère de l'Instruction publique à Vichy et ami de jeunesse de Lord Halifax, à l'époque secrétaire au Foreign Office. Londres laisse miroiter la possibilité d'un assouplissement du blocus naval en vigueur depuis l'été, en échange d'assurances au sujet de la flotte et de l'Empire[17].

La mission ne devait être qu'exploratoire. Mais Dupuy s'emballe et écrit avec Chevalier un mémorandum qui, selon le diplomate canadien, obtient l'assentiment tacite de Pétain. Les informations télégraphiées de Lisbonne le 9 décembre par Dupuy sont encourageantes. Pétain aurait manifesté sa ferme intention de garder hors de portée des Allemands la flotte et l'Empire. Dupuy revient également de Vichy avec l'impression que les autorités françaises ne prévoient pas, du moins pour l'instant, reconquérir par la force les colonies gaullistes[18]. Quelques jours plus tard, une nouvelle en provenance de Vichy donne du poids aux informations de Dupuy : on apprend le renvoi de Pierre Laval[19], considéré par tous comme le principal artisan de la collaboration franco-allemande.

---

13. APC, RG 25, série A. 3, vol. 3011, dossier 3618-C-40C, partie 1. Télégramme du 9 juillet 1940, Vanier à Skelton (sous-secrétaire d'État aux Affaires extérieures du Canada).

14. DREC, vol. 8, tome II. Télégramme du 22 août 1940, King à Massey (haut-commissaire canadien en Grande-Bretagne).

15. DREC, vol. 8, tome II. Télégramme du 2 novembre 1940, Massey à King. Pour avoir le point de vue de Dupuy sur son premier voyage à Vichy, voir Pierre DUPUY, « Mission à Vichy : novembre 1940 », International Journal, vol. 22, n° 3, 1967, p. 395-401.

16. DREC, vol. 8, tome II. Télégramme du 6 novembre 1940, King à Massey.

17. DUROSELLE, Politique étrangère de la France, p. 355-357.

18. L'Afrique-Équatoriale française et quelques territoires français dans le Pacifique. Voir FRANK, « Vichy et les Britanniques », p. 153-154.

19. Ancien ministre et président du Conseil sous la Troisième République, Pierre Laval allait être, de juin 1940 à décembre 1941, puis d'avril 1942 jusqu'en 1945, le principal artisan de la politique de collaboration franco-allemande.

Sceptique devant les nouvelles que lui rapporte Dupuy, Churchill veut éprouver la bonne foi du Maréchal. À la fin décembre, il envoie de nouveau Dupuy à Vichy avec cette fois-ci un message écrit pour Pétain. Churchill promet de dépêcher six divisions en Afrique du Nord si le Maréchal manifeste le désir de reprendre le combat[20]. Mais, malgré l'optimisme de Dupuy, Pétain refusera de répondre.

Selon R.T. Thomas, Dupuy, croyant bien faire, s'est laissé emporter par son enthousiasme. Il a peut-être ainsi précipité la fin des discussions entre Londres et Vichy. D'une part, en exagérant le désir des Britanniques d'en arriver à un statu quo au sujet de l'Empire et de la flotte, il aurait convaincu le gouvernement de Vichy qu'il n'était plus nécessaire de négocier, permettant ainsi à ce dernier de se concentrer sur sa priorité : la stabilisation de ses relations avec l'Allemagne[21]. D'autre part, Dupuy créa de faux espoirs à Londres, espoirs cruellement déçus. Le diplomate effectuera d'autres voyages à Vichy, mais son étoile ne brillera jamais autant qu'en ces quelques semaines de novembre et décembre 1940.

À l'hiver 1941, le gouvernement anglais a perdu la plupart de ses illusions. Pour Jean Lacouture, les rapports entre Vichy et Londres cessent à l'hiver 1941, de Gaulle devenant le seul interlocuteur des Britanniques[22]. Ce n'est toutefois pas l'avis de Philip Bell. Selon cet historien, Londres envisage toujours d'autres scénarios. En février 1941, le Foreign Office estimait que, dans l'éventualité où un gouvernement dirigé par le général Maxime Weygand, ancien bras droit du maréchal Foch et rival de Pétain, voyait le jour en Afrique du Nord et reprenait le combat, le gouvernement britannique devrait automatiquement reconnaître son autorité[23]. L'alternative Weygand, interlocuteur peut-être plus maniable que l'irascible de Gaulle, aurait surtout le mérite de rallier l'Empire français, et peut-être la flotte[24].

Par ailleurs, comme en témoignent de nombreux télégrammes retrouvés dans les archives canadiennes, le gouvernement britannique encourage le gouvernement canadien à conserver ses liens diploma-

---

20. FRANK, « Vichy et les Britanniques », p. 154.
21. THOMAS, *The Dilemma of Anglo-French Relations 1940-1942*, p. 79-80.
22. LACOUTURE, *De Gaulle, I: Le rebelle*, p. 462.
23. BELL, « 1940-1944 : un bienfait oublié ? La Grande-Bretagne et de Gaulle », p. 28.
24. THOMAS, *The Dilemma of Anglo-French Relations 1940-1942*, p. 54.

tiques avec le gouvernement de Vichy[25]. La ligne de communication canadienne pouvait encore être utile.

D'autre part, les autorités anglaises jugent de Gaulle incontournable. Malgré tous les conflits qui les dresseront l'un contre l'autre, Churchill n'écartera pas de Gaulle. L'estime qu'acquièrent au cours des mois le Général et sa troupe auprès de l'opinion britannique rend d'ailleurs une telle chose impossible. De plus, malgré leur petit nombre, les Forces françaises libres rendent des services militaires estimables, tant sur mer, sur terre que dans les airs. De même, la reconquête de l'Europe passera inévitablement par la France. Il faut organiser sur place des réseaux d'information et de sabotage[26]. Les Anglais, qui dans un premier temps essaient, avec la Special Operation Excutive (SOE), de créer en France des réseaux de renseignements et de sabotage, se rendront à l'évidence : seul de Gaulle peut unifier la Résistance et en faire un instrument militaire valable.

Le poids de la stratégie diplomatique américaine. — En 1940 et 1941, alors que l'Amérique refuse obstinément de s'engager dans le conflit, l'administration Roosevelt sait que les intérêts des États-Unis sont liés au sort de l'Angleterre. Jusqu'au mois de décembre 1941, devant la force du sentiment isolationniste aux États-Unis, Roosevelt ne peut intervenir militairement. Mais cela ne condamne pas le président à l'inaction. Avant de pouvoir engager sur les terrains d'opération des unités américaines, le président met à la disposition de Churchill deux armes colossales : les capacités industrielles du continent et une diplomatie au service de la cause alliée. Dès juin 1940, le secrétariat d'État américain accorde une attention toute particulière aux questions françaises.

Le premier objectif de la politique française de Roosevelt est de tenir hors de portée des Allemands la flotte et l'Empire français[27]. Pour le président américain, tant et aussi longtemps que les Alliés n'auront

---

25. Aussi tardivement qu'à la fin décembre 1941, Londres encourage le gouvernement canadien à maintenir ses liens avec Vichy. *APC*, papiers King, MG 26 J1, vol. 312. Télégramme du 22 décembre 1941, King à Massey.

26. BELL, « 1940-1944 : un bienfait oublié ? La Grande-Bretagne et de Gaulle », p. 33.

27. Arthur Layton FUNK, *The Politics of Torch*, Lawrence, Manhattan et Wichita, University Press of Kansas, 1974, chapitre 1.

pas les moyens militaires de prendre l'Afrique du Nord et de neutraliser la flotte, les autorités vichystes restent la meilleure garantie contre une intervention allemande.

Contrairement aux autorités britanniques qui ont rompu leurs liens officiels avec le gouvernement de Vichy, le gouvernement américain maintient une délégation permanente à Vichy dirigée par l'amiral William Leahy. Roosevelt ne le fait pas par sympathie envers le gouvernement de Vichy, bien au contraire. Le régime du maréchal Pétain l'irrite[28]. Leahy a pour tâche d'établir un lien de confiance avec le maréchal Pétain, de gagner son estime et de l'encourager à ne pas céder sur l'essentiel : l'Empire et la flotte[29].

Mais alors que Leahy s'active au sommet, le gouvernement américain négocie en coulisse avec les autorités « locales » françaises. Dès l'été 1940, pour contrôler le trafic maritime dans les Antilles, Washington signait des accords avec l'homme fort de Vichy dans la région : l'amiral Robert[30]. Ces accords représentaient le prototype de ce qui deviendra « la politique des autorités locales ». Dans les années qui suivront, Washington, par souci d'efficacité et pour éviter de trancher l'épineuse question de la légitimité entre Vichy et la France libre, privilégiera cette approche dans ses rapports avec les colonies françaises, travaillant au cas par cas, négociant avec les autorités locales, qu'elles soient vichystes ou gaullistes[31].

En Afrique du Nord, les Américains traitent avec le général Weygand. Ce dernier, qui a présidé à la reddition des armées françaises en juin 1940, reste jusqu'à la fin de 1941 l'homme clé du dispositif colonial français[32]. Pétain, qui voit en Weygand un rival potentiel, l'envoie à l'été 1940 en Algérie. Malgré les sentiments anglophobes qui animent Weygand, les Américains croient possible, le moment venu, d'amener ce vieux héros de la Première Guerre mondiale à reprendre le combat. À tout le moins, ils sont persuadés qu'il s'opposera militairement à toute tentative d'invasion allemande en Afrique du Nord[33].

28. Milton Viorst, *Hostile Allies, FDR and Charles de Gaulle*, New York, Macmillan Press, 1965, p. 39.

29. Léon Marchal, *De Pétain à Laval*, Paris, Office français d'éditions, 1945, p. 196-197.

30. Duroselle, *Politique étrangère de la France*, p. 330-331.

31. William L. Langer, *Our Vichy Gamble*, Hamden (Conn.), Archon Books, 1965 (1947), p. 389.

32. Ferro, *Pétain*, p. 304-305.

33. Duroselle, *Politique étrangère de la France*, p. 381.

Alors que les Anglais appuyaient de Gaulle tout en maintenant certains contacts avec les autorités de Vichy, les Américains privilégiaient une approche exclusive à la question française[34]. Ils connaissaient l'hostilité des hommes de Vichy à l'endroit du général de Gaulle, et plus précisément la haine que lui vouait le général Weygand. Et pour les Américains, entre Pétain et Weygand, qui contrôlaient encore la flotte et l'Empire, et de Gaulle, le choix s'imposait.

D'ailleurs, en 1940 et 1941, qui est de Gaulle ? Pour le Département d'État, « privé de nationalité, condamné à mort dans son pays, entouré dans son exil d'une poignée de partisans, de Gaulle faisait inévitablement figure d'aventurier militaire, rien d'autre[35] ». Pour ne pas mettre en péril leurs contacts avec les hommes forts de Vichy, les autorités américaines négligeront donc la France libre[36].

D'autant plus que de Gaulle inquiète Roosevelt. Son inquiétude se transforme en méfiance, puis en hostilité. De commentaires glanés à gauche et à droite, Roosevelt forge graduellement son antipathie envers le chef des Français libres. Les diplomates américains en poste à Vichy ont sans doute donné le ton[37]. Ils deviennent à toutes fins utiles les porte-voix de l'entourage du Maréchal. On présente de Gaulle en chef arrogant ayant peu d'impact en France, sinon auprès des communistes[38].

Les divisions profondes des Français exilés aux États-Unis pouvaient faire douter de la solidité du sentiment gaulliste chez les Français en général[39]. L'attitude de certains Français influents installés aux États-Unis a sans aucun doute joué contre de Gaulle. Les réticences de Jean Monnet[40] et d'Alexis Saint-Léger Léger, alias Saint-

---

34. Douglas ANGLIN, *The Saint-Pierre and Miquelon Affair of 1941*, Toronto, Toronto University Press, 1966, p. 143-144.

35. Dorothy SHIPLEY-WHITE, *Les origines de la discorde. De Gaulle, la France libre et les Alliés*, Paris, Éditions de Trévise, 1967, p. 155.

36. FERRO, *Pétain*, p. 304-305.

37. LACOUTURE, *De Gaulle*, I: *Le rebelle*, p. 535.

38. Julian HURSTFIELD, *America and the French Nation, 1939-1945*, Chapel Hill & London, University of North Carolina Press, 1986, p. 77.

39. LACOUTURE, *De Gaulle*, I: *Le rebelle*, p. 541-542.

40. L'homme qui allait jeter les bases de la Communauté européenne avait été nommé, en 1939, président du Comité de coordination de l'effort de guerre allié. Après la chute de la France, Churchill le nomme membre du Conseil britannique des approvisionnements de guerre. En août 1940, Monnet se rend à Washington où il participe à l'élaboration d'une défense commune anglo-américaine.

John Perse[41], deux hommes qui jouissaient d'une grande crédibilité au sein de l'administration américaine, à joindre le mouvement gaulliste constituaient, pour les autorités américaines, un désaveu très net[42].

L'opération des Forces navales françaises libres sur les îles Saint-Pierre-et-Miquelon fixera, pour les mois à venir, les relations entre les autorités américaines et le général de Gaulle. Le 24 décembre 1941, allant à l'encontre des souhaits exprimés par les gouvernements canadien et américain, une flottille commandée par l'amiral Muselier prend le contrôle de l'archipel, jusque-là resté sous l'autorité du gouvernement de Vichy[43]. Or les Américains viennent à peine de s'engager activement dans le conflit. L'armée et la flotte américaines ne sont pas encore prêtes à mener de grandes opérations. Pour assurer sa sécurité rapprochée, Washington mise sur le statu quo dans les colonies françaises d'Amérique[44]. Craignant une réaction intempestive de la part de Vichy, l'administration américaine réprouve violemment le coup de force gaulliste.

Une fois la surprise passée et le danger de débordement écarté, l'affaire devient une question d'honneur pour le Département d'État. L'administration américaine, et plus particulièrement le secrétaire d'État Hull, ne pardonnera jamais à la France libre et au général de Gaulle ce geste considéré comme un affront fait aux États-Unis d'Amérique. Blessée dans son orgueil, l'administration américaine refuse, parfois jusqu'à l'entêtement, de considérer à sa juste valeur la France libre[45].

41. Secrétaire général du ministère des Affaires étrangères jusqu'au printemps 1940, le diplomate-poète quitte à l'été 1940 l'Angleterre pour Washington où il est nommé conseiller à la bibliothèque du Congrès.

42. LACOUTURE, De Gaulle, I : Le rebelle, p. 539-540 ; Raoul AGLION, « Les ennemis du général de Gaulle aux États-Unis », texte présenté lors des Journées internationales de Gaulle en son siècle, organisées entre le 19 et le 24 novembre 1990 à l'UNESCO par l'Institut Charles-de-Gaulle, p. 3-4.

43. Pour en savoir plus sur le ralliement des îles Saint-Pierre-et-Miquelon, voir ANGLIN, The Saint-Pierre and Miquelon Affair of 1941. Voir également les récits de deux acteurs importants qui deviendront adversaires du général de Gaulle : Louis DE VILLEFOSSE, Les îles de la liberté, aventure d'un marin de la France libre, Paris, Albin Michel, 1972 ; vice-amiral Émile MUSELIER, De Gaulle contre le Gaullisme, Paris, Éditions du Chêne, 1946.

44. ANGLIN, The Saint-Pierre and Miquelon Affair of 1941, p. 140.

45. Ibid., p. 156-157.

La guerre allait entraîner l'économie et la politique étrangère du Canada dans l'orbite américaine et relâcher les liens artificiellement maintenus avec la Grande-Bretagne[46]. Les accords d'Ogdensburg sur la défense de l'Amérique du Nord, conclus en août 1940 entre les États-Unis et le Canada, symbolisent le transfert des intérêts canadiens de l'Empire à l'Amérique[47]. Dorénavant, la politique étrangère canadienne n'allait plus uniquement s'harmoniser avec celle du Commonwealth, elle allait également, et de plus en plus, prendre en compte les exigences de la diplomatie américaine[48].

Et le gouvernement américain compte sur l'appui du Canada pour assurer le succès de sa politique française. À plusieurs reprises, Washington fait comprendre à Ottawa qu'on souhaite le maintien des liens diplomatiques entre le Canada et Vichy. Mais pourquoi le Canada doit-il maintenir ses relations avec Vichy ? Contrairement à Washington, Ottawa n'a pas de représentants à Vichy et en Afrique du Nord pour amasser des informations et nouer des liens en prévision d'un débarquement éventuel sur les côtes africaines ou en France. De plus, en toute lucidité, la diplomatie canadienne ne peut empêcher la dérive collaborationniste du régime vichyste. La fermeture de la légation française à Ottawa ne modifierait guère les données stratégiques élémentaires.

C'est qu'à Washington, on craint les répercussions d'un geste unilatéral du Canada sur l'opinion publique américaine. La politique de l'administration Roosevelt à l'égard de Vichy ne soulève pas l'enthousiasme des Américains. Les plus influents commentateurs de la presse américaine condamnent la politique française pratiquée par le gouvernement américain. La moindre nouvelle en provenance de Vichy déclenche une campagne de presse contre le gouvernement du Maréchal. Tout geste unilatéral du gouvernement canadien dans le dossier pourrait relancer de nouveau le débat. Les autorités canadiennes sont parfaitement au fait des angoisses de l'administration américaine.

---

46. J.L. GRANATSTEIN, *How Britain's Weakness Forced Canada into the Arms of the United States*, Toronto, University of Toronto Press, 1988.

47. Norman HILLMER et J.L. GRANATSTEIN, *Empire to Umpire, Canada and the World to the 1990's*, Toronto, Copp Clark Longman Ltd, 1994, p. 161.

48. Voir *APC*, papiers King, sous-série MG26 J1, vol. 320. Lettre du 22 novembre 1941, Wrong à Robertson ; RG 25, série A-2, vol. 778 dossier 373. Télégramme du 22 avril 1942, de Wrong à Robertson ; télégramme du 25 avril 1942, Wrong à Robertson.

L'opinion et la diplomatie canadienne : Vichy. — La politique française du gouvernement King est certes coordonnée à la diplomatie alliée. Mais les obligations canadiennes envers la Grande-Bretagne et les États-Unis n'expliquent pas tout. Pour comprendre toute la complexité des rapports franco-canadiens entre 1940 et 1945, l'historien doit également se pencher sur la politique intérieure canadienne, et plus précisément sur les rapports entre le Canada français et le Canada anglais. Alors que d'un côté le gouvernement King essaie d'arrimer sa politique française à la diplomatie alliée, il ne cesse, de l'autre, de jauger une opinion publique divisée selon les lignes de partage linguistiques.

Premier ministre du pays de 1921 à 1930, puis de nouveau à partir de 1935, Mackenzie King se voulait « l'homme de la réconciliation et gardien de l'unité nationale[49] ». King, qui se considérait comme le gardien de l'héritage de Wilfrid Laurier, croyait partager avec son illustre prédécesseur une vue cohérente du Canada. Pour son biographe, Blair Neatby :

> his guideline view was the simple but fundamental conviction that Canada was a political association of diverse cultural, regional, and economic groups. He saw it as a voluntary association, a political partnership. He believed that these groups shared a sense of national community and an underlying commitment to national unity [...] His never-ending task as leader was to identify the policies which would maintain and strengthen the partnership, which would be acceptable to all[50]...

De plus, King était redevable aux Canadiens français qui, élections après élections, réélisaient les candidats libéraux[51]. Même lors des élections de 1930, alors que la majorité du Canada anglais portait au

49. Gagnon, *Les apostasies*, tome II, p. 78.
50. Blair Neatby, *William Lyon Mackenzie King*, vol. III : *The Prism of Unity*, Toronto & Buffalo, University of Toronto Press, 1976, p. 5.
Il avait le sentiment profond que le Canada était une association politique composée de divers groupes culturels, régionaux et économiques. C'était pour lui une association volontaire, un partenariat politique. Il croyait que ces groupes partageaient un sentiment de communauté nationale et un attachement véritable à l'unité du pays [...]. Pour lui, sa première responsabilité à titre de dirigeant était d'identifier les politiques qui pourraient maintenir et renforcer le partenariat et qui seraient acceptables pour l'ensemble du pays... (*Nous traduisons.*)
51. Gagnon, *Les apostasies*, tome II, p. 78.

pouvoir les conservateurs de R.B. Bennett, King remportait, grâce entre autres au travail de son lieutenant québécois Ernest Lapointe, la majorité des voix au Québec[52].

À la fin des années 1930, devant l'imminence d'un conflit en Europe, King est inquiet. Sachant pertinemment qu'une nouvelle guerre impliquerait l'Angleterre, il en craint l'impact sur l'équilibre politique canadien. Espérant éviter un conflit, King appuie la politique d'apaisement de Chamberlain[53]. Malheureusement, après Munich, la guerre devient inévitable. Le Canada pourrait-il refuser d'y participer et choisir la neutralité ? Depuis le Rapport Balfour (1926), et surtout le Statut de Westminster (1931), le Canada jouit, théoriquement, d'une indépendance politique complète[54]. Mais King sait que, devant les sympathies impérialistes au Canada anglais, une fois la guerre déclarée, son gouvernement devra s'aligner aux côtés de l'Empire.

Le 1er septembre 1939, les troupes allemandes franchissent la frontière polonaise. Deux jours plus tard, la France et l'Angleterre, respectant leurs engagements, déclarent la guerre à l'Allemagne. Le début des hostilités en Europe préoccupe les Canadiens anglais qui ont conservé des liens très forts avec l'ancienne mère patrie : le Canada doit se porter à la défense de l'Empire[55].

Pendant ce temps, au Canada français, plusieurs s'insurgent devant la perpective de voir le Canada, pays indépendant, se lancer aveuglément dans un conflit qui ne le concerne pas[56]. *L'Action catholique* de Québec et *Le Devoir* de Montréal s'opposent publiquement à une éventuelle participation canadienne[57]. Pourquoi risquer la vie

---

52. LINTEAU, DUROCHER, ROBERT et RICARD, *Histoire du Québec contemporain*, tome II, p. 125-126.

53. William M. CHANDLER, « De Gaulle, le Canada et la guerre », texte présenté lors des Journées internationales *De Gaulle et son siècle*, organisées à l'UNESCO entre le 19 et le 24 novembre 1990 par l'Institut Charles-de-Gaulle, p. 2.

54. *Ibid.*, p. 2.

55. J.L. GRANATSTEIN, *Canada's War : The Politics of the Mackenzie King Government, 1939-1945*, Toronto, Toronto University Press, 1990, p. 19.

56. Gérard LAURENCE, « Province de Québec », *in* Hélène ECK, *La guerre des ondes. Histoire des radios de langue française pendant la Deuxième Guerre mondiale*, Paris, Lausanne, Bruxelles, Montréal, Armand Colin, Payot, Complexe, Hurtubise HMH, 1985, p. 296.

57. Robert COMEAU, « La tentation fasciste du nationalisme canadien-français avant la guerre, 1936-1939 », *Bulletin d'histoire politique*, vol. 3, nos 3/4, été 1995, p. 166.

des jeunes Canadiens pour les intérêts de l'Empire britannique? La France est peut-être directement menacée mais le sentiment d'attachement à la mère patrie, encore très vivace chez les Canadiens anglais, n'a pas son équivalent chez les Canadiens français[58]. Plus de 160 années se sont écoulées depuis la Conquête anglaise. Il n'y a plus, entre les Canadiens français et les Français, les liens affectifs directs qui unissent encore de nombreux Canadiens anglais à la Grande-Bretagne. De plus, s'il existe encore de nombreuses affinités intellectuelles avec la France, ce n'est certes pas avec la France post-révolutionnaire et son incarnation de l'époque, la Troisième République, tant honnie par le clergé canadien.

Devant l'imminence du conflit, de nombreux Canadiens français optent pour l'isolationnisme[59]. En ce sens, ils rejoignent les sentiments de la majorité de la population du continent américain. Aux États-Unis, cette doctrine dicte depuis la fin de la Première Guerre mondiale la politique étrangère alors qu'en Amérique latine, on observe avec plus ou moins de détachement la crise qui éclate en Europe[60].

Les Canadiens français sont d'autant moins enthousiastes à envoyer les leurs aux combats qu'ils sont sous-représentés aux postes de commandement[61]. Il y a peu d'officiers francophones dans l'armée de terre, alors qu'ils sont pratiquement absents de l'aviation et de la marine. L'on craint que la guerre amène, comme en 1917, la mobilisation générale, et que les Canadiens français, qui représentent plus de 30 % de la population du Canada, se retrouvent en première ligne pour servir de chair à canon[62].

L'abbé Groulx se trompe lorsqu'il écrit: « Impérialiste camouflé, s'enrôlant volontiers, selon l'heure et le profit, dans le drapeau nationa-

---

58. CHANDLER, « De Gaulle, le Canada et la guerre », p. 2.

59. Voir l'article de Donald CUCCIOLETTA, « L'isolationnisme ou le refus de l'Europe: les Canadiens français, les Américains et la Deuxième Guerre mondiale », *Bulletin d'histoire politique*, vol. 3, nᵒˢ 3/4, p. 129-135. Sur l'isolationnisme du quotidien *Le Devoir*, voir la contribution de Paul-André COMEAU, « L'isolationnisme du quotidien *Le Devoir* durant la Seconde Guerre mondiale », *in* Robert COMEAU et Luc DESROCHERS (dir.), *Le Devoir, un journal indépendant*, Montréal, Presses de l'Université du Québec, 1996.

60. Sur l'attitude des Mexicains, voir Denis ROLLAND, *Vichy et la France libre au Mexique, guerre, cultures et propagandes pendant la Deuxième Guerre mondiale*, Paris, L'Harmattan, 1990, p. 33.

61. Jean-Yves GRAVEL, « Le Québec militaire, 1939-1945 », *in* Jean-Yves GRAVEL (dir.), *Le Québec et la Guerre*, Montréal, Boréal Express, 1974, p. 108.

62. LAURENCE, « Province de Québec », p. 296.

liste, le premier ministre canadien, au fond impérialiste à tous crins, brûle d'envie de jeter son pays en guerre[63]. » King ne prend pas cette décision de gaieté de cœur. Il redoute les réactions au Québec. Attentif aux doléances des Canadiens français, King ne peut toutefois ignorer la volonté de la majorité anglophone : le Canada se portera à la défense de l'Empire. Pour rendre l'inévitable sinon attrayant, du moins acceptable aux yeux des Canadiens français, King refuse de déclarer simultanément avec l'Angleterre la guerre à l'Allemagne[64]. Le Cabinet canadien signe le 9 septembre la proclamation de guerre, officialisée le lendemain par le roi George VI[65]. Deux jours plus tôt, pour rassurer les récalcitrants, King, dans un discours devant la Chambre des communes, promettait de ne pas recourir à la conscription pour envoyer des soldats outre-mer.

Dès avant l'entrée en guerre du Canada, certains groupes nationalistes canadiens-français organisent l'opposition. Le 2 septembre 1939, le Conseil général de la Société Saint-Jean-Baptiste de Montréal réaffirme « avec énergie son opposition à l'envoi outre-mer de contingents militaires et demande avec instance au gouvernement et au Parlement de n'agir dans les difficultés présentes qu'en conformité des intérêts du Canada, pays d'Amérique, libre et indépendant[66] ».

Deux jours plus tard, une foule rassemblée par Paul Gouin et René Chaloult manifeste en criant : « On n'y va pas, à la guerre », « On n'en veut pas, de la guerre », « C'est une guerre provoquée par les Juifs et la haute finance », « C'est un suicide pour le Canada », « À bas l'empire, à bas la guerre[67] »... Le lendemain, les leaders nationalistes se réunissent au Monument national à Montréal. André Laurendeau témoigne :

> On veut, disions-nous, sauver une nation opprimée, la Pologne ? Est-ce qu'on n'opprime pas la minorité française au Canada, en voulant lui imposer une guerre qu'elle repousse ? Nous avions choisi

---

63. Lionel GROULX, *Mes mémoires*, tome 4, Montréal, Fides, 1974, p. 225.

64. Le gouvernement King agira de la même façon lors de la déclaration de guerre avec le Japon. Pour signifier son indépendance, le Canada se déclarera en état de guerre le 10 décembre 1941, devançant cette fois-ci l'Angleterre. *MAE*, série guerre 39-45, sous-série Vichy-Amérique, vol. 7. Télégramme du 10 décembre 1940, de Ristelhueber au ministère des Affaires étrangères, Vichy.

65. GRANATSTEIN, *Canada's War*, p. 15-17 et 42.

66. Cité dans Robert RUMILLY, *Histoire de la Société Saint-Jean-Baptiste de Montréal*, Montréal, L'Aurore, 1975, p. 485.

67. LAURENDEAU, *La crise de la conscription*, p. 25-26.

comme thème : « Nous ne partirons pas », et le slogan revenait à tous les quarts d'heure[68]...

Mais ce que souhaitent les manifestants et ce que King redoute ne se produit pas : la population canadienne-française ne fait pas barrage à la participation canadienne. Les nationalistes ne mobiliseront pas la masse. Parce qu'ils ont toujours confiance en Mackenzie King, les Canadiens français ne feront pas obstacle à la participation du Canada au conflit. À leurs yeux, King représente un moindre mal, une ultime digue contre la conscription que voudraient leur imposer les impérialistes du Canada anglais menés par l'opposition conservatrice aux communes[69].

Les Canadiens français acceptent d'autant plus une participation limitée à la guerre qu'ils abhorrent le régime nazi. Les journaux canadiens-français ne cachent pas leur hostilité à l'endroit de l'Allemagne nazie, hostilité qui redouble après la signature du Pacte germano-soviétique en août 1939[70]. Entre autres choses, on réprouve l'athéisme nazi. Voici ce qu'écrivait Henri Bois, secrétaire de la Coopérative fédérée du Québec, le 19 juin 1940, alors que la France venait de succomber à la machine de guerre nazie :

> Au moment où la France succombe sous les coups des Boches auxquels, selon toute probabilité l'Angleterre sera seule à faire face, il n'est pas sans intérêt d'exposer à nos gens ce que signifieraient le nazisme et le fascisme pour eux.
>
> En effet, que nous apportent-ils ?
>
> Du côté religieux, le néant ou pire : une force du mal agissante. Plus de Dieu ! Hitler lui substitue la race, Mussolini le remplace par l'idée de la patrie. La force devient le droit. La famille n'est plus qu'une entreprise d'élevage au bénéfice de l'État qui accapare les enfants pour les former d'après des concepts qui rappellent ce que nous connaissons des mœurs de l'homme des cavernes. L'individu n'est plus que poussière. Il ne peut pas être lui-même[71]...

Cela étant dit, il est fort probable que la majorité des Canadiens français n'aient pas compris, en 1939, toute l'étendue du danger que représentait le nazisme. Ils ne sont pas les seuls à se méprendre sur

---

68. *Ibid.*, p. 26.
69. *Ibid.*, p. 29.
70. WADE, *Les Canadiens français, de 1760 à nos jours*, p. 342-343.
71. *La Terre de Chez-nous*, 19 juin 1940.

le caractère radical du national-socialisme. Bien des Français n'avaient pas compris l'étendue du péril dans les années 1930[72]. Pour ces Français, comme pour nombre de Canadiens français, la guerre qui s'annonçait ne se distinguerait pas outre mesure de celle qui l'avait précédée. Les puissances européennes s'apprêtaient à lutter pour des parcelles territoriales et le tout se terminerait par un traité qui ne modifierait pas substantiellement l'équilibre européen.

Jusqu'à la fin du printemps 1940, alors que la « Drôle de guerre » s'éternise, le Canada équipe, sans se presser, un corps expéditionnaire recruté sur une base volontaire. Au rythme où vont les choses, la conscription ne sera pas nécessaire et la guerre passera sans menacer, comme en 1917, l'unité nationale. Mais cette belle assurance disparaît au printemps 1940 alors qu'en quelques semaines, l'armée allemande détruit l'armée française, considérée à l'époque comme une des plus puissantes au monde.

Du jour au lendemain, avec la défaite française, le Canada devient le plus important allié de la Grande-Bretagne. Jusque-là, le Canada a su limiter sa participation à l'effort de guerre. Il faudra dorénavant accélérer la cadence de la production militaire. De plus, on devra augmenter les contingents militaires et peut-être envisager la conscription.

King dépose le 18 juin aux communes l'acte de mobilisation des ressources nationales qui devient loi le 21 juin 1940[73]. Par cet acte législatif, le gouvernement canadien se donne les pouvoirs de mobiliser d'urgence, pour la défense du Canada, toutes ses ressources humaines et matérielles. Tous les hommes en âge de porter les armes doivent s'enregistrer auprès des forces armées canadiennes. Malgré quelques protestations, dont la plus notoire vaudra au maire de Montréal Camillien Houde de passer les quatre années suivantes dans un camp de détention, la mesure est acceptée avec résignation au Québec.

Mais, dans l'immédiat, il y a plus grave : la défaite française et l'armistice qui la concrétise refroidissent dangereusement les rapports franco-anglais. De chaque côté de la Manche, on porte rancune à son ancien allié. Alors que les Français vilipendent les Anglais pour ne

---

72. Philippe BURRIN, *La France à l'heure allemande*, Paris, Seuil, 1995, p. 47.
73. GRANATSTEIN, *Canada's War*, p. 99.

pas avoir tout fait pour les aider, ces derniers accusent à leur tour les Français de ne pas honorer leurs engagements en acceptant une paix séparée. Le climat s'envenime après l'attaque britannique à Mers el-Kébir. Certains en France parlent de revoir les alliances traditionnelles, de s'allier à l'Allemagne contre l'Angleterre. Le pire est à craindre.

Pour Mackenzie King, le pire signifie une guerre franco-britannique et les répercussions d'une telle guerre sur la stabilité politique du pays. Comme l'écrit William Chandler, « nul doute que pendant l'été 1940, le plus cher désir du premier ministre fut d'éviter un conflit franco-britannique et que ce désir lui dicta son attitude à l'égard de Vichy[74] ».

La réaction de King à l'annonce de l'expédition menée par la France libre et la marine britannique sur Dakar illustre avec éclat les hantises du premier ministre. Le 14 septembre 1940, l'Amirauté britannique informe le gouvernement canadien de l'imminence d'une opération en Afrique de l'Ouest, opération qui, selon l'Amirauté, pourrait pousser la France à déclarer la guerre à l'Angleterre[75]. La perspective d'une guerre franco-anglaise étant évoquée, et donc acceptée dans certains milieux britanniques, King envoie le 17 septembre 1940 un télégramme au secrétaire britannique aux Dominions dans lequel il rappelle la position canadienne : « We have already conveyed our view that the outbreak of war between the allies of three months ago would be serious as regards the United Kingdom and disastrous as regards Canada[76]. »

La nature du nouveau régime installé à Vichy et son idéologie compliquent la situation. Pour des raisons que nous verrons un peu plus loin, nombreux sont ceux qui, au Canada, sympathisent avec le nouvel

---

74. CHANDLER, « De Gaulle, le Canada et la guerre », p. 6. Voir aussi les commentaires de King à Jay Pierrepont Moffat, ambassadeur américain à Ottawa de 1940 à 1943, au sujet du raid britannique sur Oran. Nancy H. HOOKER (dir), *The Moffat Papers: Selections from the Diplomatic Journals of Jay Pierrepont Moffat, 1919-1943*, Cambridge, Harvard University Press, 1956, p. 320.

75. *DREC*, vol. 8, tome II. Message du 14 septembre, de l'Amirauté britannique au quartier général du Service naval canadien à Londres, p. 623.

76. *DREC*, vol. 8, tome II. Télégramme du 17 septembre 1940, King au secrétaire aux Dominions, p. 623-624 ; *DREC*, vol. 8, tome II. Mémorandum non signé du 14 octobre 1940, p. 781. « Nous avons déjà fait savoir que le déclenchement d'une guerre entre deux États qui étaient encore alliés il y a trois mois constituerait une affaire sérieuse pour le Royaume-Uni et un désastre pour le Canada. » (*Nous traduisons*.)

État français. À l'automne 1940, Ernest Lapointe et le délégué apostolique, Mgr Antoniutti, mettent en garde le premier ministre contre l'impact négatif qu'aurait au Canada français tout geste hostile posé à l'endroit du régime de Vichy[77]. Le 7 octobre 1940, c'est *L'Action catholique* qui sert un avertissement aux autorités fédérales :

> Au Canada, c'est une bourde monumentale que de vouloir couper toutes relations amicales entre Ottawa et Vichy [...]
> D'autre part, il serait de la dernière imprudence de compromettre, sur un point comme celui-là, l'unité nationale dont notre pays a tant besoin, en temps de guerre[78].

Mais, alors que Vichy séduit le Canada français, il effarouche le Canada anglais. Le Cooperative Commonwealth Federation (CCF) condamne la dérive autoritaire et fasciste du régime alors que l'électorat conservateur et impérialiste accuse Vichy d'abandonner en pleine lutte l'Angleterre[79]. Dans les mois qui vont suivre, à toutes les fois qu'une crise éclatera entre Vichy et le gouvernement britannique, les journaux canadiens-anglais exigeront le renvoi du ministre français en poste à Ottawa.

King craint par-dessus tout que les impérialistes et les orangistes récupèrent la question de Vichy pour ensuite l'utiliser pour attaquer le Canada français[80]. Si King parvient à éviter que la question de la représentation française soit soulevée en Chambre, il est plus difficile de contenir les débordements de la presse anglophone[81]. Pour contrôler les élans de la presse impérialiste, King, habilement, fera appel à l'autorité de Winston Churchill.

On l'a vu précédemment, à l'hiver 1941, la mission Dupuy a déjà perdu une bonne partie de son utilité. Même si Churchill se montre réticent à abandonner ce canal d'information, c'est maintenant King qui, dorénavant, mettra le plus d'énergie à sauver l'axe Dupuy-Vichy[82].

---

77. *MAE*, série guerre 39-45, sous-série Londres, vol. 198. Télégramme du 4 novembre 1940, du haut-commissaire du Royaume-Uni au Canada (Hankinson) au secrétaire d'État aux Dominions (Londres) ; *MAE*, série guerre 39-45, sous-série Vichy-Amérique, vol. 12. Lettre du 14 septembre 1940, Ristelhueber à Baudouin.

78. *L'Action catholique*, 7 octobre 1940.

79. Chandler, « De Gaulle, le Canada et la guerre », p. 6.

80. Couture, « The Vichy - Free French Propaganda in Quebec », p. 211.

81. Couture, *Politics of Diplomacy*, p. 219-229.

82. Voir par exemple *DREC*, vol. 8, tome II. Télégramme du 24 novembre 1941, King à Churchill, p. 589.

Pourquoi King appuie-t-il une mission qui ne rapporte plus rien de concret, alors qu'il s'y montrait plutôt sceptique à l'automne 1940, lorsque l'on pouvait pourtant en espérer encore des retombées concrètes ?

King calcule que, tant et aussi longtemps que l'on pourra justifier le maintien des relations diplomatiques avec Vichy en prétextant qu'elles gardent ouvertes un canal de communication entre Londres et Vichy, l'on pourra calmer les esprits au Canada anglais. À plus d'une occasion, King insistera auprès de Churchill pour que ce dernier appuie publiquement la politique française menée par le Canada[83].

Pour des raisons à la fois de politique interne et de diplomatie alliée, on tolère les représentants de Vichy au Canada. Norman Robertson, sous-secrétaire d'État aux Affaires extérieures pendant presque toute la guerre, ira jusqu'à dire que mener la politique canadienne envers la France de façon à minimiser les risques de conflits entre les deux groupes linguistiques au Canada fut l'action la plus importante qu'effectua le gouvernement canadien pendant la guerre : « The very existence of Canada depended on our maintaining the right kind of attitude[84]. »

Mais on surveille de près les diplomates français en poste au Canada. Dès que les occasions se présenteront, on limitera de plus en plus leur liberté d'action. Quand on aura le sentiment que l'on peut fermer la légation sans trop de remous au Canada français, on n'hésitera pas. L'occasion se présentera en novembre 1942, lors du débarquement allié en Afrique du Nord, alors que le Maréchal donnera l'ordre aux troupes françaises de résister aux forces anglo-saxonnes, décision indéfendable même pour les partisans canadiens les plus fervents du Maréchal.

Bien sûr, le débarquement lui-même diminuait l'utilité de maintenir des relations avec Vichy, la mission d'intelligence américaine en Afrique du Nord ayant atteint ses objectifs. Il était donc justifié de

---

83. Voir par exemple *DREC*, vol. 8, tome II. Télégramme du 22 août 1941, King à Lapointe, p. 582. Voir aussi la réaction canadienne après le renvoi de Weygand en novembre 1941. *DREC*, vol. 8, tome II. Télégramme du 24 novembre 1941, King à Churchill, p. 589.

84 J.L. GRANATSTEIN, *The Ottawa Men: The Civil Service Mandarins, 1937-1957*, Toronto & Oxford, Oxford University Press, 1982, p. 109. « L'existence même du Canada dépendait du fait que nous conservions la bonne attitude. » (*Nous traduisons.*)

mettre un terme à une situation qui mettait dans l'embarras le gouvernement canadien. Mais les termes utilisés par le gouvernement canadien laissent paraître une volonté de ne pas brusquer les sensibilités. Le soir du 9 novembre 1942, en sortant d'une réunion de son cabinet ministériel, King émet le communiqué suivant, écrit la veille par son sous-secrétaire d'État aux Affaires extérieures, Norman Robertson :

> The fact that the men who have been in nominal control of the Government of France have ordered the Armed Forces of France to offer resistance to military forces of the United Nations sent to assist in the Liberation of France from Nazi domination makes it perfectly clear that there no longer exists in France a government that has any effective independent existence — In other words, that there no longer exists in France a legal or constitutional government that in any sense is reprensentative of the French people, but only a German puppet government.
>
> In these circumstances, the Canadian Government has ceased to recognize the present government at Vichy as being the de jure government of France and diplomatic relations with Vichy are accordingly terminated[85].

Le 9 novembre 1942, alors que ces quelques lignes sont publiées, tout est encore possible. La France de Vichy peut décider de prendre les armes contre les puissances alliées dans l'espoir de reconquérir l'Afrique du Nord. Il y a donc un risque certain que le Canada soit techniquement en guerre avec la France[86]. En déclarant que le gouvernement de Vichy avait cessé d'exister et ne représentait plus légi-

---

85. APC, RG 25, série A.3, vol. 3011, dossier 3618-C-40C, part. 1. Télégramme du 9 novembre 1942, du secrétaire d'État aux Affaires extérieures.
Le fait que les hommes qui ont le contrôle effectif du gouvernement français aient donné l'ordre aux armées françaises de résister aux forces des Nations Unies envoyées pour aider à la libération de la France prouve hors de tout doute qu'il n'y a plus, en France, de gouvernement indépendant. Autrement dit, il n'y a plus en France de gouvernement constitutionnel représentant véritablement le peuple français, mais seulement un gouvernement fantoche à la solde des Allemands.
Dans ce contexte, le gouvernement canadien ne reconnaît plus le gouvernement actuel de Vichy comme étant le gouvernement de fait de la France et par conséquent, met un terme à ses relations diplomatiques avec Vichy. (*Nous traduisons.*)

86. GRANATSTEIN, *The Ottawa Men*, p. 109 ; HILLMER et GRANATSTEIN, *Empire to Umpire*, p. 174.

timement la France, on évacuait, théoriquement, la possibilité d'une guerre entre la France et le Canada.

L'opinion et la diplomatie canadienne: la France libre. — La politique canadienne à l'endroit de Vichy obéit donc à la fois aux exigences de la diplomatie alliée et au désir de ménager l'opinion publique canadienne-française. Qu'en est-il des relations entre le gouvernement canadien et la France libre? Les autorités britanniques et américaines s'immiscent-elles autant dans les rapports entre de Gaulle et le gouvernement canadien qu'elles ne l'ont fait dans les relations entre le Canada et Vichy?

L'état actuel de la documentation porte à croire que, sur cette question, Londres et Washington n'ont pas tenté d'influencer outre mesure le gouvernement canadien.

Ottawa pouvait librement définir sa politique vis-à-vis du mouvement gaulliste. Bien sûr, la reconnaissance diplomatique de Vichy et la présence de la mission française à Ottawa balisaient quelque peu la nature des liens possibles avec la France libre[87]. Mais la présence des hommes de Vichy au Canada n'empêchait pas en soi l'établissement de rapports officiels. Pourtant, les premiers contacts sont plutôt tièdes[88]. Mackenzie King et le docteur Skelton, sous-secrétaire d'État aux Affaires extérieures, ont constaté l'indifférence des médias canadiens-français à l'appel du 18 juin et connaissent la tiédeur avec laquelle a été reçu l'appel du 1er août du général de Gaulle aux Canadiens français[89]. Pour sa part, Ernest Lapointe, le bras droit québécois du premier ministre, juge sévèrement le discours du général de Gaulle. Il appréhende une controverse de Gaulle/Pétain au Québec, controverse qui, selon lui, pourrait nuire à la stabilité du pays et à l'effort de guerre canadien[90].

Au Canada anglais il n'y a pas d'ambiguïté: la France libre fait l'unanimité[91]. La volonté du général de Gaulle et de ses compagnons

87. CHANDLER, « De Gaulle, le Canada et la guerre », p. 6.

88. COUTURE, « Politics of Diplomacy », p. 147-150.

89. Sylvie GUILLAUME, « Les Québécois et la vie politique française, 1914-1969, parentés et dissemblances », thèse de doctorat de 3e cycle en histoire, Université de Bordeaux III, 1975, p. 113.

90. Dale THOMSON, *De Gaulle et le Québec*, Saint-Laurent (Québec), Éditions du Trécarré, 1990, p. 41.

91. COUTURE, « Politics of Diplomacy ».

de partager le sort des Londoniens ainsi que leur désir de respecter les engagements du gouvernement français auprès de leurs alliés anglais touchent la population anglaise du Canada. Rapidement donc, la presse anglophone prend position pour de Gaulle contre Pétain.

Skelton et King veulent éviter que la question française ne soulève les passions. Même sur les questions purement militaires, les autorités canadiennes tardent à collaborer avec le mouvement gaulliste. Le 1er octobre 1940 (quelques jours après l'échec de Dakar), le Cabinet fédéral établit les paramètres de ses rapports avec la France libre[92]. Tout d'abord, Ottawa se dit prêt à recevoir sur son territoire des pilotes de la France libre pour l'entraînement, mais à condition qu'on les incorpore dans des unités de la RAF[93]. Ensuite, le gouvernement refuse d'appuyer et d'encourager toute tentative de ralliement à la France libre des îles Saint-Pierre-et-Miquelon. Finalement, le procès-verbal de la réunion du Cabinet témoigne de la volonté d'Ottawa de n'accorder aucun privilège aux comités canadiens de la France libre.

Au mois de décembre 1940, la politique canadienne a peu évolué. Le 25 octobre 1940, le représentant britannique à Ottawa, W.C. Hankinson, écrit à Skelton pour lui faire part du désir des autorités de la France libre d'envoyer le capitaine Chevrier au Canada pour une mission de recrutement[94]. Hankinson précise que cette mission sera très discrète et que Chevrier voyagera en civil. La réponse de Skelton n'arrive que le 6 décembre[95]. Elle est brève : le gouvernement canadien ne croit pas souhaitable une telle visite.

Après le décès de Skelton au début de 1941 et la nomination de Norman Robertson au poste de sous-secrétaire d'État aux Affaires extérieures, les rapports entre le gouvernement canadien et la France libre s'amélioreront considérablement. À la suite du voyage de -

---

92. *DREC*, vol. 8, tome II. Compte rendu du Comité de guerre du Cabinet, 1er octobre 1940, p. 602.

93. Cette réponse est peut-être avant tout une façon détournée de ne pas devoir avouer qu'à l'époque l'armée de l'Air canadienne a peu d'instructeurs francophones pour entraîner les pilotes français. Il existe bel et bien des écoles au Québec qui enseignent aux Canadiens français, mais l'instruction se fait en anglais. Sur le plan d'entraînement des pilotes alliés au Canada, voir F.J. HATCH, *Le Canada, aérodrome de la démocratie : le plan d'entraînement du Commonwealth britannique, 1939-1945*, Ottawa, Service historique du ministère de la Défense nationale, 1983.

94. *DREC*, vol. 8, tome II. Télégramme du 25 octobre 1940, Hankinson à Skelton, p. 604.

95. *DREC*, vol. 8, tome II. Lettre du 6 décembre 1940, Skelton à Hankinson, p. 605.

d'Argenlieu au Canada au printemps 1941[96], le gouvernement canadien accordera certains privilèges à la France libre. Dorénavant, le Canada allait prendre une attitude mitoyenne, entre la collaboration ouverte — quoique difficile — de l'Angleterre avec la France libre, et l'hostilité à peine voilée de l'administration Roosevelt pour de Gaulle et ses compagnons[97]. Pour le fédéral, la France libre deviendra avant tout un véhicule de propagande au Canada français, un moyen d'accroître l'effort de guerre. Il ne sera toutefois pas question de reconnaissance officielle, même pour Robertson : « I think it is important to avoid any definition of the position of the Free French Forces and our relations to them[98]. » Patrick Lambert a raison de noter que :

> la « main tendue » aux gaullistes n'était pas envisagée par le gouvernement canadien comme une renonciation à sa politique vis-à-vis du gouvernement de Vichy, toujours populaire auprès des Canadiens français. Il fallait faire de la propagande pour de Gaulle tout en évitant de créer des troubles au sein de la population. C'est pourquoi si le gouvernement fédéral accorde toute facilité aux Forces françaises libres dans la pratique, il refuse néanmoins de les reconnaître au plan politique[99].

Vichy à la recherche d'une caution morale

La Révolution nationale et la collaboration franco-allemande. — Au début de juin 1940, le cabinet français est divisé entre partisans de la poursuite de la lutte par l'Empire et partisans de la cessation des hostilités. Pétain, rappelé de son ambassade à Madrid, se range du côté des seconds. « Pour Pétain, limiter les souffrances des Français, arrêter les hostilités, reconstruire le pays, sont des perspectives qui, dans son esprit, deviennent des projets et des objectifs indissociables[100]. »

---

96. Voir chapitre 4.

97. CHANDLER, « De Gaulle, le Canada et la guerre », p. 7. « Je crois qu'il est important que nous évitions de définir clairement le type de rapport que nous maintenons avec la France libre. » (*Nous traduisons.*)

98. APC, RG 25, série A.3, vol. 2792, dossier 712-C-40, partie 2. Rapport du secrétariat d'État aux Affaires extérieures (Robertson), décembre 1941, qui porte le titre « The Free French Mouvement in Canada ».

99. Patrick LAMBERT, *Les gaullistes au Canada, 1940-1942*, mémoire de maîtrise, Université de Paris I, 1982, p. 61.

100. FERRO, *Pétain*, p. 58.

Pour le Maréchal, profondément marqué par la rapidité de la défaite de l'armée française devant la puissance allemande, la capitulation témoigne de la détresse interne de la France. Il n'est pas le seul à voir dans la victoire allemande le triomphe d'une nation régénérée par un nouveau système politique sur une France que la Troisième République a rendu moribonde. Voici ce qu'écrivait Paul Baudouin, le ministre des Affaires étrangères de Vichy à l'été 1940, quelques années plus tard :

> Les Français doivent s'incliner devant la victoire allemande. L'Allemagne l'avait méritée. L'immense effort auquel elle s'est soumise depuis des années, alors que la France s'abandonnait à la facilité, lui donnait droit à la victoire... La France avait perdu l'esprit de sacrifice. En Allemagne, au contraire, un effort dur de toute une jeune génération, l'acceptation volontaire de lourds sacrifices, rendaient ce pays digne de la victoire[101].

La défaite française représente, pour Pétain et ses partisans, la défaite de la Troisième République, de la France jouissive et permissive. La France doit arrêter les combats pour consacrer ses énergies à se renouveler socialement et politiquement. La fin des hostilités est d'autant plus urgente qu'une guerre à outrance signifierait à coup sûr l'anéantissement de ce qu'il reste de l'Armée et de l'édifice social[102]. Le chaos pourrait alors s'emparer de la France, ouvrant la voie aux communistes.

En 1940, le Maréchal contemple l'Histoire. Il prend exemple sur les Allemands qui se sont relevés de l'armistice de 1918. Il se souvient aussi de la Prusse qui, sous l'occupation napoléonienne, avait effectué une petite révolution qui lui avait ensuite permis de participer à la victoire des Alliés contre l'Empire[103]. « Cette leçon, Pétain la connaissait par cœur ; d'une certaine façon, la partie qu'il entend mener désormais est ce Grand Jeu à la fois de la régénération intérieure et d'une politique extérieure qui devait permettre sinon une véritable revanche, du moins la libération de la patrie[104]. »

101. Paul Baudouin, *Neuf mois au gouvernement, avril à décembre 1940*, Paris, La Table Ronde, 1948, p. 265-267.

102. Burrin, *La France à l'heure allemande, 1940-1944*, p. 20.

103. Ferro, *Pétain*, p. 109-110.

104. *Ibid.*, p. 110.

À l'été 1940 donc, les Allemands ont gagné la guerre. Le salut ne viendra pas de l'Angleterre. On considère, à Bordeaux puis à Vichy, que ce n'est qu'une question de temps avant que l'Angleterre ne plie devant l'armée allemande. La politique étrangère du gouvernement français doit permettre la survie de la France dans une Europe dominée par l'Allemagne[105]. En juin 1940, conserver le contrôle d'une partie de la métropole, de l'Empire et de la flotte apparaît comme une solution plus logique que de poursuivre la guerre et ainsi risquer de tout perdre.

La politique étrangère du régime doit assurer le minimum de stabilité nécessaire pour accomplir l'essentiel : la renaissance de la France grâce à la Révolution nationale. Cette Révolution paraît d'autant possible qu'à la fin de juin, toutes les forces politiques, hormis le gouvernement de Vichy, se sont effondrées. « La voie est libre pour une rénovation nationale dont les directions sont bientôt visibles : épuration administrative, interdiction de la franc-maçonnerie, châtiment des responsables de la défaite, poursuite des communistes et chasse aux gaullistes, dénaturalisation de certains Français, préparation d'un Statut des Juifs[106]. »

En somme, comme l'a écrit l'historien Robert Paxton : « Vichy n'est pas un petit pansement ; c'est de la grande chirurgie. La France est le seul des pays occidentaux occupés à ne pas se contenter d'administrer ; elle fait une révolution intérieure de ses institutions et de ses valeurs morales[107]. »

Élément essentiel pour assurer le succès de la Révolution nationale, la collaboration franco-allemande resterait, jusqu'à la fin du régime de Vichy, au cœur de sa politique étrangère. Après le renvoi de Laval en décembre 1940 et l'intermède Flandin[108], l'amiral Darlan[109] allait,

---

105. *Ibid.*, p. 111-112.

106. BURRIN, *La France à l'heure allemande, 1940-1944*, p. 22.

107. Robert O. PAXTON, *La France de Vichy*, Paris, Seuil, coll. « Point-Histoire », 1973, p. 31.

108. Pierre-Étienne Flandin, ancien président du Conseil sous la Troisième République, devient pendant quelque temps le vice-président du Conseil. Mais, n'ayant pas la confiance des Allemands, il doit démissionner en février 1941.

109. En juin 1940, l'amiral François Darlan commande la flotte française. En février 1941, Pétain lui confie la vice-présidence du Conseil. Nouvel homme fort du régime, Darlan poursuit activement, jusqu'à son renvoi en avril 1942, une politique de collaboration.

à partir de février 1941, faire sienne la politique développée par Pétain et Laval.

Vichy à la recherche d'une légitimité. — La collaboration franco-allemande est la pièce maîtresse de la politique étrangère du régime. Mais à l'été 1940, pour asseoir son autorité en France, le gouvernement de Vichy a un urgent besoin de légitimité internationale. À peine né, le nouvel État s'inquiète de sa position sur l'échiquier international.

Au moment où s'amorce une collaboration franco-allemande, la France n'est représentée ni à Berlin, ni à Rome, ni à Londres. Ni la Grande-Bretagne ni le Canada, ni l'Afrique du Sud, ni l'Italie, ne sont représentés auprès d'elle. L'URSS n'a pas accrédité d'Ambassadeur auprès du Gouvernement français.

L'évolution de la situation internationale amènera sans doute les États-Unis, d'un jour à l'autre, à rompre les relations diplomatiques avec la France ; cette rupture sera à peu près inévitablement suivie d'une manifestation analogue de tous les États du Centre-Amérique et de l'Amérique du Sud, du Canada, de l'Afrique du Sud [...]

Une pareille situation comportera, bien entendu, les plus sérieuses conséquences pour le ministère des Affaires étrangères, qui ne disposera plus que des contacts les plus ténus avec les autres pays, et auprès duquel ne sera plus accrédité qu'un corps diplomatique très réduit. Mais ces conséquences ne se limiteront pas au ministère des Affaires étrangères. En fait, par suite des circonstances, la France peut prochainement se trouver dépossédée de l'un des principaux attributs de la souveraineté d'un État : les relations diplomatiques avec les pays étrangers. Nul doute que beaucoup ne fassent état de la position qui sera, alors, la nôtre, pour contester notre indépendance[110].

La légitimité internationale est d'autant plus importante pour le régime qu'il doit faire face à une situation particulièrement difficile. Les troupes allemandes occupent physiquement plus de la moitié du territoire national. L'Allemagne annexe l'Alsace et la Lorraine ; rattache les départements du Nord et du Pas-de-Calais au commande-

110. *MAE*, série guerre 39-45, sous-série Vichy-International, vol. 288. Note de la direction politique du ministère des Affaires étrangères, le 27 octobre 1940.

ment militaire de Bruxelles, avec l'intention de les annexer une fois la paix conclue ; crée une zone interdite, au nord-est de la France, où l'on empêche le retour des réfugiés de juin 1940 ; et finalement, les troupes allemandes contrôlent la « zone occupée », c'est-à-dire plus de 304 000 km² avec 29 millions d'habitants, territoire sur lequel l'État français ne peut gouverner sans le bon vouloir des autorités d'occupation[111].

Le gouvernement de Vichy n'a d'autorité réelle que sur les deux cinquièmes de la France et sur une population d'environ 13 millions d'habitants. Et même sur ce territoire, la rigueur de l'armistice limite l'action de l'État français : l'effectif de l'armée ne peut dépasser les 100 000 hommes et les Allemands contrôlent son armement ; tout le trafic commercial français est sous surveillance allemande ; la France doit payer quotidiennement au vainqueur, à titre de réparations, 400 millions de francs ; finalement, les Allemands détiennent plus d'un million et demi de prisonniers français[112].

Affaibli par l'occupant, le nouveau régime a besoin de garder les symboles de la souveraineté qu'il détient encore. D'autant plus que le mouvement gaulliste, qui ne semblait au départ qu'un regroupement marginal, prend avec le temps de l'ampleur et dispute au gouvernement du Maréchal la qualité de représentant légitime de la France. Vichy a donc intérêt à ce que le moins d'États suivent l'exemple de l'Angleterre, qui a rejeté, au profit de la France libre, la prétention de Vichy à la légitimité.

Les relations diplomatiques avec les États-Unis sont vitales pour le nouveau régime. Elles s'avèrent la meilleure caution internationale, sans laquelle le régime ne deviendrait, aux yeux de l'opinion publique française, qu'un simple protectorat allemand[113]. Les liens d'amitié historiques entre les deux pays, qui remontent à la guerre de l'Indépendance américaine, ont une portée symbolique et morale que le gouvernement français entend bien ne pas négliger[114].

Les liens historiques entre le Canada et la France ont également une importance symbolique. Ces liens nourrissent d'ailleurs la propagande du régime en France. Les diplomates français en poste au

---

111. Duroselle, *Politique étrangère de la France*, p. 264-265.

112. *Ibid.*, p. 268-270.

113. Léon Marchal, *De Pétain à Laval*, Paris, Office français d'éditions, 1945, p. 192-193.

114. Langer, *Our Vichy Gamble*, p. 185.

Canada envoient régulièrement des informations témoignant de l'affection du Canada français pour le régime de Vichy. Le service de propagande de Vichy les retransmet à son tour aux médias français. C'est ainsi que de larges extraits du numéro spécial du *Quartier Latin*, journal des étudiants de l'Université de Montréal, daté du mois de décembre 1940 et consacré à la gloire de la France éternelle, sont publiés et commentés favorablement dans de nombreuses publications françaises[115].

Finalement, les légations permettent au gouvernement de Vichy d'entretenir, dans la mesure du possible, la fidélité des résidents français à l'étranger. Laissés à eux-mêmes, les Français de l'étranger pourraient être tentés par le gaullisme. De tels ralliements menaceraient la légitimité du régime à l'intérieur même de la France. Et ce risque est bien réel. C'est du moins l'avis du représentant vichyste à Ottawa, René Ristelhueber, qui, dans un télégramme envoyé à la fin mai 1941 — en pleine crise syrienne[116] —, informe son ministère que la colonie française du Canada passerait probablement aux mains de la dissidence gaulliste en cas de rupture diplomatique[117].

Le Canada et la diplomatie vichyste. — À l'été et à l'automne 1940, la politique de collaboration n'exclut pas, pour certains membres du gouvernement, le maintien de liens officiels avec l'Angleterre. C'est le cas notamment de François Charles-Roux, à l'époque secrétaire général des Affaires étrangères. Charles-Roux espère éviter la rupture complète avec l'Angleterre. Dans les jours qui suivent la fin des combats en France, alors que les canaux diplomatiques habituels sont coupés l'un après l'autre, le ton monte entre les deux gouvernements.

---

115. *MAE*, série guerre 39-45, sous-série Vichy-État français, vol. 172. *Bulletin d'informations générales*, n° 28, mardi 11 mars 1941. Aussi, *MAE*, série guerre 39-45, sous-série Vichy-Amérique, vol. 12. Lettre du 4 décembre 1941, Coursier à Ristelhueber.

116. En juin 1941, les troupes britanniques et françaises libres attaquent les positions vichystes en Syrie et au Liban après que l'amiral Darlan eut permis aux avions allemands d'utiliser les aéroports français de Syrie lors de leurs missions de ravitaillement des troupes de Rachid Ali, en rébellion ouverte contre la puissance coloniale anglaise en Irak. Au cours de ces semaines mouvementées, l'idée de remercier le ministre français à Ottawa fut plus d'une fois soulevée à Londres et à Ottawa.

117. *MAE*, série guerre 39-45, sous-série Vichy-Amérique, vol. 8. Télégramme du 30 mai 1941, Ristelhueber à Darlan.

Charles-Roux, avec l'accord du ministre des Affaires étrangères Baudouin, se tourne alors vers les anciens Dominions.

Dès le 23 juin partit de Bordeaux un télégramme pour nos représentants à Ottawa et à Pretoria, les chargeant d'aviser les premiers ministres du Canada et d'Afrique du Sud de la pénible impression produite, dans nos sphères gouvernementales, par les déclarations de M. Churchill, de leur demander leurs bons offices pour modérer le gouvernement anglais, enfin de renouveler l'assurance que la France ne se prêterait à aucune mesure dirigée contre la Grande-Bretagne[118].

Avant sa démission en novembre 1940, le diplomate français multiplie les télégrammes en direction de Washington et des Dominions pour les enjoindre d'intercéder auprès de Londres en faveur de la France. Le diplomate, dans son témoignage écrit quelques années après la fin de la guerre, fait état des réactions du premier ministre Mackenzie King aux événements tragiques de l'été 1940 : « Dans la détresse où nous étions alors, ces démonstrations de sympathie canadienne nous furent douces ; et nous nous sommes plu à penser qu'elles n'étaient pas demeurées entièrement platoniques[119]. »

Même après la fin du dialogue Vichy-Londres, le gouvernement du maréchal Pétain a tout intérêt à maintenir ses relations diplomatiques avec le gouvernement canadien. La priorité absolue reste la survie du régime, quel que soit le vainqueur de la guerre. Jusqu'à l'automne 1941, Pétain demeure persuadé que l'Allemagne restera invaincue. Les belligérants signeront une paix blanche, paix à laquelle la France sera associée et où elle pourra peut-être jouer le rôle de médiateur[120]. Mais pour jouer ce rôle, encore faut-il garder des contacts avec des pays membres de la coalition alliée.

Toutefois, après l'entrée en guerre des États-Unis, la défaite allemande devient théoriquement possible. Dans ce cas de figure, il faut s'assurer de la bonne volonté des pays alliés. « Il faut donc essayer de maintenir de bonnes relations avec Washington, dans l'espoir que, peut-être, les Alliés laisseront subsister le régime de Vichy après la

---

118. François CHARLES-ROUX, *Cinq mois tragiques aux Affaires étrangères (21 mai – 1ᵉʳ novembre 1940)*, Paris, Plon, 1949, p. 98-99. Voir également *MAE*, série Papiers 1940, sous-série Papiers Baudouin, vol. 2. Télégramme du 23 juin 1940, Baudouin à Ristelhueber.

119. CHARLES-ROUX, *Cinq mois tragiques aux Affaires étrangères*, p. 145.

120. Henri DU MOULIN DE LABARTHÈTE, *Le temps des illusions, souvenirs. Juillet 1940 à avril 1942*, Genève, Éditions du Cheval Ailé, 1946, p. 199-200.

guerre, moyennant quelques concessions de pure forme à l'idéologie libérale[121]. » Ce qui est vrai pour les États-Unis l'est également pour le Canada. D'autant plus que lors des négociations de paix, le Canada pourrait à la fois influencer les États-Unis et l'Angleterre[122].

Les hautes instances dirigeantes à Vichy connaissent les sympathies canadiennes-françaises à leur égard[123]. Ristelhueber les renseigne périodiquement sur l'état de l'opinion dans le Dominion. Dans une lettre écrite le 26 juillet 1940, le ministre de France à Ottawa donne sa version des motifs qui ont poussé le gouvernement canadien à ne pas rompre avec son gouvernement. Après avoir suggéré comme élément de réponse la volonté d'une partie de la population d'affirmer son indépendance face à l'Angleterre ainsi que du caractère conciliant de Mackenzie King, Ristelhueber enchaîne en écrivant :

> La présence de trois millions et demi de Canadiens français[124] — sur une population de onze millions — crée évidemment au Dominion des problèmes spécifiques très différents de ceux qui se posent aux pays de race purement britannique. Il n'est pas possible ici d'insulter le nom français, la race française, sans soulever des remous dont le Gouvernement d'Ottawa est obligé de mesurer le péril[125].

Quelques semaines plus tard, le consul de France à Montréal, Henri Coursier, renchérit :

> Les malheurs de notre patrie n'ont fait que renforcer les liens qui unissent les Canadiens français à la terre de leurs ancêtres et, s'il est utile de combattre ici certaine propagande d'inspiration britannique, nulle arme ne saurait être maniée avec plus de succès que l'opinion du Canada français. C'est elle, à n'en pas douter, qui a pesé sur la décision du Gouvernement fédéral pour l'amener à définir sa position à l'égard du nouveau Gouvernement français[126].

---

121. MARCHAL, *De Pétain à Laval*, p. 210-211.

122. *MAE*, série Papiers 1940, sous-série Papiers Baudouin, vol. 4. Télégramme du 27 août 1940, Baudouin à Ristelhueber.

123. Voir CHARLES-ROUX, *Cinq mois tragiques aux Affaires étrangères*, p. 145, 345 et 381.

124. Pour uniformiser le manuscrit, nous avons pris la liberté d'utiliser, dans les citations, l'orthographe actuel pour les mots qui à l'époque s'écrivaient différemment.

125. *MAE*, série guerre 39-45, sous-série Vichy-Amérique, vol. 7. Lettre du 26 juillet 1940, Ristelhueber à Baudouin.

126. *MAE*, série guerre 39-45, sous-série Vichy-Œuvres, vol. 65. Lettre du 16 août 1940, Coursier à Baudouin.

Et à Vichy, on s'intéresse à l'opinion publique canadienne-française. Ainsi, le 22 juillet, Guérard, directeur du cabinet de Baudouin, envoie ce message à Ristelhueber : « Plusieurs informations de sources étrangères font état de dissentiments dans l'opinion publique canadienne troublée par l'attentat de Mers el-Kébir. Veuillez me renseigner aussi complètement que possible sur les réactions de l'opinion canadienne[127]. » Cinq jours plus tard, c'est au tour du responsable de la division d'Amérique au ministère des Affaires étrangères d'envoyer ce télégramme à Ristelhueber : « J'attacherais du prix à être tenu au courant d'une manière suivie des appréciations de la presse canadienne-française et anglaise sur le Gouvernement français[128]. »

Pour ne pas être remerciée par les autorités fédérales, la représentation de Vichy doit éviter, avec une propagande trop agressive au Canada français, de piquer la colère du Canada anglais. Les représentants de Vichy savent pertinemment que la France libre jouit du support du Canada anglais. Ils sont également au courant que le gouvernement King tente par tous les moyens d'éviter que la question française ne prenne les devants dans l'actualité. En ce sens, les intérêts du gouvernement canadien et de l'État français convergent.

Dans un télégramme adressé à Baudouin, Ristelhueber suggère, vu les bonnes dispositions du premier ministre King, de ne pas se « servir d'une arme [la sympathie des Canadiens français] dont il [King] redoute les effets[129] ». Dans sa réponse envoyée le 27 août 1940, Baudouin informe Ristelhueber qu'il a très bien compris la situation canadienne :

Je conviens avec vous de l'intérêt que nous avons à ne pas créer d'embarras au Gouvernement canadien en surexcitant chez les Canadiens français des sympathies profrançaises qui provoqueraient des controverses entre eux et les Canadiens anglais. Il y a donc là un devoir de discrétion qui s'impose à nous[130].

---

127. *MAE*, série guerre 39-45, sous-série Vichy-Amérique, vol. 3. Télégramme du 22 juillet 1940, Guérard à Ristelhueber.

128. *MAE*, série guerre 39-45, sous-série Vichy-Amérique, vol. 3. Télégramme du 27 juillet 1940, Séguin à Ristelhueber.

129. *MAE*, série guerre 39-45, sous-série Vichy-Amérique, vol. 4. Télégramme du 26 août 1940, Ristelhueber à Baudouin.

130. *MAE*, série Papiers 1940, sous-série Papiers Baudouin, vol. 4. Télégramme du 27 août 1940, Baudouin à Ristelhueber.

Mais s'abstenir de toute propagande, c'est laisser tout le terrain à la France libre. À long terme, c'est prendre le risque de perdre son capital de sympathie au Canada français. Les représentants de Vichy mèneront donc une propagande discrète pour conserver leurs amitiés au Canada français. Et, comme nous le verrons, la compétition toujours croissante de la France libre poussera Vichy à utiliser une propagande de plus en plus militante, oubliant quelque peu sa réserve initiale, au point d'indisposer le gouvernement canadien.

La France libre : rallier l'opinion pour convaincre les gouvernements

Remettre la France dans la guerre. — Entre le 18 et le 25 juin, de Gaulle multiplie les appels aux dirigeants de l'Empire pour qu'ils reprennent, avec lui, le combat contre l'Allemagne[131]. Le 19 juin, il écrit au général Noguès, résident général au Maroc, pour l'enjoindre de prendre le leadership de la résistance à l'Allemagne. Le lendemain, de Gaulle essaie de convaincre le général Weygand. En pure perte. À la fin de l'été, seuls quelques officiers supérieurs, tels les généraux Catroux et Legentilhomme et l'amiral Muselier, auront relevé le défi audacieux de la France libre.

Pour Michèle et Jean-Paul Cointet, l'échec initial du général de Gaulle à rallier des personnalités françaises lui dictait la marche à suivre :

Cette succession d'échecs dans les tentatives initiales d'élargissement du mouvement est à l'origine de deux conséquences fondamentales ; la formation d'un mouvement « gaulliste » et sa reconnaissance par les autorités anglaises d'abord ; ensuite la rapide évolution de ce mouvement dans une direction politique. Joint à l'absence de ralliements de personnalités représentatives, le constat de limitations strictes apportées par l'Angleterre à la souveraineté de la France libre et de l'ambiguïté des garanties britanniques allait rapidement convaincre de Gaulle de la nécessité d'un prolongement de son action sur le plan politique[132].

De Gaulle a-t-il, dès juin 1940, considéré son action dans une perspective politique, par laquelle il reprenait le flambeau français abandonné à Bordeaux par le dernier gouvernement de la Troisième

---

131. LACOUTURE, *De Gaulle*, I : *Le rebelle*, p. 375-378.
132. COINTET, *La France à Londres*, p. 56-57.

République? Voici ce qu'en pensait le principal intéressé quatorze ans après les faits:

> Poursuivre la guerre? Oui, certes! Mais pour quel but et dans quelles limites? Beaucoup, lors même qu'ils approuvaient l'entreprise, ne voulaient pas qu'elle fût autre chose qu'un concours donné, par une poignée de Français, à l'Empire britannique demeuré debout et en ligne. Pas un instant, je n'envisageais la tentative sur ce plan-là. Pour moi, ce qu'il s'agissait de servir et de sauver, c'était la nation et l'État.
>
> Je pensais, en effet, que c'en serait fini de l'honneur, de l'unité, de l'indépendance, s'il devait être entendu que, dans cette guerre mondiale, seule la France aurait capitulé et qu'elle en serait restée là. Car, dans ce cas, quelle que dût être l'issue du conflit, que le pays, décidément vaincu, fût un jour débarrassé de l'envahisseur par les armes étrangères ou qu'il demeurât asservi, le dégoût qu'il aurait de lui-même et celui qu'il inspirerait aux autres empoisonneraient son âme et sa vie pour de longues générations. Quant à l'immédiat, au nom de quoi mener quelques-uns de ses fils à un combat qui ne serait plus le sien? À quoi bon fournir d'auxiliaires les forces d'une autre puissance? Non! Pour que l'effort en valût la peine, il fallait aboutir à remettre dans la guerre, non point seulement des Français, mais la France[133].

Que ce texte exprime ou non les véritables sentiments du Général en juin 1940 n'importe finalement guère. Son action, à partir de l'été 1940, est demeurée, jusqu'à la fin du conflit, conforme à l'esprit du texte.

Les objectifs fixés par de Gaulle à son mouvement se résument à trois choses: «maintenir la France au combat; établir une coopération étroite avec les Alliés; lutter afin de préserver le rang de la France dans le monde tel qu'il était en 1939[134]». Pour réussir, de Gaulle doit compter sur le respect de ses alliés. De ces derniers, il espère «une aide matérielle sous forme d'avances et sans contreparties attentatoires à son indépendance, le respect de la souveraineté française dans son Empire, la reconnaissance de la France libre comme seule représentante des intérêts français[135]»...

---

133. DE GAULLE, *Mémoires de guerre*, tome I, p. 87.
134. COINTET, *La France à Londres*, p. 131.
135. *Ibid.*

Comme il l'exprime lui-même, la précarité de sa situation en juin 1940 lui dictait une ligne de conduite inflexible :

Quant à moi, qui prétendais gravir une pareille pente, je n'étais rien, au départ. À mes côtés, pas l'ombre d'une force, ni d'une organisation. En France, aucun répondant et aucune notoriété. À l'étranger, ni crédit, ni justification. Mais ce dénuement même me traçait ma ligne de conduite. C'est en épousant, sans ménager rien, la cause du salut national que je pourrais trouver l'autorité. C'est en agissant comme champion inflexible de la nation et de l'État qu'il me serait possible de grouper, parmi les Français, les consentements, voire les enthousiasmes, et d'obtenir des étrangers respect et considération... Bref, tout limité et solitaire que je fusse, et justement parce que je l'étais, il me fallait gagner les sommets et n'en descendre jamais plus[136].

La légitimation de son mouvement passait par l'abaissement de celle du régime de Vichy. Pour Michèle et Jean-Paul Cointet, « le pas est franchi, qui mène à la réfutation de la légalité de Vichy au nom de la légitimité de la France libre, avec la mise au point constitutionnelle de René Cassin dans la revue *La France libre* en décembre 1940[137] ». Le régime de Vichy est illégal pour trois raisons : *(1)* l'ennemi occupant la France, le gouvernement de Vichy ne peut prétendre gouverner librement ; *(2)* de multiples vices de procédure ont entaché le transfert de la Troisième République au nouvel État français ; *(3)* Vichy a commis un abus de pouvoir en abandonnant par des actes constitutionnels le régime républicain[138].

Une conclusion s'impose : « Vichy n'est pas la France[139]. » La France libre prend provisoirement sur elle le rôle de veiller aux intérêts de la France. De Gaulle entend en être le régent, jusqu'à ce que les Français puissent de nouveau s'exprimer librement sur leur avenir politique[140].

Dans ses rapports avec les Alliés, de Gaulle recherche pour la France, à travers les Français libres, le respect dû à un allié. De Gaulle veut participer de plein droit à la coalition, non pas en subordonné, en

---

136. De Gaulle, *Mémoires de guerre*, tome I, p. 88-89.

137. Cointet, *La France à Londres*, p. 87.

138. *Ibid.*

139. Henri Michel, *Les courants de pensée de la Résistance*, Paris, PUF, 1962, p. 46-47.

140. *Ibid.*, p. 50.

simple auxiliaire des Britanniques et des Américains, mais en allié indépendant, ne répondant en bout du compte qu'aux intérêts français[141]. À partir du 18 juin 1940, Charles de Gaulle

> se juge dépositaire de cet immense capital [l'Empire], et tenu en conscience et en droit de le remettre, après l'avoir fait fructifier en le transférant dans le camp des combattants puis des vainqueurs, aux mains de la nation française, de la « personne » France. Il s'estime « fidéicommis » de cet héritage, et la violence avec laquelle il en exigera, de ses alliés aussi bien que de ses adversaires, l'intégrité, dit bien la nature du contrat qu'il a unilatéralement passé avec la collectivité nationale. L'idée de payer de quelque concession territoriale le droit de figurer parmi les vainqueurs lui est totalement étrangère, et même anathème[142].

De Gaulle veut s'assurer qu'à l'heure de la signature du traité de paix, on ne lésera pas la France, qu'elle ne fera pas les frais des erreurs commises par Vichy[143]. Voici comment l'historien Henri Michel résume la pensée de la France libre et de son chef à l'égard de leurs alliés :

> Solidarité dans le combat commun, mais entre partenaires égaux. De Gaulle récuse tout empiétement sur la souveraineté française, brandit s'il le faut, la menace de la rupture, mais ne rompt pas, sans, pour autant, céder. Prompt à la méfiance, intraitable sur l'autorité de son pays et sur la sienne propre, il est convaincu de représenter et de défendre les intérêts de la France et il pense que les Alliés finiront toujours par accorder à sa Patrie ce qu'ils refusaient à lui-même. Il parle haut, pour qu'on n'oublie pas que son pays est grand[144].

L'inflexibilité du Général et les impératifs stratégiques des Alliés allaient, à plusieurs reprises, s'opposer. Les rapports du Général avec le gouvernement anglais ne furent jamais simples. Mais si les relations du général de Gaulle avec ses alliés britanniques furent souvent difficiles, que dire des problèmes qu'il rencontra en Amérique ?

---

141. VIORST, *Hostile Allies, FDR and Charles de Gaulle*, p. 74-75.
142. LACOUTURE, *De Gaulle*, I : *Le rebelle*, p. 428.
143. SHIPLEY-WHITE, *Les origines de la discorde*, p. 156.
144. MICHEL, *Les courants de pensée de la Résistance*, p. 83.

L'attitude américaine à l'endroit des Français libres n'a pas été, tout au long du conflit, d'une complète mauvaise foi. Les Américains étaient prêts à négocier avec les administrateurs des colonies ralliées à la France libre. En ce sens, ils restaient fidèles à leur politique de « représentation locale[145] ». Mais cette politique américaine allait à l'encontre de la volonté du Général de voir la France libre reconnue à titre de représentant légitime de la France, et, en ce sens, de regrouper pour la lutte contre l'Axe sous son seul drapeau tous les Français et les territoires français[146].

À la fin de 1941, les directives envoyées par Maurice Dejean, alors commissaire aux Affaires étrangères de la France libre, au nouveau représentant de la France libre aux États-Unis, Adrien Tixier, sont claires : « L'unité de la France et de son Empire constitue l'axiome fondamental de notre politique, qu'il ne faut jamais cesser de faire valoir au Département d'État. Dans l'intérêt même des États-Unis, un front unique français doit être constitué[147]. »

De Gaulle essaie de tisser des liens avec Washington. À l'été 1941, il envoie aux États-Unis René Pleven, alors directeur des Affaires extérieures et économiques de la France libre, à la fois pour y établir sur des bases solides l'organisation de la France libre et pour amorcer une collaboration plus étroite avec la démocratie américaine[148]. Encore à l'été 1941, de Gaulle offrait aux forces américaines d'utiliser les diverses bases de l'Empire français contrôlées par la France libre.

Et peu à peu, la France libre marque des points. En septembre 1941, les États-Unis dépêchent le colonel Cunningham dans les territoires africains contrôlés par les Français libres et le 11 novembre, les autorités américaines étendent la loi « prêt-bail » à la France libre (ouverture d'un crédit illimité en vue de la livraison de matériel de guerre[149]).

Les progrès sont toutefois loin d'être constants. Dans les dernières semaines de l'année 1941, après le renvoi de Weygand[150] et l'entrée

---

145. Duroselle, *Politique étrangère de la France*, p. 445-446.

146. Viorst, *Hostile Allies, FDR and Charles de Gaulle*, p. 76.

147. MAE, série guerre 39-45, sous-série Londres, vol. 310. Lettre du 17 décembre 1941, Dejean à Tixier.

148. Lacouture, *De Gaulle*, I: *Le rebelle*, p. 515.

149. *Ibid.*, p. 518.

150. En novembre 1941, sous la pression combinée des Allemands, qui s'inquiètent des activités du général en Afrique du Nord, et de l'amiral Darlan, qui veut se débarrasser d'un rival qui nuit à ses efforts de rapprochement avec les Allemands, Pétain obtient la démission de Weygand.

en guerre des États-Unis, les Français libres ont peut-être cru que leur heure était venue, qu'ils allaient enfin devenir les interlocuteurs privilégiés de Washington. Mais les réactions américaines à l'opération sur Saint-Pierre-et-Miquelon envenimeront les relations entre Washington et les Français libres[151].

Le Canada et la diplomatie gaulliste. — À l'été 1940, le principal objectif du général de Gaulle est d'assurer la présence militaire de la France libre. Il doit donc armer et entraîner ses volontaires. Au début d'août 1940, bien avant que les Français libres aient mis sur pied une organisation digne de ce nom au Canada, de Gaulle réclame aux autorités canadiennes la permission d'envoyer 150 jeunes pilotes pour profiter des installations d'entraînement canadiennes[152]. Mais le gouvernement canadien, embarrassé de ne pouvoir offrir un personnel francophone pour entraîner convenablement les Français libres, tarde à répondre. Finalement, devant les demandes répétées du général de Gaulle, Ottawa accepte de recevoir les Français à condition que la RAF les incorpore dans ses rangs[153].

Mais l'importance géostratégique du Canada pour la France dépasse, surtout dans les mois difficiles de 1940 et de 1941, les seules considérations d'ordre militaire. Comme l'indique Auguste Viatte, professeur de littérature française à l'Université Laval et sympathisant de la première heure du général de Gaulle, la situation dramatique dans laquelle se trouvent les Alliés à l'automne 1940 rehausse l'importance stratégique et diplomatique du Canada.

> Il n'est pas besoin de souligner l'importance de l'enjeu que représente le Canada, clef de voûte de l'Empire britannique, et en particulier l'élément canadien-français. L'issue même de cette guerre peut en dépendre. Si Vichy s'alignait positivement avec Berlin contre Londres, un flottement ne risquerait-il pas de se produire ici ? Si dans l'Empire britannique certains milieux étaient un jour tentés par une « paix blanche » laissant subsister l'hégémonie allemande

---

151. CRÉMIEUX-BRILHAC, *La France libre*, p. 282-284.
152. *MAE*, série guerre 39-45, sous-série Londres, vol. 386. Lettre du 8 août 1940, de Gaulle à Massey.
153. *DREC*, vol. 8 tome II. Extrait du procès-verbal du Comité de guerre du Cabinet canadien, 1er octobre 1940.

sur le continent, les Canadiens français s'y opposeraient-ils ? Quel sera leur rôle dans les négociations de la paix et de l'après-guerre[154] ?

De Gaulle garde continuellement à l'esprit l'après-guerre, la place qu'on accordera à la France et son Empire lors du règlement définitif du conflit. Garant des intérêts de la France, la France libre doit manœuvrer sur le plan diplomatique pour que tout règlement ne se fasse pas sur le dos des intérêts français.

Il est impératif que la France libre s'assure de l'amitié du plus grand nombre de pays membres de la coalition alliée. Jusqu'en juin 1941, le Canada est le principal allié de l'Angleterre, pour être relégué au troisième rang à la fin de 1941, après l'entrée en scène des États-Unis et de la Russie. De même, ses liens historiques avec le Commonwealth et son attachement géopolitique à l'Amérique le destinent peut-être à jouer un rôle important à la fin de la guerre. La présence de plus de trois millions de descendants français au Canada pourrait influencer utilement le gouvernement canadien et ainsi aider la cause de la France. Pour Raymond Offroy, diplomate de carrière et rallié à la France libre dès février 1941 :

le Canada français représente une vaste communauté de près de 4 millions d'âmes qui aura son mot à dire dans la conférence de la paix, mais aussi parce qu'elle permettrait au gouvernement d'Ottawa de se montrer infiniment plus favorable à notre égard.

[...] une évolution du Gouvernement canadien ne manquerait pas d'avoir une importante répercussion à Washington[155].

D'ailleurs, selon Élisabeth de Miribel, responsable pour la France libre de la propagande au Canada, en agissant en ce sens, la France libre ne ferait que pousser les hommes politiques canadiens dans une direction qu'ils désirent eux-mêmes prendre. Pour Élisabeth de Miribel, « les ministres canadiens se préoccupent avant tout de l'évolution du Canada en tant que puissance d'Amérique et intermédiaire entre l'ancien et le nouveau Monde durant cette guerre[156] ». Quelques mois

---

154. *MAE*, série guerre 39-45, sous-série Londres, vol. 306. Lettre du 13 janvier 1941, Auguste Viatte au commandant Fontaine (?).

155. *MAE*, série guerre 39-45, sous-série Londres, vol. 198. Note du 22 septembre 1942, Raymond Offroy pour Dejean, commissaire aux Affaires étrangères de la France libre.

156. *MAE*, série guerre 39-45, sous-série Londres, vol. 391. Lettre du 3 décembre 1940, É. de Miribel pour France libre (Londres).

plus tôt, l'envoyée du général de Gaulle écrivait déjà que l'attitude conciliatrice de King à l'endroit de Vichy était « une manœuvre pour affirmer l'indépendance canadienne vis-à-vis de la Grande Bretagne et se ménager un rôle de médiateur entre la France d'après-guerre et l'Angleterre[157] ».

Le Canada, pour la France libre, comme d'ailleurs pour la France de Vichy, peut aussi devenir une arme de propagande utilisée en Métropole contre le régime vichyste. Pour de Gaulle, il est clair que les liens diplomatiques entre Vichy et plusieurs pays en guerre avec l'Axe, dont le Canada, nuisent à son mouvement[158].

Il faut convaincre les Canadiens français d'abandonner Pétain au profit de la France libre, et ainsi priver Vichy d'un outil de propagande. De plus, il faut augmenter la volonté de résistance de la population française et donc contredire la propagande vichyste et nazie qui minimise l'effort de guerre des Canadiens français. La France libre, de concert avec le service d'Information du gouvernement fédéral et de Radio-Canada, lance le 14 juillet 1941 une émission radiophonique sur ondes courtes diffusée à partir de la WRUL de Boston, « Les Canadiens parlent à la France », où des personnalités livrent aux Français des messages d'une quinzaine de minutes[159].

Si William Chandler a raison d'affirmer que les écrits de Charles de Gaulle « ne nous révèlent [pas...] s'il avait conscience de la dynamique et des motivations de la politique intérieure canadienne du moment [c'est-à-dire des pressions intérieures exercées sur la politique extérieure][160] », il a probablement tort en concluant qu'une telle absence signifie que le général français en ignorait l'importance. Dans les premiers mois de la France libre, alors que les structures du mouvement sont encore à l'état embryonnaire, de Gaulle correspond avec ses représentants en Amérique du Nord qui l'informent périodiquement de la situation interne du Canada. Et, alors que la France libre s'organise, les subordonnés du Général qui prennent en charge la

---

157. MAE, série guerre 39-45, sous-série Londres, vol. 391. Lettre du 17 octobre 1940, É. de Miribel à Geoffroy de Courcel.

158. DE GAULLE, Mémoires de guerre, tome I, p. 92.

159. MAE, série guerre 39-45, sous-série Londres, vol. 391. Télégrammes du 16 juillet et du 18 août 1941, É. de Miribel aux Services extérieurs de la France libre.

160. CHANDLER, « De Gaulle, le Canada et la guerre », p. 11.

gestion quotidienne des relations extérieures du mouvement gaulliste sont régulièrement nourris d'informations en provenance du Canada sur les rivalités entre le Canada français et le Canada anglais, et sur les fluctuations de la popularité à la fois de la France libre et du gouvernement de Vichy au Canada.

La France libre n'a pas tardé, à l'instar de ses rivaux vichystes, à mesurer le poids de l'opinion publique du Canada français sur la politique française du gouvernement King. Elle a aussi compris l'importance d'y effectuer une propagande active. Mais les Français libres ont conscience des difficultés qui les attendent. Élisabeth de Miribel, dès le 17 octobre 1940, blâme « l'hostilité latente des ministres canadiens-français et l'attachement persistant de M. King au gouvernement Pétain[161] » pour la lenteur des progrès de la France libre au Canada. Un mois plus tard, elle constate que « si les Canadiens anglais sont acquis à notre mouvement ainsi que la majeure partie de la population citadine », il en va autrement de l'élite canadienne-française.

> Une fois l'opinion « éclairée » canadienne-française gagnée, le reste ira tout seul, c'est elle qui retient les politiciens d'agir en notre faveur, et c'est à ce point de vue que [la province de] Québec représente sans doute le gros morceau à emporter. Nous nous heurtons surtout à un esprit de caste de bien-pensants qui tient pour Vichy et le Maréchal (symbole de la résignation repentie de la France) ; et à un public informé de façon tendancieuse par la presse catholique (*Le Devoir, L'Action catholique*)[162].

Le professeur Jacques Meyer-May, envoyé par la France libre à la fin de l'automne 1940 au Canada pour y évaluer la situation, arrive aux mêmes conclusions qu'Élisabeth de Miribel :

> Le gouvernement d'Ottawa est depuis longtemps dans l'obligation de ménager le sentiment de ses Canadiens français et de compter avec eux dans l'orientation de sa propre politique. Dans l'instance actuelle, le Gouvernement d'Ottawa ne songe pas une seconde à courir le risque si petit soit-il vis-à-vis de cette population difficile,

---

161. *MAE*, série guerre 39-45, sous-série Londres, vol. 391. Lettre du 17 octobre 1940, É. de Miribel à Courcel.

162. *MAE*, série guerre 39-45, sous-série Londres, vol. 391. Lettre du 23 novembre 1940, É. de Miribel à France libre.

en vue de bénéfices très problématiques qui résulteraient d'une éventuelle extension du Mouvement de Gaulle au Canada[163].

Pour marquer des points au Canada, la France libre n'a pas le choix, elle doit, contre Vichy, gagner le cœur des Canadiens français.

163. *MAE*, série guerre 39-45, sous-série Londres, vol. 306. Rapport de Meyer-May envoyé le 23 décembre 1940 par Garreau-Dombasle, représentant du général de Gaulle à New York, pour de Gaulle. Professeur de médecine à la faculté de Hanoï, Meyer-May s'était rendu aux États-Unis pour sensibiliser les autorités américaines au sujet de la menace japonaise sur l'Indochine.

2

Vichy hégémonique

Juin 1940 – hiver 1941

L'opinion publique et le régime de Vichy

Le Canada français avant 1940. — Dans les années 1960, Mason Wade écrivait : « la chute de la France laissa le Québec singulièrement froid », conséquence directe de l'isolement culturel du Québec, « résultat naturel d'un Mur de Chine érigé depuis longtemps autour de la province pour que les Canadiens français ne soient corrompus ni par la masse anglo-saxonne environnante, ni par la France athée contemporaine[1] ». Les recherches effectuées au cours des dernières années nous permettent de relativiser l'image d'un Québec replié sur lui-même et peu touché par la situation de la France.

Dans les années 1930, les idées traversent les frontières, y compris celles du Québec, et alimentent les débats idéologiques[2]. Les écrits d'Emmanuel Mounier et de Jacques Maritain fascinent les jeunes de

---

1. WADE, *Les Canadiens français, de 1760 à nos jours*, p. 363.
2. Catherine POMEYROLS, *Les intellectuels québécois : formation et engagements, 1919-1939*, Paris et Montréal, L'Harmattan, 1996 ; LINTEAU, DUROCHER, ROBERT, RICARD, *Histoire du Québec contemporain*, tome II, chapitre 8 ; Yvan LAMONDE et

La Relève[3] ; *L'Action française* de Charles Maurras inspire *L'Action canadienne française*, qui plus tard devient *L'Action nationale*[4] ; les communistes ont leur journal à Montréal, *La Clarté*[5] ; le corporatisme, qui suscite les débats dans les milieux catholiques d'Europe, influence la pensée de *L'École sociale populaire*[6]. Même le nazisme, avec Adrien Arcand, a ses émules au Canada[7].

Les journaux du Canada français font état des luttes qui secouent le vieux continent. Le Front populaire, la guerre d'Espagne, l'Anschluss et Munich sont abondamment commentés par les médias[8]. De même, des journaux français comme *Gringoire* et *Je Suis Partout*

Esther TRÉPANIER, *L'avènement de la modernité culturelle au Québec*, Institut québécois de recherche sur la culture, 1986 ; Gérard BOUCHARD et Yvan LAMONDE (dir.), *Québécois et Américains. La culture québécoise aux XIXe et XXe siècles*, Montréal, Fides, 1995.

3. André J. BÉLANGER, *Ruptures et constantes*, Montréal, Hurtubise HMH, 1977, chapitre I.

4. Pour deux visions différentes des rapports entre l'Action française parisienne et canadienne-française, voir Susan Mann TROFIMENKOFF, *Action française : French Canadian Nationalism in the Twenties*, Toronto, University of Toronto Press, 1975, chapitre 2 et Catherine POMEYROLS, *Les intellectuels québécois*, p. 291-318.

5. Marcel FOURNIER, « Clarté ou le rêve d'un Front populaire », *in* DUMONT, HAMELIN, MONTMINY, *Idéologies au Canada français*, vol. III : *1930-1945*. Québec, Presses de l'Université Laval, 1978 ; Marcel FOURNIER, *Communisme et anticommunisme au Québec 1920-1950*, Montréal, Éditions coopératives A. Saint-Martin, 1979 ; Andrée LÉVESQUE, *Virage à gauche interdit. Les communistes, les socialistes et leurs ennemis au Québec, 1929-1939*, Montréal, Boréal Express, 1985.

6. Clinton ARCHIBALD, *Un Québec corporatiste ?* Hull, Éditions Asticou, 1983, chapitres II et III ; Jacques ROUILLARD, *Histoire du syndicalisme québécois*, Montréal, Boréal, 1989, p. 165-175 ; G.-Raymond LALIBERTÉ, « Dix-huit ans de corporatisme militant. L'École sociale populaire de Montréal, 1933-1950 », *Recherches sociographiques*, vol. 21, n°s 1-2, janv.-août 1980, p. 55-96 ; Pierre TRÉPANIER, « Quel corporatisme ? 1820-1965 », *Cahier des dix*, n° 49, 1994, p. 159-212.

7. René DUROCHER, « Le Fasciste canadien, 1935-1938 », *in* DUMONT, HAMELIN, MONTMINY, *Idéologies au Canada français*, vol. III : *1930-1945*, Québec, Presses de l'Université Laval, 1978. Sur d'autres mouvements et groupuscules d'extrême droite au Canada dans les années 1930, voir Lita-Rose BETCHEMAN, *The Swastika and the Maple Leaf : Fascist Movements in Canada in the Thirties*, Toronto, Fitzhenry & Whiteside, 1975 ; Robert COMEAU, « L'idéologie petite-bourgeoise des indépendantistes de la Nation, 1936-1938 », *in* DUMONT, HAMELIN, MONTMINY, *Idéologies au Canada français*, vol. III : *1930-1945*, Québec, Presses de l'Université Laval, 1978 ; Pierre TRÉPANIER, « La religion dans la pensée d'Adrien Arcand », *Cahier des dix*, n° 46, 1991, p. 207-246.

8. Sur la guerre d'Espagne, voir Marc CHARPENTIER, « Columns on the March : Montreal Newspapers Interpret the Spanish Civil War, 1936-1939 », mémoire de maîtrise, Université McGill, 1992.

circulent en grand nombre au Québec[9]. Sans oublier qu'avant 1939, la France exporte une quantité importante de livres au Canada[10]. Alors, peut-on vraiment parler d'isolement intellectuel quand on évoque le Canada français des années 1930 ?

Dans toute cette effervescence idéologique, deux courants de pensée dominent le paysage intellectuel canadien-français. Mis à part quelques individus, militant au Parti communiste, ou gravitant autour de l'hebdomadaire *Le Jour*, ou communiant aux idées personnalistes de *La Relève*, ou s'abreuvant au national-socialisme version Arcand, l'intelligentsia canadienne-française se reconnaît soit dans l'idéologie libérale[11], soit dans ce que l'on a appelé le clérico-nationalisme. Alors que la première s'alimente essentiellement au libéralisme anglo-saxon, idéologie hégémonique en Amérique du Nord, la seconde, dominante auprès de la jeunesse intellectuelle canadienne-française, puise également à l'extérieur du Québec, en partie du moins, ses idées et ses thèmes.

Partout dans les sociétés catholiques, depuis la fin du XIXe siècle, la Révolution industrielle et la fièvre démocratique érodent les structures sociales qui assuraient jusque-là, sinon la prédominance, du moins une forte influence de l'Église. Pie IX et ses successeurs, conscients des dangers, ont tenté de répondre aux nouveaux défis du siècle[12]. Mais les solutions envisagées, tantôt réactionnaires, tantôt plus conciliantes, n'ont pas encore, à la veille de la Deuxième Guerre mondiale, tout à fait réconcilié l'Église avec la société moderne.

Si les catholiques s'entendent sur la nécessité de mettre un terme à l'antagonisme entre le capital et le travail, ils se divisent sur les moyens à prendre pour y arriver. Certains optent pour une solution

---

9. Dans un rapport rédigé en juin 1943, le représentant du général de Gaulle au Canada, Gabriel Bonneau, parle d'une diffusion de 4000 exemplaires pour *L'Action française* et 15 000 pour *Gringoire* pour le Canada français avant la guerre. Ces chiffres semblent toutefois excessifs. *MAE*, série guerre 39-45, sous-série Londres, vol. 198. Télégramme du 9 juin 1943, de Bonneau au Comité national français.

10. Pierre SAVARD, « L'ambassade de Francisque Gay au Canada en 1948-1949 », *Revue d'Ottawa*, vol. 44, 1974, p. 14.

11. Fernande ROY, *Histoire des idéologies au Québec aux XIXe et XXe siècles*, Montréal, Boréal Express, 1993, p. 88-91 ; Victor TEBOUL, Le Jour, *émergence du libéralisme moderne au Québec*, Montréal, Hurtubise HMH, 1984.

12. Jean-Luc CHABOT, *La doctrine sociale de l'Église*, Paris, PUF, coll. « Que sais-je ?» 1989 ; Jean-Marie MAYEUR, *Catholicisme social et démocratie chrétienne*, Paris, Cerf, 1986 ; François-Georges DREYFUS, *Histoire de la démocratie chrétienne en France*, Paris, Albin Michel, 1988.

paternaliste, encourageant le capital à adopter quelques mesures pour diminuer les souffrances des classes laborieuses. D'autres croient plutôt qu'il est temps pour l'Église de prendre une part plus active dans la réorganisation sociale, de lutter pour l'abaissement des fossés entre classes. D'autres encore cherchent dans un corporatisme inspiré du modèle médiéval un moyen d'assurer l'équilibre social. Au Canada français comme ailleurs, l'élite catholique cherche, à travers ces différentes tendances, la solution pour répondre à ce qu'elle considère être une crise de civilisation[13].

Mais dans les milieux catholiques, dans une période de polarisation idéologique aussi prononcée, alors que l'Occident se dirige inexorablement vers une confrontation aux dimensions désastreuses, les totalitarismes et autoritarismes d'extrême droite ont, au cours des années 1930, fasciné bien des individus. En France, cet attrait s'est exercé, quoique pas exclusivement, sur les milieux catholiques de droite[14]. On admirait la discipline, on se reconnaissait dans la rhétorique communautaire, dans le discours sur la moralité politique, l'antilibéralisme et l'antimarxisme.

Comment douter que cette fascination n'ait fait son chemin au Canada français, société, du moins au niveau du discours véhiculé par ses élites, catholique et conservatrice, craignant comme la peste le danger communiste[15]? L'historien Pierre Trépanier n'hésite pas à dresser un parallèle entre le Canada français et l'Europe:

> Si la conjoncture internationale explique qu'un catholique européen peut, au tournant des années 1930, regarder avec sympathie les prémices de l'expérience fasciste, le climat particulier du Québec a pu jouer, dans le cas de certains Canadiens français sensibles à l'effervescence outre-Atlantique, un rôle de renforcement. On ne saurait exagérer le poids des prises de positions de l'Église catho-

---

13. Yvan LAMONDE, « Le père Georges-Henri Lévesque, un homme de la Crise », in *Territoires de la culture québécoise*, Sainte-Foy, Presses de l'Université Laval, 1991, p. 275-288.

14. BURRIN, *La France à l'heure allemande*, p. 48.

15. Andrée LÉVESQUE, *Virage à gauche interdit*, p. 121-145 ; Lucie LAURIN, « Communisme et liberté d'expression au Québec: la "loi du Cadenas", 1937-1957 », in Robert COMEAU et Bernard DIONNE (dir.), *Le droit de se taire. Histoire des communistes au Québec, de la Première Guerre mondiale à la Révolution tranquille*, Montréal, VLB éditeur, 1989; Gilles ROUTHIER, « L'ordre du monde. Capitalisme et communisme dans la doctrine de l'École sociale populaire. 1930-1936 », *Recherches sociographiques*, vol. 22, n° 1, janvier-avril 1981, p. 7-47.

lique québécoise, répercutées par *Le Devoir* et *L'Action catholique*. Ses adversaires sont ceux des fascistes canadiens-français et de la droite. Il en va de même pour ses héros, tel le général Franco [...]. Ses solutions, comme l'organisation corporative, ont un air de parenté avec celles des fascistes. Bien que les institutions politiques libérales, le parlementarisme à la britannique n'ait jamais été menacé dans les années 1930 au Québec, les idéaux démocratiques cèdent le pas devant les craintes suscitées dans l'Église par les menées, réelles ou imaginaires, des communistes canadiens[16]...

D'autant plus que dans les années d'avant-guerre, quantité d'ouvrages et d'hebdomadaires conservateurs et d'extrême droite français trouvent au Québec un lieu de diffusion propice. Premier parmi tous, Charles Maurras jouit depuis longtemps de l'admiration du milieu intellectuel canadien-français.

En tout cas, Élisabeth de Miribel, dans un rapport écrit à la fin mai 1942 et teinté d'amertume face à l'incompréhension qu'elle a dû affronter, affirme que « les nationalistes canadiens-français sont de tendance autoritaire, ils puisent leurs principes idéologiques dans les encycliques corporatives de l'Église, ils sont inclinés vers un corporatisme qui s'apparente au fascisme, vers l'intolérance raciale, vers l'autarcie économique[17] ».

Après avoir fréquenté les auteurs et les périodiques réactionnaires en provenance de la France, l'élite clérico-nationaliste n'a pas de mal à faire sienne l'animosité de l'extrême droite française à l'endroit de la République, cette gueuse qui persécute la Sainte Église.

Cette antipathie est d'autant partagée qu'on cultive l'amertume de l'abandon par la mère patrie de ses fils et filles sur les rives du Saint-Laurent au XVIIIe siècle. Voici ce qu'écrivait au début novembre 1941 dans son journal de bord le commandant du sous-marin *Surcouf*, joyau de la marine de la France libre, après une visite de quelques jours au Québec :

> Les milieux bourgeois nous reçoivent en tant que Français, mais ne comprennent pas que nous soyons pro-britanniques. Ils nous reçoivent même avec une certaine condescendance, car chacun sait que la France est devenue le réceptacle de tous les vices et de toutes

---

16. Trépanier, « La religion dans la pensée d'Adrien Arcand », p. 220-222.

17. *MAE*, série guerre 39-45, sous-série Londres, vol. 198. Rapport du 28 mai 1942, É. de Miribel à Dejean.

les turpitudes, tandis qu'ils ont su garder toutes les fortes vertus de l'ancienne race[18].

La Révolution nationale et le Canada français. — En juin 1940, la défaite militaire de la France unit dans la douleur le Canada français[19]. Laurendeau parle de « la douleur morne des foules montréalaises » qui pendant quelques semaines « eurent l'air de porter le deuil[20] ». Sur les causes de la défaite, on est nombreux dans la province de Québec à blâmer sévèrement la Troisième République pour son laxisme moral, son anticléricalisme et son manque de fermeté politique qui ont permis l'essor du Parti communiste et la victoire du Front populaire en 1936[21]. Le juge Édouard Fabre Surveyer, lors d'une causerie prononcée à Montréal le 14 août 1940, estime que la défaite « n'est que la conséquence de ce qui s'est passé en France depuis 1918, et que Weygand lui-même a signalé, d'année en année, dans les revues françaises, jusqu'à 1936, l'année de l'avènement du Front populaire, prélude et cause de l'effondrement total[22] ».

C'est donc la France pécheresse, la France athée qui a courbé l'échine devant l'envahisseur. Pour avoir abandonné sa véritable foi, la France expie. Selon *L'Écho du Bas Saint-Laurent*, c'est pour avoir oublié sa vocation de « fille aînée de l'Église » que la France a essuyé une douloureuse défaite[23]. Que Pétain fasse sien un tel postulat lui donne encore plus de poids. La France a dévié trop longtemps de sa véritable nature. Elle doit retrouver l'équilibre qui lui donnait sa force et sa grandeur, et mettre un terme aux excès commis depuis la Révolution. Purificatrice, la défaite permet d'espérer la renaissance de la vraie France, celle de Jeanne d'Arc et de saint Louis.

Les premières réactions au régime du maréchal Pétain sont plutôt favorables. Et, comme l'a écrit Yves Lavertu, « sur les bords du Saint-

18. *AM*, vol. TTC 49. Rapport mensuel du commandant de bord du *Surcouf*, commandant Louis Blaison, fait le 7 novembre 1941.

19. GUILLAUME, *Les Québécois et la vie politique française*, p. 88-89 ; Stéphane DIONNE, « La presse écrite canadienne-française et de Gaulle de 1940 à 1946 », mémoire de maîtrise, Université de Montréal, 1990, p. 22.

20. LAURENDEAU, *La crise de la conscription*, p. 54.

21. GUILLAUME, *Les Québécois et la vie politique française*, p. 89-90.

22. *MAE*, série guerre 39-35, sous-série Vichy-Œuvres, vol. 65. Copie de la causerie de Surveyer prononcée le 14 août 1940 au Club Kiwanis de Montréal, envoyée avec une lettre datée du 16 août 1940, Coursier à Baudouin.

23. ARMSTRONG, *French Canadian Opinion on the War*, p. 12.

Laurent, cet appui prendra dès le début une connotation idéologique en raison du profil de ses premiers adhérents[...] c'est-à-dire l'élite[24] ». Georges Pelletier écrit dans *Le Devoir* du 29 juin 1940 un éditorial qui est à la fois un éloge dithyrambique du chef de l'État français et une profession de foi à l'endroit de la nouvelle France qui renaîtra des décombres de la Troisième République. L'article, qui selon Robert Rumilly serait « la plus belle et probablement la seule belle page que ces épisodes déchirants aient inspiré au Canada[25] », porte le titre évocateur de « Les régimes passent, la France demeure ».

Maintenant, au fronton de l'édifice ébranlé, une haute figure de vieillard patriotique se dessine : celle du maréchal Pétain, chargé de la surhumaine tâche de faire consentir un peuple fier à l'armistice dur, de pacifier le pays morcelé, de l'orienter vers la restauration, qui sera longue, pénible et ingrate [...] La vérité, c'est qu'il n'y a peut-être pas dans l'histoire de la France ces années-ci figure plus noble que celle du vieux Maréchal prenant, en juin 1940, la responsabilité terrible d'opter entre la cessation des hostilités qui torturaient une race réduite à l'agonie et la continuation d'un crucifiement qui eût conduit au tombeau la nation française. D'où qu'ils viennent, les crachats à la face de cet homme l'honorent [...] Pétain a préservé son pays de la mort en 1940, au prix même de sa propre réputation d'invincible soldat. De telles âmes sont au-dessus de toute insulte, d'où qu'elle jaillisse.

[...]

L'évidence même, c'est que si la Troisième République se meurt, si elle est morte, il n'y a pas à la confondre avec la France. L'une était vieille, à soixante-dix ans, l'autre reste jeune, à quinze siècles d'âge et davantage. Sanglante, morcelée, mutilée, la France n'est pas morte. Nous ne sommes nous, Canadiens de langue française et quoi qu'on en ait dit avec générosité d'esprit mais trop tôt, que ses héritiers éventuels et lointains. Car, même couchée au lit de supplice, enchaînée, la France vit, la France vivra. Un régime est mort ? Un peuple grand survit, un cœur bat, un esprit palpite, une âme frémit, malgré les ténèbres opaques. La clarté de l'aube luira. Le jour renaîtra[26].

---

24. Yves LAVERTU, « Singularité du pétainisme québécois », *Bulletin d'histoire politique*, vol. 3, nos 3/4, été 1995, p. 179.

25. RUMILLY, *Histoire de la province de Québec*, tome 38, p. 179.

26. *Le Devoir*, 29 juin 1940.

Le discours social émanant de Vichy a de quoi séduire l'élite catholique et nationaliste du Canada français. Fidèle au premier mot d'ordre de la Révolution nationale, le gouvernement met à l'honneur la famille. Par diverses mesures, on encourage les naissances, on restreint le droit au divorce et à l'avortement[27]. La rhétorique vichyste exalte la femme, épouse et mère de famille[28]. Le cinéma fait l'éloge des valeurs familiales, le gouvernement Pétain instaure la fête des Mères le 25 mai 1941...

L'école est également au centre des préoccupations des idéologues de Vichy. Pour Pétain et son entourage, l'école républicaine laïque est la grande responsable de la défaite de 1940.

L'école doit faire comprendre aux enfants les bienfaits de l'ordre qui les protège et les soutient. Elle doit les rendre sensibles à la beauté, à la grandeur et à la continuité de la nation. Elle doit leur enseigner le respect des croyances religieuses et morales, en particulier celles que la France a cultivées depuis ses origines[29].

Mais la famille et l'école ne peuvent suffire au redressement moral de la nation française. L'État doit s'assurer que la jeunesse, l'avenir de la nation, ne succombe pas aux plaisirs de l'alcool, des livres et des spectacles immoraux. Il faut au contraire lui inculquer l'esprit d'héroïsme et de sacrifice et lutter contre l'égoïsme et l'individualisme[30]. Le régime crée un secrétariat général à la Jeunesse, de qui vont dépendre une série d'institutions tels les Chantiers de jeunesse, les Compagnons, l'École des cadres d'Uriage...

À cela s'ajoute la glorification de la France rurale. Pour Pétain, l'industrialisation avait, en partie du moins, provoqué le déclin de la France. La France n'avait-elle pas dominé l'Europe alors qu'elle était agricole[31]? Pour le Maréchal, c'est le paysan, combattant au front de 1914 à 1918, qui avait donné la victoire à la France. Il n'est donc pas surprenant de constater que le discours vichyste réserve une place importante aux valeurs paysannes, même si, paradoxalement, les politiques réelles de Vichy favoriseront les grandes exploitations agricoles, au détriment des petits paysans.

---

27. W.D. HALLS, *Politics, Society and Christianity in Vichy France*, Oxford & Providence (É.-U.), Berg, 1995, p. 259.

28. FERRO, *Pétain*, p. 260-261 ; HALLS, *Politics, Society and Christianity in Vichy France*, p. 260-261.

29. FERRO, *Pétain*, p. 262.

30. *Ibid.*, p. 271.

31. *Ibid.*, p. 275.

Le nouveau régime peut compter, du moins dans les premiers mois, sur un allié puissant : l'Église catholique. Après des décennies de rapports tendus, sinon hostiles avec la Troisième République, l'Église applaudit aux mesures conservatrices du gouvernement Vichy[32]. L'enseignement religieux fait un retour remarqué dans les salles de classe, les écoles privées ont de nouveau droit au financement gouvernemental, l'État élabore une politique familiale, une politique de retour à la terre et s'applique à châtier les mœurs. « L'Église retrouve dans la nouvelle France les principes qui la définissent : l'autorité, la hiérarchie, les bergers et le troupeau[33]. »

Le rejet de la France laïque et républicaine en faveur d'une France chrétienne souriait aux catholiques de la province de Québec. L'adhésion était d'autant plus naturelle qu'en plus de compter sur le support de l'Église de France, Vichy jouissait également de l'appui ouvert du Vatican[34].

Avec le régime de Vichy, on évacuait de l'autoritarisme de droite ce qu'il avait de plus répréhensible : la rhétorique anticléricale. Au contraire, Vichy prenait publiquement acte du caractère chrétien de la France, rejoignant ainsi l'Espagne de Franco et le Portugal de Salazar, des régimes politiques appréciés par une fraction importante de l'élite canadienne-française[35].

Doris Lussier, à l'époque jeune collaborateur de *La Droite*, résume avec clarté toutes les espérances mises en Pétain par l'élite cléricionationaliste :

La France vraie, celle de saint Louis et de Jeanne d'Arc, celle des corporations et des croisades, a jeté au linge sale sa défroque républicaine et anticléricale et laïque pour retrouver sous l'égide du glorieux Maréchal la figure traditionnelle et chrétienne qu'elle exhibait, rayonnante, au monde avant que les philosophes de l'obscurantisme révolutionnaire de 1789 ne l'aient voilée, salie et défigurée [...]

L'Europe et le monde se meurent de Liberté mal comprise ; laissons-les se dépouiller du vieil homme. Préparons-nous plutôt à les voir ressusciter à la lumière de l'Autorité, de cette autorité qui se

32. *Ibid.*, p. 218-219.
33. BURRIN, *La France à l'heure allemande*, p. 223.
34. HALLS, *Politics, Society and Christianity in Vichy France*, chapitre 14.
35. COMEAU, « La tentation fasciste du nationalisme », p. 159.

tient au-dessus et à distance aussi éloignée du libéralisme indivi-
dualiste que du totalitarisme animal[36].

Pour assurer le succès de la Révolution nationale, le gouvernement de
Vichy veut épurer la France.

Les premières mesures raciales remontent au 17 juillet 1940 : un
décret interdit à toute personne n'étant pas née de père français l'accès à la fonction publique[37]. Dans les semaines suivantes, on révise la
naturalisation des Français ayant reçu leur citoyenneté depuis 1927 ;
on chasse les Juifs de la ville de Vichy et des départements de l'Allier
et du Puy-de-Dôme ; on interdit aux médecins et avocats nés de pères
non français d'exercer leur profession...

Viennent ensuite les mesures législatives visant spécifiquement les
Juifs. Le 27 août 1940, on abroge la loi Marchandeau votée le 21
avril 1939 qui condamnait la littérature haineuse et qui visait précisément à mettre un terme aux violentes attaques antisémites de
Gringoire, *Candide*, *L'Action française* et *Je Suis Partout*. Le glisse-
ment, de plus en plus marqué, vers un antisémitisme d'État aboutit
au Statut des Juifs du 3 octobre 1940. Ce statut, comme les autres
mesures prises en 1940, ne doit rien aux Allemands, Vichy agissant
de sa propre initiative[38]. Les Juifs sont dorénavant exclus de la fonction publique ; on leur interdit d'enseigner ou d'exercer un commandement militaire ; ils n'ont plus le droit de travailler pour une entreprise recevant un financement public ; on limite leur nombre dans les
professions libérales ; on leur interdit la direction de journaux, ils ne
peuvent plus écrire dans les journaux, exception faite des journaux
scientifiques ; ils sont écartés de la direction des théâtres, de la radio
et du cinéma[39]. D'autres mesures allaient continuer à mettre les Juifs
en marge de la société française. À la fin, l'État français ira jusqu'à
apporter son aide logistique à la déportation en masse des Juifs vers
les camps d'extermination nazis.

36. Cité dans Lavertu, *L'affaire Bernonville*, p. 48.
37. Ferro, *Pétain*, p. 237-238.
38. Michaël R. Marrus et Robert O. Paxton, *Vichy et les Juifs*, Paris, Calmann-
Lévy, 1981, p. 19-20, 26-28.
39. Ferro, *Pétain*, p. 241.

André Laurendeau écrira, 20 ans après les événements, que les Canadiens français ignorèrent tout du sort réservé aux Juifs par le gouvernement de Vichy[40]. Pourtant, le journal le plus lu par l'élite intellectuelle canadienne-française de l'époque, *Le Devoir*, consacre, dès l'été 1940, de nombreux articles aux politiques racistes du gouvernement de Vichy.

Le directeur du quotidien montréalais, Georges Pelletier, approuve publiquement les premières mesures antisémites du nouveau régime. Dès le 10 août 1940, il défend les décisions prises par le gouvernement de Vichy en soulignant la trahison des étrangers qui ont poussé la France à la catastrophe. Du même souffle, Pelletier met en garde ses concitoyens canadiens-français contre la menace que font planer les immigrants juifs fuyant l'Europe[41]. Dans sa chronique du 15 août, Pelletier applaudit le gouvernement Pétain pour les purges effectuées dans les milieux du cinéma et de la radio :

> Le ministère Pétain prend des mesures pour que les dictateurs du cinéma français, la plupart métèques ou d'origine israélite, — le cinéma français n'avait, hors de Pagnol et de très rares autres producteurs authentiquement français, que des directeurs, des monteurs, etc., néo-français ou qui même ne l'étaient pas encore devenus, — ne puissent d'aucune manière rentrer en France[42].

Le 18 octobre 1940, le directeur du *Devoir*, dans un long éditorial, commente le Statut des Juifs du 3 octobre 1940. Les lois antisémites de Vichy étaient devenues nécessaires après l'arrivée massive de plus de 100 000 Juifs étrangers en France, exode qui « réveilla le sentiment antisémite que les circonstances tenaient plus ou moins en sommeil dans le pays depuis des années ». Sentiment stimulé par le gouvernement de Léon Blum, qui multiplia le nombre de

> fonctionnaires supérieurs juifs et les favoris juifs, dans la finance et les affaires, — éléments qui prirent une place et une arrogance considérables, causa une nouvelle crise d'antisémitisme en France. Il s'accrut du fait que, ces années-ci, les réfugiés allemands, autrichiens, tchécoslovaques en France furent en grand nombre des Juifs, qui ne furent pas toujours des plus discrets, et dont la présence en France créa des embarras au pays avec l'Allemagne[43].

---

40. Laurendeau, *La crise de la conscription*, p. 115.
41. Lavertu, *L'affaire Bernonville*, p. 41-42.
42. *Le Devoir*, 15 août 1940.
43. *Le Devoir*, 18 octobre 1940.

Une fois la guerre commencée, alors que l'on mobilisait les Juifs français, « Paris et les villes françaises regorgeaient, malgré la mobilisation, de Juifs étrangers qui faisaient des affaires comme d'ordinaire et s'enrichissaient en paix, alors que les citoyens français étaient aux armes ». Et Pelletier de conclure :

> Tout cela, dans un certain sens, explique comment il se fait que, présentement, dans la France libre[44], les Juifs ont assez mauvaise presse. Vichy a commencé par les exclure des fonctions publiques, faisant toutefois exception des Juifs qui ont servi dans les armées françaises, en 1914 et en 1939 et qui y ont été décorés ; ainsi que pour ceux qui ont rendu des services appréciables au pays, dans les domaines scientifique, littéraire ou artistique. À l'heure présente, le Juif ne peut plus être journaliste en France libre, — il tenait une place importante dans la presse d'avant-guerre , — ni enseigner, ni être fonctionnaire de l'État ou des colonies, ni être officier dans quelque corps de défense que ce soit... Il ne s'agit pas là de mesures vexatoires, mais de mesures indispensables à la sûreté de l'État, affirme le gouvernement de Vichy[45].

Les résultats obtenus, ou convoités, enchantent Simon Arsenault, rédacteur de *La Droite* :

> Pétain est pour nous la France nouvelle, c'est-à-dire la France purgée de ses parasites et de ses vices, embellie de ses charmes naturels retrouvés et de son sens chrétien politiquement récupéré. C'est cette France-là que les Canadiens français ont eue pour mère et dont ils sont fiers de s'avouer aujourd'hui les fils[46].

L'antisémitisme ne sévit pas uniquement au Canada français[47]. Il est également bien vivant chez les Canadiens d'origine anglo-saxonne. D'ailleurs, le seul mouvement ouvertement nazi et antisémite, le parti

---

44. Dans les premiers mois qui ont suivi l'armistice, plusieurs commentateurs utilisaient le terme de France libre pour désigner la partie du pays sous l'autorité directe du gouvernement de Vichy.

45. *Le Devoir*, 18 octobre 1940.

46. *La Droite*, 15 avril 1941.

47. Pierre ANCTIL, « Interlude of Hostility : Judeo-Christian Relations in Quebec in the Interwar Period, 1919-1939 », *in* Alan DAVIES (dir.), *Antisemitism in Canada : History and Interpretation*, Waterloo (Ont.), Wilfrid Laurier University Press, 1992 ; Irving ABELLA et Harold TROPER, *None is Too Many : Canada and the Jews of Europe,*

de l'Unité nationale d'Adrien Arcand, est d'esprit fédéraliste et pancanadien.

Ce n'est pas la politique antisémite du gouvernement Pétain qui explique sa popularité au Canada français. Mais, inversement, les mesures vexatoires envers les Juifs adoptées à Vichy n'éloignent pas les amitiés canadiennes. Pelletier approuve les politiques antisémites du gouvernement Vichy pour la simple et bonne raison qu'il n'y voit que la mise en place d'une politique qu'il souhaiterait, dans une certaine mesure, voir appliquer au Canada. Et le directeur du *Devoir* exprime ici un antisémitisme partagé par une fraction de la population catholique du Canada français. L'antisémitisme au Canada français est à la fois motivé par la peur que l'équilibre linguistique soit menacé par une population immigrante en quête de mobilité sociale, et qui donc s'intègre volontiers à la communauté anglophone ; à la fois par la hantise de voir les commerçants juifs mettre en péril les commerçants canadiens-français, et finalement exacerbé par la foi catholique qui érige une frontière entre les fidèles de Rome et le peuple déicide, inassimilable et étranger dans ces terres chrétiennes d'Amérique[48].

Le rejet de la collaboration. — Si plusieurs Canadiens français approuvent les objectifs de la Révolution nationale, la plupart se méfient de la politique de collaboration menée par le gouvernement de Vichy. C'est qu'au Canada français, le nazisme, « doctrine amorale et antireligieuse », n'a pas bonne presse[49].

De tous les aspects du régime de Vichy, la politique de collaboration est le plus détestable pour les Canadiens français. La presse juge sévèrement tous les discours et tous les moyens pris par Vichy en

---

1933-1948, Toronto, Lester & Orpen Dennys, 1982. Voir aussi les commentaires d'ABELLA lors de « l'affaire Jean-Louis Roux » : *Le Soleil*, 26 novembre 1996. Sur l'antisémitisme au Québec pendant les années 1930, voir deux analyses opposées : Esther DELISLE, *Le Traître et le Juif. Lionel Groulx, Le Devoir, et le délire du nationalisme d'extrême droite dans la province de Québec 1929-1939*, Montréal, l'Étincelle éditeur, 1992 ; Pierre ANCTIL, *Les Juifs de Montréal face au Québec de l'entre-deux-guerres. Le rendez-vous manqué*, Québec, Institut québécois de recherche sur la culture, 1988.

48. ANCTIL, « Interlude of Hostility », p. 137 et 155.

49. *MAE*, série guerre 39-45, sous-série Vichy-Amérique, vol. 3. Lettre du 8 août 1940, Ristelhueber à Baudouin ; lettre n° 31 du 18 septembre 1940, Ristelhueber à Baudouin.

faveur de la collaboration[50]. Montoire[51] en octobre 1940, les entretiens entre Darlan et Hitler au printemps 1941[52], l'aide logistique apportée à l'Allemagne en Syrie à la même époque, les protocoles de Paris[53]... autant d'événements qui provoquent maintes réactions hostiles au Canada français.

Toute décision prise par le régime de Vichy qui semble aller dans le sens d'un accroissement ou d'une diminution de la politique de collaboration influence directement l'opinion publique. Par exemple, le renvoi de Laval par Pétain en décembre 1940 entretient le mythe du double jeu : Pétain, en feignant la collaboration, prépare la rentrée en douce de la France dans la guerre. Les Canadiens français ne sont pas les seuls à se tromper sur les motifs véritables du renvoi de Laval. Sur le coup, les Français, comme d'ailleurs les Allemands et les milieux collaborationnistes de Paris, l'interprètent comme une remise en question complète de l'esprit de Montoire[54]. En vérité, cette décision est avant tout prise pour des raisons de politique intérieure : Pétain craint de voir sa popularité entachée et de mettre ainsi en péril sa Révolution nationale.

Mais les propagandistes de Vichy au Canada surent tirer le maximum du renvoi de Laval. Les journaux favorables au nouveau régime utilisèrent l'information pour vanter l'intégrité du vieux Maréchal qui marquait ainsi son désir de ne pas pousser la collaboration au-delà de l'armistice[55]. Résultat : quelques semaines après la rencontre Pétain-Hitler à Montoire, rencontre fort mal reçue par la presse libérale du Québec et qui aurait pu éroder dangereusement le crédit du

---

50. ARCAND, « Pétain et de Gaulle dans la presse québécoise », p. 369, 372-373, 375.

51. Le 24 octobre 1940, Pétain rencontre Hitler dans la petite ville de Montoire. Les deux hommes discutent du principe de la collaboration franco-allemande.

52. Le 11 mai 1941, Darlan rencontre Hitler et Ribbentrop à Berchtesgarden.

53. Les protocoles, signés à la fin du mois de mai 1941 entre Darlan et l'ambassadeur allemand à Paris, Otto Abetz, prévoyaient l'ouverture du port de Bizerte à l'Afrika Korps, la cession à ce même Afrika Korps de camions français et l'accès à Dakar aux navires et sous-marins allemands. Tout cela en échange de quelques concessions concrètes et d'une promesse de concessions majeures futures. Weygand, arrivant d'urgence d'Afrique du Nord, empêcha la mise en application des protocoles. DUROSELLE, Politique étrangère de la France, p. 367-369.

54. FERRO, Pétain, p. 291-292; BURRIN, La France à l'heure allemande, 1940-1944, p. 110-111.

55. Le Devoir, chronique de G. Pelletier, 16 décembre 1940.

Maréchal au Canada français[56], le renvoi de Laval endiguait une chute probable de popularité.

Prendre position contre la collaboration franco-allemande ne signifie toutefois pas que l'on se trouve nécessairement du côté des pourfendeurs de la Révolution nationale. Il est tout à fait possible, comme d'ailleurs de nombreux résistants l'ont démontré[57], d'être à la fois germanophobe tout en approuvant le programme social du régime vichyste.

Laurendeau simplifie singulièrement la question lorsqu'il écrit : « Il est vrai que Pétain fut admiré au Canada français : c'est peut-être parce qu'il avait fait ce qui nous était interdit : sortir son pays de la guerre[58]. » Les sympathies et les antipathies pour le régime de Vichy procèdent peut-être aussi des débats idéologiques qui secouèrent le Canada français avant la guerre. Contrairement à certains historiens québécois pour qui la Deuxième Guerre mondiale constitue un intermède pendant lequel les luttes idéologiques perdent de leur acuité[59], nous croyons plutôt que celles-ci se transposent, en partie du moins, dans le débat Pétain/de Gaulle. C'est aussi l'opinion du premier ministre du Québec de l'époque, Adélard Godbout :

> The thing to remember was that the average French Canadian sympathized with one side or another in the French situation more as a reflection of his beliefs and interests in the province of Quebec than as a barometer of his judgement on the actual issues abroad[60].

Rumilly voit également dans la lutte entre partisans gaullistes et pétainistes au Québec une transposition de la guerre idéologique qui faisait rage au Québec. Selon lui, les libéraux du Canada français, en appuyant de Gaulle tout en luttant contre Pétain, réaffirmaient leurs

---

56. *MAE*, série guerre 39-45, sous-série Vichy-Amérique, vol. 3. Télégramme du 29 octobre 1940, Ristelhueber à Baudouin.

57. Voir chapitre 7.

58. Laurendeau, *La crise de la conscription*, p. 115.

59. Voir Anctil, Le Devoir, *les Juifs et l'immigration*, Québec, Institut québécois de recherche sur la culture, 1988, p. 127-128 ; Linteau, Durocher, Robert, Ricard, *Histoire du Québec contemporain*, tome II, p. 114-117.

60. Hooker (dir.), *The Moffat Papers*, p. 377. « Il ne fallait pas oublier que les sympathies des Canadiens français pour l'une ou l'autre des factions françaises ne découlaient non pas de leurs interprétations des événements d'outremer, mais avant tout de leurs opinions et croyances dans la province de Québec. » (*Nous traduisons.*)

sympathies pour la France révolutionnaire. « Les Edmond Turcotte, les Jean-Charles Harvey, les René Garneau et les Jean-Louis Gagnon détestaient le gouvernement de Vichy, moins pour la collaboration avec l'Allemagne [...] que pour le renversement idéologique opéré sous son égide[61]. » Pour Jean-Louis Gagnon, le clivage né le 18 juin entre partisans gaullistes et pétainistes se transforma, lorsqu'on connut le projet politique du régime de Vichy, « en conflit idéologique dont les séquelles allaient rendre plus amers encore les affrontements de l'avenir[62] ».

Ainsi, en Pétain et de Gaulle, chacun des deux courants de pensée dominants, le nationalisme clérical et le libéralisme, se déniche un champion. Le premier voit dans le nouveau régime de Vichy un modèle plein de promesses alors que le second se range derrière la France libre, fille légitime du républicanisme français.

Il faut toutefois se garder de séparer l'opinion publique en deux groupes clairement définis. Nombreux sont ceux qui, pendant de longs mois, refusent de choisir entre les deux prétendants à la légitimité française. Et les rumeurs qui circulent entretiennent une certaine confusion. On parle d'une entente secrète entre de Gaulle et Pétain, entre ce dernier et Churchill... Plusieurs ne voient pas l'opposition radicale entre Vichy et la France libre. Certains croient que Pétain et de Gaulle travaillent de concert, l'un servant de bouclier, l'autre d'épée. Pour Eugène L'Heureux, de *L'Action catholique* :

> si anormal que cela puisse apparaître, Pétain et de Gaulle sont des serviteurs héroïques de leur patrie. Chacun à sa manière et selon ses vues [...] ils servent la France et, avec ce pays d'apostolat, tout l'univers. Par des sentiers différents, ils gravissent le même Calvaire de la Rédemption des peuples assoiffés de légitime liberté[63].

Le mythe n'est pas seulement le fruit des admirateurs de Pétain, qui après la guerre, essaient de sauver l'honneur de leur héros, mais est bien présent en 1940. Il est donc tout à fait naturel que plus d'un Canadien français ait pu se méprendre[64]. Même le très libéral *Le Canada*, aussi tardivement que le 6 décembre 1941, sous la plume de

61. RUMILLY, *Histoire de la province de Québec*, tome 40, p. 8.
62. GAGNON, *Les apostasies*, tome II, p. 60.
63. ARCAND, « Pétain et de Gaulle dans la presse québécoise », p. 373.
64. Cecil C. LINGARD et Reginal G. TROTTER, *Canada in World Affairs, September 1941 to May 1944*, Toronto, Oxford University Press, 1950, p. 119.

Letellier de Saint-Just, croit encore en la complémentarité des deux organisations françaises :

> Ceux d'entre nous qui croient que le gouvernement de Vichy fait œuvre utile ne doivent pas, à cause de cette conviction, refuser leur appui et leur adhésion à la France libre, pas plus que ceux qui admirent le valeureux général de Gaulle devraient refuser leur sympathie au maréchal Pétain, du moins jusqu'à nouvel ordre[65].

Cette confusion retardera l'érosion des sympathies initialement accordées au vainqueur de Verdun et nuira à l'essor de la France libre.

Le service consulaire vichyste au Canada

Dans la guerre de position que se livrent au Canada la France libre et Vichy, le second détient au départ un avantage considérable. Alors que les partisans du général de Gaulle doivent constituer de toutes pièces une organisation capable de les représenter, Vichy, en tant que successeur de la Troisième République, se voit attribuer la légation de France au Canada, avec son personnel qualifié.

À l'été 1940, à quelques exceptions près, le personnel diplomatique français en poste à l'étranger accepte l'armistice. Il travaillera dorénavant pour l'État français présidé par le maréchal Pétain[66]. Et des quelques démissionnaires, rares sont ceux qui, à l'instar du secrétaire de la légation de Kaboul, Gabriel Bonneau, joignent les rangs des Français libres. Au Canada, au sein du corps diplomatique français, on n'enregistre aucune démission, aucun ralliement au général de Gaulle.

Toutefois, même s'il faut attendre jusqu'au mois de novembre 1942 pour assister à des défections massives de diplomates français, au cours des deux années et demie qui séparent l'armistice du débarquement allié en Afrique du Nord, des diplomates de carrière démissionnent pour joindre la dissidence gaulliste.

C'est le cas aux États-Unis. Henry-Haye, ancien maire de Versailles, vétéran de la Première Guerre mondiale et ami de Pétain,

---

65. *Le Canada*, 6 décembre 1941.
66. DUROSELLE, *Politique étrangère de la France*, p. 275.

ambassadeur de France à Washington depuis l'automne 1940, exagère lorsqu'il écrit que son « entourage se composait dans sa presque totalité, de conseillers, secrétaires et attachés naturellement enclins à se désolidariser d'une défaite dont ils ne connaissaient pas exactement les causes » et dont « quelques-uns, et non les moindres importants, dissimulaient à peine leur sympathie pour le général de Gaulle[67] ». Il n'en demeure pas moins que les actes de dissidence au sein de la représentation française furent plus fréquents aux États-Unis qu'au Canada. Au début de l'automne 1940, Maurice Garreau-Dombasle, conseiller commercial à l'ambassade de Washington depuis 13 ans, rallie la France libre[68]. En août 1941, Hervé Alphan, conseiller financier, quitte à son tour l'ambassade. Enfin, en avril 1942, à la suite du retour de Laval, cinq membres du personnel diplomatique démissionnent.

Au Canada, le corps diplomatique français reste fidèle au Maréchal jusqu'à la fermeture de la légation française en novembre 1942. Il y aura bien quelques hésitations passagères. Certains laisseront planer pendant quelque temps le doute quant à leur possible ralliement au général de Gaulle.

Ainsi, à l'automne 1940, les gaullistes croyaient pouvoir rallier le consul de Québec, Henri Bonnafous, de confession protestante et connu pour son anglophilie. Élisabeth de Miribel, envoyée par de Gaulle au Canada, rencontrait Bonnafous. Selon Élisabeth de Miribel, le consul était complètement acquis à la cause de la France libre et n'attendait que de quitter officiellement ses fonctions — l'homme étant sur le point de prendre sa retraite — pour s'y engager[69]. À la fin novembre 1940, Élisabeth de Miribel proposait même de lui confier la direction du mouvement au Canada[70]. Finalement, Bonnafous, mis à la retraite en décembre 1940 mais maintenu dans ses fonctions jusqu'au mois d'octobre 1941[71], conservera une attitude réservée,

67. Gaston HENRY-HAYE, *La grande éclipse franco-américaine*, Paris, Plon, 1972, p. 168.

68. Colin W. NETTELBECK, *Forever French : Exile in the United States, 1939-1945*, New York & Oxford, Berg, 1991, p. 41, 129-130.

69. *MAE*, série guerre 39-45, sous-série Londres, vol. 391. Lettre du 17 octobre 1940, É. de Miribel à Courcel.

70. *MAE*, série guerre 39-45, sous-série Londres, vol. 391. Lettre du 23 novembre 1940, É. de Miribel à France libre.

71. *MAE*, série guerre 39-45, sous-série Vichy-Amérique, vol. 1. Lettre du 29 mars 1942, Ristelhueber à Darlan.

évitant toute propagande ouverte en faveur de l'État français, sans toutefois se joindre aux partisans du général de Gaulle.

À Winnipeg, le consul Henri Bergeaval sonde à l'automne 1940 la France libre. Dans une lettre à un ami à Londres, Bergeaval évoque la possibilité de rallier le général de Gaulle. « La place de tout homme qui croit à quelque chose et qui a du cœur est aux côtés de l'Angleterre, pour l'Angleterre contre l'Hitlérisme. [...] C'est pourquoi je suis tout prêt à me mettre aux services du général de Gaulle[72]. » Les bureaux de la France libre tenteront d'entrer en communication, via leurs représentants à New York, avec le consul[73]. Finalement, Bergeaval ne ralliera pas le général de Gaulle.

Pourquoi les diplomates français en poste au Canada acceptent-ils tous de travailler pour le nouveau régime ? Les acteurs concernés sont restés plutôt circonspects. Il semble que Coursier n'ait jamais voulu coucher sur papier ses réflexions sur la période. Ristelhueber, quant à lui, dans ses articles écrits pour la *Revue des Deux Mondes*, évacue la question en écrivant : « En ce qui me concerne, j'estimai qu'il convenait d'autant moins de ne pas rejeter l'autorité du pouvoir récemment constitué que le gouvernement auprès duquel j'étais accrédité ne manifestait lui-même nulle intention de briser avec lui[74]. » L'historien doit donc se contenter de suggérer des pistes.

Tout d'abord, à l'instar de la diplomatie américaine et canadienne, comme d'ailleurs pour la majorité des Français, les fonctionnaires français à l'étranger ne remettent pas en cause la légitimité du régime. Malgré quelques irrégularités, considérées comme inévitables vu les circonstances, le passage de la Troisième République à l'État français ne pose guère de problèmes.

D'autre part, jusqu'en 1941, rares sont ceux qui croient que la situation militaire permettra un jour à l'ancien régime de reprendre ses droits. Il est fort possible que le gouvernement de Vichy survive à la guerre. Choisir la dissidence aux côtés du général de Gaulle relève de l'aventure la plus téméraire. Avant la fin de 1941, ils sont

---

72. *MAE*, série guerre 39-45, sous-série Londres, vol. 386. Extrait d'une lettre datée du 16 septembre 1940 de Bergeavel, communiquée le 5 octobre par la censure (britannique ?) à la France libre.

73. *MAE*, série guerre 39-45, sous-série Londres, vol. 386. Projet de télégramme n° 55 du bureau des Relations étrangères de la France libre, pour Sièyes (New York).

74. Ristelhueber, « Mackenzie King et la France, I », p. 134.

peu nombreux ceux qui pariaient sur une victoire anglaise. Rien n'indique que les États-Unis délaisseront leur neutralité pour sauver l'Angleterre. Au mieux, l'Angleterre et l'Allemagne signeront une paix de compromis qui ne fera qu'entériner les récents bouleversements qui ont secoué l'Europe. Abandonner son poste pour rejoindre l'épopée gaulliste, c'est s'exposer à des représailles, accepter pour de nombreuses années une vie hors de la communauté nationale... Pour des diplomates comme René Ristelhueber ou Bonnafous, en fin de carrière et sur le point de toucher leur pension, le jeu en vaut-il la chandelle ?

À ces facteurs touchant l'ensemble des diplomates français, un autre concerne peut-être spécifiquement les agents en poste au Canada. Aux États-Unis, les représentants de Vichy travaillent dans un environnement hostile. La grande majorité des Américains n'apprécient guère leur présence, les principaux journaux influents affichent ouvertement leurs sympathies pour les Français libres. La légitimité du gouvernement de Vichy est sans cesse contestée. Au Canada, s'il est vrai que l'opinion publique et la presse anglophones expriment des sentiments et des opinions analogues, il en va tout autrement au Canada français. Comme on l'a déjà vu, le maréchal Pétain et son régime y jouissent d'une certaine audience. Dans un tel environnement, il est possible que les diplomates français aient été encouragés à respecter le nouvel état de fait.

Toujours est-il que ces diplomates exécuteront la besogne exigée par le gouvernement de Vichy. Ils resteront fidèles jusqu'à la fin. Et, comme nous le verrons plus loin, après le débarquement allié en Afrique du Nord en novembre 1942, à l'instar de nombreux sympathisants du régime Pétain, les représentants officiels de la France de Vichy encore en poste au Canada appuieront d'abord l'amiral Darlan, puis le général Giraud[75], tous deux symboles de continuité avec le régime vichyste[76].

René Ristelhueber dirige la diplomatie française au Canada. Diplomate de carrière, aux Affaires étrangères depuis 1905, Ristelhueber

---

75. Voir chapitre 7.

76. *MAE*, série guerre 39-45, sous-série Alger, vol. 738. Note datée du 24 décembre 1942 du secrétariat aux Relations extérieures, du Haut-commissariat en Afrique française ; liste nominative des agents ralliés au général Giraud faite le 11 avril 1943 par le secrétariat des Relations extérieures d'Alger.

est nommé, le 6 mars 1940, ministre de France au Canada[77]. Cette assignation doit être la dernière de sa carrière, juste avant la retraite. Après un long voyage qui l'amène de Sofia — où il était auparavant en poste — à New York, il arrive finalement à Ottawa le 30 mai 1940.

Dans les premiers mois qui suivent la débâcle de juin 1940, Ristelhueber se fait discret. En toute sincérité, le couple Ristelhueber se montre fort préoccupé du sort des réfugiés français en Angleterre. Madame Ristelhueber accepte la vice-présidence d'un comité d'aide aux réfugiés français en Angleterre, présidé par la princesse Alice, l'épouse du gouverneur général, alors que le ministre de France se lance activement à la recherche de fonds[78].

Mais, sitôt l'automne arrivé, Ristelhueber entreprend son travail de propagandiste. En décembre 1940, Élisabeth de Miribel informe ses supérieurs des agissements de Ristelhueber et de son secrétaire Lafon de Lageneste[79]. Selon la jeune femme, les deux hommes encouragent « vivement les sentiments pro-Pétain et représentent le Général [de Gaulle] comme étant entouré de gens de gauche dangereux, tous ceux que la France n'a pas voulu garder[80] ». Ristelhueber s'acquitte-t-il de sa tâche avec conviction? Une chose est sûre: jamais Ristelhueber n'a pensé abandonner son poste pour joindre les rangs de la France libre.

En juillet 1944, le Gouvernement provisoire de la République française dirigé par le général de Gaulle informe Ristelhueber qu'il ne pourra toucher sa pension de retraité que dans un pays membre du bloc-franc, c'est-à-dire l'Empire[81]. Prétextant une maladie contractée pendant la Première Guerre mondiale qui l'empêche de séjourner dans les climats chauds de l'Afrique du Nord, Ristelhueber restera quelques années au Canada. Pour subvenir à ses besoins, l'ex-ministre dispensera des cours de droit international et d'histoire à l'Uni-

---

77. RISTELHUEBER, « Mackenzie King et la France, I », p. 123.

78. Gladys ARNOLD, *One Woman's War*, Toronto, James Lorimer & Company, 1987, p. 94.

79. Jean Lafon de Lageneste, diplomate de carrière né en 1903, entre au Quai d'Orsay en 1929. En 1940, il est consul de 2ᵉ classe à Ottawa.

80. *MAE*, série guerre 39-45, sous-série Londres, vol. 391. Lettre du 3 décembre 1940, de Miribel à France libre.

81. *MAE*, série guerre 39-45, sous-série Alger, vol. 1615. Télégramme envoyé le 26 juillet 1944, Duval (Ottawa) à Alger.

versité de Montréal[82]. En 1946, Ristelhueber collaborera également aux Éditions Variétés[83].

Henri Coursier constitue l'autre acteur majeur du dispositif vichyste au Canada. L'homme connaît bien le pays pour avoir été, de 1927 à 1935, en poste à Montréal et à Ottawa. Peu avant la défaite, il est nommé consul général à Montréal. Coursier, « très brillant et très sympathique » selon Robert Rumilly[84], deviendra le pilier de toute l'action de propagande au Canada. Cet ancien fonctionnaire de la Troisième République en vient à embrasser totalement les objectifs du nouveau régime. Dans un discours prononcé le 13 juillet 1941 devant plus de 300 personnes réunies pour célébrer la fête nationale, Coursier déclare :

> La « politique » et tous les ferments de discorde qui en accompagnaient l'abus ont aujourd'hui disparu. Les « lois laïques », qui, tombées en désuétude sur plusieurs points, entretenaient encore un esprit de défiance injuste à l'égard de tant de bons Français, ont été abrogées. La « lutte des classes » est enfin extirpée de notre vie publique [...]
>
> Providentiellement, dès avant la guerre, des équipes chaque jour plus nombreuses se préoccupaient [...] de remédier aux insuffisances des temps [...] Vint la catastrophe. Et du jour au lendemain, par la volonté des représentants mêmes de la nation et dans les formes constitutionnelles, la Révolution nationale se réalisa et les principes de l'action catholique : lutte contre le contrôle des naissances, lutte contre l'alcoolisme, retour à la terre, statut équitable du travail, formation de la jeunesse par les méthodes du scoutisme, restauration de la morale sociale, se trouvèrent à la base de l'État nouveau[85]...

---

82. *Archives UdeM*, P12/E, 21. Lettre du 12 janvier 1944, Maurault à Montpetit.

83. *MAE*, série Amérique 44-52, sous-série Canada, vol. 64. Bulletin de renseignement, études sociales et culturelles, de la documentation extérieure et contre-espionnage de la République française, fait le 20 août 1946. Deux années plus tard, Ristelhueber a enfin regagné la France. Installé à Nice, sa retraite semble s'écouler paisiblement, sans être autrement tracassé par le gouvernement français. *CRLG*, fonds Anatole Vanier, P29/K, 720. Lettre du 29 décembre 1948, Ristelhueber à Anatole Vanier.

84. Robert RUMILLY, *Histoire de Montréal*, tome V : *1939-1967*, Montréal, Fides, 1974, p. 30.

85. *MAE*, série guerre 39-45, sous-série Vichy-Amérique, vol. 12. Annexe à la lettre du 18 juillet 1941, Ristelhueber à Darlan.

Par ambition ou par conviction, contrairement à la grande majorité de ses collègues, il restera fidèle au régime jusqu'à la fin. Plusieurs mois après avoir quitté le Canada, au mois de mai 1943, Coursier est nommé chargé d'affaires à la légation de Lisbonne[86]. À l'époque, il fait partie des 70 agents du ministère des Affaires étrangères encore en service, sur les quelque 900 agents que comptait le ministère en juin 1940[87]. Au début d'avril 1944, Coursier est toujours en service à Lisbonne[88].

Vichy dispose donc d'un personnel bien implanté au Canada, qui connaît le terrain. Le régime bénéficie ainsi d'un avantage considérable sur la France libre. Cet avantage joue tout d'abord auprès de la colonie française du Canada. En 1940, on évalue à environ 7000 le nombre de Français vivant au Canada[89]. De ce nombre, environ 5000 habitent la région de Montréal. Alors qu'à l'extérieur de Montréal la communauté française deviendra rapidement gaulliste, dans la métropole du Canada, les Français « intégrés au conservatisme ambiant », tout en approuvant timidement la résistance gaulliste, appuient majoritairement le projet politique du maréchal Pétain[90].

Pour la colonie française, l'appareil diplomatique en place constitue un point de ralliement important. En ceci, si on se fie à Guy Fritsch-Estrangin, directeur pendant la guerre de l'Agence de presse Havas à New York, elle ne se distingue guère de celle des États-Unis. « Même lorsqu'ils critiquaient avec une véhémence souvent justifiée les actes du gouvernement pétainiste, les Français en résidence aux

---

86. MAE, série guerre 39-45, sous-série Alger, vol. 738. Le journal Officiel n° 131 de l'État français, 2 juin 1943.

87. AN, F60/1725. Document daté du 26 juin 1943 par le commissariat national à l'Intérieur, Comité français de libération nationale.

88. MAE, série guerre 39-45, sous-série Vichy-Europe, vol. 679. Lettre du 3 avril 1944, Coursier à Laval. Après la guerre, Coursier reste quelque temps à Lisbonne. En 1950, il réside en Suisse. Il y est toujours en 1954, où il travaille pour le service juridique de la Croix-Rouge. Voir Archives *UdeM*, P7/A, 198. Lettre du 16 janvier 1950, de Maurault à Coursier; *CRLG*, fonds Lionel Groulx, P1/A, 891.

89. MAE, série guerre 39-45, sous-série Vichy-Amérique, vol. 6. Lettre du 5 novembre 1940, Ristelhueber au ministre des Affaires étrangères. Ce chiffre n'englobe pas les Français ayant immigré au Canada et obtenu la citoyenneté canadienne. Entre 1820 et 1910, 80 000 Français auraient immigré au Canada, de ce nombre, 30 000 s'installent au Québec. Voir Charles HALARY, « De Gaulle et les Français de Montréal, 1940-1970 », Université du Québec à Montréal, 1989, p. 14.

90. Charles HALARY, « De Gaulle et les Français de Montréal pendant la Deuxième Guerre mondiale », *Espoir*, n° 72, septembre 1990, p. 79.

États-Unis continuaient généralement à se faire immatriculer dans les consulats de Vichy qui restaient pour eux les centres de ralliement légaux[91]. »

Coursier est très actif auprès des notables de la communauté. En novembre 1940, Ristelhueber rassure ses supérieurs :

> Au mois de juillet, une dissidence était à redouter. Depuis, cette tendance s'est certainement atténuée. Elle était tout particulièrement intéressante à suivre dans le grand centre français de Montréal, mais je m'empresse de rendre ici hommage au tact et à l'habileté de M. Coursier qui a su éviter tout geste définitif et, à force de patients efforts ramener tout au moins le calme, sinon l'union complète parmi nos compatriotes[92].

Cultivant leurs rapports avec les notables français, Coursier et Ristelhueber bénéficient d'alliés importants dans leur lutte contre les gaullistes. Grâce à ces contacts, ils peuvent par exemple limiter au maximum la participation d'éléments « dissidents » dans les conférences de l'Alliance française[93]. Des « taupes », infiltrées dans l'organisation gaulliste, informent la légation sur les activités des Français libres au Canada[94]. Finalement, s'assurer l'appui de la colonie française et ainsi symboliser l'unité de la Nation s'avère un instrument de propagande appréciable pour convaincre les Canadiens français de la légitimité de leur gouvernement.

La propagande maréchaliste à l'œuvre

Les thèmes. — Le 10 juillet 1940, le ministre des Affaires étrangères Paul Baudouin fait parvenir à ses fonctionnaires en poste à l'étranger des instructions sur les moyens d'enrayer une propagande britannique qui dépeint le régime de Vichy en marionnette à la solde de l'Allemagne et travaillant à l'établissement du nazisme en France :

---

91. Guy FRITSH-ESTRANGIN, *New York entre de Gaulle et Pétain*, Paris, La Table Ronde, 1969, p. 37.

92. *MAE*, série guerre 39-45, sous-série Vichy-Amérique, vol. 6. Lettre du 5 novembre 1940, Ristelhueber au ministre des Affaires étrangères.

93. *MAE*, série guerre 39-45, sous-série Vichy-Amérique, vol. 7. Lettre du 6 avril 1942, Ristelhueber à Darlan.

94. *MAE*, série guerre 39-45, sous-série Vichy-Amérique, vol. 168. Lettre du 25 juillet 1941, Ristelhueber à Darlan.

Ces allégations sont l'une et l'autre mensongères et doivent être rectifiées par vous tous [tant] auprès du gouvernement du pays de votre résidence qu'auprès de son opinion publique.

Il est ridicule d'attribuer à un gouvernement français présidé par un maréchal de France universellement respecté et admiré une subordination politique à une puissance étrangère quelle qu'elle soit.

Il est absurde de fermer les yeux sur les motifs profonds d'une révision constitutionnelle dans un pays qui vient de subir le désastre dont la France saigne actuellement et dont le gouvernement britannique devrait avoir des raisons personnelles de comprendre la cruauté[95]...

Quelques semaines plus tard, le ministre rappelle aux diplomates français les principaux objectifs de la Révolution nationale. Ces informations ont pour objet de permettre aux représentants de Vichy « d'éclairer à ce sujet, tant par vos conversations personnelles que par la voie des organes d'information dont vous disposez, l'opinion publique de votre résidence[96] ».

Famille, Travail, Patrie : le Maréchal a défini dans ces trois mots les assises de la France rendue à la conscience des réalités permanentes auxquelles ses institutions doivent se subordonner.

Aux droits théoriques de l'individu seront substitués les droits réels de la famille, première cellule vivante de la Nation. L'État, protecteur des foyers, assurera leur sécurité et leur durée. Un ministère spécial a pris charge de tous les problèmes de la jeunesse et de la famille. Sous son égide, les jeunes recevront, hors de toute distinction de classe et de toute division politique, dans une atmosphère de collaboration fraternelle, une préparation morale et physique adaptée à toutes les exigences de la renaissance française.

Le travail se verra restituer sa dignité et ses prérogatives. Une législation financière et économique appropriée renforcera l'attachement du paysan à la terre.

L'idée de patrie sera rétablie dans sa primauté et intégrée à l'enseignement quotidien de l'école. Les intérêts particuliers lui seront subordonnés.

---

95. *MAE*, série guerre 39-45, sous-série Vichy-Europe, vol. 329. Télégramme du 10 juillet 1940, Baudouin à tous les postes.

96. *MAE*, série guerre 39-45, sous-série Vichy-État Français, vol. 1. Copie d'un télégramme du 2 août 1940, Baudouin à tous les postes.

L'œuvre de réforme entreprise ne sera ni le fruit d'une improvisation de circonstance, ni une copie hâtive des régimes totalitaires de nos voisins. Elle conservera leur place aux valeurs morales comme aux réalités humaines, sur lesquelles repose la civilisation chrétienne[97]...

Le ton est donné. Les représentants de Vichy travailleront l'opinion étrangère sur deux points essentiels. Ils devront tout d'abord expliquer la politique étrangère de Vichy. Celle-ci est une politique française, élaborée par le maréchal Pétain en qui les Français ont pleinement confiance. La collaboration, souhaitée par le gouvernement du Maréchal, répond aux intérêts de la France. Ainsi, dans un télégramme envoyé à tous les postes consulaires le 12 octobre 1940, le lendemain du discours prononcé par le maréchal Pétain qui préparait Montoire[98], Baudouin informe ses diplomates que « la doctrine du Maréchal affirme à nouveau le caractère national de la politique française[99] ».

En second lieu, la propagande effectuée à l'extérieur du pays insistera sur la Révolution nationale et, plus précisément, sur le caractère français des réformes proposées. Cette révolution n'est pas une entreprise de séduction auprès de l'Allemagne nazie. Ce n'est pas non plus une politique de nazification de la société française. Elle se veut une réponse à la crise nationale, un remède à ce que les hommes de Vichy considèrent comme les maux de la France républicaine.

---

97. *Ibid.*

98. Le Maréchal prononçait ces paroles :
La France veut se libérer de ses amitiés ou de ses inimitiés dites traditionnelles, qui n'ont en fait cessé de se modifier à travers l'histoire pour le plus grand profit des émetteurs d'emprunt et des trafiquants d'armes [...] La France est prête à rechercher la collaboration dans tous les domaines avec tous ses voisins.
[...]
Sans doute l'Allemagne peut-elle, au lendemain de sa victoire sur nos armées, choisir entre une paix traditionnelle d'oppression et une paix toute nouvelle de collaboration. À la misère, aux troubles, aux répressions, sans doute aux conflits que susciterait une paix faite à la manière du passé, l'Allemagne peut préférer une paix vivante pour le vainqueur, une paix génératrice de bien-être pour tous. Le choix appartient d'abord au vainqueur, il dépend aussi du vaincu. Si toutes les voies sont fermées, nous saurons attendre et souffrir ; si un espoir au contraire se lève sur le monde, nous saurons dominer cette humiliation, nos deuils, nos ruines... en présence d'un vainqueur qui aura su dominer sa victoire, nous saurons dominer notre défaite. Cité dans FERRO, *Pétain*, p. 177-178.

99. *MAE*, série guerre 39-45, sous-série Vichy-État Français, vol. 3. Télégramme du 12 octobre 1942, Baudouin à tous les postes.

Réponse à des problèmes français, elle trouvera des solutions françaises qui permettront à la France de retrouver sa splendeur perdue aux mains des profiteurs de tout acabit.

Dans les semaines suivant la défaite, incertains du sort que réserve l'avenir au nouveau régime installé aux bords de l'Allier, les diplomates français au Canada optent pour la prudence[100]. Mais, après ces quelques moments d'hésitation, Ristelhueber et ses associés se mettent au travail.

Au Canada, les diplomates mettent l'accent sur la Révolution nationale, persuadés que ce thème plaira à leur auditoire. On revient sans cesse sur la crise morale qui aurait précédé et causé la défaite de juin 1940, et sur la Rédemption qui viendra de la Révolution nationale. Coursier, dans sa contribution au premier numéro du *Bulletin des études françaises,* publié à partir d'avril 1941 par le collège Stanislas de Montréal, écrit :

> Le problème de l'assainissement des mœurs françaises n'a donc pas été posé par les désastres de juin, il préexistait, et le chef que la Providence a suscité pour sauver la France n'a pu, dès ses premières paroles, qu'inviter les Français à regarder « bien en face leur présent et leur avenir » et à se souvenir qu'on montre « plus de grandeur » en avouant sa défaite qu'en tenant de vains propos, parce que, en somme, c'est dans cet aveu qu'on doit trouver le courage de son redressement[101].

La propagande de Vichy en Amérique française ne s'aventure guère sur le terrain dangereux de la collaboration franco-allemande. Toutefois, à l'occasion, on fait vibrer la corde sensible de l'anglophobie. S'il faut relativiser sensiblement l'étendue de la haine à l'égard de l'Angleterre, il n'en demeure pas moins que pour une frange de l'opinion, la méfiance envers les conquérants du XVIIIe siècle reste forte. Vichy sait l'exploiter à son compte. Par exemple, en Nouvelle-Angleterre, lors d'une tournée effectuée à l'automne 1940 par l'ambassadeur de Vichy à Washington, on utilise à profusion l'anglophobie auprès des populations franco-américaines[102].

---

100. *MAE*, série guerre 39-45, sous-série Vichy-Amérique, vol. 1. Lettre du 19 septembre 1940, Ristelhueber à Baudouin.

101. *MAE*, série guerre 39-45, sous-série Vichy Œuvres, vol. 65. Exemplaire du premier numéro du *Bulletin des études françaises* envoyé par Ristelhueber avec la lettre n° 67 du 23 avril 1941, pour Darlan.

102. FRITSH-ESTRANGIN, *New York entre de Gaulle et Pétain,* p. 47.

La propagande de Vichy au Canada tarde à prendre en compte la France libre. Il est vrai que dans les premiers mois de son existence, le mouvement gaulliste, malgré de vaillants efforts, n'arrive pas à gagner suffisamment de crédibilité au Canada français pour que l'on juge utile de lui porter attention. D'ailleurs, ne serait-ce pas prendre le risque de donner une certaine publicité au mouvement que de s'en prendre ouvertement à la France libre? En mars 1941 Ristelhueber, confiant, prédit:

> Artificiellement entretenu par les inévitables contacts entre nationaux français et britanniques, le mouvement de Gaulle au Canada ne résistera pas à la consolidation du gouvernement du Maréchal. Huit mois de Révolution nationale et de solidité politique l'ont quelque peu mis en veilleuse. Il s'éteindra tout doucement si nous évitons de lui donner un prétexte de se ranimer[103].

Obstacles à la propagande. — En temps de paix, les communications entre la métropole et les délégations à l'étranger transitaient soit par la valise diplomatique, soit par les services télégraphiques. Pour les messages jugés confidentiels, les chancelleries développaient un langage codé.

Déjà peu sûre en temps normal, les diplomates de Vichy évitent toute communication par voie postale. Ils se méfient, à juste titre, des censeurs qui, en ces mois tragiques, ouvrent systématiquement le courrier en provenance et à destination de l'Europe. La valise reste le moyen le plus sûr. Mais le blocus maritime imposé par les Britanniques court-circuite le passage régulier du courrier diplomatique. Le voyage s'avère long et coûteux. Les documents prennent la route de New York, d'où ils s'embarquent pour Lisbonne[104]. De là, on envoie les documents à Vichy. De plus, l'effectif relativement faible de la représentation diplomatique française au Canada limite sérieusement le nombre de voyages entre Ottawa et New York. Par conséquent, les documents ainsi transportés prennent des mois avant d'arriver à destination.

---

103. *MAE*, série guerre 39-45, sous-série Vichy-Amérique, vol. 167. Lettre du 10 mars 1941, Ristelhueber à Darlan.

104. *MAE*, série guerre 39-45, sous-série Vichy-Amérique, vol. 8. Télégramme du 20 juillet 1940, de Ristelhueber à Baudouin; *MAE*, série guerre 39-45, sous-série Vichy-Amérique, vol. 1. Lettre du 19 septembre 1940, Ristelhueber à Baudouin.

À l'été 1940, la communication par télégramme s'avère tout aussi difficile. Au mois de juillet 1940, Ristelhueber note que les télégrammes en provenance de Vichy prennent entre cinq et 12 jours avant de lui parvenir[105]. Les difficultés engendrées par la situation militaire expliquent ces retards. Pour communiquer avec l'Amérique du Nord, les autorités de Vichy télégraphient tout d'abord les messages à Madrid, d'où la compagnie Franco-Radio les retransmet du mieux qu'elle peut, compte tenu du volume de messages transitant par la capitale espagnole[106]. L'ambassade de France à Washington éprouve les mêmes difficultés que la légation d'Ottawa. Du 1er au 7 juillet, des 55 télégrammes envoyés de Vichy à l'ambassade de Washington, seulement sept arrivent à destination. Les autorités canadiennes qui interceptent les télégrammes et tentent, sans succès, de les décoder, retardent également leur transmission. Ce n'est qu'à la fin du mois d'août 1940 que le gouvernement canadien desserre son contrôle sur les communications par câble. Dès lors, les délais diminuent considérablement[107].

Le blocus anglais affecte aussi la circulation du matériel imprimé entre la France et le Canada[108]. Cette question allait d'ailleurs être soulevée plus d'une fois par *Le Devoir*. Toutefois, la neutralité des États-Unis permet de contourner quelque peu le blocus. Via les États-Unis, une quantité indéterminée de livres, journaux et revues passent la frontière qui est mal gardée[109].

Outre les problèmes engendrés par le blocus, l'acheminement des imprimés en provenance de France est lui aussi retardé par la censure canadienne. Celle-ci essaie, du mieux qu'elle peut, de contrôler l'entrée et la diffusion d'informations jugées dangereuses pour la sécurité du pays. Dès la mi-septembre 1940, les autorités fédérales dressent une liste de journaux français interdits au Canada pour cause de propagande antibritannique[110]. La censure envoie constamment aux

---

105. *MAE*, série guerre 39-45, sous-série Vichy-Amérique, vol. 8. Télégramme du 20 juillet 1940, Ristelhueber à Baudouin.

106. DUROSELLE, *Politique étrangère de la France*, p. 274-275.

107. *MAE*, série Papiers 1940, sous-série Papiers Baudouin, vol. 4. Télégramme du 31 août 1940, Ristelhueber à Baudouin.

108. *MAE*, série guerre 39-45, sous-série Vichy-Amérique, vol. 12. Lettre du 8 août 1940, Ristelhueber à Baudouin.

109. ARNOLD, *One Women's War*, p. 102.

110. *MAE*, série guerre 39-45, sous-série Vichy-Amérique, vol. 3. Lettre du 19 septembre 1940, Ristelhueber à Baudouin.

publications canadiennes des circulaires les mettant en garde contre les informations de sources françaises[111]. Et lorsqu'une feuille canadienne continue à faire la sourde oreille aux avertissements des autorités, elle court le risque d'être interdite. *La Droite*, petite publication d'extrême droite qui, dans les quelques numéros qu'elle parvient à publier, fait la promotion de la Révolution nationale et l'éloge du maréchal Pétain[112], l'apprendra à ses dépens au printemps 1941 alors que la Gendarmerie Royale saisit la publication[113].

Pour déjouer la censure canadienne, les autorités de Vichy utilisent à quelques occasions la valise diplomatique. Toutefois, le courrier diplomatique ne permet l'entrée au Canada que d'une petite quantité de publications. Pour contourner l'obstacle, le ministère des Affaires étrangères de Vichy rédigera, à partir du mois de septembre 1940, un *Bulletin d'informations générales*. Cette publication hebdomadaire offre une synthèse de la situation en France, des réformes entreprises, de la position française sur les enjeux internationaux[114]. On y trouve également des extraits d'articles élogieux à l'endroit du Maréchal et de son régime publiés dans des journaux et revues françaises et internationales.

Relations et réseaux. — À titre de représentants d'un gouvernement officiellement reconnu, les diplomates français jouissent d'un réseau important de relations. Ce réseau leur confère un avantage indéniable sur leurs rivaux gaullistes. Bien utilisé, il peut devenir un moyen de propagande efficace. Facilitant les rencontres informelles, il a l'avantage d'être discret et à l'abri des censeurs. Via les élites, il contribue indirectement à la diffusion de la propagande au sein de la population dans son ensemble. De plus, donnant accès aux dirigeants du pays, il permet aux diplomates d'exercer une pression efficace. Comme l'écrit Lambert:

---

111. *MAE*, série guerre 39-45, sous-série Vichy-Amérique, vol. 4. Télégramme du 9 mai 1941, Ristelhueber à Baudouin.

112. RG 25, sous-série C2, section Censure, vol. 5971, dossier 4/L-67. Lettre du 24 avril 1941, Charpentier à Casgrain.

113. LAVERTU, *L'affaire Bernonville*, p. 49.

114. *MAE*, série guerre 39-45, sous-série Vichy-État français, vol. 271. Minutes du cabinet du ministre des Affaires étrangères, 8 septembre 1940.

Les membres de la légation française ont leurs entrées auprès de toutes les administrations (fédérales, provinciales ou municipales) et ont noué des liens avec les notables locaux ainsi qu'avec les autorités religieuses. Ils jouent un rôle prépondérant au sein de la communauté française immigrée et francophone en général, à travers des unions ou sociétés diverses ainsi que par l'intermédiaire des entreprises françaises établies au Canada. Cette action diffuse est difficilement quantifiable quoique très réelle[115]...

Dans la confusion des premiers mois, les élites canadiennes-françaises qui, avant la débâcle de juin 1940, fréquentaient la légation française, se rendent encore auprès des diplomates français. C'est le cas du sénateur Raoul Dandurand, ancien diplomate et grand ami de la France qui, au mois de décembre 1941, fréquente toujours le consul Coursier[116].

Mais il y a du nouveau. Des individus qui, dans le passé, évitaient les représentants de la République tant honnie, courtisent maintenant Coursier. Parmi ces visiteurs, on remarque quelques journalistes. Le consul exploite chacune de ces occasions pour influencer les contenus éditoriaux.

Au mois de juillet 1940, Coursier reçoit le directeur du *Devoir*, Georges Pelletier. Ce pourfendeur de la Troisième République demande au consul des copies d'articles de journaux français qu'il veut recopier dans son quotidien[117]. Des indices laissent croire qu'à partir de ce moment, les deux hommes entreprennent une collaboration discrète, mais suivie. À la fin de novembre 1940, c'est au tour de Coursier de rendre visite au directeur du *Devoir*. Il profite de l'occasion pour se plaindre des chroniques du collaborateur du quotidien en France, Alcide Ebray, qui, par leur contenu, semblent donner raison à la propagande britannique qui accuse le gouvernement de Vichy d'être germanophile. À la suite de cette rencontre, Coursier écrit:

J'ai ajouté que j'effectuais cette démarche auprès de lui à titre purement personnel et croyant répondre au désir qu'il m'avait manifesté de servir la cause française. M. Pelletier m'a paru disposé à tenir compte de ces observations. Il m'a dit que l'intéressé admet-

---

115. LAMBERT, *Les gaullistes au Canada, 1940-1942*, p. 28-29.
116. *MAE*, série guerre 39-45, sous-série Vichy-Amérique, vol. 168. Lettre du 15 décembre 1941, Ristelhueber à Darlan.
117. COUTURE, « Politics of Diplomacy », p. 82-83.

tait d'ailleurs toute retouche opportune à son texte et qu'il ne manquerait pas à l'avenir d'user de cette latitude à bon escient. Il m'a assuré de nouveau, en me reconduisant, de ses bonnes intentions à l'égard du Gouvernement français[118].

Coursier reçoit aussi de simples citoyens désireux d'obtenir plus d'informations sur la France qui se construit sous le leadership du maréchal Pétain. À la mi-août 1940, le consul expédie à Vichy la requête d'un curé de paroisse de Montréal qui sollicite de l'information pour alimenter ses conférences sur la France[119]. Et Coursier ajoute :

> Si Votre Excellence [Baudouin] juge opportun de me faire parvenir des éléments d'informations appropriés, tels que films, livres ou photographies, j'estime que nous pouvons sans paraître nous livrer à des activités indiscrètes, utiliser ces documents pour diriger les bonnes volontés, qui sont aussi de fermes volontés, au service des valeurs françaises en Amérique du Nord.

Par sa simple présence à certains événements, le consul de France à Montréal se fait le promoteur actif du gouvernement qu'il représente. En octobre 1941, lors de la première manifestation commémorant le tricentenaire de Montréal, Coursier dépose, « avec le chef de la municipalité, le président de la Société historique et les présidents des principales associations canadiennes-françaises, une couronne au nom du "Consulat de France et des Sociétés françaises de Montréal[120]" ». Le consul, accompagné des présidents des principales associations françaises de Montréal, symbolise l'unité de la France derrière le régime de Vichy. Coursier s'est assuré au préalable de l'exclusion des célébrations de la dissidence gaulliste.

À Ottawa, le ministre Ristelhueber se fait plus discret. Peut-être est-ce à cause de son tempérament prudent. Peut-être encore s'agit-il d'une réserve appelée par sa fonction. Cela ne l'empêche toutefois pas d'utiliser les tribunes offertes pour encenser le nouveau régime.

---

118. *MAE*, série guerre 39-45, sous-série Vichy-Amérique, vol. 3. Lettre du 22 novembre 1940, Coursier à Ristelhueber; télégramme du 12 novembre 1940, Ristelhueber à Laval.

119. *MAE*, série guerre 39-45, sous-série Vichy-Œuvres, vol. 65. Lettre du 16 août 1940, Coursier à Baudouin.

120. *MAE*, série guerre 39-45, sous-série Vichy-Amérique, vol. 8. Lettre du 16 octobre 1941, Coursier à Ristelhueber.

Par exemple, le 15 janvier 1941, invité par le Club Kiwanis de Montréal, Ristelhüeber fait l'éloge des mesures prises par le gouvernement de Vichy en faveur de la jeunesse[121].

À Québec, contrairement à la situation qui prévaut à Montréal et à Ottawa, la propagande vichyste est fort peu servie par le représentant officiel. On connaît le peu de zèle du consul Bonnafous. Les rapports de la France libre en font régulièrement état, et ses propres comptes rendus évitent systématiquement tous les sujets délicats. Jusqu'au départ de Bonnafous à l'automne 1941, Québec représente d'ailleurs le maillon faible de l'organisation vichyste au Canada français. Le consul laisse le champ libre aux partisans du général de Gaulle.

Publications. — Avant la guerre, les journaux et revues françaises sont régulièrement distribués au Canada. Le blocus anglais des côtes françaises et l'interdiction par les autorités fédérales des imprimés jugés antibritanniques — on pense à *Gringoire, L'Action française, Je Suis Partout*, etc. — compromettent l'approvisionnement du Canada en publications françaises. Pourtant, pendant la guerre, plusieurs imprimés canadiens-français publient des informations en provenance de France[122]. Il n'en fallait pas plus pour que certains fonctionnaires fédéraux accréditent les rumeurs voulant que des journaux catholiques et de droite s'approvisionnent en nouvelles auprès des représentants de Vichy au Canada.

Les représentants de la France libre arrivent aux mêmes conclusions que les autorités fédérales. Élisabeth de Miribel joint à un rapport rédigé à la fin de l'année 1941 la copie d'une lettre d'un certain abbé Galthier, publiée dans *Le Devoir* du lundi 3 novembre 1941,

---

121. *MAE*, série guerre 39-45, sous-série Vichy-Amérique, vol. 12. Lettre du 18 janvier 1941, Ristelhueber à Flandin. Pour le texte du discours, voir *Le Devoir* du 16 janvier 1941.

122. Georges Pelletier, directeur du *Devoir*, avoue candidement aux censeurs canadiens qu'il publie dans son quotidien des nouvelles en provenance de France pour contrebalancer les nouvelles de la Canadian Press, «souvent entachées de propagande». Voir Claude BEAUREGARD, «Les relations entre *Le Devoir* et les censeurs de la presse pendant la Seconde Guerre mondiale», *in* Robert COMEAU et Luc DESROCHERS (dir.), Le Devoir, *un journal indépendant (1910-1995)*, Montréal, Presses de l'Université du Québec, 1995, p. 292.

« qui, de l'avis de personnes compétentes, aurait été fournie à ce journal par le consul de Vichy à Montréal[123] ».

De tous les liens, réels ou fictifs, entretenus par les diplomates de Vichy avec les publications canadiennes sympathiques au maréchal Pétain, aucun n'accapare plus l'attention que celui entre le consul Coursier et le quotidien *Le Devoir*. Persuadées que le représentant de Vichy approvisionne constamment en nouvelles Georges Pelletier, les autorités fédérales et gaullistes ne parviendront jamais à prouver concrètement les faits reprochés[124].

Dans l'état actuel de la documentation, il est impossible d'établir avec précision l'étendue de la collaboration entre les diplomates de Vichy et une certaine presse canadienne-française. Conclure, par la simple présence de matériel français sympathique au gouvernement du maréchal Pétain, à un trafic de renseignements mené par le personnel diplomatique vichyste s'avère quelque peu hâtif. Les publications canadiennes pouvaient, pour ses informations sur la France, utiliser une foule d'autres moyens qui ne nécessitaient pas obligatoirement le concours des autorités vichystes. Par exemple, les journaux de la Suisse francophone, qui reprenaient souvent des informations en provenance de Vichy, parvenaient parfois jusqu'en Amérique. De plus, des publications françaises déjouaient peut-être le blocus anglais via les liaisons Lisbonne-New York sans que Coursier ou Ristelhueber ne soient directement impliqués.

Toutefois, quelques documents issus des archives du ministère français des Affaires étrangères corroborent la thèse des complicités diplomatiques. On connaît déjà les relations de Coursier avec le directeur du *Devoir*. Ristelhueber aurait aussi fourni des informations à d'autres médias. Le 13 août 1940, le diplomate français informe ses supérieurs qu'« il y aurait intérêt à envoyer à cette légation et à nos Consulats quelques exemplaires de nos principaux journaux en vue de leur distribution[125] ». Les vœux du ministre semblent avoir été exaucés :

---

123. *MAE*, série guerre 39-45, sous-série Londres, vol. 198. Rapport sur la propagande nazie au Canada rédigé le 5 novembre 1941 par le service d'Informations de la France libre au Canada, adressé à M. Dejean, commissaire national des Affaires étrangères (Londres).

124. *MAE*, série guerre 39-45, sous-série Londres, vol. 388. Rapport spécial prescrit par câblogramme, Pierrené à Dejean, reçu à Londres le 7 janvier 1942.

125. *MAE*, série Papiers 1940, sous-série papier Charles-Roux, vol. 8. Télégramme du 13 août 1940, Ristelhueber à Baudouin.

Tout en m'efforçant de diffuser les informations que veut bien me fournir le Département, je prends soin de le faire sous une forme indirecte en recommandant aux personnes qui en font usage, surtout la presse, d'être extrêmement prudentes afin de ne pas provoquer de ripostes dont nous serions en fin de compte les victimes[126].

Le 9 octobre 1940, dans une autre lettre, le ministre de France est encore plus clair : « Le journal de langue française d'Ottawa, *Le Droit*, vient sous le titre "La France au Travail" de publier un article dans lequel il s'est largement servi des informations que lui avaient fournies à ce sujet cette Légation, d'après les indications du Département[127]. »

La collaboration entre les représentants vichystes et certains médias francophones se poursuit pendant toute l'année 1941. Dans un rapport sur les gaullistes au Canada rédigé à la fin de l'été 1941, après avoir parlé des liens qui unissent certaines publications canadiennes-françaises avec les représentants de la France libre, Ristelhueber poursuit son exposé :

Mais *Le Devoir* est, en revanche, entièrement acquis à notre cause. S'il publie une information tendancieuse, il se hâte de corriger l'effet en reproduisant des commentaires d'une tout autre provenance. Il est le seul journal canadien à publier régulièrement des nouvelles de source française. Enfin, à Ottawa même, où les « Français » ne sont qu'une minorité, l'unique journal publié dans notre langue, *Le Droit*, observe une attitude extrêmement courageuse[128].

Peu de documents confirment les liens entre les diplomates et certains médias. Comment expliquer une telle rareté ? Est-ce parce que l'échange d'informations ne se produit qu'à quelques occasions ? Est-ce plutôt parce que les diplomates français en poste au Canada, conscients du travail effectué par les services de renseignements canadiens, préfèrent taire le plus possible les activités qui pourraient compromettre leurs alliés ? Ici encore, la documentation disponible nous empêche de trancher définitivement la question.

---

126. *MAE*, série guerre 39-45, sous-série Vichy-Amérique, vol. 1. Lettre du 19 septembre 1940, Ristelhueber à Baudouin.

127. *MAE*, série guerre 39-45, sous-série Vichy-Amérique, vol. 3. Lettre du 9 octobre 1940, Ristelhueber à Baudouin.

128. *MAE*, série guerre 39-45, sous-série Vichy-Amérique, vol. 168. Lettre du 25 août 1941, Ristelhueber à Darlan.

Avant la guerre, le Canada importait une quantité importante de livres français. La défaite de la France met temporairement un terme à ce commerce. En plus de priver les lecteurs canadiens-français de leurs auteurs favoris, le blocus anglais pose le problème aigu du ravitaillement des écoles francophones en ouvrages scolaires, auparavant fournis par les maisons d'édition françaises. Pour contourner l'obstacle, le gouvernement canadien autorise les éditeurs canadiens à réimprimer des ouvrages français, moyennant le dépôt dans un compte bancaire de 10 % de la valeur marchande du livre, somme qui doit couvrir les droits d'auteurs et que l'on remettra à la fin du conflit. Ces dispositions particulières, nées de la guerre, donneront naissance à une véritable industrie au Canada[129]. De jeunes gens se lancent dans l'édition. Un de ces projets allait servir la propagande vichyste.

En mars 1941, Roger Varin et Jean-Marie Parent, de Montréal, envoient, via les services du consul Coursier, la lettre suivante à M. Poirier, du ministère des Affaires étrangères de France.

Cher monsieur,

À la suggestion du consul général de France à Montréal, Monsieur H.B. Coursier, nous vous soumettons le projet suivant.

Nous désirons publier une collection du « Message français » dont vous pouvez connaître les détails par la copie de la note qui présente cette collection.

Nous rencontrons ici quelques difficultés. Les amendements de guerre à la loi des droits d'auteurs n'ont pas prévu notre cas — la publication des textes d'un auteur.

Et, comme nous le faisait remarquer M. Coursier qui semble très favorable à notre projet (il doit vous écrire à ce sujet), il est beaucoup plus facile et plus juste de nous mettre directement en relation avec vous pour obtenir des auteurs ou des ayants droits les autorisations requises à la publication.

[...]

---

129. Jacques MICHON, « L'édition littéraire au Québec, 1940-1960 », *Cahiers d'études littéraires et culturelles*, n° 9, 1985, Université de Sherbrooke ; Élizabeth NARDOUT, « Le champ littéraire québécois et la France, 1940-1950 », thèse de doctorat, Université McGill, 1987, chapitre II.

Et voilà, M. Coursier nous l'expliquait, où votre collaboration peut être précieuse pour nous.

Vous pouvez plus facilement que nous conclure ces ententes et en transmettre le résultat au Consulat général de France à Montréal[130] [...]

Et les deux jeunes hommes attachent à leur lettre la note introduisant leur collection du « Message français » :

Nous avons le bonheur de présenter cette « Collection du Message français » au moment où la France, le pays Français, lavé, va reprendre une vie nouvelle. Nous voulons dire : continuer sa vie véritable.

Pour nous, Canadiens, la France authentique ne se trouve pas « malheureuse » ou « déchiquetée » ou « tragique ». Parce qu'elle vit dans nos cœurs et dans notre sang, infiniment tournée vers le bonheur, infiniment au-dessus des guerres et des désastres politiques hypocrites et injustes.

Et cette France c'est : « La Chanson de Roland », saint Louis, Jeanne d'Arc, Villon, la cathédrale de Reims, Pascal, Marie de l'Incarnation, la Nouvelle-France, Corneille, de La Fontaine, Pasteur, Péguy, Claudel, Pétain — héroïsme et sainteté[131].

Les difficultés de communication n'arrangeant pas les choses, le projet, bien accueilli à Vichy, prend du temps avant d'aboutir. Une correspondance en France s'engage entre les autorités du ministère des Affaires étrangères et différentes maisons d'édition au sujet des droits d'auteur. À la fin de l'été 1941, les choses semblent bien engagées.

Le 26 septembre 1941, Ristelhueber envoie le télégramme suivant à Vichy :

Les « Éditions du Cep » [maison d'édition de Jean-Marie Parent et Roger Varin] seraient reconnaissantes au Département de faire savoir à M. Cerbelaud-Salagnac[132] qu'elles lui ont indiqué par lettre

---

130. *MAE*, série guerre 39-45, sous-série Vichy-Œuvres, vol. 108. Lettre du 10 mars 1941, Parent et Varin à Poirier, ministère des Affaires étrangères.

131. *MAE*, série guerre 39-45, sous-série Vichy-Œuvres, vol. 108. Note d'introduction à la collection du « Message français », envoyée avec la lettre du 10 mars 1941 par Varin et Parent à leurs correspondants en France.

132. M. Cerbelaud-Salagnac caressait le projet, avant la guerre, d'éditer une revue qui aurait fait la promotion en France de la littérature issue de la francophonie.

avion du 6 septembre 1941 le texte de Bloy qu'elles désireraient éditer.

Cette maison, qui me dit s'être mise en rapports avec les titulaires des droits d'auteur pour les œuvres de Péguy et de Claudel, souhaiterait être autorisée à reproduire des passages des discours du maréchal Pétain contenus dans le Bulletin d'information du Département[133].

Les autorités de Vichy saisissent l'opportunité offerte. Le 1er octobre, elles avisent Ristelhueber que « le maréchal Pétain veut bien autoriser la reproduction envisagée[134] ». Quelques jours plus tard, Cerbelaud-Salagnac, enthousiasmé par cette nouvelle initiative, suggère à Varin et Parent une série d'autres discours du Maréchal à inclure dans le recueil[135]. Toutefois, le projet tarde à voir le jour. Au début de l'année 1942, Parent quitte les Éditions du Cep mais Roger Varin, malgré une situation financière précaire, continue l'entreprise[136].

Finalement, Roger Varin publie sa « collection du message français », mais aux Éditions Fides. L'ouvrage consacré au maréchal Pétain sort en février 1943[137]. Il réunit une série de discours du Maréchal prononcés entre les mois de juin 1940 et octobre 1941. Dès juin, l'éditeur annonce un tirage de 5000 exemplaires pour *Pétain dans ses plus beaux textes*[138]. Les thèmes abordés dans les discours portent sur la nécessité des Français de s'unir et sur diverses facettes des réformes proposées par la Révolution nationale. En guise de préface, Roger Varin écrit :

Pendant la guerre, il se retrouve au secrétariat général à l'Information de Vichy, et fait la liaison entre les Éditions du Cep et le ministère des Affaires étrangères.

133. *MAE*, série guerre 39-45, sous-série Vichy-Œuvres, vol. 108. Télégramme du 26 septembre 1941, Ristelhueber au service des Œuvres du ministère des Affaires étrangères.

134. *MAE*, série guerre 39-45, sous-série Vichy-Œuvres, vol. 108. Télégramme du 1er octobre 1941, du service des Œuvres à Ristelhueber.

135. *MAE*, série guerre 39-45, sous-série Vichy-Œuvres, vol. 108. Lettre du 16 octobre 1941, Cerbelaud-Salagnac à Varin et Parent.

136. *MAE*, série guerre 39-45, sous-série Vichy-Œuvres, vol. 108. Lettre du 31 mars 1942, Coursier à M. Bourdeillette (service des Œuvres).

137. C'est le troisième ouvrage de la collection. Le premier, consacré à Péguy, est dédicacé au Maréchal, « chef de l'État français », alors que dans le second, portant sur Claudel, on retrouve un poème honorant Pétain. Jacques MICHON, « L'effort de guerre des éditeurs : l'Arbre et Fides, entre de Gaulle et Pétain », *Bulletin d'histoire politique*, vol. 3, nos 3/4, été 1995, p. 346.

138. MICHON, « L'effort de guerre des éditeurs », p. 346.

Nous formons un groupe de jeunes. Et nous croyons — à cause de leur logique, de leur force intérieure et de leur orientation vers le Vrai But — que les harangues reproduites dans ces pages se trouvent les plus belles de l'Histoire.

Elles composent — pour nos temps d'aujourd'hui — un message sain, solide, conforme à la vérité, le plus digne peut-être de figurer dans cette collection du message français.

Le programme de rénovation spirituelle et matérielle qu'elles proposent devrait inspirer nos cœurs dans la reconstruction nécessaire de notre pays[139].

---

139. Préface de Roger Varin dans maréchal Philippe PÉTAIN, *Pétain dans ses plus beaux textes*, Montréal, Fides, coll. « Le message français », 1943.

3

Les débuts difficiles de la France libre

Juin 1940 – hiver 1941

L'opinion publique et la France libre

Des débuts difficiles. — C'est dans l'indifférence presque complète qu'on accueille, au Canada français, l'appel lancé le 18 juin par le général de Gaulle[1]. Les journaux reprennent le message du Général, mais évitent de commenter[2]. De ce côté de l'Atlantique, rares sont ceux qui le connaissent. Pourquoi s'intéresser à cet éphémère sous-secrétaire d'État, inconnu de tous, qui invite ses compatriotes à défier ainsi les autorités légitimes de son pays ? Pourquoi prendre au sérieux un général qui, sans troupes, coupé de la France, prétend poursuivre la lutte aux côtés du Commonwealth ?

Le 1er août 1940, pressé de marquer des points auprès de l'opinion publique, de Gaulle s'adresse directement aux Canadiens français :

L'âme de la France cherche et appelle votre secours, à vous, Canadiens français.

Votre secours, elle le cherche et l'appelle, parce qu'elle sait qui vous êtes. Elle sait quel élément vous formez dans le pays, dans le

---

1. GUILLAUME, *Les Québécois et la vie politique française*, p. 94.
2. *Le Soleil*, 19 juin 1940 ; *L'Action catholique*, 19 juin 1940 ; *La Patrie*, 19 juin 1940 ; *La Presse*, 19 juin 1940 ; *Le Canada*, 19 juin 1940.

peuple, dans l'État auxquels vous appartenez. Dans ce pays, dans ce peuple, dans cet État qui montent, elle connaît tout ce qu'il y a de puissance et d'espérance.

L'âme de la France cherche et appelle votre secours parce qu'elle mesure votre rôle et votre importance à l'intérieur de l'Empire britannique qui, aujourd'hui, soutient presque seul la cause de ce qui veut être libre.

Votre secours, l'âme de la France le cherche et l'appelle, parce que le destin a fait du Canada la terre d'union de l'Ancien et du Nouveau Monde. Or, dans cette guerre mondiale, aucun homme de bon sens ne tient pour possible la victoire de la liberté sans le concours du continent américain.

Enfin, l'âme de la France cherche et appelle votre secours, parce qu'elle trouve dans votre exemple de quoi ranimer son espérance en l'avenir. Puisque, par vous, un rameau de la vieille souche française est devenu un arbre magnifique, la France, après ses grandes douleurs, la France, après la grande victoire, saura vouloir et saura croire[3].

On retrouve ici les trois motifs qui incitent la France libre à s'engager dans une guerre de propagande avec Vichy au Canada : *(1)* le poids de l'ancien Dominion au sein du Commonwealth ; *(2)* la position charnière du Canada entre l'Angleterre et les États-Unis ; *(3)* l'impact du Canada français sur le moral en France occupée[4].

Quelques jours plus tard, soucieux de connaître l'impact de son allocution, de Gaulle écrit au docteur William Vignal, son représentant au Canada : « Je vous demanderai de me dire si on entend les émissions de Londres, comment on les apprécie et, en particulier, si le discours du 1er août, transmis à 10 pm heure locale aux Canadiens français, a été satisfaisant[5]. » Malheureusement, les réactions se font plutôt discrètes : « L'appel est enregistré, certes, mais les commentaires sont rares, dépourvus d'originalité, et témoignent d'une grande réserve[6]. » Quelques semaines plus tard, au Conseil des ministres, Ernest Lapointe commente, pour ses collègues, le message du général

3. Charles DE GAULLE, *Discours et messages*, tome I : *pendant la guerre, 1940-1946*, Paris, Plon, 1970, p. 20-21.

4. Voir chapitre 1, section France libre.

5. *MAE*, série guerre 39-45, sous-série Londres, vol. 389. Lettre du 15 août 1940, de Gaulle à Vignal.

6. GUILLAUME, *Les Québécois et la vie politique française*, p. 112-113.

de Gaulle : « Dans cette province, le général de Gaulle n'a pas de prestige. Son appel radiodiffusé au Canada français a été considéré comme une insulte[7]. »

Les premiers contacts d'Élisabeth de Miribel avec le Canada français sont plutôt difficiles : « À la fin de l'été 1940, une grande partie, pour ne pas dire la majorité des Canadiens français était hostile ou indifférente à l'action du général de Gaulle[8]. » Nombreux sont ceux qui voient d'un mauvais œil l'entourage du général de Gaulle, soupçonné d'être un repaire d'hommes « de gauche[9] ». Dès son arrivée au Canada, Élisabeth de Miribel écrivait : « Réserves suscitées par la méfiance des partis de gauche ou de Juifs entrant (disent-ils) dans le comité de Gaulle[10]. »

Pour les nationalistes anglophobes, la France libre est coupable par association. En septembre 1940, Élisabeth de Miribel constate : « Pour certains Canadiens français, le Général, du fait de sa présence à Londres, est suspecté d'être sous l'influence anglaise, au même titre que pour nous le Gouvernement de Vichy est suspect par rapport à l'Allemagne[11]. » Quarante années plus tard, Élisabeth de Miribel écrivait encore : « La présence du Général à Londres éveille des soupçons. On lui reproche d'être sous l'influence des Anglais. Des petits esprits traitent les Français libres de "mercenaires de l'Angleterre"[12]. »

Aux yeux de ces ennemis de l'Empire, la France libre n'est, du moins dans les premiers mois de son existence, qu'un rejeton de la propagande anglaise. Pour Rumilly, ancien militant de l'Action française, les gaullistes ne sont que de simples mercenaires à la solde de la propagande impérialiste. Voici comment l'historien présente la genèse de la France libre :

Toute l'Angleterre redouble de fureur, non pas contre l'Allemagne, mais contre la France [...] L'Angleterre, qui héberge et subven-

---

7. *APC*, RG 2, série 7C, vol. 17A, dossier 33-2. Cité dans Laurence, « Province de Québec », p. 313.

8. Élisabeth DE MIRIBEL, « Le Canada et la France libre », *Espoir*, nº 72 (septembre 1990), p. 65.

9. *Ibid.*, p. 66.

10. *MAE*, série guerre 39-45, sous-série Londres, vol. 391. Rapport du 4 août 1940, É. de Miribel à Coursel.

11. *MAE*, série guerre 39-45, sous-série Londres, vol. 391. Copie d'un rapport du 8 septembre 1940, É. de Miribel à France libre (Londres).

12. É. DE MIRIBEL, *La liberté souffre violence*, p. 49.

tionne, pour les fins de sa politique extérieure, force rois, prétendants et agitateurs en exil, cherche une personnalité française à
opposer au Maréchal. Le général Charles de Gaulle, passé en
Angleterre, s'offre pour ce rôle. Presque personne ne le connaît,
mais il n'importe. La BBC — la radio anglaise — a vite fait d'in-
venter de Gaulle, de lui créer, souffler et boursoufler une réputation. Le général de Gaulle se joint aux insulteurs de son pays, et
forme un comité, reconnu par l'Angleterre [...] La guerre sera
doublement profitable aux puissances anglo-saxonnes si elle se
termine par l'anéantissement de la puissance allemande et de la
puissance française[13]...

Voici donc le général de Gaulle complice d'une tentative de destruction de la France, qui n'hésitera pas, lors de la campagne de
Syrie, à se couvrir « les mains de sang français[14] » pour servir l'impé-
rialisme britannique ! Rumilly n'est pas le seul à sous-entendre que de
Gaulle trahit sa patrie. Le 28 octobre 1941, alors que les hommes du
général de Gaulle combattent l'Axe en Afrique du Nord, sur les mers
et dans le ciel d'Europe, Henri Bourassa, devant une foule réunie à
Montréal, accuse, sans le nommer explicitement, le général de Gaulle
de trahir son pays :

Je crois que la France passe par une période d'attrition d'où elle
sortira plus grande moralement et plus grande politiquement,
pourvu qu'il ne se trouve pas trop de traîtres dans son sein, trop
des siens à la solde de l'étranger, pour aller décrier le noble vieillard
dans les terres lointaines et dans le verbe de France [...]
Je méprise profondément les hommes qui vont à l'étranger pié-
tiner le corps de leur patrie meurtrie et vilipender ceux qui ont eu
le courage de demeurer dans leur pays, prêts à tout sacrifier pour
racheter les erreurs du passé et relever le prestige de leur nation[15].

Bourassa condamne le général de Gaulle parce qu'il se dresse devant
le maréchal Pétain. Ce faisant, il nuit à la régénération morale et
sociale de la France entreprise par la Révolution nationale. Voici les
portraits, en contraste, de Pétain et de de Gaulle laissés par le père
Arsenault dans *La Droite* :

13. Rumilly, *Histoire de la province de Québec*, tome 38, p. 178-179.
14. Rumilly, *Histoire de la province de Québec*, tome 39, p. 80.
15. *Ibid.*, p. 140-141. Voir également *MAE*, série guerre 39-45, sous-série Vichy-
Amérique, vol. 8. Lettre du 10 novembre 1941, Ristelhueber à Darlan.

Pétain est un homme de droite qui ne transige pas avec les principes sauveurs, un homme d'ordre, qui connaît l'histoire de son pays, ses relations avec ses voisins, le mal que lui a fait un siècle et demi de démocratie, l'incapacité de se relever qui tient toute démocratie « à la française » à la merci de tous les carnassiers, l'inutilité d'une guerre idéologique suffisamment prouvée par la suite de la guerre 1914-1918. Un tel homme ne peut avoir devant le monde européen d'aujourd'hui les mêmes réflexes qu'un militaire politicien.

De Gaulle, lui, est un opportuniste... N'oublions pas que, malgré ses talents de théoricien militaire, il a toujours eu pour supporter Paul Reynaud, socialiste et homme d'argent. Il devait bien aussi tenir un peu l'oreille de Mandel[16] qui était si près du dernier Président du Conseil de Marianne. Le fait est que, après la chute de son maître, il n'y avait rien de mieux à faire que de confier la défense de la France à l'Angleterre. Et il s'est embarqué pour les Îles et dans l'affaire que l'on sait[17].

Mais, dans leur ensemble, les Canadiens français ne sont pas viscéralement opposés au général de Gaulle. Jusqu'au printemps 1941, ce n'est pas tellement l'hostilité que l'indifférence qui nuira à l'entreprise gaulliste au Canada.

Premières percées. — Alors que la presse nationaliste ignore pendant de longs mois le général de Gaulle et son mouvement, la presse libérale, dès l'été 1940, manifeste un timide mais réel intérêt pour les Français libres. Selon Arcand, « consciente que la chute de la France a de graves répercussions sur le moral de guerre des Canadiens français, la presse libérale montre immédiatement beaucoup d'enthousiasme pour le combat du général de Gaulle[18] ». Les journaux libéraux insistent sur l'apport militaire de la France libre. Ils se gardent toutefois d'évoquer les questions politiques qui pourraient mettre en relief les antagonismes et les conflits entre le mouvement du général de Gaulle et la France de Vichy[19].

16. Louis Georges Mandel, plusieurs fois ministre et député sous divers gouvernements de la Troisième République, s'opposera, en juin 1940, à l'armistice. Interné par le gouvernement de Vichy, il sera abattu par des miliciens en 1944.

17. *La Droite*, 15 avril 1941.

18. Arcand, « Pétain et de Gaulle dans la presse québécoise », p. 379.

19. *Ibid.*, p. 380-381.

Cette curiosité mêlée de sympathie ne se fait donc pas sur le dos du régime de Vichy[20]. La presse libérale refuse de trancher, estimant que les deux hommes, à leur façon, travaillent dans l'intérêt de leur pays. En janvier 1941, Willie Chevalier, dans *Le Soleil*, écrit :

> Les liens qui nous unissent à ce que l'on pourrait appeler la France juridique, celle du maréchal Pétain, ne sont pas incompatibles avec l'admiration qu'un Canadien français bien né et renseigné ne peut manquer d'éprouver pour le général Charles de Gaulle [...] Soyons d'ailleurs certains que, malgré les apparences, Pétain approuve de Gaulle dans le fond de son cœur[21].

Mais, alors que la presse libérale dans son ensemble soutient timidement le général de Gaulle, dès septembre 1940, Jean-Charles Harvey, du *Jour*, affiche sans complexe ses sentiments gaullistes[22]. Son anglophilie, la nature du régime de Vichy et son combat contre les nationalistes canadiens-français font de lui un enthousiaste du Général et un ennemi acharné du Maréchal. À travers le conflit franco-français, Harvey poursuit son combat canadien. À partir du moment où ses ennemis nationalistes et cléricaux font connaître leurs préférences maréchalistes, Harvey devient un champion du gaullisme. Se considérant depuis la chute de la France comme un des derniers porteparole du libéralisme francophone[23], *Le Jour* dénonce à chaque occasion Pétain et son gouvernement, pour ensuite mettre en valeur de Gaulle et son équipe.

Toutefois, l'appui d'Harvey se révèle une arme à double tranchant. Le radicalisme des idées exprimées au *Jour* en fait un journal marginal. La violence des propos et l'anticléricalisme affiché comme un flambeau par l'hebdomadaire indisposent, et c'est un euphémisme, la grande majorité des Canadiens français. Ainsi, par une malheureuse association, l'appui du *Jour* dessert les gaullistes. Les représentants du Général sont les premiers à l'admettre. Élisabeth de Miribel, dans un rapport envoyé à Londres le 28 mai 1942, expose le fond du problème : « *Le Jour*, organe de gauche, libéral, n'exerce malheureusement aucune influence sur la province de Québec. Il suffit qu'une

---

20. Guillaume, *Les Québécois et la vie politique française*, p. 113-114.

21. *Le Soleil*, 15 janvier 1941. Cité dans Arcand, « Pétain et de Gaulle dans la presse québécoise », p. 380.

22. Marcel-Aimé Gagnon, *Jean-Charles Harvey, précurseur de la Révolution tranquille*, Montréal, Beauchemin, 1970, p. 189-190.

23. Teboul, Le Jour, *émergence du libéralisme moderne au Québec*, p. 16.

idée, si juste soit-elle, paraisse dans *Le Jour* pour qu'elle soit déva-
lorisée dans le Québec[24]. »

Les premiers pas de la France libre au Canada

Les comités de Français libres. — On l'a vu, le personnel diplomatique
français en poste au Canada refuse de rallier la dissidence gaulliste.
La France libre ne peut compter sur la présence au Canada d'individus compétents, rompus à la diplomatie, pour voir à ses intérêts. Et
en 1940, les ralliements étant peu nombreux, le quartier général de
la France libre n'est pas en mesure d'envoyer à l'étranger des représentants expérimentés. Henri Laugier[25], dans un article rédigé en 1942
pour *Free World*, décrit éloquemment, pour les avoir lui-même vécus,
les problèmes d'organisation que rencontra à ses débuts la France
libre à l'extérieur de l'Angleterre :

> Il se trouvait, sans aucune machinerie dans le monde, sans repré-
> sentants qualifiés pour traiter les problèmes de tous ordres que
> posait à chaque minute, sur tout le globe, la révolte de la cons-
> cience française : problème d'enrôlement militaire, d'entraînement
> des hommes, de constitution d'unités, d'armement, problèmes d'in-
> formation et de propagande auprès des groupes français dissémi-
> nés sur toute la planète ; problèmes de liaison avec les gouverne-
> ments alliés... Il fallait agir, il fallait créer de toutes pièces, avec un
> personnel ardent mais hétérogène et sans tradition de compétence,
> toute cette administration[26].

En 1940, pour être présent à l'étranger, de Gaulle devra donc miser
sur des comités de Français libres. Mais à qui confier le leadership de
ces comités de Français libres ? Au Canada, comme un peu partout
d'ailleurs, de Gaulle puisera à même la colonie française. Faute d'antennes à l'étranger pour évaluer les compétences des candidats poten-
tiels, on improvise, en sélectionnant parfois les représentants sur la

---

24. *MAE*, série guerre 39-45, sous-série Londres, vol. 198. Rapport du 28 mai
1942, « Situation à Québec », rédigé par É. de Miribel, pour Dejean.

25. Professeur connu pour ses sympathies à l'endroit du Front populaire, Laugier
se réfugie en Amérique après la défaite française. Il enseigne pendant quelques mois
à l'Université de Montréal.

26. Henri LAUGIER, *Combat de l'Exil*, Montréal, Éditions de l'Arbre, coll. « France
Forever », 1943, p. 11-12.

base de quelques correspondances écrites. Aveugle, la France libre fera parfois des choix malheureux. Dans les comités constitués entrent beaucoup de bonnes volontés, mais également beaucoup d'inexpérience. Au Canada, les maladresses de certains, la mauvaise connaissance du Canada chez d'autres, causeront un tort énorme à la France libre.

L'espoir du Général repose donc sur les colonies françaises à l'étranger. Encore faut-il que ces dernières répondent à son appel. Au Canada, les Français sont tiraillés entre leur désir de poursuivre la lutte contre le nazisme aux côtés du général de Gaulle et leur admiration pour le maréchal Pétain, héros de Verdun[27]. Plusieurs d'entre eux, à l'instar d'ailleurs de nombreux Canadiens français, ont longtemps cru que les deux hommes représentaient les deux faces d'une même lutte : la résistance aux Allemands[28]. Comme on le sait, la thèse du bouclier et de l'épée, chère aux défenseurs de la mémoire du Maréchal, répondait à un espoir diffus partagé par plusieurs, et ce bien avant que Pétain ne la formule clairement à l'été 1944 dans son message d'adieu au peuple français[29]. Conséquence : les Français du Canada, à qui l'on demande de prendre définitivement parti, hésitent.

À cela s'ajoute la crainte de représailles. C'est que s'engager publiquement pour la France libre en 1940 s'avère une entreprise risquée. Certains vétérans de la Première Guerre mondiale, des veuves et des retraités, comptent sur la pension versée par le gouvernement français pour subvenir à leurs besoins[30]. Les Français pouvaient également craindre pour leur passeport, ou pire, pour leur citoyenneté. Des gens d'affaires français travaillant au Canada s'exposaient à des sanctions, comme en fait foi un télégramme envoyé le 19 juillet 1941 aux diplomates en poste en Amérique[31]. Et la famille, toujours en

---

27. ARNOLD, *One Woman's War*, p. 100-101.

28. Jeannette et Guy BOULIZON, *Stanislas, un journal à deux voix*, Montréal, Flammarion, 1988, p. 139-140.

29. FERRO, *Pétain*, p. 593-596.

30. NETTELBECK, *Forever French : Exile in the United States, 1939-1945*, p. 137-138 ; Raoul AGLION, *De Gaulle et Roosevelt*, Paris, Plon, 1984, p. 122.

31. « Plusieurs postes en Amérique ont signalé au Département l'activité gaulliste de Français représentant d'importantes firmes françaises et ont observé qu'il convenait de mettre ces compatriotes en présence de leurs responsabilités en les prévenant des mesures qu'ils pourraient encourir s'ils persistaient dans leur action et qui pourraient comporter, dans l'ordre commercial, le retrait des représentations qu'ils détiennent actuellement.

France, risquait-elle de devenir victime des représailles du régime ? Combien de temps durerait encore cette guerre ? Et qui la gagnerait ? Si les Allemands sortaient victorieux, et Vichy consolidé, pouvait-on espérer la fin des tracasseries administratives ? Pourrait-on toujours communiquer avec la mère patrie ? Les autorités de Vichy laisseraient-elles les partisans du Général regagner la France ? Autant de questions sans réponses qui justifiaient, aux yeux de plusieurs, une attitude prudente face à la dissidence gaulliste.

Le sort réservé à de Gaulle par l'administration de Vichy a de quoi laisser songeurs les individus intéressés à rallier la France libre. De Gaulle est un des premiers à goûter à la médecine du nouveau régime. Le 22 juin 1940, Weygand annule la promotion qui a fait du colonel de Gaulle un général de Brigade[32]. Le 23 juin, le « colonel de Gaulle » est mis à la retraite. Le 4 juillet, un tribunal militaire le condamne à quatre ans d'emprisonnement pour refus d'obéissance et provocation de militaires à la désobéissance. Le gouvernement, trouvant la sentence trop clémente, obtient un deuxième jugement. En août 1940, de Gaulle, accusé d'intelligence avec la Grande-Bretagne et de désertion, est condamné à mort. Comme si cela ne suffisait pas, « le général de Gaulle tombe sous le coup de la loi du 23 juillet 1940 concernant les Français qui se sont rendus à l'étranger entre le 10 mai et le 30 juin 1940, sans ordre de mission régulier, il est déchu de la nationalité française par un décret du 8 décembre 1940[33] ».

Vignal, premier représentant du général de Gaulle. — La réaction spontanée de la communauté française du Canada à l'appel du 18 juin 1940 annonçait pourtant de belles choses. Dans une unanimité qui ne se reverra plus avant la fin de la guerre, les notables français de Montréal envoyaient en effet un télégramme d'appui au général de Gaulle :

« Il me paraît opportun d'user de tel moyen d'action, qui, en atteignant ces agitateurs directement dans leurs intérêts, peut être de nature à en ramener un certain nombre au calme. Je vous prie en conséquence de m'adresser, dans tous les cas nécessaires, les noms de ces Français, l'exposé des faits qui leur sont reprochés et l'indication des maisons qu'ils représentent. » *MAE,* série guerre 39-45, sous-série Vichy-Amérique, vol. 168. Télégramme du 19 juillet 1941, Rochat, secrétaire général du ministère des Affaires étrangères, à tous les postes d'Amérique.
32. COINTET, *La France à Londres,* p. 105-107.
33. *Ibid.,* p. 107.

Français résidant Canada protestant abandon marine guerre, aviation, colonies, or et ressources extérieures chargent soussignés vous informer qu'ils appuient votre initiative et préconisent formation gouvernement français à l'étranger pour organiser résistance suivant exemple nos alliés envahis. Stop. Prière en aviser Reynaud[34].

Les recherches effectuées dans les archives de la France libre ne nous permettent pas de certifier si le général de Gaulle a bel et bien reçu ce télégramme. La première mention d'appui au général de Gaulle retrouvée dans les archives du Quai d'Orsay est celle formulée par le docteur William Vignal, le président de l'Union nationale française, la doyenne des sociétés françaises de Montréal : « En séance extraordinaire du 25 juin, le Conseil d'administration de l'Union nationale française de Montréal [...] se range à l'unanimité à vos côtés. Par cette lettre nous venons vous demander instructions et directives[35]. »

Le 27 juillet 1940, dans la lettre qu'il envoyait en réponse à celle du 25 juin du docteur Vignal, de Gaulle lui faisait part de son souhait :

Que tous les Français du Canada qui sont en faveur de mon effort se constituent en un groupement avec qui nous resterons en contact et à qui nous enverrons régulièrement des nouvelles sur les progrès de notre entreprise.

Ce groupement, dans les limites fixées par les lois canadiennes, entretiendrait parmi les Français du Canada et parmi nos amis canadiens l'esprit de résistance, orienterait vers moi les Français disposés à porter les armes et à rejoindre ici nos volontaires, cherchera à réunir des souscriptions destinées à soutenir notre cause[36].

Si, dans cette lettre, de Gaulle ne précise pas explicitement que le docteur Vignal devenait son représentant officiel, la correspondance de la France libre avec d'autres interlocuteurs au Canada ne fait pas de doute[37]. Le général de Gaulle a choisi Vignal pour le représenter au Canada. Pourquoi Vignal ? N'oublions pas qu'à l'époque, l'organisation de la France libre n'en étant qu'à ses balbutiements, elle agit

34. *Le Devoir*, 25 juin 1940.

35. MAE, série guerre 39-45, sous-série Londres, vol. 389. Lettre du 25 juin 1940, Vignal à de Gaulle.

36. MAE, série guerre 39-45, sous-série Londres, vol. 389. Lettre du 27 juillet 1940, de Gaulle à Vignal.

37. Voir MAE, série guerre 39-45, sous-série Londres, vol. 386. Lettre du 29 juillet 1940, Pleven à M. Raymond Denis (Montréal).

à l'aveuglette. Le ralliement du docteur Vignal a sans doute été la première adhésion d'un notable français du Canada enregistrée à Londres. De plus, Vignal présidait l'Union nationale française de Montréal. Obligé de trouver quelqu'un à qui confier l'organisation de la France libre au Canada, de Gaulle a fait le choix qui lui paraissait le plus judicieux.

Vignal est-il l'homme pour rallier les Français du Canada au général de Gaulle et pourra-t-il convaincre les Canadiens français d'abandonner Vichy pour la France libre ? Arrivé au Canada au début des années 1930, le docteur Vignal est, en 1940, responsable du service de radiologie de l'hôpital Saint-Luc[38]. Les gens qui le côtoient s'entendent pour louer son honnêteté et sa compétence[39]. Mais tous mentionnent également son caractère acariâtre. Ses rapports avec la colonie française sont difficiles et son tempérament lui a mis à dos ses confrères de l'hôpital. De plus, son épouse refuse d'avoir des contacts avec les Canadiens français. Finalement, sa confession protestante ne facilite pas ses rapports avec la société canadienne-française[40]. De toute façon, Vignal n'apprécie guère les Canadiens français. C'est du moins l'avis du professeur Meyer-May et d'Élisabeth de Miribel[41]. Son antipathie à l'endroit des Canadiens français est palpable dans un rapport qu'il rédige en octobre 1942. Sur un ton paternaliste, Vignal écrit :

Du fait de son complexe d'infériorité le Canadien français a un esprit critique très développé cherchant à trouver les défauts et les points faibles des autres afin de se donner la preuve qu'il est au moins leur égal. Ce complexe d'infériorité détermine aussi chez le Canadien français certaines réactions souvent plus superficielles que profondes que l'on n'arrive pas à comprendre si l'on perd de vue cette notion ; d'où aussi son nationalisme parfois exacerbé. Il

38. *MAE*, série guerre 39-45, sous-série Londres, vol. 306. Rapport du professeur Meyer-May sur son séjour au Canada, envoyé avec une lettre du 23 décembre 1940, Garreau-Dombasle à de Gaulle.

39. É. de Miribel, *La liberté souffre violence*, p. 49 ; *MAE*, série guerre 39-45, sous-série Londres, vol. 198. Rapport du 5 novembre 1941, Pierrené à Dejean.

40. *MAE*, série guerre 39-45, sous-série Londres, vol. 391. Lettre du 14 décembre 1940, É. de Miribel à Courcel.

41. *MAE*, série guerre 39-45, sous-série Londres, vol. 306. Rapport du professeur Meyer-May sur son séjour au Canada, envoyé avec une lettre du 23 décembre 1940, Garreau-Dombasle à de Gaulle ; vol. 391. Lettre du 22 décembre 1940, É. de Miribel à Courcel.

passe au crible tout ce qui vient des Vieux Pays (France et Angleterre), l'adapte difficilement et s'il l'adopte c'est avec de nombreuses réticences car, ce faisant, il redoute de voir se modifier les valeurs intellectuelles et morales auxquelles il est habitué[42].

En plus de se plaindre de son caractère difficile, ses détracteurs l'accusent de faire preuve de peu d'initiative. Élisabeth de Miribel insiste sur sa peur de l'échec qui paralyse son action[43]. Ces reproches étaient-ils fondés? Vignal n'a-t-il pas plutôt opté pour la prudence, attendant que le gouvernement canadien lui-même clarifie sa position à l'endroit du mouvement gaulliste? Les archives du Quai d'Orsay démontrent que Vignal comprenait très bien les enjeux et les craintes du gouvernement canadien, qui redoutait comme la peste une controverse Pétain/de Gaulle au Canada français[44].

Toujours est-il que, dès la fin de l'été 1940, l'unanimité initialement manifestée par la colonie française en faveur du général de Gaulle est déjà menacée. À l'automne, il est clair que la colonie française, dans son ensemble, opte désormais pour l'attentisme. Le 4 octobre 1940, Ristelhueber rassure ses supérieurs:

Désemparés par la soudaineté de notre défaite et naturellement soumis aux influences britanniques, les Français du Canada dans un geste irréfléchi de protestation sont — [mots passés] — [en] grande partie vers l'ex-général de Gaulle comme vers un sauveur, adhésion purement verbale d'ailleurs. Depuis ils se sont nettement ressaisis sans que cependant beaucoup d'entre eux aient osé se rétracter, mais état d'esprit infiniment meilleur, depuis l'agression de Dakar[45].

À la fin du mois d'août, Vignal renonce à unir sous la bannière de la France libre les grandes associations françaises de Montréal[46]. Le

---

42. *MAE*, série guerre 39-45, sous-série Londres, vol. 198. Note du 12 octobre 1942, par le médecin lieutenant-colonel Vignal (Londres).

43. *MAE*, série guerre 39-45, sous-série Londres, vol. 391. Lettre du 14 décembre 1940, É. de Miribel à Courcel; Lettre du 27 octobre 1940, É. de Miribel à Courcel.

44. *MAE*, série guerre 39-45, sous-série Londres, vol. 389. Télégramme du 28 décembre 1940, du haut-commissaire britannique au Canada pour le Dominion Office à Londres.

45. *MAE*, série guerre 39-45, sous-série Vichy-Amérique, vol. 3. Télégramme du 4 octobre 1940, Ristelhueber à Baudouin.

46. *MAE*, série guerre 39-45, sous-série Londres, vol. 386. Lettre du 28 août 1940, Vignal à de Gaulle.

mouvement au Canada devra se contenter d'un départ plus modeste. Vignal a l'intention de mettre sur pied, avec un groupe de Français résolus, un comité central à Montréal, comité qui a pour tâche de chapeauter les autres groupes de Français libres au Canada[47].

D'autre part, les premiers contacts avec le gouvernement canadien sont plutôt laborieux. Les démarches auprès des autorités fédérales pour l'octroi à son comité d'une charte échouent. Ottawa n'est pas pressé d'accorder une charte qui donnerait une reconnaissance juridique au groupe de Vignal. À la mi-octobre, la réponse fédérale se fait toujours attendre[48]. Finalement, le 31 octobre 1940, le ministre de la Justice et lieutenant québécois de Mackenzie King, Ernest Lapointe, met un terme aux espoirs de Vignal : « Je dois vous dire que mon opinion bien formée est qu'il n'est pas opportun d'encourager aucun mouvement ayant pour effet de diviser les Canadiens français en partisans de de Gaulle et en partisans du Gouvernement Pétain[49]. »

Vignal n'est pas au bout de ses peines. L'automne n'est pas terminé qu'il fait déjà face à la grogne de plusieurs associations de Français libres aux Canada. C'est que les visées centralisatrices du représentant du Général au Canada ne font pas le bonheur de tous. L'apparente contradiction entre les besoins de centraliser l'action des Français libres et la nature spontanée des premiers regroupements gaullistes au Canada déclencheront les premiers heurts qui handicaperont, tout au long de la guerre, les efforts de la France libre au Canada.

Automne 1940, les ennuis commencent. — Les Français de Montréal ne sont pas les seuls à répondre à l'appel du général de Gaulle. Un peu partout au Canada, des Français organisent des comités gaullistes. Comme l'écrit Henri Michel, les premiers comités de la France libre naissent spontanément :

> Ils se créèrent sans instructions, sans plans, sans ordre ; les initiateurs étaient pour la plupart des commerçants ou des techniciens, sans expérience de la politique française ; beaucoup même n'avaient

47. *MAE*, série guerre 39-45, sous-série Londres, vol. 389. Lettre du 6 septembre 1940, Vignal à de Gaulle.

48. *MAE*, série guerre 39-45, sous-série Londres, vol. 391. Lettre du 17 octobre 1940, É. de Miribel à Courcel.

49. *APC*, série archives privées, sous-série MG 27, IIIB 10, papiers Ernest Lapointe, vol. 24, dossier 82. Lettre du 31 octobre 1940, Lapointe à Victor Morin.

plus eu de contact personnel avec la France depuis des années. Il est difficile de savoir quelle idée ces Français se faisaient de la France libre et de son chef, dont ils ne savaient pratiquement rien[50].

Le premier affrontement entre Français libres du Canada opposera le docteur Vignal à Henri Gauthier, chef de file des Français libres d'Ottawa.

À l'instar de son homologue de Montréal, l'Union nationale française d'Ottawa envoie dès la fin juin 1940 un télégramme d'appui au général de Gaulle[51]. Dans les jours suivants, un comité de Français libres est mis sur pied à Ottawa. Henri Gauthier, français naturalisé canadien et à l'époque fonctionnaire au gouvernement fédéral[52], en prend le leadership effectif.

Au début, les rapports entre Vignal et le comité d'Ottawa se déroulent sous le signe de la coopération[53]. Mais le conflit éclate au grand jour à la suite d'une entrevue accordée par Gauthier à un journaliste de la presse canadienne. Dans une lettre datée du 28 septembre 1940, Vignal, prudent face à une opinion publique canadienne-française qu'il considère plutôt hostile et à une classe politique fédérale à l'écoute du Canada français, reproche à son collègue d'Ottawa d'attirer l'attention du journaliste sur les partisans du général de Gaulle au Canada ; il suggère d'opter dorénavant pour une action discrète, l'invitant à garder le silence sur les comités de Gaulle[54]. Piqué au vif, Gauthier répond deux jours plus tard[55]. Il reproche à son correspondant sa trop grande prudence, affirmant préférer déplaire au Canada français que de renoncer à poursuivre une propagande active au Canada anglais. Fort de sa légitimité confirmée au mois de septembre par le cabinet du général de Gaulle[56], Vignal admoneste Gauthier :

---

50. Henri MICHEL, *Histoire de la France libre*, Paris, PUF, coll. « Que sais-je ? », 1963, p. 23-24.

51. *MAE*, série guerre 39-45, sous-série Vichy-Amérique, vol. 8. Lettre du 29 juin 1940, Ristelhueber à Baudouin.

52. ANGLIN, *St-Pierre et Miquelon Affair of 1941*, p. 175.

53. *MAE*, série guerre 39-45, sous-série Londres, vol. 386. Lettre du 30 juillet 1940, Gauthier à de Gaulle ; lettre du 1er septembre 1940, Vignal à Gauthier.

54. *MAE*, série guerre 39-45, sous-série Londres, vol. 386. Lettre du 28 septembre 1940, Vignal à Gauthier.

55. *MAE*, série guerre 39-45, sous-série Londres, vol. 386. Lettre du 30 septembre 1940, Gauthier à Vignal.

56. *MAE*, série guerre 39-45, sous-série Londres, vol. 389. Lettre du 12 septembre 1940, Fontaine à Vignal.

Vous n'avez pas la qualité pour compromettre le mouvement dans les autres provinces. J'ai déjà reçu des protestations au sujet de votre interview, protestations venant d'autres comités. En agissant comme vous le faites, vous tendez rien de moins qu'à détruire un travail qui se fait en ce moment, ainsi que je vous l'ai dit, à Londres et au Canada[57] [...]

Furieux, Gauthier annonce à Vignal qu'il remettra sa démission au comité d'Ottawa[58]. Mais le comité d'Ottawa la refuse et revient à la charge. Le 5 octobre 1940, son exécutif vote la mention suivante :

Que le secrétaire du comité [Gauthier] écrive au général de Gaulle dans les termes suivants.
Pour le succès de la France libre.
1er. Que le comité central formé à Montréal ait juridiction sur la partie française du pays, c'est-à-dire, la province de Québec.
2ème. Qu'un comité central ayant juridiction sur les huit autres provinces anglaises du Canada, soit établi à Ottawa, centre officiel du pays, et qu'un représentant soit nommé par vous, pour assurer la direction.
3ème. Que chacun de ces deux comités tout en coopérant, soient indépendants l'un de l'autre, et ne relèvent directement que du comité central de Londres[59].

Trop faible pour diviser ses forces, le mouvement ne peut souffrir de telles tensions. Au début octobre, le général de Gaulle, alors en Afrique-Équatoriale française, réaffirme l'autorité de Vignal :

Je confirme que le médecin commandant Vignal[60] est mon unique représentant pour tout l'ensemble du Canada stop Toute organisation doit passer par son intermédiaire toute formation de groupe doit être faite avec son assentiment stop Je renvoie moi-même vers le commandant Vignal toutes les communications qui me sont faites directement[61].

---

57. *MAE*, série guerre 39-45, sous-série Londres, vol. 386. Lettre du 1er octobre 1940, Vignal à Gauthier.
58. *MAE*, série guerre 39-45, sous-série Londres, vol. 386. Lettre du 3 octobre 1940, Gauthier à Vignal.
59. *MAE*, série guerre 39-45, sous-série Londres, vol. 386. Lettre du 7 octobre 1940, Gauthier à de Gaulle.
60. Vignal portait déjà, avant la chute de la France, le grade de commandant de réserve de la Marine française.
61. *MAE*, série guerre 39-45, sous-série Londres, vol. 389. Télégramme du 5 octobre 1940, de Gaulle à Vignal.

Mais le doute s'est installé à Londres. D'autant que d'autres voix s'élèvent à Montréal pour contester le leadership de Vignal. L'opposition la plus sérieuse vient de l'un des notables français les plus influents de la ville : le vicomte Roger de Roumefort, directeur général du Crédit foncier franco-canadien[62] et président de l'Assistance aux œuvres françaises de guerre, organisme qu'il a lui-même mis sur pied en 1939 pour recueillir des fonds destinés à l'effort de guerre français. En septembre 1940, Roumefort, tout en offrant à la France libre les services de son Assistance, écrit :

> Je profite de l'occasion pour vous demander si vous avez un représentant officiel au Canada avec qui nous pourrions éventuellement entrer en rapport. Le Dr Vignal de Montréal se dit être le représentant du général de Gaulle pour le Canada. Je ne sais pas si le fait est exact mais, dans l'affirmative, je crois devoir vous dire que la plupart des membres de notre organisation ne désireraient pas entretenir de relations suivies avec lui. Dans ce cas-là, nous resterions, si vous le voulez bien, directement en rapport avec vous[63].

Sombrant dans d'interminables querelles, la communauté française de Montréal sera incapable de répondre aux espérances du général de Gaulle. C'est une jeune femme âgée de 24 ans, étrangère au pays, qui allait, armée de sa seule volonté, implanter solidement la France libre au Canada : Élisabeth de Miribel.

Élisabeth de Miribel

Une femme d'exception. — En juillet 1940, Élisabeth de Miribel quitte l'Angleterre pour le Canada. Le général de Gaulle l'a investie d'une mission, aux termes imprécis, de propagande et d'information[64].

Élisabeth de Miribel est issue d'un milieu conservateur et catholique où règne le « culte de l'honneur et de la discipline[65] » et où l'on

---

62. Importante institution financière pan-canadienne fondée en 1880 par des banquiers français, dont le siège est à Montréal mais dont le contrôle est détenu en France. Roumefort en assure la direction générale dès son arrivée à Montréal en 1922. Roumefort était l'un des signataires du télégramme envoyé à de Gaulle et publié le 25 juin 1940 dans *Le Devoir*. Entretien avec Michel Pasquin, 8 janvier 1999.
63. *MAE*, série guerre 39-45, sous-série Londres, vol. 389. Lettre du 27 septembre 1940, Roumefort à France libre.
64. ARNOLD, *One Woman's War*, p. 84.
65. É. DE MIRIBEL, *La liberté souffre violence*, p. 32.

affiche un « dédain pour l'argent et la politique ». Chez les Miribel, comme chez les Mac-Mahon — la mère d'Élisabeth de Miribel est la petite-fille du maréchal Mac-Mahon[66] —, les hommes embrassent la carrière d'officier. Dans cet environnement, les filles se préparent à devenir de futures épouses. Élisabeth accepte difficilement le destin qu'on lui réserve. En 1934, à l'âge de 18 ans, elle part en Autriche perfectionner son allemand. Là, elle prend conscience du péril nazi, lit *Mein Kampf* et les écrits de Rosenberg[67]. Dans les années suivantes, elle effectue plusieurs séjours en Autriche et en Suisse. À la fin des années 1930, après une rencontre avec des médecins qui travaillent avec des enfants anormaux et des délinquants, et contre l'avis de sa famille, elle part en Suisse suivre des cours auprès de Piaget. Refusant la vie offerte par ses parents, Élisabeth de Miribel effectue sa première grande rupture[68].

Aux premiers jours de la guerre, elle s'engage comme traductrice-rédactrice au ministère des Affaires étrangères. À la mi-janvier 1940, la voilà à Londres, auprès de la Mission française de guerre économique. Cette mission, dirigée par Paul Morand, fait la liaison entre le ministère du Blocus français et le Ministry of Economic Warfare britannique[69].

L'invasion de la France la surprend en Angleterre. Le 17 juin, elle reçoit l'appel d'un ami de longue date, le lieutenant Geoffroy de Courcel. Aide de camp du général de Gaulle, Courcel demande à la jeune femme de lui dresser une liste des personnalités françaises se trouvant en mission à Londres et de la porter au général de Gaulle[70]. Élisabeth de Miribel est immédiatement impressionnée par le personnage : « Il m'apparaît immense. Un homme de haute stature[71]. » En quelques phrases, de Gaulle rallie Élisabeth de Miribel à sa cause. Une fois encore, la jeune femme défie son milieu familial, où l'on ne remet jamais en question les chefs de l'armée française[72]. Élisabeth de

---

66. Le maréchal Mac-Mahon (1808-1898) organisa la répression de la Commune de Paris, ce qui lui acquit l'estime des milieux conservateurs. Après l'échec de la tentative de restauration monarchique, il devint en 1873, grâce au soutien des monarchistes et des conservateurs, le premier Président de la Troisième République. En 1879, face à la montée des Républicains, il démissionna.

67. É. DE MIRIBEL, *La liberté souffre violence*, p. 33.

68. *Ibid.*, p. 34-35.

69. *Ibid.*, p. 21-22.

70. *Ibid.*, p. 30.

71. *Ibid.*

72. *Ibid.*, p. 31.

Miribel, contre Pétain, Weygand et sa famille, suit de Gaulle. Le lendemain, le 18 juin 1940, elle est de nouveau à Seymour Place, le premier quartier général gaulliste. En soirée, à deux doigts, elle transcrit à la machine à écrire le fameux message qui fera entrer le général de Gaulle dans l'histoire[73].

Pendant quelques semaines, elle travaille à Seymour Place à titre de secrétaire. Mais la jeune femme, pressée d'en faire plus, s'interroge sur le rôle qu'elle peut jouer dans l'entreprise gaulliste :

> J'étais sans doute trop jeune et inexpérimentée pour apprécier l'envergure des projets du général de Gaulle. J'ai cru, à l'époque, et je me suis trompée, que la France libre allait devenir un mouvement purement militaire, comportant un état-major et une armée de volontaires. Dans ces conditions, que faire pour servir utilement ? Je n'ai pas de diplôme d'infirmière. Une fois encore, je vais devoir rester à l'arrière et passer la guerre dans un bureau.
>
> Le hasard a voulu que je rencontre Henri de Kérillis[74] à St. Stephen's House [deuxième Q.G. de la France libre]. Il se rendait en mission aux États-Unis, chargé de recueillir des fonds pour la France libre. Pourquoi n'en ferais-je pas autant au Canada ? Un de mes cousins, Aymar de Miribel, s'y trouve, marié à une Canadienne française[75]...

À la fin de juillet 1940, Élisabeth de Miribel vogue donc vers Montréal. Les fonds de la France libre étant pratiquement inexistants, elle part les poches vides[76], ayant avec elle comme seules ressources une liste de Français du Canada ayant proposé leur aide au Général, et la détermination de sa jeunesse. Une détermination qui allait en faire une irréductible du mouvement.

---

73. Lacouture, *De Gaulle*, I : *Le rebelle*, p. 368-369.

74. Journaliste et homme politique de droite, Kérillis, qui se vantera plus tard d'avoir été gaulliste avant de Gaulle, était surtout connu à l'époque pour avoir été le seul député non communiste, avec le socialiste Bouhey, à refuser la confiance au gouvernement Daladier au lendemain de Munich. Aglion, *De Gaulle et Roosevelt*, p. 104 ; Azéma, *Nouvelle histoire de la France contemporaine*, tome 14, p. 18.

75. É. de Miribel, *La liberté souffre violence*, p. 42.

76. Jusqu'à la visite du commandant d'Argenlieu au printemps 1941, Élisabeth de Miribel ne recevra aucune rémunération pour son travail. *MAE*, série guerre 39-45, sous-série Londres, vol. 305. Note vraisemblablement écrite en février 1942 par les services internes de la France libre.

Henri Michel, dans *Les courants de la pensée de la résistance*, décrit en ces termes les Français libres : « Un absolu d'intransigeance les anime, quand il s'agit des intérêts de la France[77]. » Une intransigeance, entre autres, à l'égard des « Français qui ne voulaient pas les suivre[78] ». Toujours selon Michel, « ces baroudeurs étaient animés par une foi en leur cause, en leur pays, en leur chef. Ils tenaient à la fois du chevalier et du croisé[79]. » Comme nous le verrons plus tard, Élisabeth de Miribel est en quelque sorte un archétype du Français libre. Gladys Arnold, qui en 1941 allait devenir sa plus proche collaboratrice, témoigne du caractère intraitable d'Élisabeth de Miribel qui la dresserait plus d'une fois contre ses compatriotes indécis. « Every French person, she told them, should forget self and give every ounce of energy [...] to the support of their countrymen free to fight[80]. »

À l'automne 1940, alors qu'elle se démène du mieux qu'elle peut dans un environnement sinon hostile, du moins indifférent, Élisabeth de Miribel fait la connaissance d'un homme qui va être, tout au long de son périple nord-américain, son mentor spirituel : le père Marie-Alain Couturier. Loin de tempérer le caractère inflexible de la jeune femme, il allait le renforcer. Ce dominicain, surpris en Amérique par le Blitzkrieg alors qu'il était venu y prêcher le Carême, partage ses années de guerre entre New York et Montréal. Il participe aux activités de l'École libre de New York[81] et multiplie, par écrit et lors de conférences, les interventions en faveur de la lutte contre le nazisme. Laissons à Élisabeth de Miribel le soin de nous décrire le père Couturier : « Un grand moine, maigre dans sa robe blanche [...] Un homme essentiellement libre. D'une liberté souveraine, sans compromis, chèrement payée sans doute et dont seuls les saints savent le prix[82]. » Cette

---

77. MICHEL, *Les courants de pensée de la Résistance*, p. 52.

78. *Ibid.*, p. 33.

79. *Ibid.*, p. 53.

80. ARNOLD, *One Woman's War*, p. 101. « Tout Français, leur disait-elle, devait s'oublier et consacrer toutes ses énergies à soutenir ses compatriotes qui poursuivaient la lutte. » (*Nous traduisons.*)

81. Officiellement inaugurée le 21 février 1942, l'École libre de New York regroupe plus d'une centaine d'intellectuels européens en exil aux États-Unis. Parmi ses collaborateurs réguliers, on retrouve Gustave Cohen, le père Ducatillon, Henri Focillon, Georges Gurvitch, Claude Lévi-Strauss, Jacques Maritain, Jean et Francis Perrin, Raymond de Saussure, Charles Sterling, André Weill...

82. É. DE MIRIBEL, *La liberté souffre violence*, p. 65.

liberté sans compromis, Élisabeth de Miribel la partage avec son compatriote. Entre les deux s'établira une complicité qui aidera la jeune femme à passer à travers les obstacles qui se dresseront devant elle. À la fin de 1941, alors qu'elle est hospitalisée à Montréal pour une forte grippe et en proie au désespoir, elle reçoit du père Couturier ces quelques mots d'encouragement :

> Vous êtes seule et je puis vous assurer que la pensée de votre solitude me fait mal, mais je vous dois la vérité : il faut que vous soyez fidèle à votre solitude comme à un devoir. Enfermez-vous en elle comme dans une armure, car elle est cela pour vous. Étroite et lourde, elle est le prix de votre liberté et de votre vraie grandeur[83] [...]

De nouveau, en février 1942, aux heures les plus sombres de la guerre, le père Couturier écrit à Élisabeth de Miribel :

> Nos devoirs envers l'avenir de la France nous obligent plus étroitement à une attitude politique extrêmement stricte : non pas une attitude de ce que l'on appelle du réalisme politique, car ce réalisme est souvent très matérialiste, mais une attitude morale très sévère. J'entends par là une attitude uniquement fondée sur des raisons morales telles que les exigences de la loyauté, de l'honneur, de la justice[84].

Et, en guise de post-scriptum, le père Couturier rajoute : « Joie rayonnante des Français libres, ils sont morts au monde du compromis. »

Cette hostilité aux compromis, Élisabeth de Miribel va la mettre en pratique, en faire la loi cardinale régissant ses actions. Elle ira, comme nous le verrons plus loin, jusqu'à défier les ordres des quartiers généraux de la France libre lorsqu'elle les considérera contraires aux principes moraux justifiant l'action du mouvement[85].

Serait-elle parvenue à autant de résultats si elle n'avait pas été convaincue à ce point de la justesse de sa cause ? Et sans son caractère ferme, aurait-elle résisté aux pressions familiales qui la pourchassaient jusqu'au Canada[86] ? Élisabeth de Miribel allait mettre sur rail

---

83. Cité *ibidem*, p. 85.
84. Cité *ibidem*, p. 91.
85. Voir chapitre 6, section 3.
86. É. DE MIRIBEL, *La liberté souffre violence*, p. 53.

la France libre au Canada. Sans elle, la France libre aurait-elle réussi à s'y implanter solidement ?

Problèmes à Montréal, succès à Québec. — Élisabeth de Miribel arrive à Montréal dans les premiers jours d'août 1940. Son cousin, qui l'attend, la conduit immédiatement à Chicoutimi où il exploite un élevage de visons. Les premiers contacts avec le pays montrent que le travail sera difficile. « Malgré la cordialité de l'accueil de mon cousin et de sa famille, je me trouve en exil [...] Les premières lettres de Londres ne me parviendront qu'à la fin août. Le cœur brûlant de l'histoire de notre combat, je raconte mes journées à Londres. Mon récit soulève peu d'échos[87] [...] »

Elle constate que ce n'est pas en restant à Chicoutimi qu'elle aidera le mouvement. Elle quitte donc son cousin pour Montréal, où elle fait la connaissance de Vignal. Dans un premier temps, elle apprécie le travail du représentant du général de Gaulle. Dans un rapport rédigé le 8 septembre à l'attention de la France libre, elle écrit : « Je suis très heureuse que vous ayez confié l'organisation du comité au Cdt. Vignal, qui mesure la complexité du problème et connaît à la fois l'aspect anglais et français de la question[88]. »

Mais quelques semaines plus tard, la jeune femme se met à douter des qualités de rassembleur du docteur Vignal. Le 27 octobre 1940, elle écrit à son ami Courcel :

Vignal est très certainement un partisan déterminé et ardent du Général. Cependant il n'a pas une position suffisamment influente parmi les Canadiens pour lancer le comité contre leur mauvaise volonté, il n'a pas non plus l'envergure voulue ni l'âge, pour oser rapidement, il est un peu paralysé par la crainte d'encourir un échec[89] [...]

Un mois plus tard, devant le peu d'échos suscités par la France libre auprès des Canadiens français et consciente des rivalités grandissantes au sein de la communauté française de Montréal, rivalités

<hr />

87. *Ibid.*, p. 47-48.
88. *MAE*, série guerre 39-45, sous-série Londres, vol. 391. Copie d'un rapport du 8 septembre 1940, É. de Miribel à France libre.
89. *MAE*, série guerre 39-45, sous-série Londres, vol. 391. Lettre du 27 octobre 1940, É. de Miribel à Courcel.

qui paralysent l'action du mouvement, Élisabeth de Miribel, tout en reconnaissant le dévouement du docteur Vignal, conclut qu'il serait préférable de lui trouver un remplaçant[90]. À la fin décembre, la jeune femme revient à la charge :

> Je me permets d'insister sérieusement sur la nécessité d'un change-
> ment du représentant actuel V. [Vignal] Surtout au moins de ses
> fonctions. Ses sentiments anticanadiens-français sont à peine voi-
> lés [...] Il n'est arrivé à aucun résultat vis-à-vis des Canadiens qui
> l'ignorent et des Français avec lesquels il ne s'entend pas. Person-
> nellement, c'est un homme honnête et dévoué à la cause mais sans
> possibilité d'action ici ; ne pourriez-vous pas l'employer ailleurs[91] ?

C'est qu'entre-temps, Élisabeth de Miribel est parvenue, en quelques semaines, à accroître considérablement l'influence de la France
libre. Elle est maintenant persuadée qu'une approche combative permettrait au mouvement d'enregistrer d'importants gains au sein de
l'opinion publique canadienne-française. Son nouvel optimisme résulte en premier lieu des succès qu'elle a connus dans la ville de
Québec.

Dès juin 1940, des Français et des Canadiens de la ville de Québec
répondent à l'appel du général de Gaulle. Certains affirment que c'est
dans cette ville, sous le leadership de Marthe Simard, Française mariée
à un médecin canadien fort influent, que serait né le premier comité
de Français libres[92]. Au sein de ce comité, on retrouve des personnalités comme le père Georges-Henri Lévesque, directeur de l'École des
sciences sociales de l'Université Laval, le professeur de littérature
d'origine suisse Auguste Viatte, et plusieurs hauts fonctionnaires du
gouvernement provincial... Une de leurs premières assemblées publiques est organisée au Palais Montcalm. Devant une salle remplie, le
père Lévesque, vêtu de sa robe blanche de prélat, condamne le défai-
tisme pétainiste[93]. De là, le comité de Québec devient le plus dyna-

---

90. *MAE*, série guerre 39-45, sous-série Londres, vol. 391. Lettre du 23 novembre 1940, É. de Miribel à France libre.

91. *MAE*, série guerre 39-45, sous-série Londres, vol. 391. Lettre du 22 décembre
1940, É. de Miribel à Courcel.

92. De Miribel, *La liberté souffre violence*, p. 55 ; Lévesque, *Souvenances*, tome I,
p. 315 ; Marthe Simard-Reid, « Au Canada », *Revue de la France libre*, n° 126,
1960, p. 19.

93. Lévesque, *Souvenances*, tome I, p. 315-316 ; entretien avec le père Georges-
Henri Lévesque à Montréal, le 3 mai 1996.

mique des comités de la France libre au Canada. Il rallie à la cause une bonne partie de la haute société de la ville de Québec et de nombreux membres du gouvernement Godbout.

Élisabeth de Miribel se rend à Québec au début d'octobre 1940. Elle prend contact avec quelques journalistes et des professeurs de l'Université Laval[94]. Elle se lie d'amitié avec Auguste Viatte, Marthe Simard et les autres membres du comité de Québec. Elle retourne à Québec au début du mois de décembre, où elle prononce au Château Frontenac, devant plus de 400 personnes, une conférence radiodiffusée, organisée par le Rotary Club de la ville[95]. Toujours en décembre, la jeune femme est reçue par le cardinal Rodrigue Villeneuve, le premier ministre Adélard Godbout, le maire de Québec, Lucien Borne, ainsi que par le recteur de l'Université Laval, Mgr Camille Roy.

De toutes ces rencontres, l'entretien avec le primat de l'Église catholique au Canada est sans aucun doute la plus importante. Cette audience, rendue possible grâce à la complicité des Français libres de Québec[96], bénéficie d'une couverture médiatique appréciable, au grand regret du ministre de France, René Ristelhueber, qui, lors de son premier séjour à Québec au mois d'octobre 1940, s'était vu refuser une audience avec l'évêque de Québec[97].

Le cardinal Villeneuve, tout au long du conflit, sera le plus important allié du gouvernement fédéral au Québec. Même après que l'URSS, à son tour victime de l'agression nazie, eut rejoint le camp allié en juin 1941, l'appui donné par le prélat de l'Église canadienne à l'effort de guerre ne fléchira pas. C'est pourtant le même homme qui, en octobre 1936, déclarait la guerre au communisme devant 15 000 participants réunis au Colisée de Québec[98]. Bien sûr, le communisme demeure pour lui une menace pour la civilisation chrétienne. Toutefois, l'important est de faire face au danger immédiat: l'Allemagne nazie. Par le biais de *L'Action catholique*, l'évêché tente de convain-

---

94. *MAE*, série guerre 39-45, sous-série Londres, vol. 391. Lettre du 17 octobre 1940, É. de Miribel à Courcel; lettre du 27 octobre 1940, É. de Miribel à Courcel.

95. *MAE*, série guerre 39-45, sous-série Londres, vol. 391. Lettre du 14 décembre 1940, É. de Miribel à Courcel.

96. Entretien avec É. de Miribel, le 27 janvier 1995.

97. *MAE*, série guerre 39-45, sous-série Vichy Amérique, vol. 12. Lettre n° 4 du 10 janvier 1941, Ristelhueber à Flandin.

98. Richard JONES, *L'idéologie de l'Action catholique, 1917-1939*, Québec, Presses de l'Université Laval, 1974, p. 225.

cre les Canadiens français que l'arrivée dans les rangs alliés de l'URSS n'entache pas leur croisade contre la nazisme[99]. Lors d'une allocution prononcée quelques jours après le déclenchement de l'opération Barbarossa, à l'occasion de la fête nationale de la Saint-Jean-Baptiste, Mgr Villeneuve met de côté son aversion pour le communisme et rappelle les enjeux véritables de la lutte :

> Cette guerre est moins une guerre entre pays qu'une guerre entre civilisations, c'est en quelque sorte une guerre religieuse.
>
> Le géant vorace qui étend sans cesse ses conquêtes cherche à détruire les valeurs spirituelles, morales et économiques dans le monde pour mieux asservir les nations. Il faut regarder en face le péril qui nous menace[100] [...]

Gagner l'estime du primat de l'Église dans une des régions du monde les plus catholiques n'était pas une mince affaire. Le cardinal allait, à quelques reprises, faire l'éloge public des Français libres. C'est ainsi que le 9 février 1941, lors d'une messe votive célébrée dans la cathédrale Notre-Dame de Montréal, Mgr Villeneuve, après avoir prononcé quelques phrases louangeant le maréchal Pétain, ajoutait : « Nous admirons ceux de ses fils que le sort des armes a jetés sur le sol britannique où avec gloire ils entendent relever leur vaillante épée[101]... »

Les succès d'Élisabeth de Miribel à Québec précipitent sa rupture avec le docteur Vignal. La jeune femme est maintenant convaincue que l'immobilisme de Vignal nuit à l'entreprise gaulliste. Forte de son expérience à Québec, elle a maintenant le sentiment de pouvoir accomplir quelque chose au Canada. Dès lors, son importance croît au sein du mouvement.

Pendant quelques semaines, Élisabeth de Miribel appuie les ambitions de Roumefort, qui rêve de soutirer le leadership du mouvement à son rival Vignal. Mais, comme elle l'écrira 40 ans plus tard :

---

99. ARMSTRONG, *French Canadian Opinion on the War*, p. 39.

100. *MAE*, série guerre 39-45, sous-série Londres, vol. 198. Télégramme du 24 juin 1941, É. de Miribel à France libre.

101. *MAE*, série guerre 39-45, sous-série Londres, vol. 391. Discours de Mgr Villeneuve en annexe d'une lettre du 11 février 1941, É. de Miribel à France libre.

je réalise que je suis tombée de Charybde en Scylla. Roumefort est prétentieux, de fidélité douteuse [...] Il ne cesse d'intriguer contre Vignal et d'autres Français. Dans ces conditions, jamais nous ne parviendrons à faire reconnaître notre mouvement[102].

Laissant les Français libres de Montréal s'enliser dans leurs querelles intestines, la représentante du général de Gaulle prend contact avec les autorités fédérales. Très vite, elle se lie d'amitié avec l'ancien ministre canadien en France, Georges Vanier.

En juin 1940, Vanier est du voyage qui ramenait à Londres l'ambassadeur britannique. Pendant ses premières semaines d'exil, Vanier approuve la politique française du gouvernement canadien[103]. Alors que le diplomate canadien attend dans la capitale londonienne une nouvelle affectation, son épouse, Pauline Vanier, rencontre son cousin, Philippe de Hauteclocque — le futur général Leclerc —, déjà en rapport avec le général de Gaulle[104]. Dès l'été 1940 donc, Vanier fréquente les Français libres. Ces rencontres ont certainement contribué à modifier l'opinion de Vanier face à la question française. De retour au Canada à l'automne, Vanier est acquis à la cause de la France libre. C'est du moins l'avis de Ristelhueber qui, l'ayant rencontré à Ottawa en octobre, signale à ses supérieurs : « Je crains que le colonel Vanier ne soit pas un avocat aussi favorable à notre cause que je l'espérais[105]. »

C'est lors d'une visite qu'effectuait madame Vanier auprès des soldats français hospitalisés en Angleterre qu'Élisabeth de Miribel fit la connaissance des Vanier[106]. La jeune femme alla à la rencontre des Vanier dès qu'elle eut vent de leur retour au Québec. Entre Élisabeth de Miribel et les Vanier se développe une très forte amitié. Vanier allait lui ouvrir plus d'une porte auprès des autorités fédérales[107]. Le diplomate canadien multipliera lui-même les représentations en faveur des Français libres[108].

102. É. DE MIRIBEL, *La liberté souffre violence*, p. 53.

103. *APC*, RG 25, série A.3, vol. 3011, dossier 3618-C-40C, partie 1. Télégramme du 9 juillet 1940, Vanier à Skelton.

104. Deborah et George COWLEY, *One Woman's Journey : A Portrait of Pauline Vanier*, Ottawa, Novalis, 1992, p. 80 et 82.

105. *MAE*, série guerre 39-45, sous-série Vichy-Amérique, vol. 1. Télégramme du 12 octobre 1940, Ristelhueber à Baudouin.

106. Entretien avec É. de Miribel, 27 janvier 1995.

107. THOMSON, *De Gaulle et le Québec*, p. 41.

108. Par exemple, lors d'une allocution prononcée en juin 1941 en faveur de l'emprunt de guerre, Vanier déclare : « Nous vaincrons et la France revivra. Que

De là, Élisabeth de Miribel accroît, pour le bénéfice de la France libre, son réseau de contacts au sein de l'appareil fédéral. À la fin de l'hiver 1941, elle peut compter sur la collaboration du colonel Gagnon, responsable au Québec de la Gendarmerie Royale du Canada, et sur Claude Melançon, directeur du Service de propagande, d'information et de presse du gouvernement fédéral[109].

L'ébauche d'une propagande. — Élisabeth de Miribel tisse également les premiers liens avec les médias canadiens-français. À Québec, elle rencontre Jean-Louis Gagnon, directeur du service des nouvelles à *L'Événement Journal*, et animateur d'une émission hebdomadaire à la radio CKCV[110]. Gagnon aidera à sa manière la cause de la France libre.

La plus grande réussite d'Élisabeth de Miribel dans le milieu journalistique est sans aucun doute le ralliement de Louis Francœur à la croisade gaulliste. À l'époque, Louis Francœur est l'un des journalistes les plus influents du Québec. Du 25 juin 1940 au 28 mai 1941, Francœur anime « La Situation ce soir », émission quotidienne d'un quart d'heure diffusée en soirée[111]. Malgré un ton quelque peu élitiste, l'émission séduit un vaste auditoire. Décevant ses anciens amis, le journaliste, qui a collaboré avant la guerre à *L'Illustration*, journal du nazi canadien-français Adrien Arcand[112], défend maintenant les politiques du gouvernement libéral.

Élisabeth de Miribel aurait fait la connaissance de Francœur au début de l'année 1941. La jeune femme persuade le journaliste de la justesse de la cause défendue par le général de Gaulle[113]. Une fois gagné, Francœur devient un allié précieux. Selon Robert Rumilly :

chacun de nous fasse un effort suprême, avec quelle fierté chacun de nous doit se rallier à cette croisade pour que la vraie croix ne connaisse pas l'insulte de la croix gammée. Après avoir vu la France meurtrie et esclave, je la verrai délivrée de ses chaînes par notre victoire et celle des Français libres. » *MAE*, série guerre 39-45, sous-série Londres, vol. 391. Télégramme du 19 juin 1941, É. de Miribel à France libre.

109. *MAE*, série guerre 39-45, sous-série Londres, vol. 391. Lettre du 11 février 1941, É. de Miribel à Courcel.

110. LAURENCE, « Province de Québec », p. 306.

111. *Ibid.*, p. 306. Pour un résumé du propos de Louis Francœur sur les ondes de Radio-Canada, voir Elzéar LAVOIE, « *La Situation ce soir*, essais de Louis Francœur », *in* Maurice LEMIRE (dir.), *Dictionnaire des œuvres littéraires du Québec*, tome III, Montréal, Fides, 1980, p. 914-917.

112. LAURENCE, « Province de Québec », p. 307.

113. Entretien avec É. de Miribel, le 27 janvier 1995. Dans un rapport du 12

tout le monde écoute son émission quotidienne « La Situation ce soir » ; presque tout le monde écoute le programme « S.V.P. » dont il est la grande vedette. Au contraire de la plupart des journalistes, dont les articles coulent, sans pénétrer, sur l'esprit des lecteurs, Francœur influence véritablement l'opinion[114].

D'après Wade, Francœur « fit beaucoup pour guider l'opinion canadienne-française à travers les confusions de la question Vichy-de Gaulle » et « par son adroite analyse des nouvelles, il gagna peu à peu le Canada français à la cause de de Gaulle[115] ». Le journaliste vedette invite à quelques reprises Élisabeth de Miribel à son émission[116]. Sur les ondes, Francœur attaque le gouvernement de Vichy. Le 15 mai, quelque temps avant son tragique décès, Francœur, répondant à un article paru dans le magazine *Life* qui accusait les Canadiens français de faire le jeu de l'Axe et de Vichy, y va d'une condamnation sans équivoque de Vichy :

> Le régime de Vichy n'est pas la France [...] nous ne sommes responsables ni de près ni de loin des gestes, des actes, des propos qui sortent de Vichy. Français de sang et de culture et fiers de l'être, désespérés de ce qui se passe là-bas, honteux de ce qu'écrivent les journaux de Paris, les Canadiens français s'en dissocient. Ceux d'entre eux qui connaissent la France, la vraie France, restent aussi Français de cœur qu'auparavant[117]...

Francœur périt dans un accident de voiture le 1er juin 1941. Cinquante mille personnes auraient défilé devant sa tombe à l'Institut des sourdes-muettes à Montréal. Tous les grands de la politique et du journalisme assistèrent aux obsèques[118]. Si le coup fut dur pour le Canada français, il fut également pénible pour la France libre, qui voyait disparaître un de ses plus importants alliés canadiens-français.

---

janvier 1941 pour Garreau-Dombasle, Élisabeth de Miribel écrit : « J'ai mis de notre côté le chef de la police montée Gagnon et un des journalistes les plus influents au Canada, L. Francœur [...] » *MAE*, série guerre 39-45, sous-série Londres, vol. 387. Lettre du 12 janvier 1941, É. de Miribel à Garreau-Dombasle.

114. RUMILLY, *Histoire de la province de Québec*, tome 39, p. 75.

115. WADE, *Les Canadiens français, de 1760 à nos jours*, p. 373-374.

116. Entretien avec É. de Miribel, le 27 janvier 1995. *MAE*, série guerre 39-45, sous-série Londres, vol. 391. Lettre du 11 février 1941, É. de Miribel à Courcel.

117. Cité dans LAVOIE, « *La Situation ce soir...* », p. 916.

118. Joseph BOURDON, *Montréal-Matin, son histoire ses histoires*, Montréal, Éditions La Presse, 1978, p. 104.

Grâce au travail acharné d'Élisabeth de Miribel, la voix de la France libre est enfin entendue au Canada. La propagande gaulliste, diffusée via les journaux, les ondes radio et les conférences, se garde d'attaquer directement le maréchal Pétain et le général Weygand, figures de prestige qui conservent encore, à l'hiver 1941, toute leur popularité ; tout comme on évite le plus possible les allusions désobligeantes à propos de la Révolution nationale[119]. On préfère renseigner l'opinion sur les actes des Français libres qui maintiennent la France en guerre[120].

Ces précautions ne datent pas de l'hiver 1941. Le 6 septembre 1940, Vignal, répondant au général de Gaulle qui s'enquérait de l'impact de ses radiodiffusions en direction du Canada, écrivait :

> Les Canadiens vous reprochent vos attaques contre Pétain et Weygand. À l'avenir, je me permets de suggérer qu'il faudra attaquer les actes, les faits, en montrant leur nocivité et s'abstenir de toute attaque contre les personnes, surtout contre Pétain et Weygand[121].

Prudence que partage Élisabeth de Miribel : « Il faudrait ne pas attaquer les individus du gouvernement de Vichy, mais si possible leurs actes [...] ne pas obliger les Canadiens à choisir entre Pétain et le Général[122]. » La représentante du général de Gaulle est la première à prêcher par l'exemple, comme en témoigne le compte rendu de *L'Action catholique* d'un discours qu'elle prononce en décembre 1940 à Québec :

> Mlle de Miribel juge Pétain comme elle juge de Gaulle. Elle apprécie le vieux maréchal de la même manière qu'elle apprécie le jeune général : sous l'angle des intérêts de la France. La distinguée visiteuse ne croit pas qu'aucun autre Français puisse conduire la France

---

119. *MAE*, série guerre 39-45, sous-série Londres, vol. 391. Lettre du 20 février 1941, É. de Miribel à France libre ; *MAE*, série guerre 39-45, sous-série Londres, vol. 389. Lettre du 15 décembre 1940, Viatte à Courcel. Pour voir un exemple parfait de ce ton prudent et conciliant de la propagande gaulliste à l'hiver 1941, voir Auguste Viatte, « La France captive », *Le Canada Français*, vol. 28, n° 6, février 1941, p. 557-562.

120. *MAE*, série guerre 39-45, sous-série Londres, vol. 391. Lettre du 3 décembre 1940, É. de Miribel à France libre.

121. *MAE*, série guerre 39-45, sous-série Londres, vol. 389. Lettre du 6 septembre 1940, Vignal à de Gaulle.

122. *MAE*, série guerre 39-45, sous-série Londres, vol. 391. Lettre du 8 septembre 1940, É. de Miribel à France libre.

avec plus de doigté et d'autorité prudente que le héros de Verdun. D'autre part, elle est d'avis que la restauration chrétienne de la France ne saurait se compléter dans un ordre nouveau nazi. Elle croit au relèvement de la France à condition que les Alliés puissent laver le sol français, voire l'Europe, de la souillure néo-païenne nazie[123].

Les meilleures intentions ne suffisent pas. — Mais alors qu'Élisabeth de Miribel accomplit un travail énorme pour la France libre, les gaullistes du Canada s'enlisent dans une succession de luttes fratricides qui paralysent leurs activités. Après les accrochages Vignal/Gauthier, la rivalité Vignal/Roumefort allait accaparer la majeure partie des énergies, et décourager les meilleures intentions.

En octobre 1940, le général de Gaulle réaffirmait sa confiance en son représentant au Canada. Mais les critiques de Gauthier, ajoutées à celles de Roumefort, ont ébranlé la confiance des instances dirigeantes de la France libre. On dépêche au Canada Garreau-Dombasle, l'ancien attaché commercial français aux États-Unis et rallié de première heure au général de Gaulle, avec pour mandat de trouver une solution à la crise de leadership au sein du mouvement au Canada[124]. Fontaine, membre de l'état-major du général de Gaulle, précise la nature de sa mission :

> Je serai heureux d'avoir votre réponse sur la valeur de notre organisation au Canada stop Je voudrais connaître si à votre avis le groupe d'Ottawa, président M. Gauthier, a l'oreille du Gouvernement canadien et si nous pouvons le pousser utilement de préférence au docteur Vignal stop fin[125].

Alors que l'on tâte le terrain du côté d'Ottawa, on noue également contact avec l'opposition montréalaise : le vicomte de Roumefort. Le 28 octobre 1940, répondant à Roumefort, le capitaine Lapie, chef du Service des Relations étrangères de la France libre, écrit :

---

123. *L'Action catholique*, 17 décembre 1940. Cité dans Dionne, *La presse écrite canadienne-française et de Gaulle*, p. 60.

124. *MAE*, série guerre 39-45, sous-série Londres, vol. 386. Lettre du 17 octobre 1940, Fontaine à Gauthier ; vol. 389. Lettre du 17 octobre 1940, Fontaine à Vignal.

125. *MAE*, série guerre 39-45, sous-série Londres, vol. 386. Projet de télégramme du 7 novembre 1940, Fontaine à Garreau-Dombasle.

J'ai pris bonne note de ce que vous me dites sur notre représentation à Montréal et je tiens à vous signaler à ce sujet que j'ai reçu récemment la visite de M. Garreau-Dombasle, ex-attaché commercial à l'Ambassade de France aux États-Unis et que je l'ai mis au courant de la situation.

M. Garreau-Dombasle qui sera, avec le titre de délégué, notre Ambassadeur officieux aux États-Unis ira dès son retour en Amérique passer quelques jours à Montréal. Il viendra vous voir et nous proposera ensuite les décisions qui s'imposent pour établir sur les meilleures bases possibles l'organisation de la France libre au Canada[126].

Garreau-Dombasle, empêtré dans sa propre crise aux États-Unis, envoie, en décembre, le professeur Meyer-May en mission d'information au Canada[127]. De retour à New York après un bref séjour à Montréal, Meyer-May rédige un rapport qui, bien que ne condamnant pas ouvertement le docteur Vignal, louangeant même son intégrité, dresse un bilan plutôt négatif du travail accompli et des possibilités de développement du mouvement sous son leadership[128].

Pendant quelques semaines, Élisabeth de Miribel appuie les prétentions de Roumefort[129]. Selon la jeune femme, même si l'homme ne jouit pas d'une excellente réputation, il dispose, à cause de sa situation, d'importantes entrées auprès des autorités politiques canadiennes[130].

Mais, quelques jours plus tard, Élisabeth de Miribel a changé d'avis. Le 1er février 1941, elle fait part à Garreau-Dombasle de ses doutes au sujet de Roumefort[131]. Le 11 février, à son ami Courcel, elle mentionne le caractère influençable du vicomte. De plus, elle constate la piètre qualité de son entourage composé « de vieux bonzes qui sont

126. MAE, série guerre 39-45, sous-série Londres, vol. 389. Lettre du 28 octobre 1940, Lapie à Roumefort.

127. MAE, série guerre 39-45, sous-série Londres, vol. 309. Lettre du 12 décembre 1940, Garreau-Dombasle à de Gaulle.

128. MAE, série guerre 39-45, sous-série Londres, vol. 306. Rapport du professeur Meyer-May sur son séjour au Canada, envoyé par Garreau-Dombasle le 23 décembre 1940 à de Gaulle.

129. MAE, série guerre 39-45, sous-série Londres, vol. 389. Télégramme du 12 décembre 1940, É. de Miribel à France libre.

130. MAE, série guerre 39-45, sous-série Londres, vol. 391. Lettre du 14 décembre 1940, É. de Miribel à Courcel.

131. MAE, série guerre 39-45, sous-série Londres, vol. 391. Lettre du 1er février 1941, É. de Miribel à Garreau-Dombasle.

pour tout le monde à la fois et cherchent avant tout à sauvegarder leur situation personnelle[132] »...

À partir de décembre 1940, Vignal et Roumefort courtisent tour à tour les autorités fédérales. Vignal regroupe ses partisans dans une association charitable, « France Quand-Même, comité national des Français libres », alors que de son côté, le vicomte fonde « Les Français du Canada[133] ».

Devant l'immensité de la tâche à accomplir au Canada, et surtout devant les querelles qui minent l'action des Français libres à Montréal, Élisabeth de Miribel envisage de quitter le Canada[134]. Les archives de la France libre témoignent de la lassitude qui s'empare de la jeune femme. Le 2 janvier, avant de quitter New York, où elle est venue se reposer chez des amis, elle laisse transparaître, dans une lettre à Courcel, son découragement :

Veuillez aussi leur [au service des Relations étrangères de la France libre] demander s'ils jugent ma présence plus utile au Canada, où quoique l'on entreprenne l'effort est limité en raison du pays, des sentiments et de la politique, ou si je ne pourrais mieux servir à New York [...]

J'attendrai les instructions à Montréal, où je n'ai toujours pas de situation fixe pour vivre[135] [...]

Et au début de janvier 1941, de nouveau à Montréal, Élisabeth de Miribel, amère, écrit à Garreau-Dombasle :

Je crois qu'il n'y a pas grand-chose à attendre du Canada. Il faudrait un ébranlement venu de l'extérieur, des résultats de la guerre pour changer la mentalité actuelle à notre égard.[...]

Je reste à votre disposition pour y servir dans la mesure du possible. Cependant si la situation ne devait pas être améliorée et si vous pouviez m'utiliser aux États-Unis, il me semble que grâce

132. *MAE*, série guerre 39-45, sous-série Londres, vol. 391. Lettre du 11 février 1941, É. de Miribel à Courcel.

133. *MAE*, série guerre 39-45, sous-série Londres, vol. 309. Télégramme du 8 janvier 1941, Garreau-Dombasle à de Gaulle.

134. É. DE MIRIBEL, *La liberté souffre violence*, p. 75.

135. *MAE*, série guerre 39-45, sous-série Londres, vol. 391. Lettre du 2 janvier 1941, É. de Miribel à Courcel.

à ces premières semaines passées auprès du Général je pourrais sans doute vous rendre quelques services[136].

Mais le 6 janvier 1941, le général de Gaulle, probablement mis au courant de la situation au Canada, envoie une lettre à la jeune femme :

Je lis vos rapports avec le plus vif intérêt [...]
Vos discours sont excellents et j'apprécie beaucoup votre action personnelle. [...]
Ici les choses vont à peu près. Il faut toujours porter sur son dos la montagne [...]
En avant ! Nous en sortirons !
Au revoir, chère Mademoiselle.
Je ne vous oublie, ni ne vous oublierai[137].

À cette marque de confiance, Élisabeth de Miribel, encouragée, répond :

Mon Général,
Je suis infiniment touchée que vous ayez pris la peine de m'écrire et de me remercier.
Croyez bien qu'ayant eu l'honneur de servir la première sous vos ordres à Londres, je ne l'oublierai jamais ! Pas plus que je n'oublierai votre premier appel : « Rien n'est perdu pour la France. »
Ce que je fais ici, mon Général, est bien naturel. J'ai du sang de soldat dans les veines, qui ne meurt pas, qui a bouilli comme le vôtre le soir de la capitulation.
Ce n'est pas un devoir pour moi, mais une raison d'être, que de faire connaître, apprécier et servir la France libre, celle que votre geste de foi a soulevé et rallié contre notre défaite.
Vous pouvez compter sur moi absolument et jusqu'au bout au poste où je serai le plus utile.
Ici, j'ai regretté chaque jour d'être venue, jusqu'au moment où nous avons abouti, grâce à vos actes et à l'Histoire, à ce qu'un Mouvement s'ébauche et vous fasse écho.
Permettez-moi, mon Général, de vous renouveler mon admiration et de vous assurer de mon dévouement et de mon espoir[138].

---

136. MAE, série guerre 39-45, sous-série Londres, vol. 387. Lettre du début janvier 1941, É. de Miribel à Garreau-Dombasle.
137. Charles DE GAULLE, Lettres, notes et carnets, vol. 3 : Juin 1940 – juillet 1941, Paris, Plon, 1981, p. 219. Lettre à É. de Miribel (au Canada), 6 janvier 1941.
138. MAE, série guerre 39-45, sous-série Londres, vol. 391. Lettre du 29 janvier 1941, É. de Miribel à de Gaulle.

Le message du général de Gaulle, de même que de nombreux témoignages d'affection[139], couplés à ses propres succès, notamment à Québec et auprès des autorités gouvernementales, persuadent Élisabeth de Miribel de poursuivre son action au Canada. Mais cette dernière presse Londres d'intervenir pour mettre de l'ordre dans sa représentation canadienne. La jeune femme qui, en décembre 1940, estimait que l'envoi d'un délégué du général de Gaulle était simplement souhaitable, le juge un mois plus tard, en janvier 1941, nécessaire pour mettre fin à ces divisions paralysantes[140]. À Montréal et à New York, le nom du commandant d'Argenlieu, ancien provincial des Carmes à Paris et héros gaulliste à Dakar, circule de plus en plus.

Mais, lentement, presque malgré eux, les Français libres du Canada enregistrent des gains. À l'hiver 1941, les représentants gaullistes constatent une évolution de l'opinion publique. Voici un extrait d'un rapport du professeur Meyer-May :

> Depuis quelque temps il semble que certains événements, comme les nouvelles des souffrances des Français, l'attitude du général de Gaulle, et surtout l'admiration qu'inspire aux Canadiens celui qui ne se soumet pas et qui continue la lutte, ont amené un certain nombre de personnes à comprendre le Mouvement de Gaulle et sa valeur[141].

Les gains sont toutefois modestes et n'ébranlent en rien les sentiments vichystes de l'ensemble de la population. En janvier 1941, de retour de New York où elle a passé les vacances de Noël, Élisabeth de Miribel constate amèrement :

> Les Canadiens français se refusent à connaître la vérité sur la France, ils ont besoin de ce prestige traditionaliste que continue à symboliser pour eux le maréchal Pétain, ils ne veulent pas admettre que

---

139. Le professeur Auguste Viatte écrit à plusieurs occasions à la jeune femme, l'enjoignant de garder son poste. Le 11 février 1941, il lui écrit : « plus j'y réfléchis, plus ce serait un crime de lâcher maintenant. Vous n'avez pas le droit de partir, le mouvement de Gaulle n'a pas le droit d'abandonner le Canada [...] Sans vous, avec Vignal le mouvement s'effondre [...]. » *MAE*, série guerre 39-45, sous-série Londres, vol. 390. Lettre du 11 février 1941, Viatte à É. de Miribel.

140. *MAE*, série guerre 39-45, sous-série Londres, vol. 387. Lettre du 12 janvier 1941, É. de Miribel à Garreau-Dombasle.

141. *MAE*, série guerre 39-45, sous-série Londres, vol. 306. Rapport du professeur Meyer-May sur son séjour au Canada, envoyé par Garreau-Dombasle le 23 décembre 1940 à de Gaulle.

la force du général de Gaulle ne lui vient pas de ses 35 000 hommes, mais de cette majorité française en France pour laquelle il symbolise la résistance et la lutte et de tous les Français libres qu'il a ralliés de par le monde[142].

Et en février 1941, la jeune femme note de nouveau que l'opinion est toujours réticente à l'endroit de la France libre: « Bien que l'opinion canadienne évolue chaque jour en notre faveur, nous n'avons pas gagné encore le sentiment profond du pays[143]... »

À la fin de l'hiver 1941, malgré quelques progrès, la France libre ne s'est pas imposée au Canada français. Aux yeux de la population, la légitimité du gouvernement de Vichy n'est pas entamée. Cela ne signifie pas que les Canadiens français sont hostiles au général de Gaulle. Plusieurs sont même sympathiques aux efforts des Français libres. Mais cette sympathie ne se fait pas encore au détriment du maréchal Pétain et de sa Révolution nationale.

---

142. *MAE*, série guerre 39-45, sous-série Londres, vol. 387. Lettre non datée mais probablement écrite à l'hiver 1941, É. de Miribel à Garreau-Dombasle.

143. *MAE*, série guerre 39-45, sous-série Londres, vol. 391. Lettre du 20 février 1941, É. de Miribel à Service des relations étrangères de la France libre.

4

La France libre prend son envol

Mars 1941 — décembre 1941

D'Argenlieu

La mission du moine-soldat. — Noël 1940. Excédée par les divisions chez les Français de Montréal et déroutée par l'accueil plutôt froid réservé par la population francophone du Canada à la croisade du général de Gaulle, Élisabeth de Miribel se repose chez des amis à New York. Dans la métropole américaine, elle rencontre le représentant officiel et ami personnel du général de Gaulle aux États-Unis, l'homme d'affaires Jacques de Sieyès[1]. Sur la situation au Canada, les deux Français libres sont d'accord : le Général doit y dépêcher un représentant personnel. Ce dernier devra imposer son autorité sur les Français du Canada et entamer sérieusement le dialogue avec le gouvernement fédéral. « Pour rallier l'opinion canadienne-française, cet émissaire devrait adopter d'emblée une position antinazie fondée sur des arguments religieux[2]. » Sieyès, qui doit se rendre à Londres, promet d'en glisser un mot au général de Gaulle.

Mais à Londres, on s'inquiète depuis quelques semaines déjà de la situation au Canada. Les autorités de la France libre ont reçu plu-

---

1. É. DE MIRIBEL, *La liberté souffre violence*, p. 57-58.
2. *Ibid.*, p. 58.

sieurs lettres de Français qui se plaignent des insuffisances de Vignal. Les bureaux de Londres sont en mesure d'évaluer l'impact des rivalités qui opposent le clan Vignal à celui de Roumefort.

Le 14 décembre 1940, de Gaulle envoie le télégramme suivant à Garreau-Dombasle et à Sieyès : « J'envisage envoyer le Père d'Argenlieu en mission au Canada pour visiter nos organisations et prendre contact Canadiens français. Serait opportun de faciliter ses déplacements en le faisant accompagner par une personnalité française ayant déjà des relations au Canada[3] ? »

Qui est donc l'homme que l'on prévoit envoyer au Canada ? Georges Thierry d'Argenlieu est né à Brest en 1889[4]. Entré à l'école navale en 1909, il abandonne la carrière militaire en 1920 pour entrer dans l'ordre des carmes. Au début de la guerre, alors qu'il est provincial des carmes pour la province de Paris, il reprend du service à titre d'officier de réserve de la marine. Fait prisonnier en Normandie en juin 1940, le capitaine d'Argenlieu s'évade et rejoint le général de Gaulle à Londres. Il se distingue à Dakar, d'où il revient blessé. De là, d'Argenlieu gravira rapidement les échelons du pouvoir au sein de la France libre, devenant en 1943 le commandant des Forces navales françaises libres et, en 1945, haut-commissaire français en Indochine.

La situation au Canada se détériore ; le mandat de la mission, qui à l'origine devait être essentiellement d'information et de propagande, se précise. Le 25 janvier 1941, dans un télégramme adressé à Garreau-Dombasle et Sieyès, de Gaulle étend les pouvoirs délégués à d'Argenlieu : « La désignation de mes représentants au Canada sera faite sur place par mon envoyé, le père d'Argenlieu[5]. » Sur l'ordre de mission du capitaine d'Argenlieu, signé par le général de Gaulle le 21 février 1941, on peut lire :

> Le capitaine de vaisseau d'Argenlieu a tous pouvoirs pour prendre au nom du général de Gaulle les mesures qu'il jugera utiles pour renforcer la position de la France libre au Canada, tant parmi les éléments français qu'auprès de la population canadienne.

---

3. DE GAULLE, *Lettres, notes et carnets*, vol. 3, p. 199-200. Télégramme du 14 décembre 1940, à Garreau-Dombasle et Sieyès.

4 *MAE*, série guerre 39-45, sous-série Londres, vol. 387. Télégramme du 2 mars 1941, de France libre à É. de Miribel.

5. *MAE*, série guerre 39-45, sous-série Londres, vol. 389. Télégramme du 25 janvier 1941, de Gaulle à France libre (États-Unis).

Le capitaine de vaisseau d'Argenlieu prendra également contact avec les autorités religieuses et avec les pouvoirs publics du Canada dans le but de leur expliquer les buts que se proposent le général de Gaulle et la France libre et pour dissiper tous malentendus qui peuvent exister sur les motifs et les aspirations de notre mouvement[6].

Pour ne pas froisser les sensibilités et pour s'assurer que la visite de d'Argenlieu se déroule sous le signe de l'union, les autorités de Londres enjoignent Vignal de travailler en collaboration avec Élisabeth de Miribel et Roumefort[7].

Ironiquement, la nouvelle de la mission d'Argenlieu rapproche les deux rivaux. Vignal et Roumefort étaient-ils au courant en février 1941 que d'Argenlieu avait, entre autres mandats, la tâche de désigner un représentant officiel du général de Gaulle ? Dans une note écrite au bas du télégramme à Garreau-Dombasle à Sieyès le 25 janvier 1941, on peut lire que des télégrammes analogues sont envoyés à Vignal et Roumefort[8]. Mais est-ce que ces télégrammes mentionnent la question de la représentation[9] ?

Vignal et Roumefort, inquiets, soulèvent une série d'objections dans l'espoir que l'on suspende la mission. Vignal met en garde Londres des risques de chutes de neige dans l'Ouest canadien et propose de remettre le voyage à la fin avril[10]. Quelques jours plus tard, Vignal et Roumefort signent un télégramme commun par lequel ils suggèrent de retarder l'envoi du père d'Argenlieu jusqu'à ce qu'ils aient obtenu des garanties que les autorités fédérales recevraient le représentant du général de Gaulle[11].

Mais c'est peut-être lors d'une démarche plus maladroite que malveillante auprès du cardinal Villeneuve que Vignal est venu à deux doigts de nuire considérablement à la visite du père d'Argenlieu.

---

6. *MAE*, série guerre 39-45, sous-série Londres, vol. 387. Ordre de mission du capitaine d'Argenlieu, le 21 février 1941.

7. *MAE*, série guerre 39-45, sous-série Londres, vol. 389. Télégramme du 6 février 1941, France libre à Vignal.

8. DE GAULLE, *Lettres, notes et carnets*, vol. 3, p. 236. Télégramme du 25 janvier 1941, à Garreau-Dombasle et Sieyès.

9. Nous n'avons pas trouvé les télégrammes envoyés à Vignal et Roumefort.

10. *MAE*, série guerre 39-45, sous-série Londres, vol. 387. Télégramme du 22 février 1941, Vignal à France libre.

11. *MAE*, série guerre 39-45, sous-série Londres, vol. 387. Télégramme reçu à Londres le 27 février 1941, Vignal et Roumefort à France libre.

Voulant discuter avec le Cardinal des modalités d'une rencontre entre son Éminence et d'Argenlieu, Vignal aurait demandé une entrevue auprès de Mgr Villeneuve, par téléphone et par le biais d'un ami, sans donner plus de précision[12]. Le cardinal Villeneuve refuse d'entendre Vignal. Dans une lettre adressée à Auguste Viatte, Paul Nicole, secrétaire de la Chancellerie de l'Archevêché, précise la pensée du prélat:

> La venue au pays d'un Révérend Père Carme pour représenter le général de Gaulle paraît discutable à son Éminence le cardinal Villeneuve.
>
> On semble vouloir abuser du sentiment chrétien de nos Canadiens pour les entraîner vers le parti en question. Selon Son Éminence, ce n'est pas habile — ou ce l'est trop. C'est accentuer la division, heurter certains sentiments, exposer nos gens à paraître contredire l'attitude officielle du Canada...
>
> Son Éminence ne saurait donc même de loin entrer dans cette orientation. Les sentiments d'estime de Son Éminence pour le général de Gaulle lui font croire qu'il lui vaut mieux avoir ici un laïc comme représentant qu'un religieux[13].

Vignal informe laconiquement le général de Gaulle des résultats de sa démarche: «Ai fait prendre contact avec le Cardinal. Il a répondu que le mouvement de la France libre était d'ordre trop politique pour qu'il prenne position. Il est plus probable qu'il ne recevra pas d'Argenlieu[14].»

Devant la catastrophe qui se prépare, Élisabeth de Miribel se rend d'urgence à Québec pour rencontrer le cardinal[15]. Elle sait que sans l'assentiment et le support de Mgr Villeneuve, la visite du père d'Argenlieu est vouée, sinon à l'échec, du moins à l'anecdotique. «Je lui expose, une fois encore, le sens de notre combat. Nous luttons pour la défense de la civilisation chrétienne, contre le nazisme. Il est normal que dans cette lutte d'Argenlieu fasse son devoir de prêtre et de soldat.» La jeune femme finit par avoir raison des réticences du prélat. Il recevra d'Argenlieu en audience privée[16].

---

12. *MAE*, série guerre 39-45, sous-série Londres, vol. 391. Lettre du 4 mars 1941, É. de Miribel à Garreau-Dombasle.

13. *MAE*, série guerre 39-45, sous-série Londres, vol. 391. Lettre du 1er mars 1941, Paul Nicole à Viatte.

14. *MAE*, série guerre 39-45, sous-série Londres, vol. 387. Télégramme du 3 mars 1941, Vignal à de Gaulle.

15. É. DE MIRIBEL, *La liberté souffre violence*, p. 69.

16. *MAE*, série guerre 39-45, sous-série Londres, vol. 387. Télégramme du 9 mars 1941, É. de Miribel à de Gaulle.

D'Argenlieu, maintenant commandant, atterrit à Montréal le 8 mars 1941 où l'attend un comité d'accueil qui, selon Ristelhueber, le reçoit « avec toutes les marques de sympathies dues à un officier français poursuivant la lutte contre l'Axe[17] ». Voici le portrait de d'Argenlieu brossé par Élisabeth de Miribel : « Un homme de taille moyenne, bien sanglé dans son uniforme d'officier de marine. Un visage aristocratique, un abord courtois[18]. » Ce moine-soldat sait se montrer attentif et disponible. Mais l'homme, sûr de lui, sait également faire sentir son autorité. « Il avait toujours le dernier mot. Une fois sa décision prise, elle devenait un ordre devant lequel ses interlocuteurs devaient s'incliner[19]. » Cet ecclésiastique, doublé de l'officier de marine, a le respect de sa charge. C'est du moins l'impression qu'en ont les Canadiens français qui le rencontrent lors de son passage au Canada. Voici la brève description laissée par Jean-Louis Gagnon du père d'Argenlieu : « Simple commandant de vaisseau à cette époque, il se comportait déjà comme l'amiral qui était en lui [...] L'officier savait se faire obéir, et le prieur n'acceptait pas qu'on pût discuter ses ordres[20]. »

Avant d'arriver au Canada, d'Argenlieu insiste pour que sa mission soit présentée comme étant celle d'un militaire, et non pas celle d'un ecclésiastique[21]. On l'a vu, ce choix n'a rien pour déplaire aux autorités religieuses du Canada français. Mais, si l'on se fie au témoignage de Louis de Villefosse[22], la décision de d'Argenlieu n'a rien à voir avec la situation canadienne. D'après Villefosse :

rien dans sa conversation ne fleurait l'ecclésiastique [...] Entre les deux domaines [religieux et militaire], il avait établi une ligne de départ rigoureuse ; respectueux de la règle militaire — faut-il dire

---

17. *MAE*, série guerre 39-45, sous-série Vichy-Amérique, vol. 167. Lettre du 11 avril 1941, Ristelhueber à Darlan.

18. É. DE MIRIBEL, *La liberté souffre violence*, p. 72.

19. *Ibid.*, p. 73.

20. GAGNON, *Les apostasies*, tome II, p. 143.

21. Voir entre autres *MAE*, série guerre 39-45, sous-série Londres, vol. 387. Télégramme du 2 mars 1941, de Gaulle à É. de Miribel.

22. Officier des FNFL. Il participe aux côtés de l'amiral Muselier à la libération des îles Saint-Pierre-et-Miquelon. Il démissionne en 1942 lorsque de Gaulle écarte l'amiral. Il reprend toutefois du service en 1944.

du principe républicain? — il se gardait d'introduire la moindre tendance confessionnelle dans ses rapports de service[23].

Représentant de la France libre, c'est donc en militaire qu'il vient prêcher la cause de son mouvement au Canada. Bien sûr, pour frapper l'imagination publique, l'officier de marine saura utiliser, en temps utile, sa charge ecclésiastique.

D'Argenlieu est accompagné d'un jeune aide de camp, le lieutenant de réserve Alain Savary, officier de marine de 22 ans promis à une brillante carrière politique[24]. Tout au long de leur séjour en sol canadien, Élisabeth de Miribel, agissant à titre de secrétaire, suit les deux hommes. Un représentant du gouvernement canadien, le diplomate Jean Désy, se joint à la petite troupe[25].

Les premières informations envoyées à Londres par Élisabeth de Miribel sont encourageantes: « Succès ambassadeur dépassent toute espérance, chaudes convictions, rayonnante spiritualité, sincérité absolue, compréhension délicate lui gagnent toute résistance; espère le meilleur à venir. Merci[26]. » Savary partage l'enthousiasme de la jeune femme: « La mission semble donner de très bons résultats. Le commandant d'Argenlieu, par son rayonnement, sa conviction, a conquis tous les cœurs[27]. »

Comme il fallait s'y attendre, c'est à Québec où, grâce au groupe de Marthe Simard, règne déjà une atmosphère favorable au général de Gaulle, que l'accueil est le plus chaleureux. « À Québec, réception très émouvante de toute la population [...] chez tous nous avons senti un très grand amour de la France et une joie sincère de saluer dans la personne du commandant d'Argenlieu le représentant de la France qui continue à se battre[28]. » D'Argenlieu est l'hôte du maire de la ville, Lucien Borne. Le premier ministre de la province, Adélard Godbout, entouré de son cabinet et de personnalités de la ville de

---

23. VILLEFOSSE, *Les îles de la liberté*, p. 79-80.

24. Jeune député de la Quatrième République, puis de la Cinquième, il participe à la constitution du Parti socialiste français au début des années 1970, avant de terminer sa carrière politique au ministère de l'Éducation sous le gouvernement de Pierre Mauroy.

25. THOMSON, *De Gaulle et le Québec*, p. 51.

26. *MAE*, série guerre 39-45, sous-série Londres, vol. 387. Télégramme du 15 mars 1941, É. de Miribel à France libre.

27. *AM*, série FNFL, vol. TTC 1. Lettre du 23 mars 1941, Savary à Muselier.

28. *Ibid.*

Québec, reçoit les visiteurs français à dîner[29]. Comme prévu, le cardinal Villeneuve accorde une audience au commandant d'Argenlieu. La rencontre se déroule merveilleusement bien, à tel point que le prélat canadien assistera par la suite à une réception publique en l'honneur du visiteur[30].

D'Argenlieu se rend ensuite à Ottawa, où il s'entretient avec Mackenzie King et le ministre de la Justice, Ernest Lapointe[31]. Il rencontre aussi plusieurs hauts fonctionnaires canadiens, dont Norman Robertson, sous-secrétaire d'État aux Affaires extérieures. On enregistre des progrès au chapitre des relations bilatérales entre le Canada et les Français libres. D'Argenlieu obtient un accord de principe sur l'envoi d'un agent de liaison canadien auprès des Français libres et le gouvernement canadien accepte de reconnaître les cartes d'identité émises par la France libre[32].

Informé avant son départ des problèmes de leadership qui paralysent le mouvement, d'Argenlieu semble peu impressionné par les Français qu'il rencontre. Le 21 mars, dans un télégramme envoyé à Londres, il écrit : « Les citoyens français représentent peu de substance et de rayonnement[33]. » D'Argenlieu se met donc à la recherche d'un nouveau représentant pour la France libre.

À Ottawa, lors d'une réception, d'Argenlieu fait la connaissance de quelques Français qui travaillent au ministère canadien de l'Armement et du Ravitaillement. Un expert en chars d'assaut, Jacques-Émile Martin-Prével, est du groupe[34]. Élisabeth de Miribel, qui avait déjà rencontré Martin-Prével, l'introduit au commandant d'Argenlieu[35]. Charmé par Martin-Prével, d'Argenlieu lui offre le poste de représentant du général de Gaulle. Martin-Prével accepte. Pour protéger son identité et éviter des ennuis aux membres de sa famille toujours en France, Martin-Prével adoptera comme nom de guerre celui de Pierrené, fusion du nom de ses deux fils, Pierre et René.

---

29. *MAE*, série guerre 39-45, sous-série Londres, vol. 387. Lettre du 17 mars 1941, É. de Miribel à Pleven.

30. GAGNON, *Les apostasies*, tome II, p. 144 ; THOMSON, *De Gaulle et le Québec*, p. 50.

31. THOMSON, *De Gaulle et le Québec*, p. 50.

32. *DREC*, vol. 8, tome II. Lettre du 30 avril 1941, d'Argenlieu à Robertson, p. 610-611.

33 *MAE*, série guerre 39-45, sous-série Londres, vol. 387. Télégramme du 21 mars 1941, d'Argenlieu à de Gaulle.

34. ARNOLD, *One Woman's War*, p. 98-99.

35. Entretien avec Élisabeth de Miribel, 27 janvier 1995.

Contrairement aux engagements pris par de Gaulle auprès des autorités canadiennes qui, avant de donner leur consentement à la mission d'Argenlieu, ont explicitement exigé que l'envoyé gaulliste s'abstienne de toute propagande au Canada[36], mais avec la bénédiction de Georges Vanier, d'Argenlieu et Savary multiplient conférences et interventions publiques. À Montréal seulement, entre le 26 mars et le 21 avril, le consul Coursier comptabilise plus d'une dizaine de banquets et 11 discours prononcés par le commandant d'Argenlieu, « activités oratoires auxquelles la presse a fait copieusement écho, publiant photographies, listes d'invités d'honneur, comptes rendus et analyses avec la prodigalité indiscrète qui est d'usage en Amérique[37] ». À Montréal, d'Argenlieu attire plus de 500 personnes au Cercle universitaire. Son jeune aide de camp, Savary, fera encore mieux à l'Université Laval, où, grâce entre autres à la publicité faite par le père Lévesque, il attire plus de 600 personnes[38].

Au cours de ses interventions publiques, l'envoyé du Général se garde d'attaquer directement la personne du maréchal Pétain, tout comme il évite de critiquer ouvertement les objectifs de la Révolution nationale[39]. D'Argenlieu souligne plutôt l'action du général de Gaulle et de ses troupes contre les forces de l'Axe, qui maintiennent la France dans la lutte aux côtés de ses alliés[40].

Les résultats de la mission. — De retour à Londres le 12 mai, d'Argenlieu expédie un télégramme au général de Gaulle, alors à Brazzaville :

> Mission Canada heureusement terminée. Relations parfaites établies avec les plus hautes personnalités Gouvernement Ottawa et Province Québec et Cardinal Villeneuve. Selon témoignages sûrs, opinion franco-canadienne fortement ébranlée s'incline en notre

36. *DREC*, vol. 8, tome II. Télégramme du 18 février 1941, de Massey à King, p. 605; *DREC*, vol. 8, tome II. Télégramme du 18 février 1941, King à Massey, p. 606.

37. *MAE*, série guerre 39-45, sous-série Vichy-Amérique, vol. 167. Lettre du 22 avril 1941, Coursier à Ristelhueber.

38. Thomson, *De Gaulle et le Québec*, p. 50. Entretien avec le père Georges-Henri Lévesque, le 3 mai 1996.

39. *MAE*, série guerre 39-45, sous-série Vichy-Amérique, vol. 167. Lettre du 11 avril 1941, Ristelhueber à Darlan; lettre du 22 avril 1941, Coursier à Ristelhueber.

40. *Le Devoir*, 24 mars 1941.

faveur. Ai désigné comme votre représentant pour tout le Canada, Colonel Pierrené en résidence à Ottawa, ceci d'accord avec Gouvernement fédéral. Vignal à tous égards inapte à cette fonction[41].

Dans son rapport rédigé le 19 mai 1941, d'Argenlieu s'épanche plus longuement :

> Le but principal a été atteint. — La province de Québec et, avec elle, la minorité canadienne-française connaissent sous son vrai visage le mouvement France libre. — Ils ont été prévenus que rien de bon ne devait être attendu du Gouvernement de Vichy, bien plus, que le pire était à craindre...
>
> M. Lapointe, ministre de la Justice à Ottawa, et, moralement l'alter-ego de M. Mackenzie King m'a déclaré, en me priant de le dire en Angleterre, que ma mission avait rendu un très grand service au gouvernement fédéral. La rupture des relations officielles avec le gouvernement de Vichy, qui eût été impossible en juin 1940, sans entraîner une crise intérieure grave à cause de la minorité franco-canadienne, devient réalisable à la suite du mouvement d'opinion créé par ma mission[42].

La mission du commandant d'Argenlieu est-elle un succès aussi complet que le laisse entendre le principal intéressé ?

Il est indéniable qu'au plan des rapports entre la France libre et les autorités gouvernementales canadiennes, d'Argenlieu enregistre des progrès remarquables. Il peut être satisfait des contacts qu'il a établis à Ottawa et à Québec. Il a consolidé le travail effectué auparavant par Élisabeth de Miribel[43].

Il faut dire qu'un événement dramatique survenu au milieu de l'hiver a aidé considérablement la cause de la France libre à Ottawa. Le 28 janvier 1941, O.D. Skelton, sous-secrétaire d'État aux Affaires extérieures, succombait à un arrêt cardiaque[44]. Skelton s'était montré prudent face à la France libre, craignant, comme Mackenzie King

---

41. *MAE*, série guerre 39-45, sous-série Londres, vol. 306. Télégramme du 16 mai 1941, d'Argenlieu à de Gaulle.

42. *MAE*, série guerre 39-45, sous-série Londres, vol. 387. Rapport de mission au Canada de d'Argenlieu, 19 mai 1941.

43. Entretien avec Élisabeth de Miribel, 27 janvier 1995.

44. HILLMER et GRANATSTEIN, *Empire to Umpire, Canada and the World to the 1990's*, p. 165 ; HILLIKER, *Le ministère des Affaires extérieures du Canada*, vol. 1, p. 273.

et Ernest Lapointe, les répercussions au Canada des luttes franco-françaises[45]. Le successeur de Skelton, Norman Robertson, n'a pas les mêmes réserves. Le nouveau sous-secrétaire, entouré d'une jeune équipe (Thomas Stone, Hugh Keenleyside, Lester B. Pearson), facilitera l'essor de la France libre[46].

Dès maintenant, alors que les autorités fédérales acceptent à contrecœur la présence vichyste au Canada, elles encouragent volontiers les Français libres dans leurs démarches en vue de rallier l'opinion publique canadienne-française. Bien sûr, le gouvernement d'Ottawa reste prudent. Tant les circonstances internationales — la méfiance américaine à l'endroit de la France libre, le besoin de garder à distance les Allemands de la flotte et de l'empire français — que les nécessités de la politique intérieure — maintien de la coalition libérale au pouvoir, elle-même dépendante du vote canadien-français — empêchent Ottawa de fermer la légation française. Les rapports avec la France libre ne peuvent donc pas, pour l'instant, prendre un tournant officiel. Aux yeux du gouvernement canadien, le colonel Pierrené n'est que le représentant personnel du général de Gaulle[47]. Officiellement, il n'est pas accrédité auprès du gouvernement. Mais l'on va dorénavant encourager le mouvement de différentes façons[48].

D'Argenlieu avait pour autre tâche de mettre de l'ordre au sein du mouvement gaulliste. Pour remédier aux insuffisances du leadership précédent, il a choisi en Pierrené un nouveau représentant de la France libre. Ce faisant, a-t-il mis fin aux querelles intestines ?

Ici, le bilan de la mission est plus mitigé. Tout d'abord, son attitude parfois hautaine et distante choque plus d'un Français. Les amis de Vignal trouvent odieux le traitement réservé à l'ancien représentant du général de Gaulle. Par exemple, lors d'une assemblée organisée et défrayée par le docteur Vignal et rassemblant 500 Français de Montréal, d'Argenlieu refuse de partager l'estrade avec l'organisateur de la soirée. Henri Delcellier, trésorier de l'Association des

---

45. *DREC*, vol. 8, tome II. Extrait du procès verbal du Comité de guerre du Cabinet canadien, 1er octobre 1940, p. 602.

46. THOMSON, *De Gaulle et le Québec*, p. 49-50; Lester B. PEARSON, *Mike, the Memoirs of Right Honourable Lester B. Pearson*, vol. I: *1897-1948*, Toronto, Toronto University Press, 1972, p. 200.

47. THOMSON, *De Gaulle et le Québec*, p. 52.

48. É. DE MIRIBEL, *La liberté souffre violence*, p. 75.

anciens combattants français, dans une lettre écrite au mois d'avril 1941, manifeste son indignation auprès du général de Gaulle :

> Nous ne supposons pas et ne voyons du reste pas la raison pour laquelle on aurait voulu humilier ou simplement froisser un homme qui jouit parmi nous de l'estime générale et dont l'intégrité est aussi bien établie que celle du docteur Vignal[49].

Comme nous le verrons plus loin, la visite de d'Argenlieu n'a pas mis un terme à la discorde au sein de la communauté française de Montréal. Les luttes intestines entre Français libres n'ont pas fini de miner, pour les mois à venir, les succès du mouvement gaulliste au Canada.

La France libre sort de l'anonymat

Quel est l'impact de la mission d'Argenlieu sur l'opinion canadienne-française ? Il est indéniable que la visite du commandant d'Argenlieu apporte à la France libre une couverture médiatique qui lui avait, jusque-là, fait défaut. Les réceptions en l'honneur du visiteur et ses audiences avec les autorités du pays rehaussent le prestige du mouvement gaulliste. Ristelhueber écrit à ses supérieurs : « Force est bien de reconnaître aujourd'hui que la prolongation du séjour au Canada de cet émissaire de l'ex-général de Gaulle, sa ténacité et son habileté ont été, dans une certaine mesure, préjudiciables à notre cause[50]. »

Mais a-t-il renversé les tendances ? Ristelhueber ne s'émeut pas de la visite du commandant d'Argenlieu : « Il ne conviendrait cependant pas de conclure trop hâtivement d'après la place que lui consacrent quelques grands journaux, surtout canadiens-français, qu'il a réussi à provoquer un revirement dans l'opinion publique[51]. » Pour Henri Coursier :

---

49. *MAE*, série guerre 39-45, sous-série Londres, vol. 387. Lettre écrite en avril 1941, Henri Delcellier à de Gaulle.

50. *MAE*, série guerre 39-45, sous-série Vichy-Amérique, vol. 167. Lettre du 23 avril 1941, Ristelhueber à Darlan.

51. *MAE*, série guerre 39-45, sous-série Vichy-Amérique, vol. 167. lettre n° 70, date illisible, mais fort probablement écrite à la fin d'avril 1941, Ristelhueber à Darlan.

la masse des Canadiens français, au contraire [de l'élite financière et politique], est avec le clergé pour juger ce propagandiste avec la même sévérité que Dom Jamet[52]. D'un côté adhésion bruyante et apparemment enthousiaste, de l'autre réprobation discrète et le plus souvent muette. La jeunesse qui représente la sincérité et l'avenir penche plutôt de cet autre côté[53].

Malgré les assurances données par les diplomates français, la visite du commandant d'Argenlieu au Canada a ébranlé les consciences et augmenté la visibilité du mouvement gaulliste. La France de Vichy ne jouit plus d'un monopole auprès de l'opinion canadienne-française.

À l'été 1941, les représentants de Vichy doivent se rendre à l'évidence : la France libre a enregistré d'importants gains auprès de l'opinion publique. À la fin du mois d'août, Ristelhueber constate que l'évolution est frappante dans la presse. Il cite tout d'abord *Le Soleil*, « jadis très dévoué à nos intérêts y met un certain fanatisme », *Le Jour* et, dans une moindre mesure, *La Patrie*, *La Presse* et *Le Canada*[54]. Pour le diplomate, ces développements résultent d'une importante campagne de propagande menée conjointement par les Français libres et les autorités fédérales. L'opération s'avère fructueuse. Ainsi, alors que les campagnes résistent :

dans les villes, la propagande fait son chemin ; elle ébranle les consciences. Elle montre à tous ceux désireux de plaire aux dirigeants, fonctionnaires en tête, quelles sont les opinions qu'il convient d'arborer. Aussi apprend-on de temps à autre de nouvelles défections et l'apparition de l'ex-général de Gaulle sur l'écran d'un cinéma a-t-elle été, ces jours-ci, saluée d'applaudissements[55].

Des témoignages de sympathie, écrits par des citoyens du Québec et du Canada, affluent aux quartiers généraux de la France libre à Londres. Voici par exemple un extrait d'une lettre qu'adressait au général de Gaulle le 14 juillet 1941 un homme de 80 ans du Nouveau-Brunswick, M. H. Boulay, ancien parlementaire à Ottawa :

---

52. Ce bénédictin français, vivant depuis de nombreuses années au Canada, publiait dans *Le Devoir* du 15 avril 1941 une lettre dans laquelle il dénonçait les « attaques » du commandant d'Argenlieu à l'endroit du maréchal Pétain.

53. *MAE*, série guerre 39-45, sous-série Vichy-Amérique, vol. 167. Lettre du 22 avril 1941, Coursier à Ristelhueber.

54. *MAE*, série guerre 39-45, sous-série Vichy-Amérique, vol. 168. Lettre du 25 août 1941, Ristelhueber à Darlan.

55. *Ibid.*

Aujourd'hui jour anniversaire de la prise de la Bastille, je viens vous encourager et vous répéter que tous les Canadiens français, suivent tous vos mouvements et bénissent votre nom. Ce n'est pas avec des sentiments de révolutionnaires mais avec des sentiments d'humanité, de Charité et de patriotisme ardent que nous vous suivons à plus de 5000 milles de distance[56].

Quatre mois plus tard, une jeune étudiante de 18 ans, Mimi Lalonde, faisait parvenir aux quartiers généraux de la France libre à Londres ces quelques lignes, adressées au général de Gaulle :

Vous trouverez peut-être osé qu'une jeune fille canadienne-française de dix-huit ans vous écrive. Juste quelques mots bien sincères pour vous dire toute l'admiration que j'ai pour l'homme qui en ce moment accomplit pour sa patrie un effort presque surhumain.

Nous suivons avec anxiété vos faits et gestes. À notre foyer, nous sommes des enthousiastes de la France libre. J'ai eu le bonheur de connaître quelques aviateurs français en mission à Montréal. Quels braves cœurs ! Mon frère officier de l'air est tombé au champ d'honneur. J'applaudis aux actes de bravoure de vos soldats, de vos marins, et de vos aviateurs.

[...]

Une Canadienne française partisane des français libres, qui travaille ardemment à gagner davantage des esprits à votre noble cause[57].

Mais les succès de la France libre sont loin d'être complets. Les milieux cléricaux et nationalistes gardent toujours leurs distances.

Les ennemis de la France libre et du général de Gaulle ne se sont certes pas retenus lors du séjour de d'Argenlieu au Canada. Doris Lussier, jeune collaborateur à *La Droite,* profite du passage du commandant pour relancer les attaques à l'égard du général de Gaulle :

Non content de fuir sa patrie au moment suprême où dans un dernier râle elle lui demandait encore de rester pour panser ses blessures, un général félon, têtu et insoumis, a entrepris sur une terre étrangère, une campagne insidieuse pour discréditer de par le

---

56. MAE, série guerre 39-45, sous-série Londres, vol. 387. Lettre du 14 juillet 1941, M.H. Boulay à de Gaulle.

57. MAE, série guerre 39-45, sous-série Londres, vol. 388. Lettre du 30 novembre 1941, Mimi Lalonde à de Gaulle.

monde, et dans tous les milieux français de l'Univers, le seul homme en France qui ait trouvé dans son vieux cœur de soldat assez d'amour et de courage pour pouvoir dire à la face des déserteurs : « Quoi qu'il arrive, je ne quitterai pas le sol de la nation. Je fais don de ma personne à la France pour atténuer ses malheurs. »

Entre de Gaulle, le fuyard qui s'est lâchement débiné à l'heure du danger, et Pétain qui symbolise le patriotisme le plus pur et le plus raisonné qui se puisse concevoir, notre choix est fait[58].

Et Lussier poursuit son texte, s'en prenant aux porte-parole du général de Gaulle :

Les absents ont toujours tort, dit le proverbe. Et comme la vraie France, celle du bon Dieu, celle du Maréchal est absente de leur cœur blasé, et de leur esprit attardé à l'admiration béate et au culte stupide de je ne sais quelle républicaillerie périmée et désuète, ces sales dénigreurs se plaisent avec un sadisme inégalé à dégobiller sur le compte et l'œuvre admirable des artisans de la résurrection française, et perdent leur temps à se prostrer [sic] en adoration devant leur trinité cabalistique : Liberté, Égalité, Fraternité...

À l'été 1941, alors que *L'Action catholique* de Québec s'évertue à trouver l'équilibre entre le général de Gaulle et le maréchal Pétain[59], *Le Devoir* a fait son choix depuis longtemps. Pétain est l'homme de la situation, celui qui redressera la France. De Gaulle, par ses actions, menace la survie à long terme du régime instauré par le Maréchal. Il est donc hors de question pour le quotidien de Montréal de lui accorder sa sympathie.

Pour contourner la censure fédérale, Pelletier et ses collaborateurs reproduisent des textes et des commentaires peu favorables au général de Gaulle écrits par des personnalités convenables aux yeux d'Ottawa[60]. Et, lorsque les fonctionnaires fédéraux critiquent la position éditoriale de son journal, Pelletier s'abrite derrière la politique française du gouvernement canadien. Ainsi, à Fulgence Charpentier, responsable de la censure, qui lui reproche le ton anti-gaulliste de son journal, Pelletier rétorque, en écrivant :

58. *La Droite*, 15 avril 1941.
59. ARCAND, « Pétain et de Gaulle dans la presse québécoise », p. 382.
60. *Ibid.*, p. 383-384.

Tant que le gouvernement canadien n'aura pas opté contre Pétain, je ne vois pas pourquoi les opinions du groupe de Gaulle devraient prévaloir chez nous à l'exclusion des autres. S'il plaît à ce groupe de tenter de manœuvrer la presse canadienne, il ne nous plaît point de nous laisser faire, quand même on voudrait tenter de nous faire manœuvrer par la censure, qui, je l'espère, ne se laissera pas impressionner par certains Français de qualité plus ou moins douteuse, désireux de régenter la presse qui ne leur appartient point et qui, Dieu merci, n'a rien à faire avec eux[61].

Si la censure fédérale bâillonne avec célérité *La Droite*, d'autres petites publications nationalistes publient encore des articles fielleux à l'endroit du général de Gaulle. C'est le cas de *L'Œil*. Le mensuel d'extrême droite s'en prend au général de Gaulle et à ses troupes, qu'il accuse de ne pas représenter la volonté réelle des Français. Ces attaques valent au rédacteur de *L'Œil*, Alfred Ayotte — alias Pierre Viviers —, une mise en garde de Charpentier[62]. Avertissement suivi de peu d'effets. Dans son numéro du 15 janvier 1942, le mensuel, sous la plume de Louis Langlade, dénonce le plébiscite organisé par l'amiral Muselier à Saint-Pierre-et-Miquelon le 25 décembre 1941 :

> Le régime de Gaulle qui se réclame de la Liberté, qui veut le rétablissement des libertés démocratiques, a commencé en ce saint jour de Noël, où le Sauveur annonce la paix aux hommes de bonnes volontés, par organiser un simulacre de plébiscite, par immoler et fouler aux pieds la liberté des Saint-Pierrais[63].

L'organisation gaulliste au Canada

La mission d'Argenlieu avait certes donné une crédibilité au mouvement gaulliste. Le distingué visiteur avait également ouvert des portes qui jusque-là étaient restées fermées aux Français libres. La France

---

61. Pelletier fait ici allusion aux tentatives de Pierre Lazareff, directeur du *Paris-Soir* avant la guerre, qui, réfugié en Amérique, vient à Montréal quelque temps dans l'espoir d'y diriger un journal. *APC*, RG 2, section C-2, vol. 5969, dossier 2A/O-1. Lettre du 24 novembre 1941, Pelletier à Charpentier.

62. *APC*, RG 2, section C-2, vol. 5969, dossier 2A/O-1. Lettre du 21 novembre 1941, Charpentier à Alfred Ayotte.

63. *L'Œil*, 15 janvier 1942.

libre devait maintenant se doter d'une structure, d'une organisation crédible pour capitaliser sur les gains effectués par d'Argenlieu.

Lorsque d'Argenlieu arrive au Canada en mars 1941, le mouvement gaulliste souffre d'un manque total de cohésion. Quelques Français se disputent le leadership d'un mouvement largement ignoré par le gouvernement et le public canadiens. Dans une atmosphère exécrable, Élisabeth de Miribel essaie, du mieux qu'elle le peut, de faire connaître la France libre aux Canadiens.

En mai 1941, d'Argenlieu quitte le Canada avec le sentiment du devoir accompli. Il a forgé des liens solides avec les autorités fédérales et a doté la France libre d'un nouveau représentant au Canada : Jacques-Émile Martin-Prével. Avec Martin-Prével, la France libre au Canada pourra-t-elle enfin percer ?

Voici le portrait que nous a laissé Gladys Arnold de Martin-Prével, alias le colonel Pierrené :

> He was a thin, graying, gentle man, whose faded gray-blue eyes were often so filled with pain that it was difficult to look at him. The defeat of his country, by a force he believed to be the ultimate evil, humiliated and deeply wounded him spiritually. [...] His wife and four young sons were at home in Versailles, in occupied France ; his eldest son was a naval cadet. His decision and activities might bring unthinkable retaliation[64].

Conscient du danger qu'il fait courir à sa famille restée en territoire occupé, et donc exposée à des représailles encore plus sévères que celles infligées par le régime de Vichy, Martin-Prével espère camoufler sa véritable identité. Sans succès toutefois, puisque René Ristelhueber démasque le colonel Pierrené et s'empresse d'en informer ses supérieurs[65]. Tout au long de son mandat, inquiet pour sa famille, Pierrené trouvera difficilement l'énergie nécessaire pour prendre le leadership effectif de l'organisation.

---

64. ARNOLD, *One Woman's War*, p. 108. «C'était un homme doux, mince et grisonnant. Ses yeux gris-bleu étaient souvent si pleins de douleur qu'il devenait difficile de le regarder. La défaite de son pays aux mains de ce qu'il croyait être l'ultime force du mal fut pour lui une grande humiliation et une profonde blessure spirituelle. [...] Sa femme et ses quatre fils habitaient Versailles, dans la France occupée. Son fils aîné était cadet de la marine. Sa décision [de joindre la France libre] et ses activités pouvaient provoquer de graves représailles.» (*Nous traduisons*.)

65. MAE, série guerre 39-45, sous-série Vichy-Amérique, vol. 168. Télégramme du 19 juillet 1941, Ristelhueber à Darlan.

Dès la fin septembre 1941, Élisabeth de Miribel se plaint à Pleven, commissaire national des Affaires étrangères et économiques de la France libre, de la lassitude qui paralyse Pierrené. Il ne s'impose pas auprès des Français de Montréal et sa trop grande réserve l'empêche de remplir efficacement sa fonction de représentation[66]. Le 16 octobre 1941, Élisabeth de Miribel, tout en rappelant les qualités morales et l'intégrité de Pierrené, informe Pleven :

> Il est absolument indispensable à l'heure actuelle que notre représentation soit renforcée [...]
>
> Je crois que la décision qu'il [Pierrené] a prise concernant la résiliation de son contrat a été pour lui un sacrifice. Je crois qu'il est incapable de s'habituer à la méchanceté et aux intrigues du milieu de Montréal, qu'il se sent, d'une certaine façon, en dessous de la mission que le commandant d'Argenlieu lui a confiée...
>
> [...] Je compte sur des directives fermes de votre part lorsque vous serez à Londres, car, de la part du Colonel, je n'obtiens jamais aucune décision[67].

Avant de quitter le Canada, d'Argenlieu consolide la position d'Élisabeth de Miribel. Impressionné par le travail réalisé par la jeune femme dans des conditions difficiles et conscient de la tâche restant à accomplir, d'Argenlieu lui confie la responsabilité d'assurer la propagande du mouvement au Canada[68]. Afin d'affermir l'autorité d'Élisabeth de Miribel face aux Français de Montréal et d'accentuer la cohérence de l'organisation au Canada, la jeune femme relèvera dorénavant du colonel Pierrené.

Au début de l'été 1941, René Pleven, envoyé par de Gaulle aux États-Unis pour y réorganiser la France libre et jeter les bases des relations entre le mouvement et les autorités américaines, s'attarde

---

66. *MAE*, série guerre 39-45, sous-série Londres, vol. 387. Lettre du 26 septembre 1941, É. de Miribel à Pleven. Des indices nous laissent croire que Pierrené n'a jamais tout à fait saisi le véritable sens de sa mission et de celle de la France libre. Dans leurs lettres, Élisabeth de Miribel et Gladys Arnold soulignent à plusieurs reprises que Pierrené s'arrête principalement sur la dimension militaire de son rôle, qu'il n'agit pas toujours en fonction des impératifs politiques du mouvement. Voir *MAE*, série guerre 39-45, sous-série Londres, vol. 306. Lettre du 16 octobre 1941, Arnold à Pleven.

67. *MAE*, série guerre 39-45, sous-série Londres, vol. 388. Lettre du 16 octobre 1941, É. de Miribel à Pleven.

68. *MAE*, série guerre 39-45, sous-série Londres, vol. 387. Ordre de mission d'Élisabeth de Miribel, signé le 11 mai 1941 par d'Argenlieu.

quelques jours au Canada. Pleven profite de son passage pour peaufiner le travail entamé par d'Argenlieu. De ses discussions avec les membres de l'administration fédérale, il obtient pour Pierrené le titre officieux de délégué de la France libre au Canada[69]. Le représentant du Général peut maintenant discuter des questions bilatérales avec les représentants du gouvernement canadien.

À Élisabeth de Miribel, Pleven suggère d'établir un service permanent d'information[70]. L'idée n'est pas nouvelle. À l'automne 1940, la jeune femme proposait déjà la mise sur pied d'un service pour produire une propagande adaptée au milieu canadien[71]. Selon Élisabeth de Miribel, les bases du service de l'Information étaient déjà en place lors de la visite du commandant d'Argenlieu[72]. À la fin juin 1941, elle quitte Montréal pour aménager un petit local dans les bureaux du Service d'information canadien dirigé par Melançon[73]. Quelques semaines plus tard, une journaliste canadienne, Gladys Arnold, vient épauler Élisabeth de Miribel.

Avant la guerre, Gladys Arnold agissait à titre de correspondante à Paris pour la Presse canadienne (PC). En juin 1940, fuyant les troupes allemandes, elle gagne Londres où, en juillet, grâce aux bons offices de la journaliste Geneviève Tabouis, elle interviewe le général de Gaulle[74]. À la fin de l'été, avant de repartir au Canada, Gladys Arnold rencontre de nouveau le chef des Français libres. Lors de ce second entretien, de Gaulle aurait demandé à la journaliste d'assister Élisabeth de Miribel, déjà en route pour le Canada, dans ses efforts pour promouvoir la France libre[75].

En juin 1941, Pleven invite la journaliste à quitter la Presse canadienne pour s'engager à plein temps dans le Service d'information[76].

---

69. ARNOLD, *One Woman's War*, p. 107.

70. *MAE*, série guerre 39-45, sous-série Londres, vol. 391. Télégramme du 28 juin 1941, É. de Miribel à France libre; É. de Miribel, *La liberté souffre violence*, p. 79.

71. *MAE*, série guerre 39-45, sous-série Londres, vol. 391. Lettre du 23 novembre 1940, É. de Miribel à France libre.

72. É. DE MIRIBEL, *La liberté souffre violence*, p. 59-61.

73. *MAE*, série guerre 39-45, sous-série Londres, vol. 391. Lettre du 29 juin 1941, É. de Miribel à Courcel; télégramme du 11 juillet 1941, É. de Miribel à France libre.

74. ARNOLD, *One Woman's War*, 1987, p. 84-85.

75. *MAE*, série guerre 39-45, sous-série Londres, vol. 389. Lettre du 7 août 1940, Gérard de Saint-André, directeur du Service de Presse de la France libre, à Vignal.

76. ARNOLD, *One Woman's War*, p. 107-108.

Elle accepte et démissionne de la PC le 1er octobre 1941[77]. Gladys Arnold aidera énormément la cause gaulliste au Canada. En plus de ses qualités de journaliste qu'elle mettra à profit au service de la propagande, elle facilitera, grâce à ses amitiés au sein du gouvernement fédéral, les rapports avec les autorités canadiennes[78].

Les deux femmes s'entourent d'une petite équipe de collaborateurs. Parmi ceux-ci, un journaliste de Québec, Paul Thériault, et Aline Chalifour, une jeune avocate qui a réussi à quitter l'Indochine[79]. À l'été 1942, une dizaine de personnes, Français et Canadiens, travaillent dans les bureaux du Service de l'information à Ottawa[80].

Pour loger leurs services, les gaullistes annoncent le 7 octobre 1941 l'ouverture à Ottawa d'une « Maison France libre[81] ». Située au 448 rue Daly, dans les locaux du consulat japonais, celle-ci permet à la France libre de centraliser ses activités sous un seul et même toit.

Toujours à l'été 1941, l'organisation gaulliste au Canada ouvre une mission navale à Montréal. On confie au capitaine de corvette Maurice Quédrue, Français résidant à Montréal depuis plusieurs années, l'administration de l'unité[82]. Quédrue aménage ses quartiers dans des locaux prêtés par le Crédit foncier de Roumefort[83].

Pourquoi maintenir une mission navale à Montréal ? L'importance de la colonie française au Canada ne motivait certes pas une telle dépense. La coordination et l'entretien des marins français participant à la Bataille de l'Atlantique s'effectuait à Halifax, et non pas à Montréal, où les navires de la France libre ne venaient que très rarement.

---

77. *Ibid.*, p. 115.

78. Par exemple, Leonard Brocklington, proche conseiller de Mackenzie King, et Jerry Riddel des Affaires extérieures. ARNOLD, *One Woman's War*, p. 108.

79. *Ibid.*, p. 115-116.

80. MAE, série guerre 39-45, sous-série Londres, vol. 306. Rapport d'É. de Miribel du 3 août 1942, pour Jacques Soustelle, commissaire national à l'Information.

81. MAE, série guerre 39-45, sous-série Londres, vol. 306. Note du 7 octobre 1941 rédigée par Élisabeth de Miribel, destinée aux publications canadiennes.

82. MAE, série guerre 39-45, sous-série Londres, vol. 387. Copie de l'ordre de mission de Quédrue rédigé par Pierrené, 24 juillet 1941.

83. Entretien avec Michel Pasquin, 8 janvier 1999. Michel Pasquin, alors âgé de 12 ans, a travaillé à titre de messager à la mission navale à l'été 1941. Michel Pasquin était le fils de Marcel Pasquin, bras droit de Roumefort au Crédit foncier, « [h]omme sincère, pondéré et bourré de bon sens. Exerce une très heureuse influence sur Roumefort dont il est le conseiller intime. Utile très souvent de passer par lui en premier lieu. » MAE, série guerre 39-45, sous-série Londres, vol. 198. Note non signée et non datée, mais probablement écrite à l'été 1942.

Si on ouvre un bureau à Montréal, c'est sans doute pour contourner le « Neutrality Act » américain, entré en vigueur en 1935 et renforcé en 1937[84]. Cette disposition légale empêchait tout belligérant de s'adonner au recrutement de leurs nationaux sur le territoire américain. Elle ne sera modifiée qu'après l'entrée en guerre des États-Unis. En attendant, les volontaires français d'Amérique se rendaient au Canada pour s'enrôler dans les Forces françaises libres. De là, on les envoyait à Londres. Le nombre de citoyens français aux États-Unis — 200 000 résidents auxquels on devait rajouter les 20 000 réfugiés de 1940[85] — justifiait la création d'un bureau de recrutement à Montréal.

Parallèlement, alors que la délégation de la France libre au Canada prend corps, un peu partout au pays des comités locaux s'organisent. À Montréal, des vétérans français de la Première Guerre mondiale, dégoûtés par le pétainisme affiché du président de l'Association des anciens combattants français, fondent à l'été 1941 la « Section des vétérans Français libres de Montréal[86] ». Dirigée par René Daguerre, la section des vétérans devient l'association officielle de la France libre à Montréal. Elle s'installe dans un local mis à sa disposition par le Crédit foncier[87].

Pendant ce temps, le comité de Québec, pionnier des associations de Français libres, continue son excellent travail. Le 7 août 1941, Marthe Simard peut se vanter d'avoir regroupé plus de 1 800 personnes dans son comité, principalement des Canadiens français[88]. Le secrétaire particulier du premier ministre Godbout, Willie Chevalier, siège au comité exécutif.

En juin 1942, la France libre aurait compté plus de 80 comités et sous-comités au Canada[89].

D'Argenlieu avait entamé la construction d'une véritable organisation au Canada. La nomination d'un représentant officiel venait chapeauter la France libre au Canada et lui donnait une crédibilité

---

84. AGLION, *De Gaulle et Roosevelt*, p. 90.

85. *Ibid.*, p. 7.

86. *MAE*, série guerre 39-45, sous-série Londres, vol. 389. Télégramme du 15 octobre 1941, Pierrené à de Gaulle; télégramme du 17 octobre 1941, de Gaulle à Pierrené.

87. Entretien avec Michel Pasquin, 8 janvier 1998.

88. *MAE*, série guerre 39-45, sous-série Londres, vol. 306. Lettre du 7 août 1941, du comité France libre de Québec, à France libre (Londres).

89. *MAE*, série guerre 39-45, sous-série Londres, vol. 388. Rapport signé le 12 juin 1942 par Pierrené.

nouvelle. Le service d'Information permettait enfin d'unifier la collecte d'informations et l'émission de propagande. La victoire sur Vichy n'était pas encore acquise. Pour vaincre, la France libre devait gagner l'estime des Canadiens français. Mais les gaullistes venaient de se donner les moyens pour y arriver.

Il restait toutefois un obstacle majeur à franchir avant de pouvoir aspirer à la victoire : mettre fin aux tiraillements internes qui paralysaient depuis juin 1940 le mouvement gaulliste au Canada. Dès l'automne 1941, des incidents ébranlèrent sérieusement le mouvement au Canada. À la différence des soubresauts de l'automne 1940, ces crises allaient au-delà des simples rivalités personnelles et révélaient l'étendue des différends au sujet de la nature même du mouvement.

Les symptômes d'un malaise

Les Français de Montréal veulent la tête d'Élisabeth de Miribel. — À l'été 1941, l'atmosphère est chargée au sein de la communauté française de Montréal. Vignal, Roumefort et leurs amis considèrent avoir été spoliés par d'Argenlieu qui, au lieu de confier la tâche de représenter le général de Gaulle à un Français installé depuis longtemps au Canada, a opté pour le colonel Pierrené, au pays depuis quelques mois seulement.

En juillet, pour se libérer de l'autorité du colonel Pierrené, ils reviennent à la charge avec un nouveau projet de charte : « Les Français libres du Canada ». Informé des intentions de Roumefort et de ses acolytes, de Gaulle envoie le 12 juillet un télégramme à Pierrené pour lui rappeler son opposition au projet[90]. Mais quelques semaines plus tard, René Pleven, de passage à Montréal, écoute les doléances des Français de Montréal. Ignorant les lois fédérales, croyant ne pas nuire à l'autorité de la délégation d'Ottawa et espérant acheter enfin la paix à Montréal, le représentant du Général appuie le projet de charte[91].

Mais le gouvernement canadien, peut-être mis au courant par Élisabeth de Miribel, refuse d'accorder la charte aux Français de Montréal. Une charte fédérale aurait fait du comité de Roumefort le seul comité légalement reconnu par le gouvernement canadien. « Les

---

90. *MAE*, série guerre 39-45, sous-série Londres, vol. 306. Télégramme du 12 juillet 1941, de Gaulle à Pierrené.

91. É. DE MIRIBEL, *La liberté souffre violence*, p. 80.

signataires de la charte auraient la priorité sur les autres comités du Canada qui se verraient obligés d'adhérer à la Société pour pouvoir porter le titre de Français libres, ce titre devenant, après incorporation, la marque exclusive appartenant à la Société de Montréal[92]. »

Le gouvernement canadien est d'autant moins enclin à accepter la charte qu'une telle décision irait à l'encontre de la politique établie par le gouvernement fédéral au sujet des minorités vivant au Canada. « Il paraissait dangereux au gouvernement canadien d'accorder à quelque minorité que ce soit une autorité légale pour exercer une politique qui ne serait pas forcément en accord avec les intérêts profonds de la politique canadienne[93]. »

Pour les Français de Montréal, Élisabeth de Miribel est la grande responsable de ce nouvel échec. Tant et aussi longtemps qu'elle restera au Canada, jamais ils ne pourront reprendre le leadership du mouvement. Il faut donc l'éloigner le plus vite possible du pays.

C'est alors que surgit un curieux personnage du nom de Fua. Bien des mystères planent autour de cet homme parti de France plusieurs mois après l'armistice avec un passeport délivré par les autorités de Vichy[94]. Élisabeth de Miribel et ses amis voient en lui un espion de Vichy venu au Canada pour miner le mouvement[95]. En feraient foi ses méthodes utilisées et ses propos sur les relations de Gaulle-Pétain. Vichy aurait effectivement envoyé aux États-Unis des agents ayant pour mission d'infiltrer et de désorganiser le mouvement gaulliste[96]. La documentation actuelle ne nous permet toutefois pas d'infirmer ou de confirmer ces allégations au sujet de Fua. D'après les archives du Quai d'Orsay, Fua serait venu en mission au Canada à la demande de Pleven.

Arrivé à Montréal pour la première fois en juillet 1941, Fua fera à quelques reprises la navette entre Montréal et New York. L'homme sympathise avec Roumefort et Vignal. Voyant ce que Pierrené appelle

---

92. *MAE*, série guerre 39-45, sous-série Londres, vol. 387. Lettre du 26 septembre 1941, É. de Miribel à Pleven.

93. *MAE*, série guerre 39-45, sous-série Londres, vol. 388. Lettre du 11 octobre 1941, É. de Miribel à Pleven.

94. *MAE*, série guerre 39-45, sous-série Londres, vol. 306. Rapport mensuel de Pierrené du 5 novembre 1941.

95. É. DE MIRIBEL, *La liberté souffre violence*, p. 76.

96. SHIPLEY-WHITE, *Les origines de la discorde*, p. 272-273.

de la haine à l'endroit d'Élisabeth de Miribel[97], Roumefort et Vignal convainquent Fua de la nécessité de lui faire quitter le Canada.

Dans la nuit du 10 au 11 octobre, Fua passe à l'attaque. De 22 h à 4 h du matin, il s'entretient avec Élisabeth de Miribel et Pierrené à Ottawa. D'entrée de jeu, il demande à la jeune femme si elle consentirait à quitter le Canada si l'on estimait que sa présence nuisait au mouvement[98]. Tout au long de l'entretien, Fua critique le travail de Pierrené et d'Élisabeth de Miribel, leur reprochant principalement leur attitude à l'endroit des Français de Montréal.

Fua se rend ensuite à Montréal où, pendant quatre heures et avec l'aide du vicomte de Roumefort et d'un journaliste du *Jour*, M. Le Bret, il essaie de convaincre Cécile Bouchard, fille du ministre provincial T.D. Bouchard et militante de la France libre, du bien-fondé de sa démarche[99]. Le jour suivant, le 12 octobre, il rencontre à nouveau Élisabeth de Miribel. Cette dernière lui annonce son intention de rester au Canada. Dans la soirée, Fua doit retrouver Cécile Bouchard. Mais entre-temps, Élisabeth de Miribel, Gladys Arnold et Cécile Bouchard, de concert avec le père Vincent Ducatillon[100] et le professeur Henri Laugier, ont préparé la contre-offensive.

Dans la soirée du 12, Fua revoit donc Cécile Bouchard. Gladys Arnold et le colonel Gagnon de la GRC accompagnent la jeune femme. Poussé par Arnold et Gagnon à préciser sa pensée sur la situation en France, Fua confirme les doutes de Gagnon à son endroit. Quarante-huit heures plus tard, l'homme est expulsé du Canada[101].

De retour à New York, Fua essaie de persuader Pleven qu'il faut écarter Élisabeth de Miribel et nommer Roumefort à la place de Pierrené[102]. Mais un entretien avec le père Ducatillon[103] et une lettre

---

97. *MAE*, série guerre 39-45, sous-série Londres, vol. 306. Rapport mensuel de Pierrené du 5 novembre 1941.

98. *MAE*, série guerre 39-45, sous-série Londres, vol. 388. Lettre du 11 octobre 1941, É. de Miribel à Pierrené.

99. *MAE*, série guerre 39-45, sous-série Londres, vol. 388. Lettre du 13 octobre 1941, Arnold à Pleven.

100. Dominicain réfugié depuis juin 1940 en Amérique, Ducatillon ne cachera pas ses sympathies gaullistes.

101. É. DE MIRIBEL, *La liberté souffre violence*, p. 77.

102. *MAE*, série guerre 39-45, sous-série Londres, vol. 388. Lettre du 18 octobre 1941, Fua à Pleven ; note de voyage de Fua datée du 4 octobre, remise avec la lettre du 18 octobre ; lettre du 3 octobre 1941, Roumefort à Fua, remise avec la lettre du 18 octobre.

103. *MAE*, série guerre 39-45, sous-série Londres, vol. 388. Lettre du 15 octobre 1941, É. de Miribel à Pleven.

du général Vanier appuyant la jeune femme[104] convainquent Pleven. Élisabeth de Miribel et Pierrené resteront au Canada et Fua n'y remettra plus les pieds.

En novembre 1941, le docteur Vignal quitte Montréal pour l'Angleterre où, selon ses désirs, il ira rejoindre les Forces françaises libres[105]. Roumefort abandonne, pour l'instant du moins, l'espoir de prendre le leadership du mouvement au Canada. La lutte Ottawa-Montréal, et finalement la défaite de Roumefort et de ses amis, auront toutefois des répercussions sur l'ensemble du mouvement. À Québec, depuis mai 1941, le comité des Français libres bénéficiait de locaux prêtés gratuitement, grâce au vicomte de Roumefort, par le Crédit foncier. Or, en octobre, le comité de Québec se voit intimer par le Crédit foncier de quitter ses locaux[106]. Mais il y a plus grave : les notabilités françaises de Montréal tenues à l'écart du mouvement, la France libre ne parvient toujours pas à rallier la communauté française la plus importante du Canada.

Gaullisme : mouvement politique ou militaire ? — Comment des individus qui, à l'instar de Vignal et Roumefort, ont fait connaître dès l'été 1940 leur allégeance au général de Gaulle, sont-ils devenus aussi réfractaires à l'idée de recevoir leurs directives de la délégation d'Ottawa ? Pour Élisabeth de Miribel, le but de Roumefort est clair : discréditer le mouvement.

> Montréal va tenter d'obtenir l'adhésion, à titre personnel, des présidents de comités afin d'isoler le colonel Pierrené et le contraindre à céder. Plusieurs des signataires de la demande de charte sont favorables à Vichy et encouragés par son consulat. La France libre prenant de plus en plus d'importance à Londres et au Canada, il est certain que nous devons nous attendre à des attaques redoublées de la part des collaborationnistes. Comment faire ? Nous opposer ouvertement à Montréal ? Nous donnons alors dans le

---

104. *MAE*, série guerre 39-45, sous-série Londres, vol. 388. Lettre du 12 octobre 1941, Vanier à Pleven.

105. *MAE*, série guerre 39-45, sous-série Londres, vol. 388. Lettre du 25 octobre 1941, Vignal à commandant ?.

106. *MAE*, série guerre 39-45, sous-série Londres, vol. 390. Rapport du mois d'octobre 1941 du comité France libre de Québec, rédigé par Verrier pour le commissaire aux Affaires étrangères (Londres).

piège. Ils ne souhaitent qu'une chose : faire apparaître au grand jour les divisions de la France libre[107].

Certes, il est probable que des Français proches de Coursier aient tenté d'infiltrer le mouvement pour le déstabiliser. Mais est-ce le cas de la majorité des signataires de la Charte ? Est-ce réellement la motivation de Roumefort et de Vignal ? La fidélité de Vignal à la France libre est incontestable. Mais Roumefort ? Plusieurs ont douté de sa loyauté. Certains l'ont même soupçonné d'être de connivence avec le consul de Vichy. Pierre Moeneclaey, nommé à l'été 1944 consul de France à Montréal par le gouvernement provisoire du général de Gaulle, écartera toutefois cette hypothèse :

> En ce qui concerne M. de Roumefort, je ne crois pas superflu d'indiquer que mon prédécesseur vichyste, M. Coursier, le considérait comme le principal gaulliste de Montréal et, de son point de vue, le plus redoutable [...] Et je crois que le jugement de M. Coursier, dûment consigné dans ses notes confidentielles, peut être tenu pour dire d'expert[108].

Les tensions au sein du mouvement gaulliste aux États-Unis sont bien connues, grâce entre autres aux témoignages écrits des différents acteurs[109]. Au Canada, les « dissidents » de Montréal ont laissé bien peu de traces. Pour reconstituer les événements, il ne reste que les archives de la France libre et les mémoires écrits par ses représentants à Ottawa. Vu l'état de la documentation, il est prématuré de conclure que les frictions au sein du mouvement au Canada résultent exclusivement de la vanité de quelques Français installés à Montréal. Les ambitions de Roumefort étaient grandes, mais réduire le conflit entre les représentants gaullistes à Ottawa et la « bande » à Roumefort à une simple question d'orgueil nous semble un peu court. Peut-être serait-il pertinent de voir dans ces frictions un phénomène qui s'apparente, à plus petite échelle, aux luttes entre Français libres aux États-Unis ?

---

107. É. DE MIRIBEL, *La liberté souffre violence*, p. 80.

108. *MAE*, série Amérique 44-52, sous-série Canada, vol. 71. Lettre du 29 janvier 1945, Moeneclaey à Bidault.

109. AGLION, *De Gaulle et Roosevelt* ; FRITSH-ESTRANGIN, *New York entre de Gaulle et Pétain* ; Henry D'ORNANO, *L'action gaulliste aux États-Unis*, Paris, 1948 ; Raoul ROUSSY DE SALES, *L'Amérique en guerre*, Paris, La Jeune Parque, 1948. Voir aussi HURSTFIELD, *America and the French Nation, 1939-1945* ; SHIPLEY-WHITE, *Les origines de la discorde*.

Comme nous l'avons vu au premier chapitre[110], le général de Gaulle situe son action au niveau politique. Pour lui, la France libre incarne la France qui n'a pas déposé les armes. La France doit reprendre son rang après la guerre. Pour y arriver, la force morale et militaire de la France libre doit servir les impératifs politiques. L'histoire a donné raison au Général. Mais en 1940 et en 1941, plusieurs ne partagent pas sa vision. On connaît déjà l'hostilité de Roosevelt. On connaît également celle de certains Français influents installés à Londres et à Washington qui, tout en condamnant Vichy, refusent de joindre la France libre.

Mais, même parmi les Français proches des gaullistes, plusieurs ne suivent pas la démarche politique du général de Gaulle ou acceptent difficilement certaines décisions prises à Carlton Gardens.

Premier motif de récrimination : on refuse à de Gaulle toute autorité politique. Pour ces « dissidents », le mouvement gaulliste doit rester avant tout une force morale et militaire. De Gaulle n'a ni le mandat ni la légitimité pour s'aventurer sur le terrain politique et faire de son mouvement l'embryon du futur gouvernement français. À Londres, c'est autour du quotidien *La France* et de la revue *La France libre* d'André Labarthe, à laquelle participe Raymond Aron, que s'articule la critique de la « dérive politique » du mouvement gaulliste[111].

De plus, les structures de la France libre rebutent plus d'un démocrate. Il est vrai que ces dernières cadrent plus avec celles d'un état-major qu'avec celles d'un gouvernement de la Troisième République. Le Comité de défense de l'Empire instauré en octobre 1940 donne le ton. « En rupture avec toute une tradition républicaine, de Gaulle improvise un pouvoir fort[112]. » Des démocrates comme Henri Laugier désapprouvent le caractère « dictatorial » de la direction du mouvement[113], de même que le « culte » du chef présent au sein de la France

---

110. Voir chapitre 1, section 3.

111. CRÉMIEUX-BRILHAC, *La France libre*, p. 190-195.

112. COINTET, *La France à Londres*, p. 84.

113. Voici certaines leçons que retenait Henri Laugier de la défaite de 1940 : « Ce que nous avons appris, c'est qu'il est désastreux de laisser se développer les grands services de Défense de la Patrie : Armée, Marine, Aviation, Diplomatie, selon leur propre ligne bureaucratique, sans que des commissaires du peuple au fonctionnement de services, jeunes et passionnés, exercent d'une façon permanente sur eux le contrôle continu de la critique et de l'imagination. » Voir Henri LAUGIER, « Combat de la

libre. « Dans tous les organismes de la France libre, à tous les échelons comme à tous les instants, va ainsi s'affirmer le rôle prépondérant, presque unique, du Chef[114]. » Et, comme l'a souligné Henri Michel, « cet aspect dictatorial de son pouvoir, le culte du chef qui en résultait chez certains fidèles, permettaient à ses ennemis d'entretenir autour du général de Gaulle une brume d'équivoque et de défiance[115] ».

Le passage du militaire au politique indispose aussi certains comités de Français libres.

Pour répondre aux exigences politiques, les structures du mouvement doivent obéir aux impératifs d'une politique centralisée. Les représentations officielles à l'étranger sont appelées à devenir les « ambassades » de la France libre. Celles-ci travailleront en étroite collaboration avec les bureaux de Londres. Voici comment Raoul Aglion, en 1943, à l'époque représentant gaulliste à New York, concevait le rôle des délégations :

> Ces délégations plus ou moins importantes jouaient le rôle de légations ou de consulats. Elles avaient à leur tête un « délégué » nommé par le général de Gaulle sur avis du commissaire national aux Affaires étrangères [...] Outre les relations avec le gouvernement auprès duquel il était nommé, le délégué exerçait en fait certaines fonctions de Consul, délivrait des passeports, légalisait les factures consulaires[116].

À l'automne 1940, de Gaulle n'ayant avec lui qu'une poignée de collaborateurs compte sur les comités locaux de Français libres pour le représenter. Mais, comme l'écrit René Cassin :

> cette situation ne pouvait seulement se prolonger tant que nous n'aurions pu obtenir des divers États la possibilité d'avoir une représentation officielle assurée par des délégués du général de Gaulle, faisant partie des cadres administratifs de la France libre et à même d'assurer la protection des ressortissants et protéger les Français d'une circonscription déterminée, notamment pour les passeports, titres de voyage, état civil, etc.[117]

France libre (écrit en 1942 pour Free World) », dans *Combat de l'exil*, Montréal, Éditions de l'Arbre, coll. « France Forever », 1943, p. 18.

114. MICHEL, *Les courants de pensée de la Résistance*, p. 32.

115. *Ibid.*

116. Raoul AGLION, *L'épopée de la France combattante*, New York, Éditions de la Maison française, 1943, p. 129-130.

117. René CASSIN, *Les hommes partis de rien*, Paris, Plon, 1974, p. 206-208.

Et, au cours de l'année 1941, alors que la France libre accroît sa présence internationale, « le clivage entre les délégations et les comités pour la France libre s'est opéré de plus en plus nettement[118] ».

Une note de service retrouvée dans le fonds d'archives René Cassin et datée du 12 septembre 1941 illustre comment le mouvement gaulliste entend distinguer les représentations « officielles » des comités locaux :

A. Il doit être avant tout d'abord posé en principe absolu que, seul, le général de Gaulle a le droit exclusif de désigner des représentants civils et de les révoquer. Ceux-ci représentent personnellement le Général...

B. Les représentants doivent être distingués avec le plus grand soin de deux autres catégories de personnes exerçant des fonctions pour le compte de la France libre :

a) Les présidents de comités dont le but est de grouper, dans chaque pays, les Français ralliés à la cause de la France libre [...] Ils [les comités] ont pour attributions générales de recueillir des fonds, de recruter des volontaires et de les diriger sur les points désignés par le Quartier-Général, de faire de la propagande, etc.

[...]

F. d) Les représentants maintiennent un contact permanent avec les comités de leur zone, par correspondance et par visites, pour les encourager et les aider, surveiller et coordonner leurs activités.

Sans s'immiscer dans leur gestion, ils veillent au bon fonctionnement des comités, notamment en s'assurant que les bureaux sont élus correctement et ne comprennent que des personnalités qualifiées. Ils proposent au général de Gaulle toutes mesures nécessaires pour le maintien du standing des comités, telles que refus d'agrément, révocations, etc.[119]

Pour Londres, le partage des responsabilités entre représentants officiels et comités de Français libres est clair. Même si les deux se complètent, la subordination des seconds aux premiers ne fait pas de doute. Mais cette subordination est difficile à accepter pour des Français qui, à l'été 1940, dans les moments les plus sombres, ont décidé

---

118. *Ibid.*

119. *AN*, fonds René Cassin, vol. 382, AP/ 31. Note de service du 12 septembre 1941, « La représentation civile de la France libre à l'étranger ».

contre toute logique d'appuyer une entreprise de dissidence, à l'époque encore marginale.

Dans un pays comme le Mexique, où la représentation officielle de la France libre, menée dès l'été 1940 par l'attaché militaire adjoint de l'ambassade de France au Mexique, Jacques Soustelle[120], voit le jour avant même la formation d'un comité de Français libres, on évitera les frictions[121]. Entre la représentation officielle et le comité, la répartition des tâches s'opère sans trop de difficultés. Les représentants s'occupent de la liaison entre de Gaulle et le gouvernement mexicain, alors que le comité sert de pôle d'union des Français derrière de Gaulle et de courroie de transmission pour la propagande[122].

Au Canada, où les comités de Français libres ont vu le jour bien avant la mise en place d'une représentation officielle distincte, les risques de mécontentement sont plus élevés. Et les Français de Montréal ne sont pas les seuls à se montrer jaloux de leur autonomie face à la délégation d'Ottawa. Même le comité de Québec, attaché à son indépendance et conscient de sa force, n'a, à notre avis, jamais entièrement accepté de subordonner ses activités aux directives d'Ottawa.

En effet, d'après Élisabeth de Miribel, l'établissement à Ottawa du service d'Information avait mis à l'épreuve la susceptibilité des Français libres de Québec[123]. En novembre 1941, Marthe Simard livrait à Élisabeth de Miribel le fond de sa pensée :

> Le comité de Québec n'est pas un petit groupement sympathique à la cause, et qui peut vivoter de quelques générosités pigées de ci de là comme peuvent le faire quelques œuvres de charité sympathiques au public, mais il faut que Québec vive comme le bras droit, l'annexe du centre d'information d'Ottawa, parce que nous sommes indissolublement liés les uns aux autres. Québec est le

---

120. Soustelle, ethnologue et professeur à l'École des hautes études de Paris avant la guerre, est nommé en 1942 commissaire à l'Information de la France libre. Ministre en 1944 et 1945, il est, en 1947, l'un des fondateurs du mouvement gaulliste, le Rassemblement du peuple français. De nouveau ministre sous de Gaulle en 1958 mais partisan d'une Algérie française, Soustelle démissionne en 1960, incapable d'approuver la politique algérienne du Général.

121. ROLLAND, *Vichy et la France libre au Mexique*, p. 113.

122. *Ibid.*

123. *MAE*, série guerre 39-45, sous-série Londres, vol. 200. Lettre du 20 juillet 1941, É. de Miribel à d'Argenlieu.

cœur du Canada français, et notre comité est en fait le seul qui soit vraiment la cellule agissante de la France libre au Canada[124].

Après un départ laborieux, le mouvement gaulliste au Canada, à la fin de l'année 1941, semble enfin sur le point de s'imposer. La visite du commandant d'Argenlieu a procuré à la France libre une visibilité qui lui faisait jusque-là défaut. Le mouvement a maintenant une organisation digne de ce nom qui va lui permettre de relayer le message du général de Gaulle aux Canadiens français. Toutefois, encore faut-il que les Français libres du Canada parviennent à s'entendre et parlent d'une même voix. Et, au printemps 1942, rien n'est moins sûr.

124. *MAE*, série guerre 39-45, sous-série Londres, vol. 306. Lettre du 10 novembre 1941, Simard à É. de Miribel.

5

Vichy ébranlé

Printemps 1941 – novembre 1942

L'opinion se cristallise

Vichy, victime de sa politique étrangère. — La présence de d'Argenlieu au Canada a dynamisé le mouvement gaulliste. Ce moine-soldat a su attirer à la France libre une partie du réservoir de sympathie jusquelà voué au régime du maréchal Pétain.

Toutefois, au printemps 1941, la popularité de l'État français au Canada subit avant tout le contrecoup de sa politique étrangère. En effet, la collaboration entamée par Laval, avec la bénédiction de Pétain, reprend de plus belle, à la fin du printemps 1941, sous Darlan. Comme on le sait, la sympathie des Canadiens français pour le Maréchal et son régime s'accommode difficilement d'une politique étrangère favorisant l'ennemi nazi.

Or, en mai 1941, dans l'espoir de concessions futures, les autorités françaises permettent le ravitaillement en Syrie des pilotes allemands qui soutiennent une rébellion irakienne menée contre la puissance coloniale britannique. La presse libérale réagit avec violence aux tractations entre Darlan et le régime hitlérien[1].

---

1. ARCAND, « Pétain et de Gaulle dans la presse québécoise », p. 375-376 ; Sandrine ROMY, « Les Canadiens face au Régime de Vichy », mémoire de maîtrise, Université de Paris I, p. 114.

L'évolution du *Soleil* est typique du changement de ton de la presse libérale. Le quotidien avait déjà fait connaître ses réserves vis-à-vis de la France de Vichy en mettant en garde les Canadiens contre les activités de propagande de ses agents au Canada[2]. Mais dans la foulée de la crise de Syrie, *Le Soleil* envisage avec sérénité la possibilité pour le Canada de mettre fin à ses relations avec l'État français[3].

Dès lors, la presse libérale condamnera toute déclaration émanant de Vichy favorisant la collaboration. En font foi les réactions au discours prononcé le 12 août 1941 par Pétain[4]. L'équipe éditoriale du *Soleil* est à ce point révolté par le discours du Maréchal que, fait nouveau, le quotidien s'en prend directement à ce dernier:

> L'État c'est moi. Sans oser l'exprimer aussi franchement, le maréchal Pétain usurpe les pouvoirs et enlève aux Français tous leurs droits. Il parle comme Mussolini et comme Franco; il répudie tout le passé républicain pour accepter l'ordre nouveau proposé par Hitler; il s'engage à collaborer avec l'ennemi millénaire de sa patrie. Car le Maréchal croit en la victoire d'Hitler, il entend la favoriser de son mieux, sous prétexte qu'elle éloigne le péril communiste, et

---

2. *MAE*, série guerre 39-45, sous-série Vichy-Amérique, vol. 4. Lettre datée du 28 avril 1941, Ristelhueber à Darlan; télégramme du 29 avril 1941, Ristelhueber à Darlan.

3. *MAE*, série guerre 39-45, sous-série Vichy-Amérique, vol. 4. Télégramme du 3 juin 1941, Ristelhueber à Darlan.

4. Voici les premières lignes du discours prononcé par Pétain le 12 août 1941:
Français,
[...] je sens se lever depuis quelques semaines un vent mauvais.
L'inquiétude gagne les esprits, le doute s'empare des âmes. L'autorité de mon gouvernement est discutée, les ordres sont souvent mal exécutés.
[...]
Quant à la collaboration offerte au mois d'octobre 1940 par le chancelier du Reich, dans des conditions dont j'ai apprécié la grande courtoisie, elle est une œuvre de longue haleine et n'a pu porter encore tous ses fruits.
Sachons surmonter le lourd héritage de méfiance légué par des siècles de dissensions et de querelles, pour nous orienter vers les larges perspectives que peut offrir à notre activité un continent réconcilié.
[...]
Le trouble des esprits n'a pas sa seule origine dans les vicissitudes de notre politique étrangère.
Il provient surtout de notre lenteur à construire un ordre nouveau ou plus exactement à l'imposer [...] (Ferro, *Pétain*, p. 337-338)

il feint d'ignorer que cet engagement le range au nombre des ennemis de l'Angleterre et de la liberté[5].

À la fin août 1941, Ristelhueber constate que le ton de la presse libérale se fait de plus en plus hostile[6]. À l'automne 1941, la popularité du régime de Vichy est manifestement entamée.

Le fléchissement de l'opinion s'accélère alors que, le 18 novembre 1941, cédant aux pressions allemandes et à celles de l'amiral Darlan, Pétain obtient la démission du général Weygand[7]. La retraite forcée de Weygand alarme le Canada français. Selon Coursier, mis à part *Le Devoir*, « tous les journaux de Montréal interprètent la mise à la retraite du général Weygand comme le signe d'une collaboration franco-allemande de plus en plus dangereuse pour la Grande-Bretagne et ses alliés[8] ».

Mais, malgré cette perceptible baisse d'enthousiasme des journaux libéraux, la rupture n'est pas encore totale. *Le Canada* hésite à condamner sévèrement Vichy[9]. Le 28 novembre 1941, quelques jours après le renvoi de Weygand, on peut encore lire dans le journal :

> Nous devons nous contenter de souhaiter que le maréchal Pétain et ses collègues puissent poursuivre leur travail de reconstruction nationale, sans se voir obligés de céder d'un pouce aux ordres du vainqueur [...] Les mois douloureux que nous traversons nous invitent au recueillement plus qu'aux attaques véhémentes, ils ne doivent pas nous interdire de garder au fond de nos cœurs l'espoir de radieux lendemains[10].

Donc, si l'on stigmatise la politique étrangère du régime, on refuse toujours de s'en prendre ouvertement au maréchal Pétain et à la Révolution nationale. Le personnel diplomatique de Vichy est d'ailleurs surpris, à l'automne 1941, lorsqu'un quotidien libéral critique l'État français. En octobre, Ristelhueber s'étonne de voir *Le Canada* défen-

---

5. *Le Soleil*, 13 août 1941. Cité dans Dionne, *La presse écrite canadienne-française et de Gaulle*, p. 58.

6. MAE, série guerre 39-45, sous-série Vichy-Amérique, vol. 168. Lettre du 25 août 1941, Ristelhueber à Darlan.

7. Ferro, *Pétain*, p. 355-359.

8. MAE, série guerre 39-45, sous-série Vichy-Amérique, vol. 168. Lettre du 3 décembre 1941, Coursier à Ristelhueber.

9. Arcand, « Pétain et de Gaulle dans la presse québécoise », p. 376.

10. *Ibid.*

dre un partisan du général de Gaulle, Henri Torrès[11], de passage au Canada. La position prise par le quotidien provoque la réaction suivante du ministre français : « Le Canada s'est fait un point d'honneur de ne pas se rétracter, bien qu'il soit en général loin de professer envers nous une hostilité aussi irréductible que cet incident pourrait le faire penser[12]. »

Mais l'appui au Maréchal reste solide. — Ristelhueber et Coursier ne s'inquiètent donc pas outre mesure du ton adopté par la presse libérale. Pour les deux hommes, les remarques des journalistes du *Soleil* et du *Canada* ne reflètent aucunement la pensée réelle des Canadiens français. À la fin du mois de juillet 1941, commentant la campagne de presse menée dans certains journaux canadiens, Ristelhueber écrit :

> Ce qui ne se voit pas, mais qui se sent, c'est le profond attachement de la population à l'ancienne Mère-Patrie. La France que nous ne voulons jamais oublier, écrit à peu près un auteur canadien, ce n'est pas celle de droite ou de gauche, celle des Empereurs ou des Républiques, ce n'est pas une France, mais la France. Et pour la masse du Québec, en dépit des insinuations, des calomnies, des pressions, celle-là est actuellement la France du Maréchal. Le clergé, qui a conservé son influence traditionnelle, est le fidèle reflet de ce sentiment qu'il contribue pieusement à maintenir, non sans causer parfois quelque gêne aux hauts dignitaires, soucieux d'opportunisme.
>
> À la vérité, cette masse est, elle aussi, sans cesse travaillée par la presse, par la radio, par l'exemple de ses politiciens. Son vieux bon sens populaire lui a fait résister jusqu'ici à cette propagande d'autant plus perfide qu'elle réussit à se donner une apparence française[13].

11. Henry Torrès, avocat parisien, réfugié pendant la guerre à New York d'où il mène une propagande active en faveur de la France libre.
12. *MAE*, série guerre 39-45, sous-série Vichy-Amérique, vol. 168. Lettre du 9 octobre 1941, Ristelhueber à Darlan.
13. *MAE*, série guerre 39-45, sous-série Vichy-Amérique, vol. 168. Lettre du 27 juillet 1941, Ristelhueber à Darlan.

Le soutien des ordres religieux, qui ne faiblit pas, rassure les diplomates vichystes[14]. La presse catholique continue, contre vents et marées, à défendre le régime vichyste. Ristelhueber et Coursier relèvent, pour en informer leurs supérieurs à Vichy, les témoignages positifs recueillis dans la presse, qu'ils soient publiés par des quotidiens importants (*Le Devoir*, *Le Droit*)[15], des mensuels (par exemple *L'Œil*), ou encore dans les brochures de *L'École sociale populaire*[16].

Lors des affrontements anglo-vichystes en Syrie, Dominique Beaudin, rédacteur de *La Terre de Chez-Nous*, l'organe officiel de l'Union catholique des cultivateurs, prend la défense de l'administration Pétain :

La guerre aboutit au chaos et les notions les plus claires se brouillent. C'est pourquoi il faut dire aujourd'hui que la France n'est ni un Dominion ni une colonie britannique et qu'il n'incombe qu'à elle-même de définir son attitude et de disposer de son Empire...

Il convient peut-être de rappeler que la France, en 1940 comme dans la période de 1914 à 1918, a porté le plus lourd de la guerre. Sa victoire en 1918 lui a été arrachée par l'idéologie de Wilson [...] et par le fanatique Lloyd George [...] Elle [la France] a été vaincue en 1940 parce qu'elle a été laissée à ses propres ressources par les Américains comme par les Anglais[17]...

Quelques semaines plus tard, Pierre Viviers (Alfred Ayotte), directeur du mensuel *L'Œil*, défend à son tour l'honneur du maréchal Pétain[18]. L'éditorial de Viviers se termine sur ce vibrant hommage :

Une chose est sûre : pour la grande majorité des Canadiens français, la France nouvelle, la France du maréchal Pétain, rétablie sur son historique base catholique et nationale, est la France qu'ils ont toujours aimée à travers les divers courants politiques et sociaux des 150 dernières années.

---

14. *MAE*, série guerre 39-45, sous-série Vichy-Amérique, vol. 12. Lettre du 7 août 1941, Coursier à Ristelhueber. Lettre envoyée ensuite à Vichy le 20 octobre 1941.

15. Par exemple, *MAE*, série guerre 39-45, sous-série Vichy-Amérique, vol. 4. Lettre du 12 janvier 1941, Ristelhueber à Darlan ; lettre du 27 août 1941, Ristelhueber à Darlan.

16. Voir par exemple *MAE*, série guerre 39-45, sous-série Vichy-Amérique, vol. 5. Lettre du 16 octobre 1941, Ristelhueber à Darlan ; vol. 4. Lettre du 21 octobre 1941, Ristelhueber à Darlan.

17. *La Terre de Chez-Nous*, 21 mai 1941.

18. *L'Œil*, 15 septembre 1941.

La France dégagée de l'emprise étrangère, la France... française : voilà la France qu'ils aiment, voilà la France que nous aimons.

Le discours du maréchal Pétain prononcé le 12 août[19], sévèrement critiqué par la presse libérale[20], n'émeut point *Le Devoir* qui, d'après Ristelhueber, garde « le calme au milieu de la tourmente », pas plus que *Le Droit*, qui « fait preuve d'une telle objectivité et met si nettement les choses au point que je crois intéressant de l'envoyer sous [...] pli au Département[21] ».

La politique étrangère de Vichy n'empêche pas certaines personnalités influentes du Canada français d'afficher publiquement leurs sympathies. Le 20 mai 1941, Henri Bourassa, retiré de la vie publique depuis quelques années, donne une conférence à l'Auditorium du Plateau au profit des moniales bénédictines de Saint-Eustache. Il profite de l'occasion pour encenser le maréchal Pétain en proclamant que « le reconstructeur de la France est vingt fois plus glorieux que l'héroïque défenseur de Verdun. En face de la calomnie d'un grand nombre de gens intéressés à ce que la France ne se relève pas, le maréchal Pétain accomplit un travail gigantesque[22]. »

L'ancien directeur du *Devoir* récidive le 28 octobre 1941, lors d'une conférence donnée à Montréal devant plus de 1500 personnes. Présenté par Georges Pelletier, « Bourassa brosse un historique de l'entre-deux-guerres. Il souhaite une paix sage, un règlement auquel participeront "la France de Pétain, l'Espagne de Franco, le Portugal de Salazar et même l'Italie de Mussolini". Il souhaite surtout l'établissement d'un ordre social chrétien[23]. »

À Québec, à l'automne 1941, les abbés Gravel et Lavergne, respectivement vicaire de la paroisse de Saint-Roch et curé de Notre-Dame-de-Grâce, utilisent leur chaire pour louanger le régime de Vichy. Robert Rumilly témoigne de l'atmosphère qui règne à l'église Saint-Roch.

La messe vient de commencer. La foule, debout, chante un hymne : « Sauver la France, au nom du Sacré-Cœur. » [...] L'esprit de Jeanne

---

19. Voir p. 168, note n° 4.

20. RUMILLY, *Histoire de la province de Québec*, tome 39, p. 111.

21. *MAE*, série guerre 39-45, sous-série Vichy-Amérique, vol. 4. Lettre du 27 août 1941, Ristelhueber à Darlan.

22. Cité dans RUMILLY, *Histoire de la province de Québec*, tome 39, p. 73.

23. RUMILLY, *Histoire de la province de Québec*, tome 39, p. 140-141. Voir également *MAE*, série guerre 39-45, sous-série Vichy-Amérique, vol. 8. Lettre du 10 novembre 1941, Ristelhueber à Darlan.

d'Arc et de Philippe Pétain flotte ici, dans le vieux Québec. À cette heure où la France est tant calomniée, par les organes officiels, par des propagandistes payés, le cantique reçu en pleine poitrine, par surprise, dans l'atmosphère tendue de ce soubassement de Saint-Roch, nous frappe au cœur[24].

Le dimanche 9 novembre 1941, le chanoine Lionel Groulx, maître à penser de la jeunesse intellectuelle canadienne-française, prononce à Montréal, à la salle du Gesù, une conférence ayant pour titre « Notre mission française ». À cette occasion, le chanoine livre publiquement, pour une rare fois, ses sentiments à l'égard du maréchal Pétain :

Les propagandes ont beau brouiller les filtres, tout ce qui nous vient de France est de cette marque, de cette veine, respire je ne sais quoi de grave, de calme, de sain, une volonté de se reprendre, de se refaire que je souhaiterais à quelques petits peuples de l'espèce du nôtre. On vante le moral de certaines nations. Convenons qu'il y a aussi le moral français. Nous connaissons tous d'ailleurs un vieillard impavide qui joue en maître la partie la plus difficile qu'ait à jouer actuellement un chef d'État. Et, à ce grand Français que peu de ses pires adversaires osent attaquer de front — ce qui suffirait à faire de lui la plus haute incarnation de son pays — on peut reprocher de ne pas se rallier à celui-ci ou à celui-là. Qui peut lui reprocher de ne pas se rallier, autant que d'autres, à Jeanne d'Arc et à la France[25] ?

En plus de ces témoignages publics, Ristelhueber et Coursier recueillent les marques d'amitié communiquées par de simples citoyens. Par exemple, un résidant d'Iberville écrit en juillet 1941 à Coursier pour lui faire part de ses sentiments :

Monsieur le Consul, [...] nous regardons le maréchal Pétain comme celui qui redonnera à la France la première place parmi les nations. Nous reconnaissons vos malheurs et nous nous souvenons combien de fois la France meurtrie est redevenue plus glorieuse qu'avant et nous sommes assurés que la Pucelle, du haut du ciel, aidera la France. Ces sentiments sont les nôtres à nous, jeunes Canadiens français. Le journal *Le Devoir*, notre interprète[26].

---

24. RUMILLY, *Histoire de la province de Québec,* tome 39, p. 139.
25. Lionel GROULX, *Constantes de vie,* Montréal, Fides, 1967, p. 111.
26. *MAE,* série guerre 39-45, sous-série Vichy-Œuvres, vol. 65. Lettre du 18 juillet 1941, Coursier à Darlan.

Quelques semaines plus tard, Ristelhueber transmet une lettre que lui a fait parvenir un Canadien français de Montréal. Pour le ministre français, cette lettre résume parfaitement l'opinion de la « race » française au Canada :

Votre Excellence,

C'est avec joie que nous, Canadiens français, avons appris la décision du Gouvernement [canadien] de maintenir les relations diplomatiques entre votre pays et le nôtre. L'indécision qui planait au sujet de la fermeture de la Légation nous rendait mal à l'aise.

Vous êtes le lien vivant qui nous rattache à notre France bien aimée. La lutte que nous livrons en ce moment lui aidera à reconquérir son ancienne gloire. Croyez, cher Monsieur, que nous sommes avec vous de tout cœur, sympathisant sur le malheur de nos frères.

Évidemment ma parole n'est qu'un faible témoignage, mais je puis tout de même vous dire que tout le Canada français veut votre délivrance. Je joins donc mes vœux aux autres pour une victoire prochaine.

[...]

J'aurais aimé posséder aussi un souvenir de votre vénéré maréchal Pétain[27]...

Et ce ne sont certes pas les propos que recueillent les diplomates français auprès de personnalités politiques canadiennes-françaises qui entament leur optimisme. Le 30 septembre 1941, le maire de Montréal, Adhémar Raynault, rencontre Coursier pour discuter des célébrations entourant le tricentenaire de la ville. Inévitablement, l'entretien dévie sur les rapports Vichy/Canada. Raynault s'empresse de rassurer son interlocuteur, qui se plaint de la propagande gaulliste :

Soyez sans crainte, les menées des Henry Torrès[28] et autres n'abusent pas les Canadiens français. Nous souhaitons la victoire de la Grande-Bretagne au sort de qui nous sommes liés, mais nous partageons avec les Français de France la vénération pour le maréchal Pétain et nous comprenons que le gouvernement français agisse au mieux des intérêts français. [...] Beaucoup de Canadiens repro-

---

27. *MAE*, série guerre 39-45, sous-série Vichy-Amérique, vol. 8. Lettre du 9 septembre 1941, Ristelhueber à Darlan.

28. À l'automne 1941, Henry Torrès séjourne à Montréal où il prononce quelques discours condamnant la France de Vichy.

chent comme moi à l'Angleterre d'avoir paralysé la France et d'avoir financé le réarmement de l'Allemagne. Ils pensent aujourd'hui que ce qui arrive est imputable à l'Angleterre et s'ils ne le disent pas c'est qu'ils craignent le camp de concentration. Je vous parle d'homme à homme pour que vous sachiez de « quel bois nous nous chauffons ». Ne prenez donc pas trop au sérieux les concessions que font parfois à la dissidence [la France libre] certains des nôtres, les moins courageux sans doute ou ceux qui sont soumis aux plus fortes pressions de la part des Anglais, mais comptez que les Canadiens français sont avec vous dans l'espoir que soyant vous-même vous continuerez de les aider à rester eux-mêmes[29].

Au début du mois de décembre 1941, c'est au tour du très influent sénateur libéral Raoul Dandurand de calmer les inquiétudes de Coursier. Le 15 décembre, Ristelhueber rapporte à l'amiral Darlan le contenu des propos tenus par le sénateur :

En parlant de cet article[30] à notre consul général à Montréal, le Sénateur Dandurand lui fit comprendre « que les gaullistes se présentant comme des alliés, les Canadiens ne pouvaient pas ne pas les ménager, et le cas échéant, les aider ». Il semblait vouloir presque s'excuser des trop nombreuses intempérances de langage tolérées à notre endroit. Il n'en a pas moins reconnu que, dans la province de Québec, « le peuple allait d'instinct vers le maréchal Pétain[31] ».

Donc, malgré un malaise grandissant au sein de l'opinion, les représentants vichystes au Canada envisagent encore, à la fin de l'année 1941, l'avenir avec sérénité :

Pour ce qui est des Canadiens français, la masse est encore avec nous, mais quelques-uns seulement osent le dire, qui se sentent de plus en plus traqués. Ceux qui hurlent [avec les] loups du gaullisme élèvent la voix chaque jour davantage.

---

29. *MAE*, série guerre 39-45, sous-série Vichy-Amérique, vol. 12. Lettre du 1er octobre 1941, Coursier à Ristelhueber. Un résumé de l'entretien a été envoyé le 8 octobre 1941 par Ristelhueber à Darlan. Voir *MAE*, série guerre 39-45, sous-série Vichy-Amérique, vol. 8.

30. Un article publié à la mi-décembre dans *Le Canada* au lendemain d'une conférence donnée par Philippe Barrès en l'honneur du général de Gaulle.

31. *MAE*, série guerre 39-45, sous-série Vichy-Amérique, vol. 168. Lettre du 15 décembre 1941, Ristelhueber à Darlan.

Telle est la situation dans la circonscription de Montréal au lendemain de la mise à la retraite du général Weygand et de l'entrevue de Saint-Florentin[32]. Il va sans dire que notre action ne s'en trouve pas facilitée. Cependant, tant que nous serons ici et à condition d'éviter autant que possible les incidents, notre seule présence continuera de démontrer la force réelle du gouvernement français et donnera confiance à nos compatriotes fidèles comme à nos amis canadiens-français[33].

Coursier et Ristelhueber ont-ils raison d'être optimistes ? Difficile de conclure. Ristelhueber, dans une lettre datée du 27 juillet, s'interroge sur la capacité des Canadiens français à résister beaucoup plus longtemps à la propagande gaulliste[34]. Chose certaine, jusqu'à l'automne 1941, Ristelhueber et Coursier privilégient une propagande plus informative que polémique, entretenant l'élan d'affection qui a surgi au Canada français à l'été 1940. Mais plus tard, lorsqu'en France la guerre civile commencera à faire rage, alors qu'au Canada français les gaullistes effectueront de réelles percées, la propagande vichyste prendra une tournure résolument plus agressive.

Le message du cardinal Villeneuve aux Français : 21 décembre 1941. — Le 21 décembre 1941, le cardinal Villeneuve trouble la relative quiétude des représentants vichystes au Canada. Sur les ondes courtes de la station WRUL de Boston, le prélat canadien transmet aux Français ses vœux pour la fête de Noël. Mgr Villeneuve utilise la tribune qui lui est offerte pour condamner certains aspects de la Révolution nationale. Bien qu'affectant le respect d'usage au maréchal Pétain, l'allocution du cardinal représente une véritable mise en garde adressée au gouvernement de Vichy et un appel à la vigilance lancé à la population française. Première cible du prélat : la collaboration.

À quoi lui [le peuple français] demanderait-on de collaborer ? À une entreprise de destruction mondiale, à des mœurs de férocité

---

32. Le 1er décembre 1941, Pétain rencontrait le maréchal Goering à Saint-Florentin.

33. *MAE*, série guerre 39-45, sous-série Vichy-Amérique, vol. 168. Lettre du 3 décembre 1941, Coursier à Ristelhueber.

34. *MAE*, série guerre 39-45, sous-série Vichy-Amérique, vol. 168. Lettre du 27 juillet 1941, Ristelhueber à Darlan.

sauvage, à une philosophie qui substitue la convoitise au jugement, à un despotisme qui emprisonne dans le fer et le feu toute
liberté, à une religion qui nie Dieu pour édifier la force brutale et
l'égoïsme ? Collaborer à cela, un esprit français n'en est pas capable, non plus qu'un vrai cœur d'homme.

Collaborez à l'ordre nouveau, dit-on. À l'ordre public chrétien,
que préconise Pie XII, fort bien. Mais encore, avec qui ? Avec Na-
buchodonosor changé en bête, avec le mensonge, le banditisme, la
tyrannie ? Nous savons bien, Français, que vous ne le ferez pas[35].

Le prélat canadien s'en prend ensuite à l'étroitesse d'esprit des
dirigeants politiques français qui les empêche de distinguer où et avec
qui réside le salut de la France. Du même souffle, il encense les Français libres qui, alors que les maîtres de Vichy s'emploient à « protéger
quelques pans de maisons », d'autres « plus éloignés, ont peut-être
mieux vu à travers la fumée [...] ont décidé de s'employer à tout
sauver ». Le cardinal loue au passage le général de Gaulle « qui, ayant
gardé l'espoir de vaincre, n'a pas cru devoir briser son épée » et a
répondu « au conformisme politique par les audaces de l'épopée ».

Le cardinal ne se borne pas à critiquer, à mots à peine couverts,
la politique étrangère de Vichy. Il met également en garde l'État français contre la tentation totalitaire présente dans le programme de la
Révolution nationale. Cet homme d'Église, anciennement de l'Action
française de Montréal, a peut-être approuvé à ses débuts les principes
de la Révolution nationale. Mais, à la fin de l'automne 1941, alors
même qu'il prêche la lutte contre le totalitarisme nazi, il réprouve la
mise en place d'un totalitarisme à visage français :

> Nous savons bien aussi que, chez vous, les mouvements de jeu-
> nesse organisée sont soumis et loyaux à l'autorité légitime, mais
> que leur docilité ne se laisse point séduire aux artifices de la
> nazification subtile et bien dosée.
>
> [...]
>
> Non plus que ces « associations ouvrières » depuis peu fondées
> parmi vous, et averties. Sans doute, elles se gardent de tout esprit
> communiste et ne préconisent nullement la révolution. Mais elles
> n'entendent pas non plus devenir des rouages d'État destinés à
> tromper la classe des travailleurs ; elles ne consentiront pas à com-

---

35. Transcription publiée dans *Le Devoir* du 26 décembre 1941.

poser avec des doctrines délicatement trempées de totalitarisme et s'attaquant sourdement aux bases mêmes de la civilisation chrétienne. Au contraire, elles veulent travailler efficacement à la reconstruction d'abord de la France, puis d'une Europe dans laquelle les nations, enfin désenchantées du totalitarisme de toute couleur, vivront, dans la paix et la liberté.

Les deux aspects de la Révolution nationale dénoncés par le cardinal Villeneuve — la Charte du Travail et la politique de la jeunesse — suscitent également le mécontentement au sein de l'Église catholique de France. Le corporatisme version Vichy déplaît à plus d'un partisan du corporatisme d'inspiration religieuse[36]. Loin de donner l'autonomie aux groupes professionnels, la Charte du travail, édictée en novembre 1941, façonne un corporatisme dans lequel le gouvernement exerce un droit de tutelle[37]. On est ici loin d'un corporatisme d'inspiration chrétienne, où l'État ne doit jouer qu'un rôle minimal.

La politique de la jeunesse retient aussi l'attention vigilante des prélats de France. Si le clergé français se félicite de l'attention que porte le gouvernement de Vichy à la jeunesse, il se méfie des mouvements mis sur pied par l'État français. Tenant à l'indépendance de ses propres organisations et craignant la mise en place d'une structure unique sous la tutelle de l'État, l'Église catholique doute des intentions du gouvernement Pétain. Dès l'été 1941, l'Assemblée des cardinaux et des évêques de France faisait connaître au gouvernement son hostilité à toute tentative de supprimer les mouvements de jeunesse catholiques au profit d'organisations étatiques[38].

Les diplomates français en poste au Canada prennent au sérieux l'allocution du cardinal Villeneuve. Le 28 décembre 1941, deux jours après que les journaux du Canada eurent publié le discours, Ristelhueber envoie à ses supérieurs un télégramme et une lettre qui

---

36. Le 23 décembre 1941, deux jours après la mise en garde de Villeneuve, les cardinaux et les évêques de France se réunissent en Assemblée. Même si cette dernière approuve les principes de la Charte, certains prélats s'inquiètent ouvertement de ses conséquences possibles. On craint par exemple la création d'un syndicat unique qui menacerait la survie des syndicats catholiques. Voir Renée BÉDARIDA, « La hiérarchie catholique », *in* AZÉMA et BÉDARIDA (dir.), *Vichy et les Français*, p. 453-454; W.D. HALLS, *Politics, Society and Christianity in Vichy France*, p. 252.

37. Jean-Pierre LE CROM, « Syndicalisme ouvrier et Charte du travail », *in* AZÉMA et BÉDARIDA (dir.), *Vichy et les Français*, p. 434-435.

38. BÉDARIDA, « La hiérarchie catholique », p. 453.

résument les principaux points soulevés par Mgr Villeneuve[39]. À Vichy, la situation est jugée assez grave pour que l'on enjoigne, le 2 janvier 1942, l'ambassadeur en poste au Vatican, Léon Bérard, de faire des représentations auprès du secrétaire d'État du Vatican[40]. Bérard, quelques jours plus tard, fait part des résultats de ses démarches auprès du cardinal Maglione :

> Je lui ai représenté tout ce qu'il y avait de surprenant, de regret-table et même d'injuste dans les paroles de l'Archevêque de Qué-bec [...] Le prélat a visiblement excédé ce que le patriotisme cana-dien et la solidarité du nouveau continent paraissaient exiger de lui en la circonstance. Le Gouvernement français est fondé à trouver que le contraste est vif et la contradiction manifeste entre les pro-pos polémiques de ce membre du Sacré Collège et les nobles ac-cents de la parole pontificale, entre les critiques et les encourage-ments que ce même gouvernement a reçus du Saint-Siège[41] [...]

Mais quel pouvait bien être l'impact, au Canada, d'un message adressé aux Français ? La prise de position du cardinal Villeneuve, si important que soit le personnage, n'entraînait pas automatiquement l'adhésion de la population. À l'époque, Mgr Villeneuve est loin de faire l'unanimité. Dans son ouvrage sur la crise de la conscription, Laurendeau évoque la méfiance qu'entretenait à son égard une partie de l'élite canadienne-française :

> À mesure que le temps passait, ses avis furent de moins en moins écoutés. Bien entendu, il s'exprimait de plus haut et de plus loin : pourtant certaines de ses interventions eurent le don d'exaspérer une partie de l'opinion. Bourassa osa publiquement rappeler, du-rant l'élection partielle d'Outremont, que « la prudence aussi est une vertu cardinale[42] ».

Villeneuve essuie d'ailleurs des critiques. Le 27 décembre 1941, Pelletier, le lendemain de la publication du texte de l'appel, y va d'un éditorial qui, bien qu'évitant d'attaquer de front le prélat, lui répond en quelque sorte :

---

39. *MAE*, série guerre 39-45, sous-série Vichy-Amérique, vol. 8. Lettre du 28 décembre 1941, Ristelhueber à Darlan.

40. *MAE*, série guerre 39-45, sous-série Vichy-Amérique, vol. 12. Lettre du 2 janvier 1942, Darlan à Léon Bérard.

41. *MAE*, série guerre 39-45, sous-série Vichy-Amérique, vol. 9. Lettre du 16 janvier 1942, Léon Bérard à Darlan.

42. LAURENDEAU, *La crise de la conscription*, p. 64.

Qu'est-ce que cette guerre-ci a jusqu'ici montré ? Peu de choses, somme toute.

Encore ? Que la France, apparemment, n'a pas gravi le calvaire jusqu'au bout. Elle est divisée, morcelée, mutilée : elle n'a presque plus de chefs, sauf le vieux Maréchal, quelques cardinaux, de rares et courageux intellectuels, pas d'armée, une marine qu'on ne veut pas laisser se battre, des hommes politiques dont plusieurs n'ont plus aucun avenir, ayant un passé trop chargé ; un empire colonial que des nations convoitent. Elle a de rares collaborationnistes qui manquent de collaborateurs, elle aspire à une liberté dont tant et tant de ses faux chefs ont jadis abusée pour tromper, duper, entraî-ner le pays dans des aventures auxquelles ils avaient manqué de la préparer... Le malheur vit de la nation française, elle vit du mal-heur. Elle n'a plus que de rares amis. Une multitude de gens qui la flagornaient ont changé de camp — attendant de changer de décorations si on leur [en] offre de nouvelles ailleurs. Qui la louan-geait, l'adulait jadis, l'ignore ou dit ne l'avoir jamais fréquentée. Dédains méprisants, lâchetés, abandons, reniements. C'était la France que ces gens aimaient ? [...] Ils se sont retournés, tandis qu'elle agonisait. Ils ont encore sur leurs basques d'habits la pous-sière dorée ou les odeurs parfumées de ses salons, où ils faisaient queue aux soirs de gala. La France, aujourd'hui, souffre, entourée de ses fils les mieux nés. Elle redeviendra la France prestigieuse, héroïque et belle. Recevra-t-elle alors ceux qui l'auront abandon-née ? Maternelle, elle oubliera les avanies, l'ingratitude des fils prodigues. Ceux-ci voudront rentrer chez elle. Elle les accueillera miséricordieusement. Et ils se croiront derechef maîtres chez elle, si elle ne les détrompe[43].

Si l'on se fie à Ristelhueber, au sein même du clergé canadien-français des voix se font entendre pour critiquer Mgr Villeneuve[44]. Mais, malgré quelques actes de résistance, les représentants de Vichy au Canada notent, à partir de la fin de l'année 1941, un changement réel dans le ton de la presse en général.

---

43. *Le Devoir*, 27 décembre 1941.
44. *MAE*, série guerre 39-45, sous-série Vichy, vol. 7. Télégramme du 6 janvier 1942, Ristelhueber à Darlan.

Été 1942, l'opinion divisée. — Dorénavant, pour Ristelhueber et ses collègues, la presse libérale est l'ennemie, au même titre que les gaullistes. *Le Jour*, dès l'été 1940, et *Le Soleil*, depuis le printemps 1941, avaient déjà adopté un gaullisme militant. En avril 1942, c'est au tour du *Canada*, sous la nouvelle direction d'Edmond Turcotte, de s'afficher ouvertement gaulliste. D'après Ristelhueber, l'équilibre tenu par le journal libéral entre vichystes et gaullistes « a été brusquement rompu de la façon la plus complète, à la suite du changement intervenu dans la direction [...] Depuis lors, *Le Canada* a adopté envers la France les sentiments du *Jour*. Ce ne sont qu'attaques directes ou allusions perfides dès qu'il s'agit du gouvernement du Maréchal[45]. »

Le retour de Laval n'arrange pas les choses. La presse libérale l'interprète comme la reprise de l'esprit de Montoire[46]. Elle exige maintenant la fermeture de la légation française au Canada. Le 14 avril, le verdict du *Soleil* est sans appel :

> Il serait très dangereux de s'obstiner à considérer les chefs actuels de la France comme les représentants légitimes du peuple français. Seuls devraient pouvoir parler au nom de la nation ceux qui sont restés fidèles à la foi jurée, aux institutions républicaines et qui continuent à risquer leur peau pour la défense de la démocratie[47].

Le Devoir reste, durant toute cette période, le plus fidèle allié du régime de Vichy. Le 20 décembre 1941, à la veille de la diffusion pour la France du message du cardinal Villeneuve, Pelletier réaffirme ses convictions en coiffant le titre de son éditorial d'un « La France ne trahit personne[48] ». Le 7 mars suivant, Pelletier récidive : « Ainsi la France vaincue garde son autorité devant le vainqueur... La France aux pieds d'Hitler ! Elle y serait le boulet au pied du bagnard[49]. »

Mais le retour de Laval en avril 1942, l'homme honni par tous, complique la tâche de Pelletier[50]. La rentrée de celui qui symbolise aux yeux de tous la collaboration avec l'Allemagne rend effectivement ardu le travail de ceux qui plaident la résistance passive du

---

45. *MAE*, série papiers 1940, sous-série papiers Lacoste, vol. 7. Lettre du 29 mai 1942, Ristelhueber à Laval.

46. *MAE*, série papiers 1940, sous-série papiers Lacoste, vol. 7. Lettre du 9 mai 1942, Ristelhueber à Laval.

47. *Le Soleil*, 14 avril 1942. Cité dans DIONNE, *La presse écrite canadienne-française et de Gaulle*, p. 77.

48. Cité dans GUILLAUME, *Les Québécois et la vie politique française*, p. 106.

49. *Ibid.*, p. 106.

50. ARCAND, « Pétain et de Gaulle dans la presse québécoise », p. 370.

gouvernement de Vichy. À partir d'avril, Pelletier, loin de renier le maréchal Pétain, redouble toutefois de prudence. Pour éviter les écueils de la censure, le directeur du quotidien cesse de traiter du régime vichyste dans ses chroniques.

Malgré l'hostilité croissante des publications libérales et la timidité nouvelle des journaux catholiques, les représentants vichystes sont loin de sombrer dans le désespoir. Pour eux, l'opinion exprimée par les feuilles canadiennes-françaises ne reflète pas fidèlement l'opinion de la population dans son ensemble. À la fin d'une lettre datée du 8 mai 1942, après avoir résumé les positions éditoriales des journaux du Québec, Ristelhueber écrit :

> Est-ce à dire que les Canadiens français nous ont reniés ? Nullement.
>
> J'ai l'intime conviction que la masse paysanne qui forme la majorité de la population nous reste attachée en dépit des vicissitudes et de la propagande. Son bon sens la met en garde contre les journaux et la radio ; elle échappe aux pressions ; elle reste fidèle à une vieille tradition qui est double : attachement envers la France, méfiance envers l'Angleterre.
>
> À côté de cette masse, à la vérité assez amorphe et peu agissante, un autre élément manifeste toujours envers nous une affectueuse admiration. C'est la jeunesse intellectuelle. Pour elle la France reste l'unique guide qu'elle entend suivre aveuglément.
>
> Et c'est ainsi qu'au plus fort de la crise actuelle[51], je suis chargé de faire parvenir à Monsieur le maréchal Pétain l'adresse ci-jointe signée d'un groupe d'étudiants de Montréal[52].

Quelques semaines plus tôt, Ristelhueber écrivait essentiellement la même chose à Darlan :

> Ceux-là [les partisans du Maréchal] ne sont ni les politiciens, ni les fonctionnaires, ni tous ceux qu'un intérêt de carrière ou d'argent lie à la Grande-Bretagne. Ce sont les paysans, le bas-clergé, les indépendants et la jeunesse. Or ceux-là ont naturellement tendance à cristalliser autour de la France et de ses représentants leur fierté,

---

51. Le retour de Pierre Laval au pouvoir à Vichy en avril 1942.
52. *MAE*, série papiers 1940, sous-série papiers Lacoste, vol. 7. Lettre du 8 mai 1942, Ristelhueber à Laval. L'annexe envoyée par Ristelhueber ne se trouve pas dans les archives du ministère des Affaires étrangères.

leurs haines de race et aussi certaines aspirations nationales encore inavouées[53].

Même après le retour de Laval aux affaires, une partie de la presse ne se lasse pas de clamer son admiration envers le Maréchal. *L'Action catholique* refuse toujours de le blâmer : « C'est une nouvelle victoire de l'Allemagne sur la France car le nouveau ministre est le champion de la collaboration avec le vainqueur. On peut être certain que si Pétain appelle Laval dans son gouvernement c'est contre son gré[54]. » Deux jours plus tard, à l'occasion du quatre-vingt-sixième anniversaire du chef de l'État français, le quotidien de Québec en rajoute : « Bien des cœurs formeront pour lui des vœux en des circonstances aussi difficiles que celles qu'il traverse. Résister comme il l'a fait jusqu'ici à son âge, c'est de l'héroïsme quoi qu'on puisse penser de tel ou tel point de la politique qu'il a voulu faire triompher[55] ».

D'autres publications canadiennes-françaises refusent elles aussi de condamner le maréchal Pétain. C'est le cas de *La Terre de Chez-Nous* :

L'Allemagne s'évertue à tuer la France et n'y réussit pas. Elle reçoit des concours inattendus. Parce que Laval assume une partie du pouvoir avec le maréchal Pétain, des propagandistes mal inspirés s'en prennent à tout moment à ceux qu'ils appellent les « traîtres » de Vichy. Traîtres envers qui ? On ne le sait au juste, parce que le gouvernement français doit tout d'abord veiller sur la France et c'est ce qu'il s'efforce de faire[56].

À partir du 16 avril 1942, une petite publication, *L'Union*, antisémite et d'extrême droite, fait sienne la devise du régime vichyste : Travail, Famille, Patrie[57]. À l'automne, les manifestations de sympathie, sinon à l'État français, du moins à son chef, continuent. Ainsi, en septembre 1942, lors de l'inauguration du nouvel édifice du collège Stanislas, Mgr Charbonneau, évêque de Montréal, déclare :

53. *MAE*, série guerre 39-45, sous-série Vichy-Amérique, vol. 9. Lettre du 4 avril 1942, Ristelhueber à Darlan.

54. *L'Action catholique*, 14 avril 1942. Cité dans DIONNE, *La presse écrite canadienne-française et de Gaulle*, p. 72.

55. *L'Action catholique*, 16 avril 1942. Cité dans DIONNE, *La presse écrite canadienne-française et de Gaulle*, p. 76.

56. *La Terre de Chez-Nous*, 29 avril 1942.

57. *L'Union*, 16 avril 1942.

Des événements douloureux sont survenus. Malgré les épreuves, le maréchal Pétain, bon Samaritain de sa patrie blessée, a aussi pensé à nous. Il a songé à la vocation traditionnelle de la France. Ici comme là-bas, il a dit : « Je maintiendrai ! » C'est pourquoi le gouvernement français a honoré sa promesse, donnée en des jours meilleurs[58], de contribuer à l'édification de cette oeuvre d'éducation française[59].

Aussi tardivement que le 5 novembre 1942, Henri Bourassa, devant une foule réunie à Montréal, « rend hommage à Salazar, à Franco, à Pétain, et même à Mussolini[60] ».

À l'été 1942, le gouvernement fédéral et le Canadian Institute of Public Opinion sondent la population canadienne. En juillet, trois membres du secrétariat d'État aux Affaires extérieures, Saul Rae, Marcel Cadieux et Paul Tremblay, déposent un rapport basé sur les résultats d'un sondage effectué au Québec[61]. Des résultats obtenus, il ressort clairement que le maréchal Pétain et son régime conservent, aux yeux des Canadiens français, la légitimité nécessaire pour gouverner la France. Ainsi, pour 75 % des répondants francophones, le Maréchal jouit toujours de la confiance d'une majorité de Français. Plus inquiétant pour le gouvernement canadien, à une époque où les tensions entre le gouvernement de Vichy et les Alliés sont exacerbées, 66 % des répondants francophones s'opposent à la participation du Canada à toute guerre contre le gouvernement de Vichy. Finalement, on mesure l'étendue du travail à accomplir pour les Français libres alors que seulement 33 % des répondants se prononcent pour une aide canadienne à la France libre, et que 37 % s'y opposent toujours.

Ces informations s'ajoutent à celles compilées dans un sondage effectué par le Canadian Institute of Public Opinion au début de juillet 1942[62]. À la question « Lequel de ces trois hommes a fait le

---

58. C'est l'administration de la Troisième République qui avait débloqué les fonds nécessaires à la construction du collège Stanislas.

59. *MAE*, série guerre 39-45, sous-série Vichy-Amérique, vol. 12. Lettre du 18 septembre 1942, Ristelhueber à Laval.

60. RUMILLY, *Histoire de la province de Québec*, tome 40, p. 76.

61. COUTURE, « Politics of Diplomacy », p. 345-346.

62. Wilfrid SANDERS, « Rapport confidentiel au sujet d'un sondage mené en juillet 1942 auprès des Canadiens français de la province de Québec », *in Jack et Jacques, l'opinion publique au Canada pendant la Deuxième Guerre mondiale*, Montréal, Comeau & Nadeau Éditeurs, 1996.

plus pour la population de la France ? », Pierre Laval ne recueille qu'un maigre 1 %, Pétain peut se vanter d'obtenir l'assentiment de 46 %, faisant jeu égal avec son rival de Gaulle, à 45 %.

Que peut-on conclure de ces deux sondages ? Certes, Pétain et le leader des Français libres se partagent maintenant la sympathie des Canadiens français. Le simple général à deux étoiles a fait du chemin depuis le 1ᵉʳ août 1940. Mais, et le gouvernement canadien en est probablement fort conscient, l'autorité morale de Vichy au Québec reste considérable, rendant encore difficile toute suspension unilatérale des relations avec Vichy ; sans parler des conséquences d'un affrontement militaire entre Vichy et les Alliés, en Afrique du Nord ou ailleurs. Pour la majorité des Canadiens français, Vichy demeure le gouvernement légitime de la France, et Pétain un vénérable héros qui s'est sacrifié pour sa patrie.

Il est remarquable de constater que, malgré Montoire, malgré les Protocoles de Paris et les combats en Syrie, malgré le renvoi de Weygand, malgré le retour de Laval et la collaboration de plus en plus manifeste du gouvernement de Vichy avec les autorités du Reich, Pétain reste à ce point populaire au Canada français. Les événements, qui en France poussent la majorité de la population dans un attentisme qui frise l'hostilité, semblent avoir peu d'impact de l'autre côté de l'Atlantique.

La plupart des Canadiens français espèrent sans doute de tout cœur que Pétain et de Gaulle travaillent en fait de connivence à la libération de la France, l'un de l'intérieur et l'autre de l'extérieur. Plutôt qu'entre deux groupes de partisans irréductibles, les Canadiens français se situent probablement entre deux pôles, dans une sorte de marais à travers lequel ils tentent de raisonner les événements. Au milieu de cette confusion, Vichy tire son épingle du jeu. En témoigne un autre sondage, effectué en octobre 1942, à quelques semaines du débarquement allié en Afrique du Nord : seulement 24 % des francophones interrogés souhaitent le départ de la légation vichyste d'Ottawa contre 59 % qui souhaitent son maintien[63].

En France, la majorité des historiens s'entendent pour dire que c'est en 1941 que l'opinion publique commence à retirer massive-

---

63. La question posée se lisait ainsi : « Le gouvernement de Vichy, en France, a présentement un représentant diplomatique à Ottawa. Croyez-vous que ce représentant devrait rester au Canada ou qu'il devrait partir ? » Wilfrid SANDERS, *Jack et Jacques, une étude à caractère scientifique sur l'opinion des francophones et des non-francophones au Canada*, p. 78.

ment son appui au régime de Vichy[64]. En 1942, avec le retour de Laval, les Français passent en masse de l'attentisme adopté depuis quelques mois à une hostilité marquée à l'endroit du régime. En 1943, alors que le Maréchal bénéficie encore d'une certaine déférence, la plupart des Français rejettent son régime. Comment expliquer la relative solidité de l'appui à l'État français de l'autre côté de l'Atlantique ?

Au Canada français, plusieurs facteurs qui, dès 1941, détournent l'opinion française du régime de Vichy, sont absents. En premier lieu, en échappant à l'occupation, les Canadiens français ne connaissent pas les souffrances endurées par la population française, qui rapidement désespère du peu de fruits apportés par la collaboration. De même, l'appareil répressif — tant allemand que vichyste —, qui graduellement se met en place à mesure que la résistance à l'envahisseur s'organise, ne fait pas sentir sa cruauté de l'autre côté de l'Atlantique. Alors que les Français vivent la Révolution nationale au quotidien, celle-ci reste pour les Canadiens français purement abstraite. Ainsi donc, le charme initial de ses principes déclarés perdure plus longtemps au Canada français.

Les affinités intellectuelles entre la pensée nationaliste canadienne-française de l'époque et la doctrine politique élaborée à Vichy sont encore perceptibles dans les grandes lignes du programme socio-économique du Bloc populaire. On l'a vu au chapitre II, l'idéologie corporatiste et conservatrice du régime avait tout pour séduire certains Canadiens français[65]. Pour nombre d'entre eux, cette affinité idéologique est toujours aussi importante en 1942.

Prolongement de la Ligue pour la défense du Canada, qui a organisé au Canada français la campagne du Non au plébiscite du 27 avril 1942, le Bloc populaire entend devenir le véhicule politique des Canadiens français, tant à Ottawa qu'à Québec. Le programme est résolument nationaliste et catholique. Du point de vue socio-économique, le Bloc s'inspire, en partie, de la pensée corporatiste développée par les jésuites et leur École sociale populaire de Montréal[66].

---

64. Pour une synthèse des recherches effectuées sur la question, voir Jean-Marie FLONNEAU, « L'évolution de l'opinion publique de 1940 à 1944 », in AZÉMA et BÉDARIDA, *Vichy et les Français*, p. 506-522.

65. Voir aussi TRÉPANIER, « Quel corporatisme ? 1820-1965 », p. 159-212. Il est toutefois regrettable que Trépanier n'étudie pas, dans son article, le corporatisme du Bloc populaire.

66. « Le Programme du Bloc populaire, 1944 », *in* Jean-Louis ROY, *Les programmes électoraux du Québec*, tome II : *1931-1966*, Ottawa, Leméac, 1971, p. 322-327.

Maxime Raymond, leader du nouveau parti, assume pleinement cette affiliation :

> Ni socialiste, ni capitaliste-libéral, ennemi de toutes les dictatures, et surtout de ces dictatures anonymes que sont l'Argent ou l'État, le Bloc veut démolir la puissance des trusts sans construire le trust unique de l'État. Il entend introduire de l'ordre dans la société, par l'intermédiaire d'une puissante organisation professionnelle. En d'autres termes, le but ultime de ces réformes, ce sera la société corporative[67].

Mais, et Paul-André Comeau a raison d'insister sur ce point, le Bloc populaire innove dans la pensée sociopolitique québécoise. Contrairement au corporatisme catholique traditionnel, qui ne lui réserve qu'un rôle limité, l'État, dans le programme du Bloc populaire, est appelé à devenir un agent économique actif. Inspiré par Philippe Hamel de Québec, ennemi juré des trusts, le Bloc prévoit la nationalisation de certaines entreprises : « Les congressistes sont d'opinion qu'il doit y avoir nationalisation dans les cas extrêmes, et dans les autres, contrôle ou concurrence d'État[68]. »

Certains ont cru voir dans l'idéologie du Bloc populaire les prémices de la social-démocratie au Québec. C'est le cas de Denis Monière. Pour Monière, l'idéologie du Bloc populaire « offrait à la collectivité un nationalisme doté de préoccupations sociales inspirées de la social-démocratie[69] ». Monière décèle dans les attaques contre le capitalisme libéral, dans la volonté du Bloc de mettre fin à la dictature économique des trusts et dans son désir d'encourager le développement des coopératives, des éléments confirmant son analyse[70]. N'allant pas aussi loin dans ses conclusions, Paul-André Comeau fait tout de même le rapprochement entre les politiques socio-économiques du Bloc populaire et celles défendues par les sociaux-démocrates. En ferait foi l'ébauche des grandes lignes d'un régime de protection sociale[71]. Pour

---

67. Cité dans Paul-André COMEAU, *Le Bloc populaire*, Montréal, Québec-Amérique, 1982, p. 178.

68. « Le Programme du Bloc populaire, 1944 », *in* ROY, *Les programmes électoraux du Québec*, tome II, p. 327.

69. Denis MONIÈRE, *André Laurendeau et le destin d'un peuple*, Montréal, Québec-Amérique, 1983, p. 157.

70. *Ibid.*, p. 157-160.

71. COMEAU, *Le Bloc populaire*, p. 204, 215-217 ; Paul-André COMEAU, « Le Bloc populaire canadien », *in* DUMONT, HAMELIN, MONTMINY (dir.), *Idéologies au*

Comeau, ce nouveau rôle envisagé pour l'État s'inspirerait de la social-démocratie ou, du moins, du modèle du « welfare state ». Finalement, pour Michael Behiels, le Bloc populaire enclenche le processus de modernisation du nationalisme québécois, la première forme organisée du néonationalisme, qui se démarquerait du nationalisme traditionnel par sa volonté de s'emparer de l'État québécois pour assurer le développement socio-économique des Canadiens français[72].

De telles conclusions ont amené plus d'un observateur à placer le Bloc populaire vers la gauche de l'éventail politique. On pourrait en effet déduire que le Bloc représente la première mouture de la gauche québécoise.

Mais, si l'on remet la doctrine du Bloc populaire dans le contexte mondial des années 1930 et 1940, ne se rapprocherait-elle pas plus des programmes socio-économiques des Pétain, Salazar et Franco ? Comeau et Monière n'offrent pas une analyse des modèles auxquels les gens du Bloc se référèrent publiquement : Salazar, Franco, Pétain et, dans une moindre mesure, Mussolini. Ces régimes, fort différents les uns des autres, ont, à l'instar du Bloc populaire, tous porté une attention particulière aux questions socio-économiques. C'est justement parce qu'ils recherchaient eux aussi une troisième voie entre le capitalisme et le socialisme, pour répondre aux défis que posait l'industrialisation, que ces régimes ont voulu accroître le rôle de l'État dans l'économie[73]. D'autre part, les régimes autoritaires de droite ont, du moins sur papier, multiplié les initiatives pour détourner le

---

Canada français, 1940-1976, tome III : *Les partis politiques — l'Église*, Québec, Presses de l'Université Laval, 1981, p. 146.

72. Michael D. BEHIELS, « The Bloc Populaire Canadien and Origins of French-Canadian Neo-Nationalism, 1942-1948 », *Canadian Historical Review*, vol. 63, n° 4, 1982, p. 487-512 ; voir aussi Michael D. BEHIELS, « The Bloc Populaire Canadien : Anatomy of Failure, 1942-1947 », *Journal of Canadian Studies*, vol. 18, n° 4, hiver 1983-1984, p. 45-74.

73. Couture soulève un point intéressant lorsqu'il écrit :
The apparent shift in French Canada's corporatist thought during the Vichy era raises some interesting implications for Quebec's historical evolution from 1940 to 1960, and its changing attitudes toward the role of the State. Of direct concern here, however, is that the renewed interest of French Canadians in corporatist social reform in the early forties revealed a direct relationship to events in France. It was not simply a carbon copy of the social thinking of the 1930's. Whereas in the past, French political and social practices were anathema to Quebec, they were now a paragon to be emulated. (Couture, «Politics of Diplomacy», p. 147)
Le changement apparent dans la pensée corporatiste au Canada français à l'époque de Vichy soulève d'intéressantes questions sur l'évolution historique du Québec

prolétariat du marxisme. Finalement, il n'était pas nécessaire d'être à la gauche du spectre politique pour se déclarer l'ennemi des trusts et du capitalisme sauvage.

Le populisme de droite use souvent d'une rhétorique qui ressemble à celle utilisée par la gauche. Ces régimes ne sont pas uniquement « conservateurs et réactionnaires », ils ont également des aspects « modernistes[74] ». Lorsqu'on connaît l'hostilité de plusieurs dirigeants du Bloc populaire à tout ce qui se proclamait de gauche (le Front populaire en France et en Espagne, le communisme, le CCF...), leur admiration pour les régimes de Pétain[75], Salazar et Franco, et si l'on prend en compte leur formation idéologique, il est de notre avis que l'idéologie sociale du Bloc populaire s'inspire plutôt de la droite « révolu-

---

de 1940 à 1960 et sur le changement d'attitude envers le rôle de l'État. L'intérêt renouvelé des Canadiens français pour les réformes corporatistes au début des années 1940 était directement lié aux événements qui se déroulaient en France. Ce corporatisme était bien plus qu'une simple reprise du discours social des années 1930. Alors qu'auparavant les politiques sociales des gouvernements français étaient sévèrement jugées au Québec, la politique sociale du régime de Vichy servait d'exemple à suivre. (Nous traduisons.)

74. Pomeyrols a raison lorsqu'elle écrit : « la modernité peut aussi être éminemment réactionnaire. [...] L'approbation par les élites traditionnelles des instruments et du vocabulaire de la modernité — y compris au Québec, ne signifie pas forcément que leur but ultime soit progressiste, que la modernité soit forcément toujours située à gauche. » (POMEYROLS, *Les intellectuels québécois*, p. 37 et 42)

75. Les résultats d'un sondage effectué en 1968 par Comeau auprès d'anciens dirigeants du Bloc populaire sont assez révélateurs des sympathies pétainistes au sein du parti. Comeau affirme que seulement 30 % des gens interrogés auraient avoué qu'ils étaient plus ou moins favorables au maréchal Pétain. Mais, si nous examinons tous les chiffres fournis par Comeau, on s'aperçoit que seulement 15 % affirment avoir été hostiles au Maréchal. La mémoire fait défaut à 55 % des répondants. Donc, sur les gens qui se sont exprimés, les deux tiers se rappellent avoir été sympathiques au Maréchal. De plus, le chiffre de 55 % de sans réponse est pour le moins anormalement élevé. Bien sûr, les questions ont été posées plus de 25 ans après les faits. Mais de toutes les questions, celle-ci reçoit le plus haut pourcentage de sans réponse. Pour les autres questions, le taux varie aux environs de 10 %. Comment expliquer un décalage entre cette question et les autres ? Par la relative indifférence des répondants aux questions françaises pendant la guerre ? Difficile d'accepter une telle hypothèse. Les journaux de l'époque, et principalement le journal de l'élite nationaliste, *Le Devoir*, reviennent sans cesse sur la France. L'« amnésie » des répondants serait-elle plutôt le résultat de la déconsidération ultérieure du régime ? Avec plus de 25 ans de recul, même si à l'époque les études importantes sur Vichy n'ont pas encore été produites, en 1968, on est mieux renseigné sur la collaboration franco-allemande et la vérité sur l'Holocauste rend plus malaisée la filiation avec un régime qui y a indirectement (et parfois directement) collaboré. Finalement, un an avant l'enquête de Comeau, en 1967, le général de Gaulle en visite au Canada s'est assuré la sympathie des forces

tionnaire » européenne, et non d'une gauche que l'on rejette ouvertement au sein du parti. D'ailleurs, dans le programme électoral du Bloc en vue de l'élection de 1944, on peut lire :

> Les congressistes du Bloc populaire canadien, réunis en assemblée plénière, affirment unanimement que le BPC est le seul mouvement politique du Canada capable d'instaurer une politique de saine liberté, une politique de véritable démocratie, et une politique hautement familiale, parce qu'il professe sur le rôle économico-social de l'État une doctrine qui tient le milieu entre l'État capitaliste, esclave du Trust de l'argent, et l'État socialiste, esclave de la bureaucratie, la doctrine du Bloc s'inspire, du bien commun et réalise celui-ci par une harmonieuse conciliation de la liberté et de l'autorité[76].

Affirmer une telle chose ne fait pas de Laurendeau et des autres idéologues du Bloc populaire des fascistes[77], mais les situe là où leur itinéraire intellectuel les avait menés jusque-là, c'est-à-dire du côté d'un corporatisme inspiré par le catholicisme, mais adapté aux problèmes soulevés par les économies du XXᵉ siècle. De plus, nous réalisons pleinement que le Bloc populaire était loin d'être un mouvement homogène. De même, François-Albert Angers et Marie-Louis Beaulieu faisaient parfois référence aux politiques scandinaves[78]. La vision socio-économique d'un Maxime Raymond et d'un Édouard Lacroix différait grandement des objectifs poursuivis par Philippe Hamel et René Chaloult. Il est toutefois de notre avis que l'étude de l'idéologie du Bloc populaire aurait tout à gagner d'une analyse comparative avec les expériences corporatistes de droite en Europe dans les années 1930 et 1940...

Quoi qu'il en soit, ce n'est certes pas à gauche que les Français en poste au Canada pendant la guerre, autant les représentants de Vichy que les Français libres, situaient le Bloc populaire. Dans une note datée du 16 février 1943 retrouvée dans les archives de Vichy, non

---

nationalistes au Québec. Or n'est-il pas malaisé de rappeler qu'en 1942, l'on préférait à de Gaulle son rival, le maréchal Pétain ? Voir COMEAU, *Le Bloc populaire*, p. 164-166.

76. « Le Programme du Bloc populaire, 1944 », *in* ROY, *Les programmes électoraux du Québec*, tome II, p. 327.

77. Le Bloc et ses membres ne mettaient d'ailleurs pas en question les règles démocratiques en vigueur au Canada.

78. Voir *Le Devoir*, 1ᵉʳ mai 1944 ; *Le Bloc*, 26 août 1944.

signée mais probablement rédigée par Henri Coursier, de retour du Canada avant son affectation au Portugal, on peut lire :

> Ce groupement [le Bloc populaire] est dirigé par un député fédéral intègre et respecté qui, dès l'origine de la guerre, s'était prononcé contre la participation du Canada à celle-ci : M. Maxime Raymond. Il a un programme d'action sociale opposé aux trusts et jalousement canadien-français, programme auquel conviendraient bien exactement les étiquettes de social et de national[79].

Pour sa part, à l'été 1944, le représentant du général de Gaulle, Gabriel Bonneau, qualifiait en ces termes le Bloc populaire : « isolationniste et quasi fascisant[80] ».

Une propagande accentuée

Du renfort à Québec. — Jusqu'à la fin de 1941, malgré les tensions qui ponctuaient les relations entre Vichy et les démocraties coalisées, les représentants de Vichy au Canada continuaient d'être optimistes. Ils avaient la conviction que l'opinion canadienne-française restait sensible au message du maréchal Pétain. Mais à partir de l'hiver 1941-1942, la situation change radicalement. Après le message du cardinal Villeneuve, puis le retour de Laval au pouvoir en avril 1942, Ristelhueber et Coursier comprennent maintenant que l'opinion publique est en train de leur échapper, et ce à l'avantage des Français libres.

Face à ces développements, les représentants de Vichy optent pour une approche plus militante dans leurs rapports avec les Canadiens français. Ils dirigeront dorénavant leur propagande vers leurs alliés, tenteront de conserver leurs sympathisants en prenant partie pour leurs causes.

À l'automne 1941, Jean Ricard, auparavant en service à Ostende, est nommé consul de France à Québec. La venue du diplomate bouleversera pendant quelques mois la ville de Québec, qui jusqu'alors pouvait se targuer d'être la capitale du gaullisme au Canada.

---

79. *AN*, 2 AG/443. Note du 16 février 1943. Titre : « Note sur les Canadiens français ».

80. *MAE*, série guerre 39-45, sous-série Alger, vol. 1246. Télégramme du 7 août 1944, Bonneau à Gouvernement provisoire de la République française (Alger).

En 1940, la France était représentée à Québec par Henri Bonnafous, un diplomate en fin de carrière sur le point de toucher sa pension. Bonnafous ne se distinguera pas par son zèle pétainiste. La collaboration franco-allemande heurte sans doute son anglophilie, alors que son protestantisme tempère son enthousiasme pour la Révolution nationale. De plus, si la crainte de perdre sa retraite l'empêche peut-être de s'engager aux côtés des Français libres, elle agit probablement aussi sur son peu d'ardeur à servir un régime dont la survie dépend, dans une très large mesure, du sort des armes, et qui donc pourrait disparaître aussi subitement qu'il a vu le jour.

Ainsi, alors que Coursier cultive efficacement les sentiments initialement favorables des francophones de Montréal, Bonnafous néglige son travail de propagandiste. Résultat : dans la ville de Québec, les Français libres exercent leur propagande sans que Vichy réplique. Québec, centre politique du Canada français, devient, en quelque sorte, de facto une ville gaulliste.

Mais avec l'arrivée de Ricard, la situation change. Le 3 novembre 1941, quelques semaines à peine après que le diplomate s'est installé dans ses nouvelles fonctions, Élisabeth de Miribel sonne l'alarme[81]. C'est dans les milieux catholiques que Ricard, lui-même fort pieux, enregistre ses premiers succès. Il sait cultiver habilement l'affection du clergé, mettant l'accent sur les réformes de la Révolution nationale qui, selon l'envoyé de Pétain, s'inspirent des valeurs chrétiennes[82]. À ses interlocuteurs, il brosse un portrait favorable de la situation socio-économique de la France de Vichy, insistant sur le moral des Français que la propagande anglaise aurait exagérément peint en noir[83]. Élargissant son auditoire, Ricard rencontre peu à peu toute la haute société de Québec. Même la petite colonie française, que l'on croyait acquise à la France libre, ne se montre pas indifférente aux avances du diplomate[84]. La femme et les enfants de Ricard participent à cette opération charme. Au début de mars, si l'on se fie à Élisabeth de Miribel, Ricard a déjà remporté de nombreux succès :

---

81. *MAE*, série guerre 39-45, sous-série Londres, vol. 388. Lettre du 3 novembre 1941, É. de Miribel à Pleven.

82. *Ibid.*

83. *MAE*, série guerre 39-45, sous-série Vichy-Amérique, vol. 9. Lettre du 4 avril 1942, Ristelhueber à Darlan.

84. *MAE*, série guerre 39-45, sous-série Vichy-Amérique, vol. 1. Lettre du 29 mars 1942, Ristelhueber à Darlan.

L'action sociale du consul et de sa femme est dangereuse, surtout avec les milieux de l'Université Laval et du Séminaire et la petite bourgeoisie, que les attentions répétées et les compliments mielleux du consul flattent évidemment. Mgr Camille Roy a été complètement retourné en faveur du maréchal Pétain et du régime de Vichy. Il a même affiché son attitude dans un banquet donné en décembre dernier auquel le consul était l'invité d'honneur. En décembre également, il a fait arracher de la revue de l'Université, *Le Canada français*, un article en seize pages de l'abbé Maheux sur la France libre et l'a fait remplacer par un article sur Vichy[85].

Toujours selon Élisabeth de Miribel, Ricard distribue dans les cercles intellectuels canadiens-français pamphlets, journaux, revues et livres interdits par la censure canadienne[86]. Pour André Verrier, secrétaire du comité de Québec, l'arrivée de Ricard coïncide avec l'apparition dans le journal *L'Action catholique* d'une rubrique quotidienne, «Nouvelles de France», qu'il soupçonne d'être alimentée par le nouveau consul[87]. Le consul français attire inévitablement sur lui l'attention des autorités canadiennes lorsque des Canadiens français le remercient publiquement, dans les pages de certains journaux, pour les publications françaises qu'il leur procure[88].

Comment parvient-il à faire passer ce matériel à travers les mailles de la censure canadienne ? La question provoque un échange de lettres entre King et le chef de l'opposition conservatrice à Ottawa, R.B. Hanson. Ce dernier accuse la représentation française d'utiliser les privilèges de la valise diplomatique pour déjouer la censure et ainsi distribuer une propagande préjudiciable à l'effort de guerre canadien[89]. King, voulant à la fois rassurer le chef de l'opposition et défendre sa politique française, rétorque que Ricard distribue probablement du matériel qu'il aurait amené avec lui de France[90].

N'empêche, les autorités fédérales s'inquiètent. Les activités de

---

85. *APC*, RG 25, série A.3, vol. 2793, dossier 712-C-40, partie 3. «Rapport sur l'opinion générale à Québec», du 2 mars 1942, de Élisabeth de Miribel.

86. *Ibid.*

87. *MAE*, série guerre 39-45, sous-série Londres, vol. 390. Rapport mensuel, octobre 1941, du comité France libre de Québec, envoyé à Londres par Verrier.

88. *MAE*, série guerre 39-45, sous-série Vichy-Londres, vol. 1. Lettre du 29 mars 1942, Ristelhueber à Darlan.

89. *DREC*, vol. 9. Lettre du 5 mars 1942, R.B. Hanson à King, p. 11-12.

90. *DREC*, vol. 9. Lettre du 8 mars 1942, King à R.B. Hanson, p. 13.

Ricard ne pouvaient plus mal tomber pour le gouvernement fédéral. Alors que le cabinet King tente de se libérer, à l'aide d'un plébiscite pancanadien, de sa promesse faite aux Canadiens français de ne pas avoir recours à la conscription, il ne peut souffrir la présence à Québec d'un homme que l'on soupçonne de propagande anti-britannique. D'autant plus que l'opposition conservatrice et l'opinion publique canadienne-anglaise montrent des signes d'impatience face à une politique française qu'elles désapprouvent.

Le 8 mars 1942, Robertson avise la légation française que le consul de Québec, en raison de ses activités « anti-canadiennes », doit immédiatement quitter le Canada[91]. Le gouvernement français, incapable d'exercer des représailles diplomatiques, se contente d'adresser aux autorités canadiennes des protestations d'usage à ce que Ristelhueber qualifie de « cabale formée par un groupe de Canadiens gaullistes[92] ». Dans sa correspondance avec ses supérieurs, Ristelhueber clame l'innocence de Ricard[93]. Mais la décision canadienne est sans appel. Au début d'avril 1942, Ricard et sa famille quittent Québec[94]. Voulant éviter une crise qui pourrait provoquer la rupture complète des relations entre Vichy et le Canada, Ristelhueber suggère de suspendre pour l'instant toute nouvelle nomination et de confier à Coursier la juridiction sur le consulat français à Québec[95].

Le travail d'Henri Coursier. — Dès les dernières semaines de 1941, et jusqu'à son expulsion du Canada, se sachant surveillé, Coursier travaille prudemment, évitant les erreurs de Ricard. Cela ne veut toutefois pas dire que le diplomate met un terme à ses activités de propagande. Le consul de Montréal courtise toujours activement certaines personnalités du Canada français.

---

91. *DREC*, vol. 9. Mémorandum du 8 mars 1942, Robertson à King, p. 12-13.

92. *MAE*, série guerre 39-45, sous-série Vichy-Amérique, vol. 9. Télégramme du 12 mars 1942, Ristelhueber à Darlan; télégramme du 16 mars 1942, Rochat à Ristelhueber.

93. *MAE*, série guerre 39-45, sous-série Vichy-Londres, vol. 1. Lettre du 29 mars 1942, Ristelhueber à Darlan.

94. *MAE*, série guerre 39-45, sous-série Londres, vol. 200. Lettre du 4 avril 1942, Pierrené à Rochat.

95. *MAE*, série guerre 39-45, sous-série Vichy-Amérique, vol. 9. Télégramme du 12 mars 1942, Ristelhueber à Darlan; télégramme du 16 mars 1942, Rochat à Ristelhueber.

Il entretient par exemple de bonnes relations avec le milieu intellectuel montréalais. Les archives de Vichy et de l'Université de Montréal témoignent par exemple de la qualité de ses rapports avec le recteur, Mgr Olivier Maurault[96]. Ces relations ne sont pas sans incidences sur l'allégeance et les propos des Français de passage à l'université.

Le 4 décembre 1941, Coursier résume pour Ristelhueber le contenu d'une conversation qu'il a eue avec Mgr Maurault. Ne pouvant résister plus longtemps aux pressions d'Ottawa et de Québec, Mgr Maurault doit accueillir à l'Université de Montréal des professeurs français en exil à New York. Craignant que ces intellectuels dissidents se présentent à l'université McGill pour attaquer le régime du maréchal Pétain, le recteur considère plus sage de les inviter à son institution. Mais il entend empêcher tout débordement politique de la part de ses invités. « Il se propose de déclarer que le consul de France assiste d'ordinaire aux cours des professeurs français de passage et qu'il convient de bannir de ces cours toute parole que cet agent ne pourrait pas entendre[97]. » De plus, Mgr Maurault promet que « les fonds de l'Institut franco-canadien[98] ne serviront pas à rétribuer les services des professeurs de l'Université libre de France », le conseil d'administration de l'Institut ayant « d'ores et déjà établi son budget pour l'année en cours et aucune subvention n'est prévue pour l'Université dite libre[99] ». Les responsables de l'Université de Montréal tiendront tête aux pressions et n'inviteront pas les Français de New York[100].

Coursier fréquente également plusieurs membres du clergé canadien-français. En février 1942, il est l'hôte de l'évêque de Rimouski. La présence du consul français fait d'ailleurs réagir violemment un résidant du Bas-du-Fleuve :

---

96. Mgr Maurault est le parrain d'une des filles du diplomate. Voir *Archives UdeM*, P7/A, 89. Lettre du 9 avril 1941, Maurault à Coursier ; P7/A, 107. Lettre du 14 septembre 1941, Maurault à Coursier.

97. *MAE*, série guerre 39-45, sous-série Vichy-Amérique, vol. 12. Lettre du 4 décembre 1941, Coursier à Ristelhueber.

98. L'institut est partiellement financé par le service des Œuvres du ministère des Affaires étrangères de France.

99. *MAE*, série guerre 39-45, sous-série Vichy-Amérique, vol. 12. Lettre du 4 décembre 1941, Coursier à Ristelhueber.

100. Luc ROUSSEL, « Les relations culturelles du Québec avec la France, 1920-1967 », thèse de doctorat, Université Laval, 1983, p. 160-161.

Au moment où je vous écris ces lignes, un certain Coursier est l'hôte de Mgr Courchesne, et savez-vous qu'est ce qu'il lui débite ? Que la propagande anglaise nous empoisonne, que ce sont les Anglais qui ont trahi la France, que les Français sont libres sous l'occupation allemande et que leurs journaux ne sont pas censurés, que c'est la franc-maçonnerie anglaise qui est la cause des malheurs de la France, etc., etc. Tout le personnel de l'évêché est converti à cette belle doctrine qui ensuite va se répandre dans le diocèse tandis que M. Coursier ira emplir un autre évêque trop bien disposé à écouter ces propos de colonnards[101]...

À Montréal, le consul jouit toujours des faveurs d'une partie du milieu culturel et politique. Grâce à ses excellentes relations avec le secrétaire de l'Alliance française, le docteur Paul Villard (également médecin du consulat français), il en contrôle indirectement les activités[102]. On le consulte sur le choix des conférenciers. Il empêche ainsi Henri Laugier et Philippe Barrès[103] de prendre la parole devant l'Alliance.

Et son titre officiel de consul de France le place à l'avant-scène des quelques manifestations soulignant le tricentenaire de Montréal. Il siège par exemple au jury du concours littéraire organisé par l'Institut scientifique franco-canadien[104]. Coursier assiste également aux cérémonies des 17 et 18 mai 1942. À Pierre Laval, il est heureux d'écrire que :

fidèle à la parole qu'il m'avait donnée, désireux aussi, sans doute, de marquer ses sympathies à une cause qui recueille l'adhésion de la masse des Canadiens français, le Maire de Montréal m'avait ménagé une place d'honneur aux diverses cérémonies civiques et lors des visites aux communautés et aucun emblème non plus que la présence d'agents gaullistes ne rendirent équivoques les hommages rendus à la France[105].

---

101. APC, RG 25, série A.3, vol. 2931, dossier 2861-40. Lettre du 27 février 1942, J.B. Côté à Melançon (responsable du Service d'information canadien).

102. MAE, série guerre 39-45, sous-série Vichy-Amérique, vol. 12. Lettre du 27 mars 1942, Ristelhueber à Darlan.

103. Fils de Maurice Barrès, Philippe Barrès est, avant la guerre, journaliste au Jour de Paris.

104. MAE, série guerre 39-45, sous-série Vichy-Amérique, vol. 12. Lettre du 24 décembre 1941, Coursier à Ristelhueber.

105. MAE, série guerre 39-45, sous-série Vichy-Amérique, vol. 12. Lettre du 25 mai 1942, Coursier à Laval.

Mais cela devait être la dernière activité publique de Coursier au Canada. C'est que le gouvernement fédéral veut dorénavant contenir la propagande vichyste. L'expulsion en avril 1942 par les autorités fédérales du consul Ricard fait partie d'une série de mesures prises pour circonscrire au maximum la propagande vichyste.

Pourquoi le gouvernement canadien restreint-il davantage les activités vichystes au Canada ? Les liens tissés depuis la visite du commandant d'Argenlieu entre la jeune bureaucratie canadienne et la représentation gaulliste ne sont certainement pas étrangers aux difficultés rencontrées par Ristelhueber et ses collaborateurs. De plus, la collaboration française avec l'Allemagne met de plus en plus mal à l'aise les autorités canadiennes, qui voudraient bien pouvoir, le moment venu, mettre un terme à leurs relations avec Vichy sans provoquer une réaction défavorable du Canada français. Finalement, le gouvernement canadien en vient à estimer qu'à long terme, la propagande vichyste nuit à l'effort de guerre. En décembre 1941, Ristelhueber rend compte à ses supérieurs d'une conversation qu'il aurait eue avec Fulgence Charpentier, le censeur de la presse francophone pour le gouvernement fédéral :

> Ce fonctionnaire, Canadien français assez cultivé et jusqu'ici bien disposé pour notre pays, m'a alors exposé en toute naïveté le point de vue officiel qu'il était chargé de faire respecter. Affirmer en ce moment devant des Canadiens français que la France est en voie de relèvement et parvient à réaliser des réformes salutaires est une propagande dangereuse pour l'effort de guerre du Canada. C'est les amener à penser qu'un pays peut se régénérer malgré sa défaite, que l'Allemagne laisse à la France plus de liberté qu'on ne le pense et, en définitive, amollir par là les énergies, au moment où l'on exige d'eux un effort de guerre total. Il est donc nécessaire de dire que rien ne va bien en France et que, dans les conditions où elle se trouve, rien ne peut y aller bien. Prétendre soutenir le contraire c'est non seulement affaiblir l'esprit de guerre, mais aussi provoquer chez les Canadiens français des divergences de vues et de discussions particulièrement dangereuses au moment où la tournure grave du conflit exige plus que jamais le rassemblement des volontés de guerre[106].

---

106. *MAE*, série guerre 39-45, sous-série Vichy-Amérique, vol. 12. Lettre du 8 décembre 1941, Ristelhueber à Darlan.

La censure canadienne intercepte toujours les documents en provenance d'Europe, et particulièrement ceux arrivant de France. Le courrier envoyé aux représentants français est passé au peigne fin[107]. Le gouvernement canadien s'assure que l'embargo sur le matériel imprimé est respecté, saisissant tout imprimé français en circulation au Canada considéré préjudiciable à l'effort de guerre[108]. De plus, les autorités fédérales surveillent les publications canadiennes-françaises comme *Le Devoir*, *Le Droit* et *L'Œil*[109], soupçonnées de diffuser la propagande vichyste.

Le cardinal Villeneuve prête son concours aux autorités fédérales. Il muselle les membres du clergé les plus favorables au régime vichyste. Il somme l'abbé Lavergne de se retirer au monastère de Saint-Benoît-du-Lac, sert un avertissement à l'abbé Gravel et proteste auprès du Provincial des Pères de Saint-Vincent-de-Paul, supérieur du père Arsenault, l'âme dirigeante de *La Droite*[110].

Mais c'est la fermeture des consulats français au Canada, en mai 1942, qui frappe le plus durement la propagande vichyste. Depuis quelque temps déjà, des voix s'élèvent à Ottawa et dans le reste du pays pour que l'on cadenasse les autres consulats. Mais King, prenant en considération les intérêts de la coalition alliée et soucieux de l'opinion canadienne-française, refuse d'agir unilatéralement. Il attend qu'une occasion se présente pour ordonner la fermeture des consulats.

Le retour au pouvoir de Laval en avril 1942 offre le prétexte idéal pour agir. Seule la légation d'Ottawa sera maintenue. King explique en ces termes à Churchill la décision de son gouvernement:

---

107. *DREC*, vol. 9. Lettre du 5 mars 1942, R.B. Hanson à King, p. 11-12. Il semble toutefois, de l'avis même de L.B. Pearson, que la surveillance est loin d'être parfaite et qu'une partie du courrier en provenance ou en partance des légations françaises déjoue la vigilance des autorités fédérales. *APC*, RG 25, série A.3, vol. 2931, dossier 2861-40. Mémorandum du 4 mars 1942, Pearson à Robertson.

108. *MAE*, série papiers 1940, papiers Lacoste, vol. 7. Lettre du 11 juin 1942, Ristelhueber à Laval.

109. *APC*, série MG 26, papiers Louis Saint-Laurent, vol. 3 dossier 12-3-1. Lettre du 16 mars 1942, Charpentier à Saint-Laurent; *APC*, série RG 2, section C-2, vol. 5969, dossier 2A/0-1. Mémoire de juin 1942, Charpentier à Saint-Laurent. Pour plus de détails au sujet des relations conflictuelles entre la censure canadienne et *Le Devoir*, voir la collaboration de Claude BEAUREGARD, « Les relations entre *Le Devoir* et les censeurs de la presse pendant la Seconde Guerre mondiale », *in* Robert COMEAU et Luc DESROCHERS (dir.), Le Devoir, *un journal indépendant (1910-1995)*, Montréal, Presses de l'Université du Québec, 1995.

110. RUMILLY, *Histoire de la province de Québec*, tome 39, p. 45.

I propose to request the French Minister to take the necessary steps to suspend the operations of the French Consulates and Consular Agencies in Canada. Their normal commercial and shipping functions have been in abeyance for some time. Their nominal responsability for the protection of French nationals has become a source of friction and embarrassment and, in general, the presence of the Consulates in Canada has become a focus of suspicion and misunderstandings which, in the interest of future good relations between Canada and France, had better be removed[111].

Ristelhueber ne s'y trompe pas, c'est le consul de Montréal, Henri Coursier, que l'on vise[112]. Avec le départ de Coursier, Vichy perd son meilleur agent au Canada. La capacité du régime de se faire entendre par les Canadiens français vient d'être sérieusement compromise. Mais la voix de Vichy ne s'est pas éteinte.

La propagande radio. — À partir de la fin de l'année 1941, alors que ses agents au Canada ont de plus en plus de mal à faire entendre sa voix, Vichy aura recours de façon soutenue au dernier-né des moyens de communication, la radio, pour diffuser son message. Au Canada, deux diffuseurs de France peuvent être entendus sur ondes courtes : Radio-Paris et Radio-Vichy. Il faut faire attention de ne pas confondre les deux : la première, étant sous contrôle allemand, ne représente aucunement le point de vue du gouvernement Pétain. C'est par le biais de Radio-Vichy que l'État français diffuse sa propagande.

111. *APC*, RG 25, série A.3, vol. 3011, dossier 3618-C-40C, partie 1. Télégramme du 18 mai 1942, King à Churchill.
« Je propose de demander au ministre français de prendre les mesures nécessaires pour suspendre les activités des consulats français et des agences consulaires au Canada. Leurs activités commerciales et navales sont tombées en désuétude depuis un certain temps. Quant à leur responsabilité symbolique d'assurer la protection des ressortissants français, elle est devenue source de frictions et d'embarras. En général, la présence des consuls au Canada provoque la méfiance. Donc, dans l'intérêt des relations futures entre le Canada et la France, il serait tout indiqué de fermer les consulats. » (*Nous traduisons.*)
112. *MAE*, série guerre 39-45, sous-série Vichy-Amérique, vol. 9. Télégramme n° 220-1 du 20 mai 1942, Ristelhueber à Laval ; papier 1940, papiers Lacoste, vol. 7. Lettre du 12 juin 1942, Ristelhueber à Laval.

Le 10 octobre 1941, Radio-Paris transmet pour la première fois une émission s'adressant exclusivement au public canadien-français[113]. Avant cette date, Radio-Paris diffusait des émissions pour le public francophone de l'Amérique dans son ensemble. L'émission, qui débute sur l'air d'« Alouette » avant d'enchaîner avec son slogan, « la Vieille France parle à la Nouvelle-France », est diffusée tous les vendredis, de 20 h à 20 h 30[114]. Trois personnes se partagent l'essentiel du temps d'antenne. Le comte de Gueydon, ancien combattant de la Grande Guerre, discute des questions politiques et internationales. Suzanne-Fernand Le Bailly, journaliste qui aurait visité le Canada avant la guerre, informe les Canadiens de la vie en France sous l'occupation. Finalement, Paul Dagenais, Français qui aurait vécu plusieurs années au Canada, consacre le plus clair de son temps à la politique canadienne et à la propagande antisémite.

Comme il fallait s'y attendre de la part d'une radio contrôlée par la propagande nazie, Radio-Paris joue à fond la filiation raciale entre la France et le Canada français.

Les références historiques fréquentes à la Nouvelle-France et à ses héros, l'accent mis sur la communauté de culture, de langue, de religion, visent à entretenir ce sentiment de filiation. La nature de ces liens s'exprime d'abord par la sollicitude de la France à l'égard de la province de Québec. Elle veille sur elle, s'intéresse à elle dans ses journaux, s'inquiète de voir les Canadiens français menacés par la conscription, s'insurge après le raid de Dieppe de voir ses soldats ainsi « envoyés à la boucherie[115] ».

Les « liens du sang » et l'histoire sont mis au service de la lutte contre l'Angleterre qui n'a cessé, depuis la conquête, d'afficher son mépris des Canadiens français. Radio-Paris s'en prend également aux acolytes de Londres : les Canadiens anglais et le gouvernement King. On les accuse d'envoyer contre leur gré, comme en fait foi l'acte courageux de résistance manifesté lors du plébiscite d'avril 1942, les Canadiens français au front[116]. Voici quelques passages d'une causerie prononcée le 22 mai 1942 par le comte de Gueydon sur les ondes de Radio-Paris :

113. LAURENCE, « Province de Québec », p. 348-349.
114. Pendant le débat sur la conscription, l'émission devient bihebdomadaire.
115. LAURENCE, « Province de Québec », p. 350.
116. *Ibid.*, p. 351.

Nous suivons votre révolution avec affection...

Durant deux cents ans, vous avez dû vous défendre contre les attaques de l'Angleterre, vous avez dû lutter contre l'assimilation, vous avez dû lutter pour conserver votre race, votre langue, vos coutumes.

Vous avez réussi à les garder et même à les augmenter en nombre, de sorte que vous êtes maintenant une force bien supérieure, bien plus importante que lorsque la loi de la constitution fut passée. Les Anglais n'ont rien à vous apprendre, ils ne sont pas en mesure de vous donner des leçons de fidélité et de courage. Dans les circonstances les plus pénibles, vous êtes demeurés fidèles à votre mère-patrie, la France, et nul ne saurait maintenant vous forcer à vous lever en armes contre elle. Les mères de Montréal sont décidées à garder leurs fils...

Le jeune président de la « Jeunesse Laurentienne » a été mis en prison pour avoir exprimé ces idées. Tous ces incidents ont contribué à créer une atmosphère défavorable. Depuis deux ans l'Angleterre, de façon hypocrite, « tartuffienne » a déchaîné la guerre, en 1939, pour des raisons qui lui étaient particulières, chaque jour, votre enthousiasme pour la guerre a diminué. Un bloc passif se forme pour paralyser les entreprises britanniques[117].

D'après les archives du Quai d'Orsay, les premières émissions de Radio-Vichy en direction du Canada remontent aussi loin qu'à l'été 1940. À l'époque, Vichy n'ayant pas encore d'installations radio assez puissantes pour rejoindre les populations américaines, la propagande de l'État français utilise les transmetteurs de Paris-Mondial, contrôlés par les autorités d'occupation[118].

À l'été 1941, l'État français dispose enfin d'un émetteur assez puissant. À cette époque, la programmation de « La voix de la France » s'adresse, indistinctement, à tous les francophones d'Amérique. En février 1942, Radio-Vichy annonce sa nouvelle programmation destinée « à Saint-Pierre-et-Miquelon, au Canada français, aux Antilles, aux francophones de la Nouvelle-Angleterre, aux Acadiens[119] ». Mais

117. *MAE*, série guerre 39-45, sous-série Londres, vol. 198. Transcription d'une émission de Paris-Canada du 22 mai 1942.

118. *MAE*, série guerre 39-45, sous-série Vichy-Amérique, vol. 31. Note du 18 octobre 1941, de la présidence du Conseil, pour le ministre secrétaire d'État aux Affaires étrangères.

119. Laurence, « Province de Québec », p. 349-350.

les émissions destinées directement aux Canadiens français restent plutôt l'exception que la règle. Par exemple, selon les services de renseignements américains, entre mai et août 1942, seulement 13 émissions s'adressent exclusivement au public canadien[120].

« La voix de France », diffusée trois fois par semaine, consacre le plus clair de son temps, entre des segments de musique classique et de chanson, à louer les réformes entreprises par le régime de Vichy sous le leadership du maréchal Pétain[121]. Trois collaborateurs réguliers montrent un intérêt particulier pour le Canada[122]. Tout d'abord Firmin Roz, responsable de 1914 à 1918 du Service de propagande en Amérique du Nord pour le ministère des Affaires étrangères et qui dirigea, pendant les années précédant la Deuxième Guerre mondiale, la Maison du Canada à la Cité universitaire de Paris[123]. Avant le conflit, Roz est également membre de la direction de France-Amérique[124]. C'est donc un homme bien au fait de la situation canadienne qui, périodiquement, prend le micro de Radio-Vichy pour vanter les réalisations du régime du maréchal Pétain. Geneviève Dorville, journaliste qui connaît bien le milieu journalistique français et qui aurait fait au Canada, quelque temps avant la guerre, des conférences pour le compte de l'Alliance Française, participe régulièrement aux émis-

---

120. *APC*, RG 25, série A.3, vol. 2957, dossier 3166-C-40C. Analyse hebdomadaire de la propagande ennemie faite par le Foreign Broadcast Intelligence Service américain.

121. Laurence, « Province de Québec », p. 350.

122. *Ibid.*

123. *MAE*, série guerre 39-45, sous-série Vichy-Amérique, vol. 183. Lettre du 16 juillet 1940, Gabriel Louis Jaray au maréchal Pétain.

124. Le Comité France-Amérique est fondé en 1909 à Paris par Gabriel Hanotaux, ancien ministre des Affaires étrangères de France, dans le but d'améliorer les relations entre la France et le continent américain. Comité élitiste, il devait mousser la présence française sur le continent via des contacts intellectuels et mondains entre l'élite française et l'élite des différents États américains. Dans chacun de ces États, des comités locaux regroupaient l'élite politique et intellectuelle francophile. Une série de publications (*Journal des nations américaines*, *Revue des nations américaines*, *Cahiers de politique étrangère...*) complétait le travail accompli au niveau des élites. Le maréchal Pétain présida, à titre honorifique, le Comité France-Amérique pour l'année 1937-1938. À l'été 1940, Gabriel Louis Jaray, en tant que président de la Commission exécutive permanente du Comité, dirige de fait l'organisation. Firmin Roz est membre de la Commission. À Montréal, le Comité est présidé par le sénateur Raoul Dandurand, assisté par le sénateur Charles P. Beaubien et Édouard Montpetit. À Ottawa, Mackenzie King est le président d'honneur et Ernest Lapointe, le président effectif.

sions destinées au Canada français[125]; tout comme une certaine Mlle de Clairval, qui aurait aussi passé quelque temps au Canada.

Alors que Paris-Canada insiste sur les liens raciaux entre la France et le Canada français et sur la turpitude de l'Angleterre, Radio-Vichy, bien qu'usant elle aussi de ces thèmes — particulièrement dans la foulée du résultat serré du plébiscite[126] —, met plutôt l'accent sur les réformes entreprises par la Révolution nationale. Vichy, en exploitant un thème susceptible d'intéresser davantage les Canadiens français, fait ainsi preuve de plus de subtilité que la propagande nazie. De plus, Radio-Vichy flatte les Canadiens français en louangeant leur société, laquelle servirait de référence à la Révolution nationale[127]. Firmin Roz, dans une de ses allocutions, s'adresse aux Canadiens français en leur disant:

> Les causes de nos erreurs étaient précisément ce qui nous séparait de vous, Canadiens français, dont toute l'histoire témoigne de la survivance des vieilles vertus françaises, de ces vertus auxquelles le Maréchal veut rendre toute sa force. Il les a résumées en trois mots qui doivent être la devise du nouvel État français et qui n'ont jamais cessé d'être le vôtre: Famille, Travail, Patrie[128].

Dorville et Roz tentent d'intéresser leur auditoire en évoquant les nouvelles lois familiales et les réformes scolaires qui redonnent à l'Église la place que lui avait subtilisée la Troisième République[129]. Les références aux héros de la Nouvelle-France abondent sur les ondes de Radio-Vichy. On célèbre la mémoire de Jeanne Mance, Marguerite Bourgeoys, Madeleine de Verchères, Champlain, Frontenac, Talon, Monseigneur Laval... tous des héros à la fois Français et Canadiens français.

---

125. *MAE*, série Amérique 44-52, sous-série Canada, vol. 63. Lettre du 14 septembre 1944, Emmanuel d'Harcourt (à l'époque secrétaire d'ambassade de 2e classe auprès de la délégation française à Ottawa) à Mlle Salmon, secrétaire générale de l'Alliance française.

126. *APC*, RG 25, série A.3, vol. 2957 dossier 3166-C-40C. Analyse hebdomadaire de la radio française faite le 23 mai 1942 par la Federal Communications Commission.

127. *APC*, RG 25, série A.3, vol. 2931, dossier 2861-40. Lettre du 10 novembre 1941, Melançon à Lapointe.

128. *MAE*, série guerre 39-45, sous-série Londres, vol. 198. Rapport *Propagande nazie au Canada* de Miribel, écrit le 5 novembre 1941.

129. *MAE*, série Amérique 44-52, sous-série Canada, vol. 63. Rapport rédigé en anglais sur la propagande radio de Vichy au Canada, probablement envoyé avec la lettre du 14 septembre 1944 de d'Harcourt.

Une énergie particulière est employée à dénoncer l'action du général de Gaulle qui, en entretenant la désunion des Français, ferait le jeu des ennemis de la France. Selon Radio-Vichy, les propagandistes français à la solde de Londres ne disent pas la vérité[130]. Et qui est de Gaulle ? Quelle est la légitimité de celui qui prétend parler pour la France mais qui doit son pouvoir à Churchill ? De Gaulle n'est qu'un aventurier, une réplique du général Boulanger au service de l'Angleterre.

Charles Halary remarque avec justesse que Radio-Vichy semble « bien alimentée en informations locales[131] ». C'est que, depuis l'été 1940, Ristelhueber et Coursier rendent périodiquement compte à leurs supérieurs de la situation politique intérieure au Canada et de l'opinion des Canadiens au sujet de la guerre et du régime de Vichy. Comme en font foi les divers tampons accolés aux documents, la plupart des communications en provenance du Canada sont expédiées aux Services d'information du ministère des Affaires étrangères de Vichy. De là, il est tout à fait plausible qu'elles soient dirigées vers les services de propagande.

Les diplomates français proposent, à quelques occasions, des façons d'utiliser Radio-Vichy[132]. Ainsi, le 21 septembre 1942, alors que les nouvelles de France font état de tensions entre le régime de Vichy et le clergé français, Ristelhueber, mesurant l'impact négatif que pourraient avoir de telles informations, envoie un télégramme à ses supérieurs pour leur faire savoir qu'« il y aurait intérêt à rétablir d'urgence la vérité, notamment au moyen de nos émissions radiophoniques[133] ».

Mais ces émissions ont-elles un auditoire au Québec ? Tout d'abord, les Canadiens français possèdent-ils des appareils captant les ondes courtes ? Selon Laurence, à l'époque, « les publicités sur les récepteurs de radio insistent souvent sur les capacités à capter les ondes courtes[134] ». C'est que, toujours selon Laurence, devant un choix limité d'émissions radiophoniques, l'auditoire francophone aime bien écou-

---

130. *MAE*, série guerre 39-45, sous-série Londres, vol. 388. Transcription d'une émission de Radio-Vichy du 7 novembre 1941, faite probablement par les services britanniques ou canadiens.

131. HALARY, « De Gaulle et les Français de Montréal », p. 85.

132. COUTURE, « Politics of Diplomacy », p. 280.

133. *MAE*, série guerre 39-45, sous-série Vichy-Amérique, vol. 5. Télégramme du 21 septembre 1942, Ristelhueber à Laval.

134. LAURENCE, « Province de Québec », p. 352.

ter, grâce aux ondes courtes, d'autres fréquences en langue française. Mais la réception est loin d'être excellente sur tout le territoire. La région de Québec et le Bas-Saint-Laurent reçoivent très bien les émissions en provenance de Vichy. Plus on s'éloigne des rives du Saint-Laurent, plus la réception est mauvaise. À Ottawa, selon Ristelhueber, répondant à Pierre Laval qui désire être renseigné sur la qualité de la réception des ondes en provenance de France[135], il est difficile de faire une écoute intelligible des émissions de Radio-Vichy[136].

Mais avoir les instruments techniques nécessaires pour capter les ondes radiophoniques n'implique pas nécessairement qu'on les utilise pour écouter Radio-Vichy. Écoute-t-on, dans les chaumières du Québec, les voix de Paris et de Vichy? Les responsables de l'époque divergent d'opinion à ce sujet. Augustin Frigon, directeur du réseau français de Radio-Canada, défendant son travail lors du plébiscite devant le Comité parlementaire de la radiodiffusion, affirme que ces émissions sont généralement ignorées. Ce n'est pas l'avis du bouillant Jean-Charles Harvey qui, devant le même auditoire, parle de familles entières réunies autour des récepteurs pour capter la voix de Vichy[137]. Enfin, Ristelhueber se borne à dire que Radio-Vichy « est suivie attentivement par un nombre élevé » de Canadiens français[138].

À l'été 1942, l'institut Gallup tente d'évaluer l'étendue de l'écoute et l'impact de celle-ci au Canada français. À une première question, 19 % des répondants affirment avoir capté des messages diffusés à partir de Paris ou Vichy, alors que 38 % déclarent en avoir entendu parler[139]. On demande aussi aux répondants de juger la qualité des émissions de Radio-Paris et Radio-Vichy. Dix-neuf pour cent des gens interrogés considèrent que ces émissions reflètent les opinions de la population française, alors que 47 % pensent qu'elles reflètent plutôt l'opinion du gouvernement allemand[140].

---

135. *MAE*, série papiers 1940, sous-série papiers Lacoste, vol. 7. Lettre du 7 mai 1942, Ristelhueber à Laval.

136. *MAE*, série guerre 39-45, sous-série Vichy-Amérique, vol. 9. Lettre du 12 septembre 1942, Ristelhueber à Laval.

137. LAURENCE, « Province de Québec », p. 352.

138. *MAE*, série guerre 39-45, sous-série Vichy-Amérique, vol. 9. Lettre du 12 septembre 1942, Ristelhueber à Laval.

139. Wilfrid SANDERS, « Rapport confidentiel au sujet d'un sondage mené en juillet 1942 auprès des Canadiens français de la province de Québec », *in* Wilfrid SANDERS, *Jack et Jacques, l'opinion publique au Canada pendant la Deuxième Guerre mondiale*, p. 32.

140. *Ibid.*

Que doit-on conclure de ces chiffres ? Beauregard, Munn et Richard considèrent que ces chiffres, et particulièrement les derniers, montrent que les Canadiens français semblent bien peu vulnérables à la propagande radio en provenance de France[141]. Mais l'on doit mettre un bémol sur les résultats obtenus. Les sondeurs, au lieu de demander aux répondants d'évaluer séparément Radio-Paris et Radio-Vichy, les ont amalgamées dans une seule et même question. Or les Canadiens français ont raison d'accuser Radio-Paris d'être un porte-voix du gouvernement allemand, ce qui n'est cependant pas le cas de Radio-Vichy. Malheureusement, on ne peut pas savoir comment les Canadiens français départageaient les deux radios.

Gérard Laurence arrive à la conclusion suivante :

> Si l'on tient compte d'un pourcentage de personnes, très difficile toutefois à évaluer, qui n'ont pas osé répondre affirmativement, nous obtenons une proportion non négligeable de Canadiens français exposés d'une manière ou d'une autre à de telles émissions. Et l'écoute effective n'est pas tout, l'effet de résonance donne à ces messages une audience accrue[142].

D'autant plus qu'il est fort probable qu'une proportion considérable de l'auditoire soit composée d'individus s'intéressant aux questions internationales, et particulièrement des intellectuels et des membres du clergé. Ceux-ci peuvent retransmettre à un auditoire plus large, parfois volontairement, parfois involontairement, les informations entendues sur les ondes. Un membre de la Commission d'information en temps de guerre écrit, en septembre 1942 : « Tout indique que les leaders d'opinion influents, et même des journalistes, puisent leurs slogans et leur inspiration à même ces programmes[143]. » En mai 1942, Élisabeth de Miribel, dans un rapport destiné à Maurice Dejean[144], évoque les activités de certains intellectuels et membres du clergé qui « suivaient fidèlement les émissions de Radio-Paris, Radio-Vichy, Radio-Rome, dont ils enregistraient les arguments pour les res-

---

141. Claude BEAUREGARD, Edwidge MUNN et Béatrice RICHARD, *in* Wilfrid SANDERS, *Jack et Jacques, l'opinion publique au Canada pendant la Deuxième Guerre mondiale*, p. 15-16.

142. LAURENCE, « Province de Québec », p. 353.

143. *Ibid.*, p. 353.

144. *MAE*, série guerre 39-45, sous-série Londres, vol. 198. Rapport « Situation à Québec », écrit le 28 mai 1942, de Miribel.

servir ensuite sous une forme plus assimilable à la masse canadienne-française ». Charles Halary, pour sa part, écrit :

> Les radios de Paris et de Vichy sont les plus écoutées au Québec au sein des milieux intellectuels qui disposent d'un récepteur d'ondes courtes. Elles se donnent des allures de radio de la résistance anti-anglaise qui soulignent l'oppression exercée sur les Canadiens français par les Juifs et les Britanniques[145].

La presse favorable au régime de Vichy sert de relais aux messages radio en provenance de France. D'après le censeur Fulgence Charpentier, *Le Devoir* aurait à plusieurs reprises retranscrit dans ses pages le contenu d'émissions de Radio-Vichy[146]. Le quotidien de Montréal publiait également pour ses lecteurs les heures et les fréquences sur lesquelles on pouvait capter les émissions en provenance de France[147].

À l'automne 1942, les beaux jours du pétainisme au Canada français étaient passés. La collaboration franco-allemande avait nui considérablement à la popularité du gouvernement de Vichy auprès de la population canadienne-française. Intensifiant leurs efforts de propagandistes, les représentants du régime au Canada avaient bien tenté de limiter les dégâts causés par la politique étrangère de Darlan et le retour au pouvoir de Laval en avril 1942. Mais la contre-propagande gaulliste et la surveillance accrue des autorités canadiennes limitaient de plus en plus la portée du message vichyste.

Toutefois, à la veille du débarquement allié en Afrique du Nord, le pétainisme se portait toujours relativement bien au Canada. Les affinités idéologiques entre le programme sociopolitique du régime de Vichy et le clérico-nationalisme canadien-français assuraient la pérennité des sympathies vichystes au Canada. La France libre était loin d'avoir remporté la partie.

145. HALARY, « De Gaulle et les Français de Montréal », p. 86.
146. *APC*, série archives privées, sous-série MG 26L, papiers Louis Saint-Laurent, vol. 3 dossier 12-3-1. Lettre du 16 mars 1942, Charpentier à Saint-Laurent.
147. *MAE*, série guerre 39-45, sous-série Londres, vol. 198. Rapport *Propagande nazie au Canada* de Miribel, écrit le 5 novembre 1941.

Le 15 juin 1940, René Ristelhueber, nouveau ministre de France au Canada, signe le livre de la ville de Montréal. De gauche à droite : Raymond Treuil, attaché commercial de la légation française, J.M. Savignac, président du comité exécutif de la ville, Ristelhueber, Alexis Anfossy, du consulat général de France à Montréal. (Photo *La Presse*)

Décembre 1940, Henri Coursier, consul de France à Montréal. (Photo *La Presse*)

Au printemps 1941, Élisabeth de Miribel, Alain Savary et Thierry d'Argenlieu s'entretiennent avec des journalistes à l'hôtel Windsor de Montréal. (Archives nationales du Québec, Centre de Montréal, Fonds Conrad Poirier, n° P48, P7045)

Affiche souvenir des membres fondateurs de l'Association des Français libres de Montréal. (Collection Cécile Lohézic-Charpentier)

Le 24 janvier 1942, un mois après le ralliement de Saint-Pierre-et-Miquelon, des membres de l'équipage du *Surcouf* sont les hôtes de l'Assistance aux Œuvres françaises de guerre à Montréal. En bas, de gauche à droite: Jacques Brubacher, Alfred Tarut, Marcel Carpier, René Daguerre, le lieutenant Charles Lacombe, Maurice Quédrue, Brigitte-Aimée Higgins, le lieutenant François Jaffry et le vicomte Roger de Roumefort. Quelques semaines après cette réception, le *Surcouf* sombrait corps et biens avec ses 126 hommes au large de la côte américaine. (Photo *La Presse*)

Le 10 mai 1942 à Québec, le colonel Pierrené (avec le béret) participe, en compagnie de Marthe Simard (sur la photo, à la droite de Pierrené), à une cérémonie devant la statue de Jeanne d'Arc. (Collection William B. Edwards, Archives nationales du Canada, n° de nég. PA-080545)

Défilé du 14 juillet 1942 organisé à Montréal par Roger de Roumefort et Alfred Tarut. (Collection Cécile Lohézic-Charpentier)

De gauche à droite : le général Catroux, Léon Marchal et le général de Gaulle, à Rabat. Juin 1943. (Collection Henri Marchal ; photo J. Belin)

Rangée du bas, de gauche à droite : le vicomte Roger de Roumefort, le sénateur Léon-Mercier Gouin, Gabriel Bonneau, Sylvie Bonneau, le colonel Paul Grenier du régiment des Fusiliers Mont-Royal, René Daguerre, Jacques Le Normand, Marcel Porchon (secrétaire de l'Association des Français libres de Montréal). Derrière, Mme Bonneau et Alfred Tarut. (Collection Michel Bonneau)

En novembre 1940, le cardinal Villeneuve visite un camp d'entraînement à Montmagny, Québec. (Collection du Département de la Défense nationale du Canada, Archives nationales du Canada, n° de nég. PA-134374)

Norman Robertson et le colonel Georges Vanier, en août 1941. (Collection Photothèque, Office national du film du Canada, Archives nationales du Canada, n° de nég. PA-129376)

Pierre Dupuy, photographié en octobre 1947, alors ambassadeur du Canada aux Pays-Bas. (Photo G.E. Hollington, collection Photothèque, Office national du film du Canada, Archives nationales du Canada, n° de nég. PA-162764)

Le général Henri Giraud, lors d'une conférence de presse donnée le 15 juillet 1943 à Ottawa. À l'arrière-plan, on reconnaît Mackenzie King. (Collection Photothèque, Office national du film du Canada, Archives nationales du Canada, n° de nég. C-047561)

Le chef de l'Union nationale, Maurice Duplessis, s'entretient avec le général Giraud. (Collection Jacques Le Normand, jr.; photo David Bier)

Le 16 juillet 1943, le général Giraud signe le livre de la ville de Montréal sous le regard attentif du maire de la ville (deuxième à partir de la droite), Adhémar Raynault. (Photo *La Presse*)

Le 11 juillet 1944, Mackenzie King accueille de Gaulle à l'aéroport d'Ottawa. (Collection W.L. Mackenzie King, Archives nationales du Canada, n° de nég. C-015126)

Le 11 juillet 1944, de Gaulle s'adresse à la foule rassemblée devant le parlement fédéral à Ottawa. Sur la tribune, avec de Gaulle, on aperçoit le comte d'Athlone, gouverneur général du Canada, Mackenzie King, la princesse Alice et Louis Saint-Laurent, ministre de la Justice. À l'arrière-plan, Gabriel Bonneau. (Collection W.L. Mackenzie King, Archives nationales du Canada, n° de nég. C-026941)

Le 12 juillet 1944, de Gaulle arrive à l'aéroport de Dorval. Le général est accueilli par Jacques Le Normand et le maire de Montréal, Adhémar Raynault (en blanc). (Collection Jacques Le Normand, jr.)

Un an après Giraud, de Gaulle signe le livre de la ville de Montréal.
(Photo *La Presse*)

6

La France libre devient combattante

Décembre 1941 – novembre 1942

Une propagande à l'assaut de l'opinion

Consolider les gains. — À l'hiver 1942, aux yeux de l'opinion canadienne-française, la France libre a cessé d'être une organisation
marginale. Pour plusieurs, elle représente, plus que le régime du
maréchal Pétain, la vraie France. Les journaux libéraux affichent
maintenant sans ambiguïté leur préférence gaulliste. *Le Canada* et *Le
Soleil* proposent à leurs lecteurs un général de Gaulle « à l'attitude
pure et honorable », travaillant dans l'intérêt supérieur de la France[1].
Le 7 mai 1942, on peut lire dans *Le Canada* :

> De Gaulle parle, lui aussi, de l'honneur français. Mais il n'en parle
> pas d'une voix chevrotante, et ce n'est pas d'un honneur desséché,
> dévitalisé, froid et blanc comme la stèle d'une tombe. C'est d'un
> honneur jeune et frémissant que les civils comprennent[2].

---

1. Arcand, « Pétain et de Gaulle dans la presse québécoise », p. 380.
2. *Le Canada*, 7 mai 1942. Cité dans Arcand, « Pétain et de Gaulle dans la presse
québécoise », p. 380.

Même les milieux intellectuels canadiens-français, jusque-là réfractaires, ne font plus la sourde oreille aux avances de la France libre. C'est le cas de la jeunesse étudiante de la ville de Québec.

Au début de l'année 1942, Élisabeth de Miribel s'inquiète encore du peu de progrès enregistré par la France libre auprès des étudiants canadiens-français. Alors qu'à l'Université de Montréal, le professeur français Henri Laugier s'efforce d'éclairer les étudiants, à Québec, l'influence du professeur Viatte « est négligeable et les esprits sont fort divisés. La jeunesse a des tendances absolument fascistes et admire davantage le nouvel ordre allemand que les faiblesses des démocraties[3] ». Les journaux étudiants « sont absolument anti-britanniques, antisémites, pro-fascistes et isolationnistes ». Quant à la jeunesse étudiante gagnée à la France libre, elle « est foncièrement anticléricale et pro-russe, donc à l'index dans la province de Québec et par là même dépourvue d'influence massive ».

Mais à l'automne, Élisabeth de Miribel envoie enfin de bonnes nouvelles à Londres. Le 9 septembre, à Québec, lors de l'exposition provinciale annuelle, un monôme d'étudiants de l'Université Laval s'est rassemblé devant le pavillon de la France combattante pour acclamer le général de Gaulle[4]. Comme l'écrit Raymond Offroy :

> Le fait que la manifestation du 9 septembre ait eu pour origine cette Université, la plus ancienne d'Amérique qui porte le nom de son fondateur, Monseigneur Montmorency-Laval, premier Évêque de Québec, dépend entièrement des autorités catholiques et constitue le plus puissant foyer de la pensée religieuse au Canada français, prouve que l'action de la France combattante croît chaque jour en efficacité et en profondeur, et atteint maintenant les milieux qui s'étaient, jusqu'alors, montrés les plus sensibles à la propagande des tartufes de Vichy[5].

De toutes les régions du Québec, c'est dans la capitale provinciale que les Français libres connaissent le plus de succès. Ristelhueber, au printemps 1942, toujours convaincu que la masse des Canadiens

---

3. *MAE*, série guerre 39-45, sous-série Londres, vol. 388. Rapport sur les universités au Canada, non daté et non signé mais fort probablement écrit au printemps 1942 par Élisabeth de Miribel.

4. *MAE*, série guerre 39-45, sous-série Londres, vol. 199. Copie du télégramme du 11 septembre 1942, É. de Miribel à commissariat national de l'Information (Londres).

5. Raymond Offroy, *La France libre à l'étranger*, Londres, 1943, p. 49.

français préfère le régime du maréchal Pétain, décrit pour ses supérieurs la situation à Québec:

> Cette ville, qui devrait être la citadelle de la survivance du français au Canada, par crainte d'être taxée d'anti-britannique est devenue le foyer de la dissidence parmi les Canadiens français. Siège du gouvernement et du Parlement de la province, de l'Archevêque-Cardinal, elle compte un grand nombre de personnages haut placés qui sont empressés à faire preuve de loyalisme. Se déclarer « pour de Gaulle contre le Maréchal » leur paraît le gage le plus certain de la sincérité de leurs sentiments[6].

Les résultats d'un sondage effectué par le Canadian Institute of Public Opinion en juillet 1942 confirment la percée réalisée par le général de Gaulle auprès de l'opinion publique canadienne-française[7]. Inconnu en juin 1940, près de la moitié des Canadiens français interrogés préfèrent, à l'été 1942, ce général de brigade au héros de Verdun. Alors que son appel du 18 juin 1940 était passé pratiquement inaperçu dans les foyers du Québec, voici maintenant le chef des Français libres au coude à coude avec le chef de l'État français.

Mais les succès de la France libre, qui au début de juillet 1942 devient la France combattante, sont loin d'être complets. En juin, les Français libres de Montréal demandent à la Société Saint-Jean-Baptiste de Montréal (SSJBM) la permission de participer au défilé du 24 juin, fête de Saint-Jean-Baptiste, patron des Canadiens français[8]. Évoquant les divisions au sein de la colonie française de Montréal, la SSJBM rejette une première fois la requête des Français libres. Ces derniers reviennent à la charge, pour se faire dire par le comité organisateur qu'ils pourront défiler uniquement au sein d'une représentation regroupant tous les Français de Montréal. Refusant de parader aux côtés des partisans du maréchal Pétain, les gaullistes s'écartent eux-mêmes des célébrations.

La Boussole, petit hebdomadaire de droite, stigmatise toujours, à l'automne 1942, l'entourage du général de Gaulle.

---

6. *MAE*, série guerre 39-45, sous-série Vichy-Amérique, vol. 1. Lettre du 29 mars 1942, Ristelhueber à Darlan.

7. SANDERS, « Rapport confidentiel au sujet d'un sondage mené en juillet 1942 ».

8. RUMILLY, *Histoire de la Société Saint-Jean-Baptiste de Montréal*, p. 515.

Il faut dire que les partisans de De Gaulle sont de deux qualités : il y a les vrais Français à la Déroulède, cocardiers et irréductibles, qui n'admettent pas la défaite et veulent lutter pour le sol de la France. Ceux-là font soulever les chapeaux d'un mouvement instinctif. Nous les admirons et nous les aimons, car leur sang est notre sang et leur malheur est notre malheur. Mais les autres, les Camarades de la République des Camarades, les Youpins, les Communistes, les Maçons barbus, les liguards de la Ligue des Droits de l'Homme, les anticléricaux et les bouffeurs de cochon le vendredi, les fidèles de la messe noire, en un mot, ceux qui, dans cent ans ont détruit une France de mille ans, [...] ceux-là se sont accolés à de Gaulle et cherchent à mener la résistance française au nom des malfaisants camarades[9].

Diffuser le message gaulliste. — À peine installé dans ses locaux, le Service d'information de la France libre entreprend son travail de séduction auprès de l'opinion publique. Les débuts sont modestes. Élisabeth de Miribel et ses collaborateurs manquent cruellement de matériel. Près de 40 ans plus tard, Élisabeth de Miribel témoigne :

> Nous nous sommes contentés de diffuser des extraits de lettres venant de France, que Jacques Maritain et le père Couturier nous faisaient parvenir de New York. Nous les diffusions sur un papier grand format orné d'une croix de Lorraine et de la devise de sainte Thérèse d'Avila : « Mourir oui, capituler jamais. » Puis au bout de quelques mois, durant l'été 1941, nous avons commencé à recevoir régulièrement des nouvelles de Londres[10].

L'ardeur d'Élisabeth de Miribel et de ses compagnons compense pour les insuffisances matérielles. À la mi-juillet, le Service d'information transmet déjà aux journaux canadiens, deux fois par semaine, de quatre à six courts articles[11]. Un an plus tard, l'équipe d'Élisabeth de Miribel assure à la France combattante une bonne visibilité dans la presse canadienne. Le service d'Information envoie maintenant chaque semaine de deux à cinq bulletins, rédigés à l'aide de renseigne-

---

9. *La Boussole*, 17 octobre 1942.

10. É. DE MIRIBEL, « Le Canada et la France libre », p. 66.

11. *MAE*, série guerre 39-45, sous-série Londres, vol. 200. Lettre du 20 juillet 1941, É. de Miribel à d'Argenlieu.

ments expédiés par Londres via les télégrammes ou les *Documents*[12], à une douzaine de quotidiens et à 69 hebdomadaires francophones, en plus de 68 quotidiens anglais[13]. Élisabeth de Miribel note avec satisfaction que les bulletins, passés sous IFL (Information France libre), puis IFC (Information France combattante), sont généralement reproduits en entier dans les médias francophones.

Élisabeth de Miribel et ses collaborateurs courtisent les journalistes des plus grands quotidiens canadiens. « Notre but est de fournir à ces rédacteurs suffisamment d'informations et d'indications pour influencer leurs éditoriaux[14]. » Pour entretenir les sentiments favorables des journalistes canadiens-français, on ne lésine pas sur les remerciements signés par de Gaulle ou ses proches collaborateurs. C'est ainsi que, sur la suggestion d'Élisabeth de Miribel, de Gaulle remercie personnellement, en juin 1942, Edmond Turcotte, rédacteur en Chef du *Canada*, pour la campagne que mène son journal en faveur de la France libre[15]. Quelques semaines plus tard, Henri Gagnon, président du journal *Le Soleil* de Québec, reçoit, pour sa participation à une manifestation organisée le 14 juillet par Marthe Simard, un message de Maurice Dejean, commissaire aux Affaires étrangères de la France combattante :

Si *Le Soleil* a compris le sens et la portée des plus récents événements de France, nous savons Monsieur le Président, que c'est en grande partie à la sûreté et à la clairvoyance de votre jugement que nous le devons. Dès le début, vous avez été pour tous les Canadiens français un vivant exemple ; dès le début, vous avez compris, lorsque vous avez cessé de porter votre rosette de Commandeur de

---

12. À l'automne 1941, le Service d'information de la France libre à Londres publie pour la première fois les *Documents d'Information*, qui deviendront plus tard les *Documents*. Publiée deux fois par mois, cette feuille est distribuée aux délégations de la France libre pour alimenter leur propagande. Dans les premiers numéros, il est écrit sous le titre ceci : « Ces documents, recueillis à l'intention des Comités de la France libre, peuvent être utilisés et diffusés de la façon qui semblera la plus efficace. » Ces bulletins donnent diverses informations sur l'occupation de la France, le gouvernement de Vichy, la France libre, les comités de Français libres dans le monde, les discours des leaders du mouvement... On y retrouve également des extraits de journaux clandestins publiés en France.

13. MAE, série guerre 39-45, sous-série Londres, vol. 306. Rapport du 3 août 1942, rédigé par É. de Miribel pour Soustelle.

14. *Ibid.*

15. MAE, série guerre 39-45, sous-série Londres, vol. 198. Télégramme du 7 juin 1942, de Gaulle à É. de Miribel (pour Turcotte).

la Légion d'Honneur; vous avez compris aussi lorsque vous vous êtes remis à la porter à côté de la Croix de Lorraine[16].

La propagande gaulliste affectionne aussi les messages de félicitations et de meilleurs vœux envoyés aux personnalités canadiennes-françaises à l'occasion d'événements spéciaux. Par exemple, le 11 septembre 1941, de Gaulle fait parvenir au lieutenant québécois de Mackenzie King, Ernest Lapointe, la lettre suivante:

À l'occasion de la Semaine de Reconsécration du Canada à la cause de la liberté et de l'anniversaire de l'entrée de votre pays, je vous adresse mes vœux pour le succès des armes canadiennes et le témoignage de mon admiration pour le peuple du Canada. La France qui continue la lutte contre ses oppresseurs, attend aux côtés de ses héroïques alliés, l'heure de la délivrance[17].

Lettre qui vaut au général de Gaulle une réponse chaleureuse d'un homme qui s'était déjà montré plus que réticent à embrasser sa cause:

Votre chaleureux message est reçu comme un précieux témoignage rendu à l'effort de guerre et à l'esprit de sacrifice des Canadiens. Ils luttent vaillamment avec les frères d'armes que vous commandez pour la liberté, la justice et la civilisation. Je suis fier de vous assurer de la profonde admiration de mes compatriotes pour vous-mêmes et pour tous les Français qui contribuent malgré tout à assurer la victoire[18].

À la mi-novembre 1942, c'est au tour du maire de Québec, Lucien Borne, de recevoir un télégramme de félicitations pour sa réélection[19]. Télégramme qui mérite au général de Gaulle une réponse enthousiaste:

La ville de Québec, si authentiquement française, comme vous le dites si bien, ne peut rester indifférente à tout ce qui touche à la seule France authentique aujourd'hui, celle qui n'a jamais cessé de lutter et dont vous êtes le symbole. Au nom de mes concitoyens, je vous prie d'agréer l'hommage de notre profonde admiration

---

16. *MAE*, série guerre 39-45, sous-série Londres, vol. 390. Lettre du 14 août 1942, Dejean à Henri Gagnon.

17. *MAE*, série guerre 39-45, sous-série Londres, vol. 391. Télégramme du 11 septembre 1941, de Gaulle à É. de Miribel, pour Lapointe.

18. *MAE*, série guerre 39-45, sous-série Londres, vol. 391. Télégramme du 24 septembre 1941, É. de Miribel (pour Lapointe) à de Gaulle.

19. *MAE*, série guerre 39-45, sous-série Londres, vol. 198. Télégramme du 17 novembre 1942, de Gaulle à Borne.

pour le courage admirable dont vous avez fait preuve et qui assurera à la France une place d'honneur dans la victoire finale que
nous entrevoyons déjà pour les forces alliées[20].

Pour propager leur message, Élisabeth de Miribel et Pierrené sillon-
nent le pays. Au début décembre 1942, on les retrouve à Sherbrooke,
invités d'honneur aux fêtes de la municipalité. Dans cette ville, ils
nouent d'excellentes relations avec les notabilités et les journalistes
locaux[21].

Les dignitaires de la France combattante de passage au Canada
contribuent à cette campagne de charme. André Philip, député socialiste sous la Troisième République et membre de la résistance intérieure, de passage à Québec à l'automne 1942, accorde une entrevue
aux trois grands quotidiens de la ville. Le premier ministre Godbout
et le maire de la ville reçoivent le visiteur français, alors que la haute
société québécoise lui fait l'honneur d'une réception présidée par le
général Vanier[22].

Les comités locaux donnent un coup de main au service d'Information. En raison de leur existence même, les comités contribuent au
rayonnement du message gaulliste. Ils représentent, aux yeux des
populations locales, une preuve vivante qu'il existe une alternative en
dehors de Vichy, que l'adhésion au régime du maréchal Pétain n'est
pas la seule option pour les Français[23]. Mais les comités ne se con-
tentent pas d'être, ils travaillent activement pour propager le message. C'est particulièrement le cas à Québec.

Dès l'été 1941, les Français libres de Québec voient à ce que la
France libre jouisse de la plus grande visibilité possible. On vend des
croix de Lorraine et des drapeaux aux couleurs de la France libre[24].
Les membres du comité multiplient conférences et causeries dans la

20. MAE, série guerre 39-45, sous-série Londres, vol. 198. Lettre du 3 décembre
1942, Borne à de Gaulle.

21. MAE, série guerre 39-45, sous-série Londres, vol. 198. Télégramme du 9
décembre 1942, de Miribel à Soustelle; sous-série Londres, vol. 200. Rapport du 24
décembre 1942, É. de Miribel à Soustelle.

22. MAE, série guerre 39-45, sous-série Londres, vol. 200. Rapport du 24 décembre 1942, É. de Miribel à Soustelle.

23. SHIPLEY-WHITE, Les origines de la discorde, p. 274.

24. MAE, série guerre 39-45, sous-série Londres, vol. 306. Lettre du 7 août 1941,
du comité France libre de Québec à France libre (Londres).

vieille capitale et dans l'Est de la province[25]. À chaque année, lors de l'exposition provinciale de Québec, le comité de Marthe Simard tient un stand. En 1942, le stand de la France combattante devient un des pôles d'attraction. D'après Élisabeth de Miribel, seulement lors de la première journée, plus de 20 000 personnes y défilent[26].

C'est à l'Université Laval, à Québec, que voit le jour le Centre de documentation de la France libre. Sous la direction collégiale d'Auguste Viatte, de M. De Koninck, doyen de la faculté de philosophie, ainsi que du père Joseph-Thomas Delos, le centre doit « recueillir et classer toute documentation de fond concernant la France et la France Libre : législation, communiqués, déclarations du clergé, discours, rapports confidentiels, coupures de presse[27] ». Si les buts lointains que se fixe le centre sont ambitieux — préparer la réorganisation de la France de l'après-guerre —, dans l'immédiat, les informations recueillies alimentent des publications de fond destinées à éclairer le public.

La radio est également mise au service de la propagande gaulliste. Les Français libres de Québec ne tardent pas à l'utiliser. Au mois d'août 1941, ils disposent déjà de deux quarts d'heure hebdomadaires : un au poste local de Radio-Canada et l'autre sur un poste privé[28]. À l'automne, l'émission sur les ondes publiques est diffusée sur l'ensemble du territoire québécois, exception faite de Montréal[29].

Les succès de la France libre enregistrés en 1942 auprès des Canadiens français ne sont peut-être pas tout à fait étrangers à la nouvelle politique éditoriale de Radio-Canada. Jusqu'à l'été 1942, les Français libres n'ont qu'un accès limité aux ondes de la radio nationale[30]. À la fin de l'année 1942, à la suite d'un remaniement du personnel au sein des Services canadiens de l'information, les

25. MAE, série guerre 39-45, sous-série Londres, vol. 200. Lettre du 9 novembre 1941, Mademoiselle Brochu à Verrier.

26. MAE, série guerre 39-45, sous-série Londres, vol. 199. Télégramme du 5 septembre 1942, É. de Miribel à Soustelle.

27 MAE, série guerre 39-45, sous-série Londres, vol. 200. Note datée d'octobre 1941, É. de Miribel à Robertson.

28. MAE, série guerre 39-45, sous-série Londres, vol. 306. Lettre du 7 août 1941, du comité France libre de Québec à France libre (Londres).

29. MAE, série guerre 39-45, sous-série Londres, vol. 390. Rapport du mois d'octobre 1941 du comité France libre de Québec, rédigé par Verrier.

30. MAE, série guerre 39-45, sous-série Londres, vol. 306. Rapport du 3 août 1942, É. de Miribel à Soustelle.

rapports entre Radio-Canada et le Service d'information de la France combattante s'améliorent[31].

Les changements à la direction de Radio-Canada s'inscrivent dans le cadre d'une intensification de la propagande fédérale au Canada français. C'est que la situation militaire préoccupe les autorités fédérales[32]. Mais il y a plus inquiétant encore : un sondage effectué au début juillet confirme les résultats du plébiscite. Alors que 86 % des Canadiens français croient que les jeunes de leur communauté s'engageraient pour défendre le Canada en cas d'attaques, ils sont 90 % à répondre qu'ils voteraient de nouveau contre la conscription pour le service outre-mer[33].

Il ne s'agit plus d'expliquer la guerre, il faut convaincre. On utilisera la radio pour aller chercher l'adhésion des Canadiens français[34]. Tandis que Jean-Louis Gagnon et Georges Benoît[35] multiplient sur les ondes les remarques négatives à l'endroit de Vichy, on augmente le temps d'antenne accordé aux Français combattants[36]. C'est que, contrairement au gouvernement de Vichy, la France libre poursuit la guerre, une guerre pour laquelle le Canada doit accroître sa participation. Les gaullistes disposeront dorénavant de deux émissions nationales hebdomadaires : l'émission réalisée par le comité France libre de Québec et une autre diffusée le dimanche soir[37].

Mais cette complicité entre les autorités fédérales et la France combattante ne signifie pas nécessairement que l'on s'entend sur les objectifs à atteindre. Le gouvernement canadien souhaite que la propagande de la France libre attise la flamme guerrière des Canadiens français, les amène à participer avec plus d'entrain à l'effort de guerre. Les Français libres ne voient pas d'inconvénient à ce que leur travail

31. *MAE*, série guerre 39-45, sous-série Londres, vol. 200. Rapport du 24 décembre 1942, É. de Miribel à Soustelle.
32. Au printemps 1942, les sous-marins torpillent des cargos alliés dans le Golfe du Saint-Laurent, les Japonais multiplient les victoires dans le Pacifique, les troupes de Rommel progressent vers le Nil et les armées du Reich entament en Russie une imposante offensive vers Stalingrad et le Caucase.
33. Laurence, « Province de Québec », p. 324.
34. *Ibid.*, p. 329.
35. Georges Benoît est directeur des services français de la Commission d'information en temps de guerre.
36. Laurence, « Province de Québec », p. 331.
37. *MAE*, série guerre 39-45, sous-série Londres, vol. 200. Lettre du 17 septembre 1942, Soustelle à Dejean.

stimule la combativité des Canadiens français. Mais ce qui est pour le fédéral le principal objectif n'est, pour les représentants gaullistes, qu'un des effets souhaités de leur travail.

Bien sûr, la France libre œuvre avant tout à la libération de la France. On encourage donc les Canadiens français à participer activement à l'effort industriel et militaire mené par les Alliés dans l'espoir de vaincre l'Axe et de libérer le sol français. Mais les gaullistes, comme on l'a vu, aspirent aussi à ce que la France participe pleinement à la libération. De Gaulle sait qu'au lendemain de la victoire, les vainqueurs réorganiseront l'espace géostratégique. Au nom de sa grandeur passée et future, la France doit être présente en tant que puissance victorieuse. Pour garantir le rang de la France, la France combattante espère devenir l'interlocuteur privilégié des puissances alliées. Il lui faut donc à la fois devenir une alternative crédible au gouvernement de Vichy et empêcher l'émergence d'une troisième voie qui viendrait lui ravir, *in extremis*, la place qui lui revient.

Les thèmes de la propagande gaulliste. — Le 4 février 1941, Élisabeth de Miribel envoie une lettre au directeur du *Soleil* de Québec. La lettre est publiée le 17 février dans la page éditoriale.

En France, on prêche la confiance absolue envers le vieux Maréchal qui fait de son mieux. Mais que peut-il que ne veuille l'Allemagne ? Alors que la Révolution nationale est montée en épingle dans les pays traditionalistes, comme le Canada, par des partisans de la collaboration, d'autres agents du nazisme prônent à Paris une contre-révolution national-socialiste avec Déat, Doriot, de Brinon et Cie.

Dans l'Empire Français on prêche l'attente. On va jusqu'à insinuer que Pétain et Weygand sont pour de Gaulle. Ainsi l'on paralyse cinq cent mille hommes et notre flotte.

[...]

Il ne doit plus exister ni querelles ni partis. Une seule chose compte, faire la guerre et la gagner[38] [...]

Le texte, modéré, évite les questions politiques pour centrer l'essentiel du propos sur l'importance de poursuivre la lutte. On égrati-

---

38. É. DE MIRIBEL, *La liberté souffre violence*, p. 60-61.

gne au passage Pétain et la Révolution nationale, mais le ton reste mesuré. Toutefois, le message est très clair sur un point : Pétain et de Gaulle ne travaillent pas de connivence. Le premier a renoncé au combat ; l'autre a décidé de le poursuivre. Très tôt, les représentants gaullistes s'attaquent aux fondements d'une « théorie » qui avait encore de beaux jours devant elle : celle du double jeu.

Après son voyage au Canada, d'Argenlieu écrit :

> Il convient de ne pas envoyer au Canada de documents qui puissent heurter ou choquer les sentiments de la population canadienne-française. Il n'est pas opportun, en particulier, d'attaquer le maréchal Pétain ni de mettre notre lutte sous l'étiquette spéciale de la « démocratie » mais purement et simplement de la libération de la France et de la défense de la civilisation chrétienne[39].

En 1941, donc, le discours est modéré. Mais cette pondération dans le ton n'est pas l'apanage de la propagande gaulliste au Canada. En 1940 et 1941, à Londres, on est conscient que la popularité du maréchal Pétain en France n'a pas encore été atteinte. S'en prendre au héros de Verdun ou à son gouvernement risque, à l'époque, d'être improductif, voire dangereux[40].

La propagande gaulliste insiste plutôt sur le rôle des Français libres dans la lutte contre l'Allemagne. En août 1941, Dennery, chef du Service de l'information rattaché au service des Affaires étrangères, rappelle à Élisabeth de Miribel les lignes essentielles de la propagande gaulliste à l'étranger : « Le point sur lequel il est surtout nécessaire d'insister à l'étranger c'est la résistance du peuple français en France même et le fait qui en découle naturellement, à savoir que la France libre est l'expression véritable de la pensée française[41]. »

Jusqu'au mois d'avril 1942, la propagande gaulliste au Canada suit ces consignes. Évitant le terrain politique, on se garde de confronter directement le maréchal Pétain et son gouvernement[42]. On met avant tout l'accent sur les vertus militaires de la France libre,

---

39. *MAE*, série guerre 39-45, sous-série Londres, vol. 387. Rapport rédigé probablement en mai 1941, par d'Argenlieu.

40. *MAE*, série guerre 39-45, sous-série Londres, vol. 30. Note du 26 janvier 1941, probablement rédigée par le commandant Escarra.

41. *MAE*, série guerre 39-45, sous-série Londres, vol. 391. Lettre du 18 août 1941, Dennery à É. de Miribel.

42. *MAE*, série guerre 39-45, sous-série Londres, vol. 200. Rapport sans date (début 1943 ?), du Service d'information de la France libre (Ottawa) ; *MAE*, papiers 1940, papiers Lacoste, vol. 7. Lettre du 5 mai 1942, Ristelhueber à Laval.

incarnation de la nation française au combat, et sur l'honneur de la France préservé par l'action du général de Gaulle et de ses hommes.

Le ton change à la fin du printemps 1942. Avec le retour de Laval en avril 1942, le régime de Vichy prête le flanc aux attaques. Dorénavant, les services d'Élisabeth de Miribel font du général de Gaulle et de la France libre non seulement les symboles de la résistance militaire, mais également les symboles de la résistance politique à Vichy qui collabore et qui, ce faisant, trahit la nation française[43].

De plus, l'après-guerre se dessinant à l'horizon, la propagande doit amener l'opinion publique canadienne à considérer le général de Gaulle et son mouvement comme étant les seuls véritables représentants des intérêts français. Pour accéder à la reconnaissance politique qui lui permettra de mener à bien la lutte contre l'Axe, pour assurer l'avenir de la France, la France libre affirme son caractère politique, et ce au détriment du gouvernement de Vichy.

À l'été 1942, la situation évolue favorablement pour la France libre. Aidée par l'administration fédérale qui gêne le travail des représentants vichystes, elle a maintenant une organisation digne de ce nom, qui lui permet de livrer efficacement à la population canadienne le message du général de Gaulle.

Un 14 juillet mouvementé

On aurait pu croire qu'après le départ de Vignal et la création du comité des Français libres de Montréal, la tension aurait finalement baissé dans la métropole canadienne, que les rivalités entre Français libres auraient laissé place à la coopération. C'était oublier trop rapidement la vanité de Roumefort et l'esprit de caste du commandant Quédrue et de ses amis du journal *Le Jour*.

L'année 1942 avait pourtant commencé sans histoire. Depuis le départ de Fua, Roumefort, après avoir manifesté sa frustration en expulsant des locaux du Crédit foncier le comité de Québec, s'était effacé, consacrant ses énergies à l'Assistance aux œuvres françaises de guerre.

À l'été 1942, croyant peut-être le temps venu de refaire l'unité, le commandant Quédrue et le professeur Henri Laugier contactent

---

43. *MAE*, série guerre 39-45, sous-série Londres, vol. 200. Rapport sans date (début 1943 ?), du Service d'information de la France libre (Ottawa).

Roumefort dans l'espoir d'organiser un banquet rassemblant, pour le 14 juillet, tous les partisans de la résistance[44]. Roumefort accueille favorablement le projet. Il s'entend avec Quédrue pour former un comité organisateur dans lequel participeraient les présidents d'associations françaises sympathiques à de Gaulle.

Mais voilà que Roumefort prend l'initiative de placer à la tête du comité Alfred Tarut, président de la Chambre de commerce française de Montréal, accusé dans les milieux gaullistes d'être, au mieux, tiède dans son engagement aux côtés de la France libre. Pourquoi Roumefort confie-t-il l'organisation du banquet à Tarut, un homme peu susceptible de faire l'unanimité? Par fidélité au doyen des notables de la communauté française de Montréal, par défi à la délégation d'Ottawa, ou simplement par souci d'unir tous les Français sous la bannière du général de Gaulle? Roumefort plaidera, après les faits, avoir été guidé par son désir d'unifier les Français[45]. Naturellement, ses adversaires ont vu la chose autrement.

Quédrue téléphone tout de même à Tarut. L'officier de réserve espère obtenir une centaine de cartons d'invitation pour les distribuer à des Canadiens anglais et des Américains séjournant à Montréal[46]. Tarut refuse: il n'est pas dans les intentions du comité organisateur de distribuer une centaine d'invitations, soit le tiers du total, à des anglophones, d'autant plus que le comité tiendra le banquet au Cercle universitaire de l'Université de Montréal[47]. Déjà surpris par le choix du lieu, l'Université de Montréal n'ayant pas été jusqu'alors un centre de rayonnement de la France libre, Quédrue est stupéfait d'apprendre qu'on a déjà distribué des billets à l'Association française des anciens combattants ainsi qu'à l'Union nationale française, associations présidées respectivement par Marcel Nougier et François Ducros[48], connus pour leurs sympathies pétainistes.

44. *MAE*, série guerre 39-45, sous-série Londres, vol. 306. Copie d'une lettre du 16 juillet 1942, Quédrue à Pierrené, envoyée par Quédrue à l'amiral Auboyneau, commandant des Forces navales françaises libres.

45. *MAE*, série guerre 39-45, sous-série Londres, vol. 388. Télégramme du 16 juillet 1942, Roumefort à Quédrue.

46. *MAE*, série guerre 39-45, sous-série Londres, vol. 306. Copie d'une lettre du 16 juillet 1942, Quédrue à Pierrené, envoyée par Quédrue à l'amiral Auboyneau.

47. La version des événements donnée par Roumefort est quelque peu différente. D'après Léon Marchal, qui rapporte les propos de Roumefort, Quédrue aurait exigé de Tarut 150 des 400 billets disponibles. Ce dernier aurait refusé, alléguant que tous les billets étaient vendus individuellement aux Français qui désiraient en acheter. *AP*, archives Henri Marchal. Lettre du 13 septembre 1942, Marchal à Dejean.

Le 14 juillet, Quédrue boycotte la réception organisée par Tarut et improvise un banquet réunissant 34 convives, dont Élisabeth de Miribel, le député agraire de la Troisième République Paul Antier[49], de passage au Canada, et les rédacteurs des deux journaux les plus gaullistes de Montréal, Edmond Turcotte du *Canada* et Jean-Charles Harvey du *Jour*[50]. De son côté, le banquet initialement prévu rassemble plus de 300 personnes. À la table d'honneur, on retrouve plusieurs personnalités canadiennes-françaises, dont le maire de Montréal, deux ministres provinciaux, le général Laflèche (ancien attaché militaire canadien à l'ambassade de Paris) et le colonel Gagnon de la GRC[51].

Le lendemain, reprochant à Quédrue d'attiser la discorde, Roumefort l'évince des bureaux prêtés par le Crédit foncier franco-canadien[52]. Quédrue, appuyé par Pierrené, contre-attaque. Le 16 juillet, pour éclabousser Roumefort, Quédrue accuse d'espionnage un ancien employé de son service, embauché sur recommandation de Mme de Roumefort[53]. Le 23 juillet, c'est au tour de Pierrené de s'en prendre à Roumefort. Après avoir énuméré toutes les activités suspectes du vicomte, Pierrené recommande de rayer le comité des Français libres de Montréal dirigé par Daguerre, « un homme du peuple bien intentionné, mais impulsif et violent », dont la principale faute semble d'être une créature de Roumefort[54]. Finalement, craignant d'être blâmé pour toute l'affaire, Quédrue menace de soulever une campagne de presse si jamais il devait retourner à la vie civile[55].

48. À cause de ses activités gaullistes, le docteur William Vignal avait été forcé d'abandonner à l'hiver 1941, en faveur de François Ducros, son poste de président de l'Union nationale française.

49. Paul Antier sera, en 1941, le deuxième parlementaire français à joindre les rangs de la France libre. CRÉMIEUX-BRILHAC, *La France libre*, p. 84.

50. Londres, vol. 306. Copie d'une lettre du 16 juillet 1942, Quédrue à Pierrené, envoyée par Quédrue à l'amiral Auboyneau ; télégramme du 21 juillet 1942, Pierrené à Dejean.

51. *MAE*, série guerre 39-45, sous-série Londres, vol. 388. Télégramme du 16 juillet 1942, Roumefort à Pleven.

52. *MAE*, série guerre 39-45, sous-série Londres, vol. 306. Télégramme du 21 juillet 1942, Pierrené à Dejean.

53. *MAE*, série guerre 39-45, sous-série Londres, vol. 306. Copie d'une lettre du 16 juillet 1942, Quédrue à Pierrené, envoyée par Quédrue à l'amiral Auboyneau ; télégramme du 21 juillet 1942, Pierrené à Dejean ; lettre du 20 juillet 1942, quartier-maître Henry Le Bousse à Quédrue.

54. *MAE*, série guerre 39-45, sous-série Londres, vol. 306. Télégramme du 23 juillet 1942, Pierrené à Dejean.

55. *MAE*, série guerre 39-45, sous-série Londres, vol. 306. Télégramme du 27 juillet 1942, Pierrené à Dejean.

Toute cette histoire indispose Londres. Le 26 juillet, Dejean ordonne à Élisabeth de Miribel de garder un silence complet sur les incidents du 14 juillet[56]. Mesurant les dangers que de tels événements font courir à la crédibilité du mouvement, Dejean demande au diplomate Léon Marchal, choisi par de Gaulle pour remplacer Pierrené, de faire le plus tôt possible la lumière sur toute cette affaire[57].

Mais à la fin du mois d'août, avant même que Marchal ait eu le temps d'enquêter, le verdict tombe. Dejean envoie le télégramme suivant à Pierrené :

> Nos éléments d'information ne nous permettent pas, jusqu'à présent de prendre à l'égard du comité Daguerre les mesures que vous aviez suggérées.
>
> Malgré les explications fournies par Quédrue dans son rapport à l'amiral Auboyneau[58], nous pensons que, tout bien pesé, l'organisation du banquet dissident présentait plus d'inconvénients que d'avantages...
>
> Nous vous faisons confiance pour ramener le calme dans les esprits ; notre mission est de regrouper autour de l'idéal de la France combattante tous les Français de bonne foi, même ceux qui à l'origine, se sont montrés tièdes ou réticents[59].

L'affaire Marchal, ou « héroïques » contre « technocrates »

Un diplomate de carrière pour le Canada. — Cette crise à peine passée, le gaullisme au Canada est secoué par une autre encore plus importante qui témoigne du malaise grandissant des premiers compagnons du général de Gaulle devant le processus de maturation du mouvement qui, au fil des mois, intègre de nouveaux adeptes. Ces derniers, en fonction de leurs capacités antérieures, prennent une place accrue au sein de son organisation.

---

56. *MAE*, série guerre 39-45, sous-série Londres, vol. 306. Télégramme du 26 juillet 1942, Dejean à É. de Miribel.

57. *MAE*, série guerre 39-45, sous-série Londres, vol. 307. Télégramme du 5 août 1942, Dejean à Marchal.

58. L'amiral Philippe Auboyneau, membre de la France libre depuis 1940, a remplacé depuis le 1er mai 1942 l'amiral Muselier à la tête des FNFL.

59. *MAE*, série guerre 39-45, sous-série Londres, vol. 307. Télégramme du 27 août 1942, Dejean à Pierrené.

Comme on l'a vu, le colonel Pierrené, dont tous s'accordaient pour louanger la grandeur morale et le dévouement à la cause de la France libre, ne s'imposait pas auprès des Français libres du Canada. De plus, sa grande timidité et son inexpérience dans les affaires diplomatiques servaient mal les intérêts de la France libre auprès du gouvernement canadien.

À quelques reprises, Élisabeth de Miribel, Gladys Arnold et Marthe Simard avaient prié Londres d'envoyer du renfort à Ottawa. En décembre 1941, le général de Gaulle tentait de remédier au problème en désignant Emmanuel Lancial, un diplomate de carrière qui ralliait la France libre au début novembre 1941, à la tête du mouvement au Canada[60]. Mais, pour des raisons encore inexpliquées, Lancial n'est jamais venu au Canada.

En juillet 1942, la France combattante compte dans ses rangs plusieurs diplomates ayant rompu avec le régime de Vichy depuis le retour de Laval. Ces ralliements s'effectuent alors que le gouvernement du Maréchal est frappé de l'opprobre quasi général des pays membres de la coalition alliée. Devant ces développements, le mouvement gaulliste tente d'occuper le terrain perdu par Vichy. Le 9 juillet 1942, le gouvernement américain, enfin disposé à répondre aux avances des gaullistes, « reconnaît la contribution du général de Gaulle et les efforts du Comité national français afin de maintenir vivant l'esprit traditionnel de la France et de ses institutions » et se déclare prêt à « centraliser la discussion afférente à la poursuite de la guerre avec le CNF à Londres[61] ». Cette déclaration est suivie dans les faits par la nomination de l'amiral Stark et du général Bolte à titre de délégués américains auprès de la France combattante.

Pour pallier les déficiences de la représentation gaulliste au Canada et pour faire face aux exigences nées des développements politiques et diplomatiques, le général de Gaulle choisit, à la mi-juillet, Léon Marchal pour le représenter au Canada.

60. *MAE*, série guerre 39-45, sous-série Londres, vol. 306. Lettre du 16 décembre 1941, France libre à Pierrené ; APC, RG 25, série A.3, vol. 2792, dossier 712-B-40. Télégramme du 18 décembre 1941, Massey à Robertson.

61. Cité dans LACOUTURE, *De Gaulle*, I: *Le rebelle*, p. 549.

Léon Marchal avait entamé en 1923 sa carrière au ministère des Affaires étrangères. De 1923 à 1940, Marchal monte graduellement les échelons de la diplomatie française[62]. Il est affecté en Allemagne, en Estonie, au Canada et au Maroc. Au Canada, il occupe entre 1929 et 1933 les fonctions d'adjoint au consul général de France à Montréal. De juin 1932 à juillet 1933, en l'absence du consul, il gère le Consulat général. Lors de ce séjour, Marchal fera la connaissance d'Henri Coursier.

L'armistice surprend le diplomate alors qu'il dirige le Service du commerce et de l'industrie à la Résidence générale française au Maroc. Marchal participe aux négociations menées par le général Weygand avec Robert Murphy et les services anglais de l'Economic Warfare pour le ravitaillement de l'Afrique du Nord[63]. En mars 1941, pour assurer le suivi des accords Weygand-Murphy, on l'envoie à Washington[64]. Dans la capitale américaine, il rencontre plusieurs personnalités de la France libre, dont René Pleven et son collègue et ami Jacques-Camille Paris. Marchal manifeste très tôt l'intention de rallier publiquement les services de la France libre, mais, comme il l'écrivait lui-même à son ami Paris en janvier 1942[65], pour ne pas mettre en péril les accords Murphy-Weygand — et répondant aux désirs des gouvernements britannique et américain[66] — il s'y refuse.

62. *AP*, archives Henri Marchal. Curriculum vitæ de Léon Marchal, fait le 17 juillet 1942 pour le commissariat national aux Affaires étrangères.

63. *AP*, archives Henri Marchal. Note rédigée par Léon Marchal en 1947 : « Activités dans la Résistance » ; DUROSELLE, *Politique étrangère de la France*, p. 381-382 ; voir également chapitre 1. Dans *De Pétain à Laval* publié à Montréal chez Beauchemin en 1943. Dans cet ouvrage, Marchal fait le bilan de la politique étrangère de Vichy, des relations franco-américaines, et donc indirectement de son rôle dans les négociations Weygand-Murphy. Constatant que la survie même du régime de Vichy reposait sur l'intégrité de l'Empire et de sa capacité à garder la flotte loin des Allemands, Marchal remarque que le maintien par les Américains de leurs relations diplomatiques avec le gouvernement de Pétain n'avait en définitive profité qu'à ce dernier. « Le maintien des relations diplomatiques entre Washington et Vichy a contribué, en effet, surtout pendant la période d'hésitation qui a suivi l'armistice, à donner au gouvernement du maréchal Pétain l'apparence de légitimité dont il avait besoin pour consolider son autorité et son prestige. » (MARCHAL, *De Pétain à Laval*, p. 207)

64. *AP*, archives Henri Marchal. Note rédigée par Léon Marchal en 1947 : « Activités dans la Résistance ».

65. *AP*, archives Henri Marchal. Lettre du 25 janvier 1942, Marchal à Paris.

66. *APC*, RG 25, série A.3, vol. 2792, dossier 712-B-40. Télégramme du 1er août 1942, Massey à Robertson.

Mais, après le retour de Laval, et avec quatre de ses collègues de l'ambassade de Washington, Marchal rompt officiellement avec Vichy le 21 avril 1942.

L'homme appelé à remplacer Pierrené est donc un diplomate expérimenté qui travaille depuis l'armistice au profit des Alliés et qui a manifesté, bien avant son ralliement officiel, ses sympathies pour la France libre. De plus, Marchal connaît bien le Canada, et particulièrement Montréal, point faible du mouvement gaulliste au Canada, pour y avoir séjourné plus de quatre années. Marchal, catholique pratiquant, compte de nombreux amis tant chez les Français de Montréal que chez les Canadiens français[67]. Ces qualités en font le candidat idéal pour réaliser à la fois l'union des Français du Canada sous la bannière gaulliste et pour rallier les Canadiens français à la France libre.

Les choses commencent toutefois plutôt mal pour Marchal. Choisi à la mi-juillet pour représenter la France combattante au Canada, Ottawa n'apprend officiellement la nouvelle que le 4 août 1942, via le Haut Commissariat britannique[68]. Déjà froissé que la France combattante ait choisi les autorités britanniques pour communiquer avec lui, le gouvernement canadien se montre indisposé quant à la teneur du message. Dans la lettre annonçant la nomination de Marchal, le diplomate anglais Patrick Duff écrit que le Comité national français désire envoyer Marchal à Ottawa à titre de représentant. Or, pour les autorités canadiennes, Pierrené portait encore le titre officieux de représentant personnel du général de Gaulle. Le gouvernement canadien s'offusque que l'on change, sans discussion préalable, le statut de Pierrené[69]. Ici, Pierrené est partiellement à blâmer. En effet, un décret du Comité national avait modifié au début de juin le titre de

67. En 1942, MARCHAL publie à Montréal aux Éditions Beauchemin *Ville-Marie, les origines de Montréal 1642-1665*, ouvrage écrit et publié en 1934 en France. L'édition de 1934 était préfacée par le cardinal Verdier, archevêque de Paris, alors que celle de 1942 l'est par Mgr Olivier Maurault, recteur de l'Université de Montréal.

68. APC, RG 25, série A.3. Lettre du 4 août 1942, Patrick Duff du Haut Commissariat britannique au Canada, à Robertson.

69. Au cours de l'été 1942, le Comité national de la France combattante annonce la nomination de quatre représentants au Canada, sans consulter le gouvernement canadien, heurtant ainsi l'amour propre de l'ancien Dominion. Toutefois, le Canada n'est pas sans reproche dans toute cette affaire. En effet, malgré l'engagement pris auprès de d'Argenlieu au printemps 1941, et contrairement aux gouvernements américain et britannique, les autorités canadiennes n'ont pas de représentants auprès

Pierrené pour celui de délégué du Comité national. Malheureusement pour Marchal, Pierrené n'avait pas jugé utile d'en informer les autorités fédérales[70].

Arrivée officiellement au début d'août, la nouvelle ne surprend toutefois pas les autorités canadiennes. Quelques jours plus tôt, les services de renseignements canadiens avaient intercepté une conversation téléphonique entre Français libres sur le sujet[71].

Le gouvernement canadien voit d'un mauvais œil l'arrivée d'un nouveau représentant qui pourrait exiger une reconnaissance officielle. De plus, les membres du secrétariat d'État aux Affaires extérieures s'opposent à l'envoi d'un diplomate de carrière, préférant un militaire au poste de représentant du général de Gaulle au Canada[72]. Pourquoi un militaire ? Les autorités fédérales n'en précisent jamais les raisons. Peut-être qu'Ottawa conçoit avant tout la France combattante comme une arme de propagande utilisée pour stimuler la combativité du Canada français ? Peut-être veut-on à tout prix éviter une confrontation qui provoquerait le rappel de Ristelhueber ? D'autre part, d'après Marchal, qui tiendrait l'information du Haut Commissariat britannique à Ottawa, c'est le cardinal Villeneuve qui, plusieurs mois auparavant, aurait pour la première fois suggéré la désignation d'un délégué militaire[73]. Mais était-ce une exigence incontournable ?

L'« Affaire Marchal » illustre à quel point le secrétariat d'État aux Affaires extérieures du Canada a peu d'antennes au Canada français. Les fonctionnaires canadiens-français y sont rares, et souvent éloignés des cercles de décision. Un d'entre eux, Pierre Dupuy, jouit d'une certaine notoriété, résultat de ses missions à Vichy pour le compte du gouvernement britannique. Dupuy multiplie d'ailleurs au cours de l'été 1942 les interventions en faveur de Marchal[74]. Mais sa médiation nuit plus qu'elle n'aide le diplomate français. Ses positions con-

---

du Comité national à Londres, privant ainsi les deux parties d'un moyen de communication qui aurait pu empêcher tous ces malentendus.

70. APC, RG 25, série A. 3, vol. 2792, dossier 712-B-40. Mémorandum du 18 août 1942, Stone à Robertson.

71. APC, RG 25, série A.3, vol. 2792, dossier 712-B-40. Lettre du 22 septembre 1942, Robertson à Massey.

72. APC, RG 25, série A.3, vol. 2792, dossier 712-B-40. Mémorandum du 22 juillet 1942, Stone à Robertson.

73. AP, archives Henri Marchal. Lettre du 13 septembre 1942, Marchal à Dejean.

74. APC, RG 25, série A.3, vol. 2792, dossier 712-B-40. Lettres du 21 juillet et du 5 août 1942, Dupuy à Robertson.

ciliatrices envers le régime de Vichy ont fini par irriter la plupart de ses collègues. De plus, ce simple secrétaire d'ambassade, devenu le messager de Winston Churchill, fait quelques envieux qui s'expliquent mal son ascension subite. Voici ce qu'écrivait Charles Ritchie, trente ans plus tard, au sujet de Dupuy :

> What an enjoyable war that little man is having! He exudes high politics and dark diplomacy. He is intelligent — yes — but nine-tenths of it is his capacity to put himself across. From being a dim little diplomat he has become an international figure — the only Canadian except for the Prime Minister whose name is known in Paris and Berlin political circles and in the inner circle in London[75].

Au Québec, les membres du secrétariat d'État naviguent donc dans le brouillard. Se fiant à l'avis de quelques personnes, peut-être également victimes de leurs préjugés, Robertson et ses deux adjoints, Thomas Stone et Hume Wrong, ne verront pas les avantages qu'aurait pu amener pour la France combattante et pour l'esprit de combativité au Québec la présence d'un diplomate d'expérience, catholique par surcroît, jouissant de nombreuses amitiés tant dans la communauté française de Montréal que chez les Canadiens français.

Laugier, Pierrené, Élisabeth de Miribel contre Marchal. — D'autre part, pour des raisons que l'on ignore, le Comité national n'aurait envoyé à sa délégation d'Ottawa le télégramme annonçant la nomination prochaine de Marchal que le 27 juillet[76]. Comble de malheur, la délégation n'aurait jamais reçu le télégramme[77]. Pierrené, Élisabeth de Miribel et Quédrue auraient pris connaissance des intentions de Londres via des canaux officieux.

75. Charles RITCHIE, *The Siren Years. A Canadian Diplomat Abroad, 1937-1945*; Toronto, Macmillan Press, 1974, p. 145.
«Quelle guerre agréable pour ce petit homme! Il est plongé dans la grande politique et la sombre diplomatie. Il est intelligent, certes, mais les neuf dixièmes de son intelligence tiennent à la façon qu'il a de se faire valoir. De petit diplomate effacé qu'il était, il est devenu une personnalité mondialement connue, le seul Canadien, à l'exception du premier ministre, dont le nom soit connu dans les cercles politiques de Paris, Berlin et Londres.» (*Nous traduisons.*)
76. MAE, série guerre 39-45, sous-série Londres, vol. 306. Télégramme du 27 juillet 1942, Dejean à Pierrené.
77. APC, RG 25, série A.3, vol. 2792, dossier 712-B-40. Lettre du 4 août 1942, É. de Miribel à Marchal.

C'est le lieutenant de vaisseau Henri de Bellaigue, choisi le 9 juillet 1942 pour remplacer Quédrue à Montréal[78] qui, de New York, téléphone le 29 juillet à Élisabeth de Miribel et à Quédrue pour leur annoncer son arrivée prochaine[79]. Du même souffle, Bellaigue informe les deux Français libres de la nomination de Marchal[80].

L'envoi imminent de Marchal et de Bellaigue au Canada coïncide avec la nomination du capitaine Chevrier au poste de représentant au Canada des Forces aériennes de la France libre[81]. Élisabeth de Miribel, Pierrené et Quédrue ont sans doute compris que le Comité national réorganisait de fond en comble la délégation de la France combattante au Canada. Ils se sont peut-être trompés sur les raisons de ces nominations. Pour de Gaulle et le Comité national, l'évolution de la situation internationale exige une réorganisation de la France combattante[82]. De Gaulle, voulant assurer le présent de son mouvement pour garantir l'avenir de la France, veut se doter d'un appareil diplomatique bien huilé et aguerri. La réorganisation de sa représentation au Canada répond donc à des motifs stratégiques.

Mais les représentants déjà sur place ne voient sans doute pas la chose de la même façon. Londres réorganise la délégation alors qu'une énième querelle intestine paralyse le mouvement au Canada[83]. Perçoivent-ils la décision du Comité national comme un blâme de leurs actions passées ? Pour Ristelhueber, qui rend compte de la situation tendue au sein de la France combattante au Canada, « les éléments modérés, les plus nombreux, chercheraient à éliminer les agitateurs avec l'approbation du Comité de Londres[84] ».

---

78. AM, FNFL, vol. TTC 15. Note du 9 juillet 1942, fait par Auboyneau pour l'État-major particulier du général de Gaulle.

79. APC, RG 25, série A.3, vol. 2792, dossier 712-B-40. Mémorandum du 30 juillet 1942, Stone à Robertson ; télégramme du 30 juillet 1942, Robertson à Massey.

80. D'après Léon Marchal, Quédrue aurait été informé encore plus tôt, à la mi-juillet, de l'arrivée imminente d'un nouveau représentant à Ottawa. En effet, le capitaine de vaisseau Gayral de la FNFL aurait fait avec Marchal le trajet Londres-New York en juillet 1942. Gayral aurait ensuite téléphoné à Quédrue pour lui annoncer son remplacement par Bellaigue et la venue de Marchal. AP, archives Henri Marchal. Lettre du 6 septembre 1942, Marchal à Dejean.

81. APC, RG 25, série A.3, vol. 2792, dossier 712-B-40. Lettre du 22 juillet 1942, Pierrené à Robertson.

82. Duroselle qualifie le mois de juillet 1942 comme étant une période faste dans les relations entre de Gaulle et les Alliés. DUROSELLE, *Politique étrangère de la France*, p. 444.

83. Voir p. 220 et suivantes.

84. MAE, série guerre 39-45, sous-série Vichy-Amérique, vol. 169. Télégramme du 4 août 1942, Ristelhueber à Laval.

De New York, Marchal communique le 2 août avec Pierrené pour l'informer de son intention d'effectuer, au cours de la seconde quinzaine d'août, un séjour exploratoire à Ottawa. Marchal demande à Pierrené d'intervenir auprès des autorités fédérales pour obtenir les autorisations nécessaires[85]. Pierrené étant absent d'Ottawa, c'est Élisabeth de Miribel qui se charge de répondre[86]. Marchal et les autorités de la France combattante ne se doutent pas que les changements proposés par le Comité national posent des problèmes aux autorités fédérales. Dans sa lettre, la jeune femme ajoute cet intrigant paragraphe :

> Je crois pouvoir vous signaler que M. Norman Robertson a causé longuement avec le professeur Laugier, lors de sa récente visite à Ottawa, qu'il s'attend à le revoir les 9 et 10 août et qu'il donnera peut-être de vive voix plus facilement que par écrit l'opinion du gouvernement canadien concernant votre nomination[87].

Le même jour, Élisabeth de Miribel écrit à Robertson la note suivante : « M. Laugier viendra à Ottawa, tel que convenu, les 9 et 10 août. Il a vu M. Marchal à Washington et connaît la situation ; il sera à votre disposition pour vous fournir toutes les informations utiles[88]. »

Henri Laugier se rendait régulièrement au National Research Council à Ottawa et profitait de l'occasion pour rencontrer des membres de l'administration fédérale[89]. Laugier avait effectivement vu Marchal aux États-Unis. La conversation entre le militant laïque et le catholique pratiquant n'aurait pas été des plus cordiales[90]. La nouvelle d'un entretien entre Laugier et Robertson ne pouvait sourire à Marchal.

---

85. *APC*, RG 25, série A.3, vol. 2792, dossier 712-B-40. Lettre du 2 août 1942, Marchal à Pierrené.

86. *APC*, RG 25, série A.3, vol. 2792, dossier 712-B-40. Lettre du 4 août 1942, É. de Miribel à Marchal.

87. *Ibid.*

88. *APC*, RG 25, série A.3, vol. 2792, dossier 712-B-40. Lettre du 4 août 1942, É. de Miribel à Robertson.

89. GLADYS, *One Woman's War*, p. 104.

90. *APC*, RG 25, série A.3, vol. 2792, dossier 712-B-40. Lettre du 8 août 1942, Hector Allard, diplomate canadien en poste à Washington, à Stone ; *APC*, RG 25, série A.3, vol. 2792, dossier 712-B-40. Télégramme du 19 août 1942, Pearson à Robertson.

À quel jeu jouent Élisabeth de Miribel et Laugier ? Qui les a mandatés pour discuter du cas Marchal avec les autorités fédérales ? Dans la réponse qu'il expédie à Élisabeth de Miribel, Marchal l'intime à la plus grande réserve :

> Les conversations que M. Laugier a eues et doit avoir avec M. Robertson seront certainement utiles. Cependant, suivant les instructions que j'ai reçues à Londres avant mon départ, le *seul point* [souligné par Marchal] qu'il y ait lieu de traiter maintenant est d'obtenir, pour moi, l'autorisation de me rendre au Canada pour un séjour de très courte durée, afin de me concerter moi-même avec les autorités canadiennes sur les modalités pratiques du fonctionnement de la délégation et sur ma propre désignation comme chef de celle-ci. Je vous serais très reconnaissant de demander au colonel Pierrené de vouloir bien attirer l'attention de M. Laugier sur ce point.
>
> Il convient, d'autre part, que jusqu'à nouvel ordre, les intentions du Comité national soient tenues rigoureusement secrètes[91].

Mais, malheureusement pour Marchal, la nouvelle de sa venue au Canada circule déjà dans les médias. Le 6 août, le *Montréal-Matin* publie l'entrefilet suivant : « Le colonel Pierné [*sic*], rappelé à Londres, serait remplacé par un haut fonctionnaire qui aurait quitté l'ambassade de France à Washington voici quelque temps[92]. » Et le 8 août, c'est au tour du *Jour* d'ébruiter l'information :

> Le colonel Pierrené, rappelé à Londres, serait remplacé par un haut fonctionnaire qui aurait quitté l'Ambassade de France à Washington voici peu de temps.
>
> Le mouvement aurait ses répercussions à Montréal.
>
> *Le Jour* peut ajouter que ce haut fonctionnaire aurait un neveu, officier dans la marine allemande.
>
> Et ce n'est pas tout[93].

La campagne de désinformation est commencée. Elle ne prendra sa vitesse de croisière qu'à la seconde moitié du mois d'août. Mais le mal est déjà fait. Marchal n'a pas encore rencontré les responsables canadiens que les nuages s'amoncellent à l'horizon.

---

91. Archives Henri Marchal. Lettre du 6 août 1942, Marchal à É. de Miribel.
92. *Montréal-Matin*, 6 août 1942.
93. *Le Jour*, 8 août 1942.

Les autorités de la France combattante et du gouvernement britannique tentent de racheter leurs premières maladresses. Tout d'abord, pour dissiper toute ambiguïté au sujet des sentiments gaullistes de Marchal, on informe Ottawa de la nature de son travail à l'ambassade de Washington, travail effectué avec la bénédiction du Comité national[94]. On précise aussi que le statut demandé pour Marchal sera le même que celui accordé au représentant du général de Gaulle à Washington, Adrien Tixier, c'est-à-dire un statut comparable à celui de Pierrené.

Mais Robertson, loin d'être rassuré, se montre de plus en plus réticent. Le 7 août, dans un télégramme à son confrère Pearson en poste à Washington, le fonctionnaire canadien fait état des rumeurs au sujet de Marchal circulant dans les médias canadiens-français[95]. Il croit préférable, dans l'immédiat, de refuser la demande du Comité national.

Le 20 août, Dejean envoie à Marchal, toujours à Washington, le télégramme suivant :

> De source confidentielle, j'ai été informé ce matin que le gouvernement d'Ottawa s'était inquiété du nouveau statut qui pourrait être demandé pour vous. Entre-temps, les autorités canadiennes compétentes ont été informées par un canal sûr que nous ne songions nullement à une position officielle ou officieuse autre que celle qu'avait jusqu'ici M. Pierrené [...]

Dejean demeure optimiste et rajoute :

> Par les mêmes voies, il a été suggéré au gouvernement canadien que vous pourriez vous rendre à Ottawa pour discuter l'affaire sur place avec les autorités canadiennes. Il y a donc tout lieu de croire que vous recevrez, sous peu, le visa demandé[96].

Ce n'est toutefois pas Marchal qui se rend à Ottawa, mais plutôt Stone qui gagne Washington. Le 23 août, les deux hommes ont un entretien de plus de deux heures. Le diplomate français peut enfin se défendre des insinuations qui ont été faites à ses dépens. Stone ressort

---

94. *APC*, RG 25, série A.3, vol. 2792, dossier 712-B-40. Télégramme du 1er août 1942, Massey à Robertson.

95. *APC*, RG 25, série A.3, vol. 2792, dossier 712-B-40. Télégramme du 7 août 1942, Robertson à Pearson.

96. *MAE*, série guerre 39-45, sous-série Londres, vol. 307. Télégramme du 20 août 1942, Dejean à Marchal.

de la rencontre impressionné par l'homme, convaincu de sa bonne foi et prêt à l'accueillir à Ottawa[97]. Les choses s'améliorent donc pour Marchal. D'autant plus qu'à un mémorandum rédigé par Robertson, dans lequel le sous-secrétaire d'État résume la situation, le premier ministre Mackenzie King répond laconiquement, le 28 août : « It seems to me Mr Léon Marchal would be all right. If desired by Free French I see no objection to his coming and to your arranging accordingly[98]. »

L'optimisme est donc de rigueur. Marchal croit que les obstacles seront facilement surmontés et que le gouvernement canadien l'invitera à Ottawa au début de septembre[99].

C'est alors qu'Élisabeth de Miribel et Pierrené interviennent. À peine de retour de vacances, Pierrené remet à Thomas Stone le contenu d'une lettre qu'il avait reçue de Marchal, contenu que ce dernier avait expressément demandé de garder secret.

> Je n'ai provoqué en aucune manière la décision du Comité national à mon sujet. Certaines raisons personnelles m'auraient plutôt porté à décliner cette mission. Je ne l'ai acceptée que parce que l'on m'en a fait un devoir...
>
> [...] La seule chose que je cherche à obtenir pour le moment est d'être autorisé à me rendre à Ottawa pour m'entretenir avec M. Norman Robertson. Si, à la suite de cet entretien il m'apparaît que, dans l'intérêt de la France combattante, il vaut mieux ne pas donner suite au projet, j'en rendrai compte à Londres avec autant d'objectivité que s'il s'agissait d'un autre que moi-même[100].

Pourquoi Pierrené a-t-il donné cette lettre à Stone ? Marchal avait pourtant précisé qu'il ne devait pas la remettre aux autorités cana-

---

97. *APC*, RG 25, série A.3, vol. 2792, dossier 712-B-40. Télégramme du 24 août 1942, Stone à Robertson.

98. *APC*, RG 25, série A.3, vol. 2792, dossier 712-B-40. Mémorandum de Robertson pour King, le 21 août 1942. Réponse de King le 28 août. « Il me semble que M. Léon Marchal serait parfait. Si c'est lui que veut la France libre, je ne vois pas d'objection à son arrivée au Canada et à ce que vous agissiez en conséquence. » (*Nous traduisons.*)

99. *MAE*, série guerre 39-45, sous-série Londres, vol. 307. Télégramme du 25 août 1942, Marchal à Dejean.

100. *APC*, RG 25, série A.3, vol. 2792, dossier 712-B-40. Lettre du 13 août 1942, Marchal à Pierrené. Extraits confiés par Pierrené à Stone le 21 août 1942.

diennes. En refilant au gouvernement canadien ces quelques paragraphes, Pierrené manque à l'obligation de réserve à laquelle il était tenu.

Marchal allait avoir encore plus d'ennuis avec Élisabeth de Miribel. Celle-ci fait tout d'abord intervenir son bon ami, le général Vanier. Le 29 août, Vanier adresse la lettre suivante à Robertson:

> Mademoiselle de Miribel has spoken to me about Monsieur Marchal. I have no hesitation in saying that his appointment would have a deplorable effect in this Province. For the many reasons with which you are conversant, his presence in Canada would add to the confusion which some of us have been endeavouring to clear up.
>
> Mlle de Miribel will tell you a very interesting conversation she had with the Cardinal[101].

Élisabeth de Miribel rencontre en effet le 29 août le cardinal Villeneuve. Elle en fait part dans une lettre à Robertson datée du 31 août[102]. Mais cette lettre est surtout intéressante pour ce qu'elle révèle des intentions et des opinions de la jeune femme sur toute l'affaire.

> [...]
> Information I have had from Laugier and from de Bellaigue, as well as what I have understood from letters received from Mr. Marchal, unfortunately, has not persuaded me to think that he is the kind of straight, sincere patriot, absolutely devoted to the cause and devoid of personnal ambitions, so essential to the work here.

---

101. *APC*, RG 25, série A.3, vol. 2792, dossier 712-B-40. Lettre du 29 août 1942, Vanier à Robertson.

Mademoiselle de Miribel m'a parlé de M. Marchal. Je crois sincèrement que sa nomination aurait un effet déplorable sur la province. Pour de nombreuses raisons que vous comprenez, sa présence au Canada ajouterait à la confusion que certains d'entre nous ont tenté de dissiper.

Mademoiselle de Miribel vous relatera une conversation fort intéressante qu'elle a eue avec le cardinal. (*Nous traduisons*.)

102. Dans les archives canadiennes, on retrouve un compte rendu de la rencontre du 29 août entre Élisabeth de Miribel et le cardinal Villeneuve. Il est fort probable que la jeune femme ait donné à Robertson le compte rendu avec sa lettre du 31 août 1942. Mgr Villeneuve rappelle sa préférence pour un militaire au poste de représentant de la France combattante, et souligne que, même si les allégations concernant Marchal se révèlent fausses, le mal étant fait aux yeux de l'opinion, il est souhaitable que la France combattante renonce à l'envoyer à Ottawa. *APC*, RG 25, série A.3, vol. 2792, dossier 712-B-40. Compte rendu de l'entrevue du 29 août 1942 de Élisabeth de Miribel avec le cardinal Villeneuve.

The fears of Cardinal Villeneuve and Brigadier Vanier are very much the same as those which you expressed before me on the 4th of August.

1. Fear that mental confusion would be aggravated by the personality and previous work of Marchal as well as by the friendship he had, not only with M. Coursier in Montréal, but with Coursier's friends and certain priests.

2. Whether the attacks launched against him are true or untrue, the fact that he was and remains subject of discussion in above mentioned papers, is very dangerous to the whole movement in Canada.

3. The improvement in Quebec's attitude toward Fighting France and the war, the fact that they now accept us as a "Cause" makes it even more necessary to have a delegate above reproach or criticism; a delegate who could be received by your government and presented to Quebec as a symbol of the highest sort of patriotism. Subtility, career, these are not so much needed as real and selfess inspiration.

[...]

Having had those important talks with yourself, the Cardinal and General Vanier, I feel it my duty to add that my own position now seems very clear to me. If I have been able to do some good and convince some people of the gravity of the spiritual conflict, it is because I believe strongly in the ideals for which we fight. Should the day come that I have personal proof in my own office of any Frenchman trying to use the cause for personal career advantages or to built up a post-war self-situation through exploitation of the true sympathy my country enjoys in yours, I shall feel obliged to leave Canada at once.

[...]

Should I feel the least suspicion that the Fighting French cause is used rather than served, that my own contacts in this country might be used for personal reasons, you will not be surprised that I shall ask to be sent somewhere nearer the front line.

I am confident that you know I take this stand only because I believe no compromise ought to be tolerated in our struggle if we wish to win in honour and to reconstruct freedom in the world[103].

---

103. *AP*, archives Henri Marchal. Lettre du 31 août 1942, É. de Miribel à Robertson. Voir aussi *APC*, RG 25, série A. 3, vol 2792, dossier 712-B-40.

La lettre a certainement fait réfléchir Robertson. Tout d'abord, les opinions exprimées par Vanier et Mgr Villeneuve et rapportées dans la lettre ont beaucoup de poids. De plus, les menaces à peine voilées d'Élisabeth de Miribel ne peuvent que porter. Robertson, Stone et les autres membres du secrétariat d'État aux Affaires extérieures apprécient l'importance du travail accompli par la jeune femme au Canada. Voulaient-ils prendre le risque de la voir quitter le Canada dans le cas où celle-ci refuserait de travailler avec Marchal ?

L'information fournie par Laugier et Bellaigue, de même que ce que j'ai pu comprendre de lettres reçues de M. Marchal, ne m'a malheureusement pas convaincue qu'il est un patriote droit et sincère, totalement dévoué à la cause et dépourvu d'ambitions personnelles, qualités essentielles pour travailler ici.

Les craintes du cardinal Villeneuve et du bridadier général Vanier sont fort semblables à celles dont vous m'avez fait part le 4 août.

1. Crainte que la confusion dans les esprits ne soit aggravée par la personnalité de Marchal et les fonctions qu'il assumait antérieurement, ainsi que par les amitiés qu'il a eues, pas seulement avec M. Coursier à Montréal, mais également avec certains amis de Coursier et certains prêtres.

2. Que les attaques contre lui soient fondées ou non, le fait qu'il ait été et qu'il soit toujours un sujet de discussion dans les journaux mentionnés précédemment représente un grave danger pour tout le mouvement au Canada.

3. Le changement positif que l'on note au Québec à l'égard de la France combattante et de l'effort de guerre, et le fait qu'ils nous acceptent maintenant en tant que « Cause » font en sorte qu'il est primordial que nous ayons un délégué sans reproche, faisant l'objet d'aucune critique et qui pourrait être acceptable aux yeux de votre gouvernement et présenté au Québec comme symbole du plus fervent patriotisme. La subtilité et la carrière n'ont guère d'importance comparativement à l'inspiration véritable et dévouée.

[...]

Après avoir eu des entretiens importants avec vous, le cardinal et le général Vanier, je sens qu'il est maintenant de mon devoir d'ajouter que ma position est très claire. Si j'ai pu rendre service et convaincre certaines personnes de la dimension spirituelle et de l'importance du conflit, c'est que je crois fermement aux idéaux pour lesquels nous combattons. Le jour dût-il venir où je constate qu'un Français travaillant dans les bureaux de la France libre tente d'utiliser notre cause pour mousser sa carrière en exploitant la réelle sympathie que je ressens dans votre pays pour le mien, je me sentirai obligée de quitter immédiatement le Canada.

[...]

Si je soupçonnais que l'on utilise la cause de la France combattante plutôt que de la servir, que mes relations dans ce pays sont utilisées pour des raisons personnelles, je demanderais alors, et vous n'en serez pas étonné, à être envoyée en un lieu plus rapproché de la ligne de front.

J'ai l'assurance que vous connaissez les raisons qui me motivent. Je crois que nul compromis ne doit être toléré dans cette lutte si nous souhaitons gagner honorablement et faire triompher la liberté dans le monde. *(Nous traduisons.)*

La presse gaulliste s'en mêle. — Alors que Pierrené et Élisabeth de Miribel ne font rien pour faciliter la venue de Marchal au Canada, la campagne de presse contre le diplomate français bat son plein. Le 22 août, *Le Jour* reproduit un article publié le 28 mars dans le journal procommuniste de Montréal, *La Victoire.* L'article est une mise en accusation du passé de Marchal : il aurait déjà pensé au sacerdoce ; il aurait rencontré, lors de son passage précédent au Canada, l'abbé Poisson, connu à l'époque pour ses positions profascistes ; sa femme, fille d'un général allemand, aurait deux neveux dans l'armée allemande[104]...

Le 31 août, c'est au tour du sérieux et respecté *Canada* d'y aller d'un éditorial au vitriol contre Marchal. Le quotidien revient sur les origines supposées allemandes de l'épouse du diplomate, mais c'est surtout sur son ralliement tardif à la France libre que l'éditorial s'attarde :

> Chaque nouvelle adhésion d'un homme de Vichy à la France combattante nous remplit d'aise. On y voit la preuve de la vitalité grandissante de la résistance française à la domination allemande. Mais dans le cas d'un adhérent de fraîche date, il nous paraît mal avisé de lui confier tout de suite, sans une période d'acclimatation à l'idéal de la résistance, un poste diplomatique de haute responsabilité dans un pays où, comme le Canada, l'Ordre nouveau de Vichy est l'évangile d'un petit groupe très remuant d'isolationnistes ou d'abstentionnistes.
>
> Plus que partout ailleurs, à cause de la situation psychologique à l'intérieur, il faut, pour représenter de Gaulle au Canada, un résistant de la première heure, un homme qui, sans calcul et sans hésitation, a tout risqué, sa carrière, sa fortune et l'avenir de ses enfants, à l'époque où combattre pour la France contre Vichy était, aux yeux des gens « raisonnables », un acte de suicide.
>
> Se rallier deux ans après c'est bien, mais c'est moins beau — et moins rassurant pour les Canadiens qui combattent chez eux l'imprégnation des esprits par le poison subtil de Vichy[105].

La campagne de presse et les interventions d'Élisabeth de Miribel et du général Vanier confirment les craintes du gouvernement canadien. Le 2 septembre, Hume Wrong résume la situation au premier

---

104. *Le Jour*, 22 août 1942.
105. *Le Canada*, 31 août 1942.

ministre. Selon Wrong, vu la violence des propos à l'endroit de Marchal, sa présence au Canada est indésirable:

> [it] would undoubtedly bring about deep dissensions not only among the Free French themselves and in the French colony but among French-speaking Canadians in Montreal and Quebec. Such dissensions would place a weapon in the hands of indesirable elements in the Province of Quebec and might have far reaching consequences.
>
> [...]
>
> If Marchal should not be disposed to recommend to the French National Committee that his appointment to Canada be reconsidered, I recommend that our agreement be refused[106].

Ignorant que le gouvernement canadien a déjà refusé sa nomination, Marchal arrive à Ottawa le 3 septembre 1942. Le lendemain, il rencontre Stone et Wrong[107]. Wrong se charge de la déplaisante besogne. Tournant le fer dans la plaie, le diplomate canadien avoue que, malgré sa préférence pour un délégué militaire, son gouvernement aurait probablement accepté la nomination de Marchal. Mais, devant la polémique et les indiscrétions commises à son sujet par les journaux de Montréal, le gouvernement canadien se voit dans l'obligation de rejeter la demande du Comité national.

Marchal se rend ensuite à la résidence d'été de Robertson. Les deux hommes s'entretiennent pendant deux heures. Marchal proteste du mieux qu'il peut, alléguant que le Comité l'envoyait à Ottawa parce que l'on croyait qu'il était celui qui pouvait aider le gouvernement canadien au Québec. Robertson acquiesce, mais rajoute que les indiscrétions de la presse plaçaient Marchal, avant même qu'il ne soit officiellement nommé à Ottawa, dans une position délicate et qu'une fois en poste, il aurait toujours à se défendre d'avoir été un homme

---

106. APC, RG 25, série A.3, vol. 2792, dossier 712-B-40. Mémorandum du 2 septembre 1942, Wrong à King.

« [e]lle provoquerait sans aucun doute des divisions profondes, non seulement au sein de la France libre et de la colonie française, mais également parmi les Canadiens français de Montréal et de Québec. De telles divisions pourraient s'avérer dangereuses si elles étaient utilisées par des éléments indésirables dans la province de Québec. Si Marchal n'est pas disposé à recommander au Comité national français qu'il reconsidère sa nomination au Canada, je recommande que nous lui refusions notre accord. » (Nous traduisons.)

107. AP, archives Henri Marchal. Brouillon d'une lettre datée du 6 septembre 1942, de Marchal à Dejean; lettre datée du 7 septembre 1942, de Marchal à Dejean.

de Vichy. Toujours selon Robertson, il serait difficile pour le gouvernement canadien de passer outre aux avis venus du Québec, et particulièrement à celui du cardinal Villeneuve, qui voulait à tout prix éviter toute polémique.

Alors, malgré l'impression positive qu'il a laissée aux autorités canadiennes[108], dans un télégramme daté du 16 septembre et adressé à Dejean, Marchal suggère de retirer la demande d'agrément concernant sa nomination à Ottawa[109]. Ses ennemis ont donc gagné.

Mais avant de quitter Ottawa, Marchal fait distribuer par le service d'Information de la France combattante un communiqué de presse pour réfuter les insinuations faites au sujet de son passé. Sans dévoiler des secrets diplomatiques, Marchal s'explique sur sa défection d'apparence tardive[110].

La plupart des journaux s'empressent de publier le communiqué. *Le Jour* l'insère dans son édition du 19 septembre 1942 en page deux ; mais, dans un éditorial en page trois, continue de s'en prendre au diplomate :

> Mais le cas Marchal n'a pas une telle importance qu'il mérite un long discours.
>
> Demandons à M. Marchal un peu de discrétion, un peu de camaraderie, à lui, le nouveau venu, envers qui, spontanément, au lendemain de la capitulation de la France sont venus grossir les rangs de la France combattante et conseillons-lui une retraite fermée : il y pourra méditer sur « le mensonge », qui n'est au reste pas un péché capital[111].

---

108. « My talks with him have served to confirm the very favourable British and American sources, and this makes me regret the more that his services have been lost to the F.F. Cause in Canada. » *APC*, RG 25, série A.3, vol. 2792, dossier 712-B-40. Mémorandum du 5 septembre 1942, Wrong à King. « Les entretiens que j'ai eus avec lui m'ont permis de confirmer les avis favorables des autorités britanniques et américaines à son égard et m'ont fait regretter davantage que ses services aient été perdus à la cause de la France libre au Canada. » (*Nous traduisons*.) Voir aussi *APC*, RG 25, série A.3, vol. 2792, dossier 712-B-40. Lettre du 22 septembre 1942, Robertson à Massey.

109. *MAE*, série Londres, vol. 307. Télégramme du 16 septembre 1942, Marchal à Dejean.

110. *AP*, archives Henri Marchal. Communiqué de presse émis par le Service d'information de la France combattante, 7 septembre 1942.

111. *Le Jour*, 19 septembre 1942.

Décidé à mettre un terme à toute cette affaire, Marchal envoie au *Jour* une lettre pour rectifier une fois pour toutes les mensonges propagés dans ses pages :

> Mon beau-père, Henri Sieger, que vous dites « germano-lithuanien », est né à Paris...
> Ma belle-mère [...] est née à Rakvere (Estonie) le 6 février 1864. Elle était donc sujette russe et non, comme vous le dites, « citoyenne allemande », expression qui n'avait d'ailleurs aucun sens en 1864.
> De son premier mariage avec un Polonais, ma belle-mère a eu une fille (de seize ans plus âgée que ma femme) qui s'est fixée en Allemagne en 1920. Son fils — mon demi-neveu par alliance, si vous tenez à préciser les termes de cette parenté légale, — est officier dans la marine allemande. Contrairement à ce que vous affirmez, il n'est pas venu à Montréal en 1933. Je ne l'ai jamais vu de ma vie...
> Je maintiens que je ne connais ni l'abbé Poisson, ni ses écrits...
> Dois-je vous apprendre qu'un établissement d'éducation dirigé par des prêtres n'est pas nécessairement un séminaire...
> Vous pouvez, si vous y voyez un avantage, continuer à dire que je suis « frais venu à la France combattante », mais ce n'est pas, je le répète, l'opinion de ceux qui m'ont vu à l'œuvre depuis l'été de 1940[112]...

Voulant avoir le dernier mot, Harvey répond à Marchal en ces termes :

> Votre lettre en date du 21 septembre sera publiée dans *Le Jour* du 3 octobre. L'incident sera clos.
> Tout ce que nous avons fait nous était inspiré par notre dévouement à la France combattante. Nous continuons à penser que les fonctions importantes de ce groupe ne doivent pas être confiées à des ouvriers de la onzième heure[113].

Élisabeth de Miribel, le colonel Pierrené et les milieux gaullistes de Montréal ont donc gagné. La France combattante devra utiliser ailleurs les talents de Léon Marchal. C'est de nouveau en Afrique du Nord,

---

112. *AP*, archives Henri Marchal. Brouillon de la lettre envoyée le 21 septembre 1942, Marchal à Harvey.
113. *AP*, archives Henri Marchal. Lettre du 25 septembre 1942, Harvey à Marchal.

cette fois-ci aux côtés du général Catroux, que Marchal aura la chance de poursuivre la lutte.

Mais pourquoi la France combattante a-t-elle dû renoncer à envoyer Marchal au Canada ? Certes, le Comité national a fait preuve de peu de tact lorsqu'il a voulu informer les autorités canadiennes de son choix. D'autre part, les préférences canadiennes pour un militaire limitaient les chances de succès de Marchal. Mais, en bout de piste, c'est plutôt la réaction violente des gaullistes de Montréal et le manque de collaboration d'Élisabeth de Miribel et de Pierrené qui auront eu raison de Marchal. Comment expliquer la violence des propos des journaux progaullistes de Montréal à l'endroit du diplomate français ? Et pourquoi le colonel Pierrené et Élisabeth de Miribel étaient-ils réticents à accueillir Marchal au Canada ?

Crise de croissance de la France libre. — Des adversaires du général de Gaulle l'ont décrit comme sectaire, intolérant vis-à-vis de ceux qui avaient refusé de le suivre en juin 1940[114]. Ces critiques s'avèrent, à la lumière des faits, injustes. De Gaulle a, tout au long du conflit, intégré plusieurs « ralliés de fraîche date » au sein de son mouvement, pour ensuite leur confier les plus hautes fonctions.

Henri Michel, dans *Les courants de pensée de la Résistance*, entame sa section sur la France libre en énonçant les quatre fondements du mouvement. Parmi ceux-ci figure l'union nationale. « Pour gagner cette guerre, il faut unir le plus possible[115]. » De Gaulle, au nom de l'unité, aspire à un large consensus. La France libre doit rassembler tous les Français qui, au-delà des clivages gauche-droite, désirent vaincre l'ennemi. Ainsi, à son délégué et ami Jacques de Sieyès, de Gaulle écrivait au début mars 1941, au sujet de la formation d'un comité de Français libres aux États-Unis, que « ce comité devra chercher à réunir, sans aucun esprit de parti, tous les Français qui pensent que la cause de la France ne peut être séparée de celle de la Grande-Bretagne et des États-Unis[116] »...

Au mois de juillet 1942, alors qu'au Canada les Français libres s'entre-déchirent, une étude émanant des bureaux de Londres, et qui

---

114. Voir par exemple vice-amiral Muselier, *De Gaulle contre le Gaullisme*, p. 390.

115. Voir Michel, *Les courants de pensée de la Résistance*, p. 23-25.

116. MAE, série guerre 39-45, sous-série Londres, vol. 309. Lettre du 11 mars 1941, de Gaulle à Sieyès.

porte sur les rapports de la délégation de la France combattante avec les Français des États-Unis, résume parfaitement l'esprit d'union qui règne au sein des hautes instances du mouvement:

> Toute action sur l'opinion américaine doit, pour porter ses fruits, être précédée ou tout au moins accompagnée d'un rassemblement aussi complet des éléments français résidant aux États-Unis.
>
> [...]
>
> Des contacts fréquents, l'absence complète de préjugés person-nels, une attitude ouverte et large qui s'élève toujours au plan des intérêts permanents de la France et ne s'abaisse jamais à la politicaillerie, à la polémique ou à l'insulte, tels sont les principes directeurs qui doivent constamment inspirer tous les services de la délégation dans la poursuite de cette tâche. La délégation ne devra couper les ponts qu'avec les collaborationnistes ou les capitulards notoires, prouvés, et elle devra le faire avec une absolue netteté, mais sans passion[117].

Aspirant au leadership national, la France libre devait éviter tout sectarisme et rallier sous son drapeau tous les Français, y compris les « égarés ». Pour le Général, la France combattante ne doit pas être une chapelle regroupant autour d'un prophète les fidèles de la pre-mière heure. La France combattante est une œuvre œcuménique, ras-semblant les forces vives de la nation, dans le but d'assurer la place de la France dans la lutte et dans la victoire contre l'Axe.

L'unité des Français sous les drapeaux de la France combattante constituait donc l'élément central qui permettrait à cette dernière de représenter la France au combat. Mais pour atteindre cet objectif, la France combattante devait se doter d'un appareil administratif à la hauteur de ses ambitions.

Dans ses mémoires, le général de Gaulle explique pourquoi il n'a pas, dès l'été 1940, constitué un « gouvernement » en exil. Tout d'abord, il prétend avoir agi ainsi dans l'espérance, quoique très faible, qu'un jour l'État français reprenne le combat. Puis, de Gaulle men-tionne le manque de personnel qualifié. En 1940, mis à part quelques fonctionnaires subalternes, de Gaulle n'a pas les ressources pour bâtir une structure étatique efficace[118].

117. *MAE*, série guerre 39-45, sous-série Londres, vol. 121. Étude de la question française aux États-Unis, 22 juillet 1942, Londres.
118. De Gaulle, *Mémoires de guerre*, tome I, p. 103-105.

Mais, à mesure que les ralliements « de qualité » se sont multipliés, de Gaulle a pu et a su améliorer son mouvement. Pour représenter la France à l'étranger, de Gaulle construit un appareil efficace et compétent. D'autant plus que, alors que la guerre se poursuit, les besoins se font de plus en plus sentir. En septembre 1941, la France libre se dote d'un « cabinet ministériel », le Comité national :

> Dès lors que le champ d'action allait en s'élargissant, il me fallait placer à la tête de l'entreprise un organisme adéquat. De Gaulle ne pouvait plus suffire à tout diriger. Le nombre et la dimension des problèmes exigeaient qu'avant de décider fussent confrontés points de vue et compétences[119].

Dès qu'un diplomate joignait les rangs de la France libre, de Gaulle s'empressait de lui confier une mission à la hauteur de ses talents. Le général de Gaulle envisageait déjà en novembre 1941 de remplacer Pierrené au Canada par un diplomate de carrière récemment rallié à la France libre : Emmanuel Lancial. La nomination de Léon Marchal à titre de délégué de la France combattante au Canada allait de soi dans la mesure où le diplomate était l'homme le plus qualifié pour la tâche.

Mais l'œcuménisme pratiqué par le Général ne plaît pas à tous les Français libres. Voici ce qu'écrivait Adrien Tixier à la suite de l'Affaire Marchal :

> Toute cette affaire des ralliements tardifs est extrêmement délicate et nous devons agir avec prudence pour éviter de heurter de front les Français et les Américains qui dès la première heure ont pris parti contre Vichy et pour nous, sous peine de provoquer des départs massifs qui iraient grossir le groupe des attentistes dont les autorités américaines accueillent avec faveur la collaboration[120].

Il est de notre avis que ce qui éclate au Canada à l'été 1942 résulte des tensions produites par une deuxième fracture qui, après la lutte entre les « centralisateurs » et les « décentralisateurs », secoue le mouvement gaulliste. Cette fois-ci, ce sont les pionniers du mouvement, ceux qui ont, dès le début, fait le pari un peu fou de la France libre, qui ont tourné le dos au régime de Vichy, prenant le risque

---

119. *Ibid.*, p. 271.
120. *MAE*, série guerre 39-45, sous-série Londres, vol. 121. Lettre du 25 septembre 1942, Tixier à de Gaulle.

d'être à jamais mis au ban de la société française, qui ont travaillé dans des conditions difficiles, aléatoires même et qui, amèrement, constatent que de nouveaux venus occupent la place qu'ils croyaient leur revenir de droit. Et ces recrues ravissent aux pionniers du mouvement les honneurs alors que le déroulement de la guerre donne enfin raison au général de Gaulle. Les idéalistes de la première heure se heurtent au pragmatisme politique du Général, pour qui la priorité reste la restauration de l'État français.

Ce n'est probablement pas une coïncidence si les événements qui secouent le milieu gaulliste canadien à l'été 1942 surviennent quelques mois après la mise à l'écart de l'amiral Muselier[121].

Depuis l'été 1941, l'entourage du *Jour* était en rapport avec Muselier. À l'époque, Quédrue, Harvey, Émile-Charles Hamel, Julien Benda et Jean Le Bret, tous du *Jour*, montèrent deux opérations pour prendre les îles Saint-Pierre-et-Miquelon[122]. Les conjurés mirent dans le secret l'amiral Muselier, mais durent abandonner leurs projets. Lors de son passage à Montréal en décembre 1941, Muselier entra en contact avec les conspirateurs du *Jour*. Le Bret et Benda participèrent au ralliement de l'archipel français[123]. Muselier confia à Le Bret la rédaction du journal *La Liberté*, l'organe de la France libre sur les îles, alors que Benda fut chargé d'organiser la vente de timbres-poste pour financer l'administration de Saint-Pierre-et-Miquelon[124].

---

121. Muselier, profondément irrité par la manière dont de Gaulle lui avait ordonné, contre l'avis des Américains et sans consulter le Comité national, de prendre le contrôle des îles Saint-Pierre-et-Miquelon, décide, à son retour à Londres, de remettre en question l'autorité du général de Gaulle en démissionnant du Comité national. De Gaulle réplique sur-le-champ en relevant Muselier du commandement des Forces navales françaises libres. Suivra une épreuve de force entre Muselier, aidé de l'Amirauté britannique, et de Gaulle. Et c'est le chef de la France libre qui sortira vainqueur de la confrontation. Sur cet épisode, voir CRÉMIEUX-BRILHAC, *La France libre*, p. 288-292.

122. ANGLIN, *The St. Pierre and Miquelon Affair of 1941*, p. 65-66. Voir aussi Richard SINDING, « Les Îles Saint-Pierre et Miquelon pendant la Deuxième Guerre mondiale », mémoire de maîtrise déposé en 1972 à Paris I.

123. Vice-amiral MUSELIER, *De Gaulle contre le gaullisme*, p. 265.

124. Peut-être par incompétence, ou peut-être en s'enrichissant, Benda échoua totalement dans sa mission et l'opération créa un scandale dans les milieux philatéliques. Pour remettre de l'ordre, on a envoyé Henri Gauthier, membre du comité d'Ottawa. ANGLIN, *The St. Pierre and Miquelon Affair of 1941*, p. 94.

Il existait donc une complicité entre les gens du *Jour* et Muselier. La mise à l'écart en mars 1942 de celui qui avait mis sur pied la Marine de la France libre, de surcroît considéré politiquement à gauche[125], a probablement indisposé les gens du *Jour*.

Dans un rapport daté du 13 septembre 1942, Marchal accuse Quédrue d'être le grand responsable à la fois de la campagne de diffamation dont il a été la victime, mais aussi des difficultés du mouvement à Montréal[126]. Pour Marchal, qui a connu Quédrue au début des années 1930, l'homme est un « fanatique et un aventurier », pour qui « la France combattante s'identifie avec les anciens partis d'extrême-gauche et notamment avec l'anticléricalisme[127] ». Dans une lettre écrite quelques jours plus tard, Marchal affirme détenir les preuves de la participation de Quédrue à la campagne de diffamation[128].

Mais, au-delà des attaques personnelles, la manœuvre de Quédrue et du *Jour* vise tous les « ralliés de fraîche date ». Marchal croit avoir compris le véritable sens des attaques dirigées contre lui :

> Il fallait, en s'opposant à ma nomination, créer un précédent pour que le Comité national ne puisse pas nommer ailleurs un autre rallié de plus fraîche date. L'article du *Canada* [31 août 1942] répète, presque mot pour mot, des propos que je sais avoir été tenus par Tixier et par Laugier. À la même date, un article du *Jour* s'en prend d'ailleurs directement à Hellu[129].

Les soupçons de Marchal au sujet de Quédrue semblent justifiés. Déjà, en juillet 1942, l'officier de marine menaçait ouvertement de lancer une campagne de presse si on le renvoyait à la vie civile[130]. Peut-être interprète-t-il l'arrivée de Marchal et de Bellaigue comme le prélude à sa mise à la retraite prématurée ?

---

125. Ce qui n'empêchera toutefois pas Muselier, par antipathie pour le général de Gaulle, de se retrouver à la fin du printemps 1943 à Alger aux côtés du général Giraud, homme de droite ayant peu d'égards pour la démocratie.

126. *AP*, archives Henri Marchal. Lettre du 13 septembre 1942, Marchal à Dejean.

127. *Ibid.*

128. *AP*, archives Henri Marchal. Lettre du 22 septembre 1942, Marchal à Dejean.

129. Yves Hellu, ambassadeur de France ayant rejoint au cour de l'été 1942 la France combattante. *AP*, archives Henri Marchal. Lettre du 6 septembre 1942, Marchal à Dejean.

130. Après avoir songé envoyer Quédrue en Afrique du Sud, le FNFL l'affectera finalement en Angleterre. *AM*, vol. TTC2, Cabinet militaire, 1940-1943. Note datée

Quédrue partage la vision radicale du *Jour* sur le rôle de la France combattante. Quédrue rapporte des informations qu'il juge compromettantes sur les Français libres ayant encore de la famille en France. Le 28 janvier 1942, il écrit à Muselier pour l'informer que la fille de Philippon (chargé des questions économiques de la France libre à Ottawa) quitte le Canada, avec un passeport de Vichy, pour rejoindre son fiancé à Clermont-Ferrand[131]. Il profite de l'occasion pour faire mention de la carrière du fils de Pierrené au sein de la Marine de Vichy. Toujours en janvier 1942, Quédrue enregistre une émission radio pour la France dans laquelle l'officier de réserve affiche une violence peu commune :

> [...]
> Bientôt vous pourrez crier votre haine et châtier vos bourreaux. Jeunes Français, vous avez enfin compris, c'est pour vous que nous aussi, nous nous battons. C'est avec vous que nous luttons : mort à nos ennemis héréditaires ! Mais surtout mort aux traîtres ! Ne les oubliez pas, marquez-les. La France reprendra son rôle titulaire, la France libre vivra !
>
> Mais elle ne peut vivre que dans la propreté morale, que dans l'honneur retrouvé. Et pour cela, il faut dégager notre Pays des Collaborateurs, des lâches, de tous ceux qui nous ont trahis. Il nous faudra épurer, faucher sans faiblesse. C'est à vous jeunes de refaire une France honorée, aimée, admirée. Vous vous êtes affermis dans la grande souffrance...
> [...]
> Hélas ! mes chers Amis, combien peu j'étais pétri de haine ! Mais ceux de 1914 qui sont repartis en 1939 ont compris qu'il n'existait pas d'autre alternative : il faut les détruire ! Vous, nos enfants, pour lesquels nous avons travaillé, peiné, veillé, vous nos petits, vous voici les victimes de cette race sauvage, race de dégénérés morbides, et puisque nous ne pouvons pas les enfermer tous, puisqu'ils sont la terreur de l'Humanité entière : il faut les détruire[132] !

---

du 2 décembre 1942, du capitaine de vaisseau Jaquet, chef de l'État-major de l'amiral Auboyneau, pour l'État-major particulier du général de Gaulle.

131. *MAE*, série guerre, sous-série Londres, vol. 306. Télégramme fait le 28 janvier 1942, Quédrue à Muselier.

132. *APC*, RG 25, série A.3, vol. 2792, dossier 712-B-40, partie 2. Texte d'une allocution radiodiffusée de Quédrue, non daté mais probablement de janvier 1942.

Le comportement d'Élisabeth de Miribel dans toute l'affaire intrigue. On a déjà vu comment cette jeune femme incarnait l'idéal de la France libre, avec toute l'intransigeance et la certitude que cela comporte. Or, à l'été 1942, dans ses communications avec Londres, de même que dans les passages de son autobiographie relatant cet épisode[133], on ne reconnaît plus la jeune femme qui avait, à l'hiver 1941, affronté seule la communauté française de Montréal. Elle qui, au cours de ce même été 1942, en réaction à une remarque de Gladys Arnold qui la traitait de « chauvine », répondait par écrit d'une façon digne de tout gaulliste de la première heure[134], endosse soudainement la position du gouvernement canadien et ce, au détriment des volontés des dirigeants de la France combattante. Ce n'est pas qu'elle ait été souvent en conflit avec les autorités fédérales, bien au contraire, mais son attitude plus que conciliante tranche avec une personnalité qui, plus d'une fois, s'est raidie pour défendre la cause des Français libres. À l'été 1942, elle appuie la thèse canadienne en faveur de l'envoi d'un militaire à Ottawa, au détriment des désirs exprimés par le Comité national[135].

La conduite d'Élisabeth de Miribel finira par indisposer le commissaire aux Affaires étrangères, Maurice Dejean, qui, dès le 11 août, l'enjoint de s'occuper exclusivement du service d'Information[136]. Quatre jours plus tard, Dejean répète à Élisabeth de Miribel la con-

---

133. É. DE MIRIBEL, *La liberté souffre violence*, p. 111-112. Dans l'autobiographie d'Élisabeth de Miribel, Marchal devient Monsieur X.

134. « [...] Plus je réfléchis, plus je relis nos classiques, moins j'ai peur pour la France. Je n'ai peur pour elle que des faux Français, ces êtres bâtards, salis par l'argent, contaminés par la peur internationale, qui confondent patriotisme et patrie et qui trafiqueraient volontiers, si vous les payiez assez cher et couvriez leurs risques, de l'honneur de la France. Mais je n'ai pas peur pour le peuple ni pour les vrais Français. Et, si par hasard, nous allions vers un monde de jeunes où régnerait "l'esprit d'enfance" et d'où les séniles et les bourgeois qui tremblent dans leurs culottes seraient éliminés, alors tant mieux ! » (É. DE MIRIBEL, *La liberté souffre violence*, p. 98-99)

135. *MAE*, série guerre 39-45, sous-série Londres, vol. 307. Télégramme du 5 août 1942, de Miribel à Pleven ; *APC*, RG 25, série A.3, vol. 2793, dossier 712-B-40, partie 3. Traduction d'une lettre interceptée et datée du 21 août 1942, É. de Miribel à Dejean.

136. *MAE*, série guerre 39-45, sous-série Londres, vol. 307. Télégramme du 11 août 1942, Dejean à É. de Miribel.

signe: « Nous vous prions de cesser toute espèce de discussion sur l'affaire[...] Cette affaire est traitée uniquement par le commissariat aux Affaires étrangères, qui est parfaitement éclairé sur la situation[137]. » La jeune femme, on le sait, n'écoutera pas les consignes de Dejean[138]. Comment expliquer l'hostilité d'Élisabeth de Miribel à l'endroit de Marchal ? Peut-être partage-t-elle certains griefs des pionniers de la France libre. Comme elle l'indique dans son autobiographie, les « "services" faisaient écran entre le général de Gaulle et moi. Mes télégrammes et mes démarches se heurtaient à un mur d'indifférence. Londres ne répondait plus[139]. » En septembre 1942, elle confiait à d'Argenlieu toute sa frustration devant les développements à Londres:

> Since your departure, in spite of the successes that I tell you about for 10% of positive work I have had to spend 90 % of my efforts, day and night, to protect France Libre against intrigues, misunderstandings or ignorance of the National Committee in London [...] It is hard you know after having worked with you and having known that intimacy of thought and positive work, to find emptiness, "The Wall" here and in London !
>
> [...]
>
> But when I see the work destroyed from on high by our directors, (for I cannot call them leaders) without the General knowing it, I am sure, I am truly discouraged[140]...

---

137. MAE, série guerre 39-45, sous-série Londres, vol. 307. Télégramme du 15 août 1942, Dejean à É. de Miribel.

138 MAE, série guerre 39-45, sous-série Londres, vol. 307. Télégramme du 19 août 1942, É. de Miribel à Dejean.

139. É. de Miribel. La liberté souffre violence, p. 111.

140. APC, RG 25, série A.3, vol. 2793, dossier 712-C-40, partie 3. Traduction d'une lettre interceptée aux États-Unis, datée de septembre 1942 mais envoyée de New York le 5 novembre 1942, de Miribel à d'Argenlieu.

N'ayant pu trouver l'original, voici une traduction de la traduction :

« Depuis votre départ et en dépit des succès dont je vous ai fait mention, pour 10% de travail positif, j'ai dû consacrer 90% de mes énergies, jour et nuit, à protéger la France libre des intrigues, de l'incompréhension et de l'ignorance du Comité national de Londres [...] C'est difficile, vous savez, après avoir travaillé en votre compagnie et connu cette intimité de pensée, de me retrouver face au vide, au « Mur », ici et à Londres !

[...]

Quand je vois tout le travail détruit d'en haut par nos directeurs (je n'ose les appeler des chefs), situation que le Général ignore, j'en suis persuadée, je me sens profondément découragée... » (Nous traduisons.)

À l'instar des premiers combattants, des compagnons des heures héroïques, la jeune femme souffre de voir des « ralliés de fraîche date », des individus qu'elle combattait encore il y a peu, prendre de l'ascendant au sein du mouvement. Pour quelqu'un comme Élisabeth de Miribel, pour qui le choix fait en juin 1940 en faveur de la résistance relevait de l'honneur et de la moralité, il est pénible de voir ces « technocrates » gravir sans peine les échelons au sein de la France combattante. Le passage de l'âge héroïque, représenté par la France libre, à l'ère bureaucratique de la France combattante, provoque de douloureux déchirements.

Les compagnons de route

Des journalistes fraîchement accueillis. — Absorbé par ses luttes intestines, le mouvement gaulliste peinait à faire entendre son message aux Canadiens français. La France libre pourra heureusement compter, tout au long de l'occupation, sur la présence de personnalités françaises qui, en leur propre nom, sans mandat précis, uniront leurs voix à celles des fidèles du Général pour combattre l'Allemagne et dénoncer Vichy. Au Canada, les témoignages des « compagnons de route » du gaullisme, leurs conférences, leurs interventions radiophoniques, leurs écrits, ont renforcé la crédibilité de son message.

Mais l'intervention de ces « compagnons » peut s'avérer une arme à double tranchant. La France libre ne contrôle pas le discours livré par ces personnalités. Il y a toujours le risque que l'un d'eux se lance dans des diatribes violentes qui indisposeront le public canadien-français. À l'opposé, le messager peut peindre le régime de Vichy en des termes qui accréditent la thèse du double jeu.

Henri de Kérillis devient, à l'été 1940, la première personnalité française se réclamant du général de Gaulle à passer par le Canada. Son passage illustre très bien les périls que font parfois courir ces « compagnons » à la France libre.

Kérillis, par ses propos souvent critiques à l'endroit de Pétain et Weygand, irrite ses auditeurs. Sur les ondes de Radio-Canada, Kérillis, le 5 juillet, après avoir fait l'éloge des qualités militaires du général de Gaulle, reconnaissant également les vertus militaires de Pétain, considère que :

cette fois, pris dans un engrenage tragique, il n'a certainement pas vu où il allait et où il conduisait la France. En traitant avec Hitler, il a montré qu'il croyait en la parole du chancelier allemand. Engagé dans une telle erreur, on ne voit plus bien jusqu'où il pourra aller[141].

Ce type de commentaires, repris dans les journaux de Montréal, lui vaudront d'être boycotté par les ministres canadiens-français du gouvernement King[142].

Le séjour de Jules Romains au Canada, effectué quelques semaines après le passage de Kérillis, n'est pas plus heureux. Le romancier français, sans doute mal informé, se fait accompagner par Jean-Charles Harvey[143]. Les fréquentations de Romains éveillent la méfiance immédiate des milieux catholiques[144]. Et Romains ne fait rien pour s'attirer la sympathie des Canadiens français[145]. Le romancier se montre d'une maladresse peu commune. Voici le compte rendu que fait Ristelhueber de la visite de Jules Romains :

Après avoir déclaré que les écrivains actuellement préoccupés d'autres questions que celles concernant la situation politique, faisaient preuve de lâcheté ou de stupidité, il a ajouté quelques conseils à l'adresse des Canadiens français. Ils étaient, a-t-il dit, trop repliés sur eux-mêmes ; un enseignement désuet les rendait réfractaires aux idées modernes tandis que les Argentins par exemple étaient au contraire très au courant de tout[146].

Invité en septembre 1941 par le bâtonnier de la province de Québec pour représenter le barreau français à l'ouverture des tribunaux à Montréal, Henri Torrès soulève dès son arrivée la controverse. Sa

141. Cité dans *Le Devoir*, 6 juillet 1940.

142. *MAE*, série guerre 39-45, sous-série Londres, vol. 389. Lettre du 6 septembre 1940, Vignal à de Gaulle ; sous-série Vichy-Amérique, vol. 1. Télégramme du 5 août 1940, Ristelhueber à Baudouin.

143. Selon Ristelhueber, c'est Harvey qui aurait invité Jules Romains. *MAE*, série guerre 39-45, sous-série Vichy-Œuvres, vol. 95. Lettre du 29 novembre 1940, Ristelhueber à Laval.

144. RUMILLY, *Histoire de la province de Québec*, tome 38, p. 235.

145. Voir les commentaires de Roger Duhamel sur la visite de l'écrivain français. Roger DUHAMEL, *Bilan provisoire*, Montréal, Librairie Beauchemin, 1958, p. 102-103.

146. *MAE*, série guerre 39-45, sous-série Vichy-Œuvres, vol. 82. Lettre du 18 novembre 1940, Ristelhueber à Laval.

réputation ayant déjà traversé les frontières, les avocats nationalistes boycottent la cérémonie[147]. Avant de repartir pour New York, Torrès prononce deux causeries sur les ondes de Radio-Canada, les 9 et 10 septembre 1941. Lors de la première conférence, l'avocat parisien accuse le régime de Vichy de collaborer à la destruction de la puissance française et à l'asservissement de celle-ci au Reich[148]. Torrès cite abondamment un discours qu'aurait prononcé l'amiral Darlan à Uriage, devant l'École des cadres[149].

Les propos de Torrès provoquent une polémique journalistique entre *Le Jour* et *Le Canada* qui l'appuient, et les publications nationalistes qui reprochent à l'avocat français d'accuser Darlan sans fournir les preuves de ce qu'il avance[150]. Dans *Le Carabin*, le journal des étudiants de l'Université Laval, Aimé Dery écrit:

> Comment se fait-il que Radio-Canada puisse permettre l'irradiation d'une causerie remplie d'affirmations gratuites [...] Pour ma part c'est de la propagande bien mal placée quand il n'y a seulement pas eu confirmation de Londres qui est bien plus en mesure que nous de connaître et de vérifier les nouvelles[151]...

Pour le mensuel de droite *L'Œil*, c'est moins les propos de Torrès que ses origines ethniques qui retiennent l'attention:

> M. Henri Torrès, avocat, spécialisé dans les causes criminelles, est un Français parce qu'il est né et a été éduqué en France et Juif par le sang qui coule en ses veines. Il était du bateau *Massilia* avec ses

---

147. RUMILLY, *Histoire de la province de Québec*, tome 39, p. 112.

148. Henri TORRÈS, « Vichy cède, la France résiste ». Texte des deux allocutions prononcées à Montréal sur le réseau français de Radio-Canada les 9 et 10 septembre 1941.

149. L'École nationale des cadres, sise dans le château d'Uriage — à quelques kilomètres de Grenoble —, avait la prétention de former la future élite du régime de Vichy. Pour plus de détails voir John HELLMAN, *The Knight-Monks of Vichy France: Uriage, 1940-1945*, Montréal et Kingston, McGill-Queen's University Press, 1993; Bernard COMTE, *Une utopie combattante. L'école des cadres d'Uriage, 1940-1942*, Paris, Fayard, 1991.

150. MAE, série guerre 39-45, sous-série Vichy-Amérique, vol. 168. Lettre du 9 octobre 1941, Ristelhueber à Darlan; RUMILLY, *Histoire de la province de Québec*, tome 38, p. 112. Darlan aurait effectivement pris la parole devant les élèves de l'école d'Uriage le 2 juin 1941. Il aurait, entre autres choses, déclaré que les Allemands gagneraient la guerre et que la France n'avait d'autre choix que de s'ajuster en conséquence. HELLMAN, *The Knight-Monks of Vichy France: Uriage, 1940-1945*, p. 52-53, 140.

151. *Le Carabin*, 11 octobre 1941.

congénères Mandel et Zay[152], qui voulaient former un gouvernement « français[153] ».

Les passages au Canada de Geneviève Tabouis provoquent aussi la controverse. Journaliste parisienne célèbre de l'avant-guerre, elle se réfugie en 1940 à New York où elle fonde, avec d'autres Français en exil, le journal *Pour la Victoire*. La publication, bien qu'antivichyste, conservera toujours une certaine indépendance critique à l'égard du mouvement gaulliste.

Tabouis fait plusieurs courts séjours au Canada, où elle multiplie conférences et entrevues en faveur de la cause alliée. Dans une de ses allocutions prononcées à l'automne 1942 à Montréal, après avoir proclamé sa foi dans la victoire prochaine des forces alliées contre le nazisme, Tabouis écorche au passage le gouvernement de Vichy, provoquant la riposte d'étudiants massés dans la salle[154]. Ces cris de protestation faisaient suite à la sortie violente de l'hebdomadaire *La Boussole* qui, la veille de la conférence, publiait ces quelques lignes :

> Geneviève Tabouis est une Blum femelle. Comme Blum, elle a contribué à désarmer la France, à la jeter dans les bras des Rouges, à la démoraliser à point, puis à la lancer mal préparée dans la guerre [...]
>
> L'armistice signé, Geneviève traversa la mare, sa valise diplomatique bourrée de scénarios à nous tordre les boyaux. Elle vient nous en lire un au marché Saint-Jacques. Elle prend des chances car on est au temps des tomates.
>
> Tout de même, il faut la recevoir dignement. Elle a un bon fonds et sur un tel fonds une éclaboussure de tomate paraîtrait mal. Gardons nos tomates pour faire du catsup. Cela sent meilleur. En attendant, demandons-nous qui paie Tabouis [...] Le bon Dieu le sait et le père des peuples, Joseph Staline. Ce ne sera pas la première fois que Geneviève Tabouis profitera des kopecks du camarade Staline [...]

152. Ministre sous le Front populaire, Jean Zay embarque, avec Mandel et d'autres parlementaires partisans de la résistance, sur le *Massilia* dans l'espoir de former un gouvernement en Afrique du Nord. Les autorités de Vichy l'arrêtent au Maroc et l'emprisonnent en France. Mandel et Zay seront assassinés par les miliciens à l'été 1944.

153. *L'Œil*, 15 septembre 1941.

154. *MAE*, série guerre 39-45, sous-série Vichy-Amérique, vol. 5. Lettre du 22 octobre 1942, Ristelhueber à Laval.

Mais il faut la respecter, car elle est la prophétesse de la France dite libre. Alors chapeau bas, Geneviève entre en scène et en transes[155].

Malgré tout, quelques visiteurs arrivent à s'attirer la sympathie de l'opinion. C'est le cas de Philippe Barrès qui, tout en faisant la promotion de la résistance à l'Allemagne, adopte lors d'un bref séjour à Montréal à la fin de 1941 un ton conciliant à l'endroit de Vichy. Son attitude ravit d'ailleurs les admirateurs du Maréchal[156].

La filière catholique. — Ce qu'il y a lieu d'appeler la «filière dominicaine» rencontre moins d'hostilité que les Tabouis, Torrès et Romains. Les pères Delos, Ducatillon et Couturier de l'ordre des dominicains, réfugiés en Amérique depuis l'invasion allemande, par leurs paroles et leurs gestes, témoignent que l'on peut être à la fois catholique et appuyer la croisade gaulliste contre le nazisme, mais également contre le régime vichyste. Dans la très catholique province de Québec, ces ecclésiastiques donnent un sérieux coup de main à la France libre.

Voici ce qu'écrit Rumilly au sujet de ses compatriotes:

Dans la propagande française [c'est-à-dire la France libre], toujours à l'œuvre auprès des Canadiens français, l'Ordre des Dominicains, réputé «libéral», joue un rôle important. Le père Ducatillon prêche le Carême pendant que le père Couturier donne, à l'école des Beaux-Arts, des cours d'enseignement religieux appliqué à la liturgie. Le père Ducatillon donne aussi des conférences de propagande pure, dans la salle du Gesù, puis à l'Alliance française[157].

Selon Rumilly, Ducatillon conduisait «le mouvement "avancé" d'une importante fraction de son ordre[158]». Les périples de Ducatillon au Canada l'amènent inévitablement à Québec, Montréal et Ottawa, où il rencontre les représentants du gouvernement canadien[159]. Le père Marie-Alain Couturier, historien de l'art, venu avant la défaite de la France au Canada sur invitation de l'Institut scientifique franco-

155. *La Boussole*, 19 septembre 1942.

156. *MAE*, série guerre 39-45, sous-série Vichy-Amérique, vol. 168. Lettre du 15 décembre 1941, Ristelhueber à Laval.

157. Rumilly, *Histoire de la province de Québec*, tome 38, p. 121-122.

158. *Ibid.*, p. 95.

159. *MAE*, série guerre 39-45, sous-série Londres, vol. 387. Lettre du 30 septembre 1941, É. de Miribel à Pleven.

canadien[160], décide de rester en Amérique[161]. On a déjà vu l'influence qu'exerçait Couturier sur Élisabeth de Miribel[162].

Quant au père Delos, c'est le père Lévesque — qui l'avait eu pour maître à l'École des sciences sociales et politiques de Lille — qui le fera venir au Québec. Proche de la revue *Sept* et des démocrates-chrétiens, le père Delos participe, dans les années qui précèdent la guerre, aux efforts de rapprochement franco-allemand. À la suite de l'invasion de la France par les troupes nazies, craignant pour sa sécurité, le père Lévesque retrace le père Delos au couvent dominicain de Toulouse, situé en zone libre[163]. L'élève persuade le maître de venir le rejoindre à Québec. Dès janvier 1941, Delos enseigne la sociologie aux jeunes étudiants de l'Université Laval.

Du premier coup, il conquit tous ses étudiants. Non seulement il leur fournissait une documentation de première qualité et leur dispensait un enseignement des plus poussés ; il leur inculquait surtout le goût de la recherche, le sens de la précision et de la profondeur, la passion de la compétence et du dépassement. Je pourrais citer ici nombre d'anciens marqués par lui du sceau du maître [...] Il fut largement responsable d'une sensibilisation internationale, d'une ouverture aux problèmes mondiaux qui constitua une caractéristique de la Faculté à ses débuts. Son action se situa à la hauteur de sa personnalité intellectuelle et religieuse : un humaniste compétent, dévoué, courageux et audacieux[164].

160. C'est aussi grâce à l'intervention de l'Institut auprès des autorités fédérales que Couturier recevra l'autorisation de revenir au Canada après la défaite de la France. Voir *Archives UdeM*, P12/E,17. Lettre du 15 novembre 1940, J.M. Gauvreau à Couturier.

161. Robert RUMILLY, *Histoire de la province de Québec*, tome 38, p. 234.

162. Couturier laissera sa marque en temps qu'artiste, historien de l'art et promoteur d'artistes. En effet, avant de quitter le Canada, il aura, entre autres, peint deux fresques qui font encore honneur au couvent des dominicains à Québec, multiplié les conférences sur l'art et organisera, avec Henri Laugier, les premières expositions d'une nouvelle génération de peintres, dont Borduas — qui aurait été son élève à Paris avant la guerre — et Pellan. LÉVESQUE, *Souvenances*, tome I, p. 365 ; RUMILLY, *Histoire de Montréal*, tome V : 1939-1967, p. 53 ; Jean-Paul TREMBLAY, « Art et catholicisme », *in* Maurice LEMIRE (dir.), *Dictionnaire des œuvres littéraire du Québec*, tome III, Montréal, Fides, 1980, p. 914-917 ; Raymonde GAUTHIER, « M.-A. Couturier, o.p., et le milieu de l'architecture à Montréal, 1939-1946 », *Questions de culture*, n° 4, 1983, p. 103-124.

163. LÉVESQUE, *Souvenances*, tome I, p. 312.

164. *Ibid.*, p. 313. Voir aussi Nicole GAGNON, « Le département de sociologie. 1943-70 », *in* Albert FAUCHER (dir.), *Cinquante ans de sciences sociales à l'Université Laval*, Sainte-Foy, Faculté des sciences sociales de l'Université Laval, 1988, p. 75-77.

Un autre catholique, Jacques Maritain, de par ses séjours au Québec et de par l'influence qu'il exerce sur une partie de l'élite canadienne-française, apporte de la crédibilité à l'entreprise gaulliste. Dès juin 1940, le philosophe épouse la cause du général de Gaulle[165]. Le régime de Vichy n'est vieux que de quelques semaines que déjà Maritain travaille sur *À travers le désastre*, son premier acte de résistance. On peut y lire : « La détermination du général de Gaulle a soulagé bien des consciences ; dans un moment de débâcle politique générale il s'est comporté en homme ; son action peut devenir un facteur considérable dans les événements[166]. »

Jacques Maritain jouissait déjà, avant la guerre, de l'estime d'une partie de la jeunesse intellectuelle canadienne. En 1934, lors d'un précédent voyage, Maritain avait introduit, auprès d'une partie de l'élite intellectuelle canadienne-française, l'humanisme chrétien. Dans la foulée de cette visite, Robert Charbonneau, adoptant la philosophie du prestigieux visiteur, mettait sur pied une publication, *La Relève*, qui est devenue la vitrine du personnalisme au Canada français. Le hasard a voulu que le 18 juin 1940, Charbonneau et un ami, Claude Hurtubise, également fidèle disciple de l'auteur de l'*Humanisme intégral*, fondent les Éditions de l'Arbre[167]. En partie à cause de Maritain, cette maison d'édition deviendra un des principaux moyens de transmission du message gaulliste au Canada[168].

En effet, Charbonneau et Hurtubise associent étroitement Maritain à leur projet. Celui-ci, réfugié à New York, se rend à quelques occasions à Montréal retrouver ses jeunes disciples. Maritain participe au choix des ouvrages publiés dans la collection « Problèmes

---

165. L'appui de Jacques Maritain au général de Gaulle n'est toutefois pas sans réserve. Entre autres choses, Maritain désapprouvera l'action politique du Général. Le philosophe aurait préféré voir le général de Gaulle mettre toute son énergie à une mission d'ordre moral et spirituel, loin des combats politiques. Sa réticence à épouser la « dérive » politicienne du mouvement gaulliste explique en grande partie pourquoi il refusera, jusqu'en 1944, toute position officielle auprès du général de Gaulle. Voir Charles BLANCHET, « Les rapports entre le général de Gaulle et Jacques Maritain », *Espoir*, n° 72, sept. 1990, p. 29-38.

166. Cité dans Charles BLANCHET, « Les rapports entre le général de Gaulle et Jacques Maritain », p. 30.

167. Madelaine DUCROCQ-POIRIER, *Robert Charbonneau*, Montréal, Fides, 1972, p. 53.

168. NARDOUT, *Le champ littéraire québécois et la France, 1940-1950*, p. 104.

actuels[169] ». Le premier ouvrage de la collection, le *Crépuscule de la civilisation*, reprend une conférence donnée en 1939 par Maritain. Dans le catalogue de la collection, on retrouve de nombreux proches du philosophe catholique connus pour leurs positions antifascistes et souvent progaullistes. Gustave Cohen, André David, les pères Delos et Couturier, Auguste Viatte sont quelques-uns des auteurs qui publient dans la collection.

Comment évaluer l'impact de Maritain sur l'opinion canadienne-française ? Pour René Ristelhueber, Maritain, reprenant les thèses gaullistes, fait énormément de tort à son gouvernement :

> Le mot d'ordre de la propagande gaulliste est que l'actuel gouvernement français nuit à la religion bien plus qu'il ne la sert. L'un des plus ardents champions de cette thèse n'est autre que M. Jacques Maritain. Celui-ci nous fait d'autant plus de tort qu'il jouit d'une grande autorité dans les milieux intellectuels catholiques[170].

Henri Laugier. — Un autre Français, Henri Laugier, laissera sa marque au Canada. Et, contrairement aux autres « compagnons » qui gagnent le respect des Canadiens français, Laugier n'a rien d'un catholique pratiquant.

À l'aide des autorités britanniques, Laugier, accompagné d'une quarantaine d'autres savants et ingénieurs, quitte le 18 juin 1940 la France pour l'Angleterre[171]. À Londres, il ne rallie pas immédiatement la France libre. Homme de gauche, antimilitariste, il se méfie du Général. Acceptant une invitation de la fondation Rockefeller, Laugier part pour l'Amérique en août de la même année. La fondation trouvait, depuis quelques années, du travail aux États-Unis aux savants européens qui fuyaient le fascisme. Sachant que la chaire de physiologie de l'Université de Montréal est vacante, la fondation propose à la fin de l'année 1940 la candidature d'Henri Laugier[172]. Malgré le

---

169. Jacques MICHON, « Les éditions de l'Arbre, 1941-1948 », *in* Jacques MICHON, *Les éditeurs transatlantiques*, Sherbrooke et Montréal, Ex-Libris et Triptyques, 1991, p. 18 ; MICHON, « L'effort de guerre des éditeurs », p. 342.

170. *MAE*, série guerre 39-45, sous-série Vichy-Amérique, vol. 12. Lettre du 25 février 1942, Ristelhueber à Darlan.

171. Chantal MORELLE, « Les années d'exil (1940-1944) », *in* Jean-Louis CRÉMIEUX-BRILHAC (dir.), *Henri Laugier en son siècle, 1888-1973*, Paris, CNRS Éditions, p. 74.

172. *Ibid.*, p. 75.

passé politique du professeur, l'Université de Montréal accepte de l'engager[173]. Laugier signe un contrat valable du 1er février 1941 au 30 juin 1943. La fondation Rockefeller paye un tiers de son traitement.

On aurait pu croire que les relations entre les autorités de l'université catholique et ce libre penseur allaient être tendues. Or il semble qu'au contraire, elles furent des plus cordiales[174]. À la fin de l'hiver 1941, en route vers l'Amérique latine, Jacques Soustelle s'arrête à Montréal où il rend visite à son ami Henri Laugier. « Je ne pus m'empêcher de me livrer à quelques réflexions ironiques lorsque je le trouvai, à l'Université [de Montréal], dans un bureau qu'ornaient un immense crucifix et d'autres représentations pieuses[175]. » Pourtant, d'après le célèbre ethnologue, les relations entre Laugier et les autorités ecclésiastiques de l'université furent si bonnes que :

> deux ans plus tard, lorsqu'il quitta Montréal pour Alger, il était adoré et des professeurs et des élèves, et on ne le laissa partir qu'à regret ; sa vitalité, son esprit, la haute qualité de son travail scientifique avaient dissipé tous les préjugés et contribué plus que cent discours à faire comprendre et aimer la France[176].

Si Laugier hésite à s'investir derrière de Gaulle, c'est qu'il doute des vertus démocratiques du Général[177]. En démocratie, il souhaite la formation d'un comité civil sous la direction d'hommes politiques de la Troisième République. Mais les engagements pris par de Gaulle en faveur de la démocratie et le sentiment que la victoire ne pourra venir que dans l'union ont raison de ses réticences. Il adhère finalement à France Forever et devient membre du bureau exécutif[178]. En 1942, il accède à la vice-présidence de l'organisation dont il prend en charge la propagande.

---

173. D'après Rumilly, Laugier est imposé à l'Université de Montréal, la fondation Rockefeller faisant de l'embauche du fondateur du CNRS une condition de subvention à l'université. Pourtant, rien dans les archives de l'Université de Montréal ne confirme ces allégations. RUMILLY, *Histoire de la province de Québec*, tome 38, p. 233.

174. Laugier laissera sa marque au Canada en tant qu'enseignant et chercheur. C'est Laugier qui met sur pied la *Revue canadienne de biologie*. MORELLE, « Les années d'exil (1940-1944) », p. 76.

175. Jacques SOUSTELLE, *Envers et contre tout*, tome I : *De Londres à Alger. Souvenirs et documents sur la France libre*, Paris, Robert Laffont, 1947, p. 214-215.

176. *Ibid.*

177. MORELLE, « Les années d'exil (1940-1944) », p. 81.

178. *Ibid.*, p. 81.

Laugier s'engage activement aux États-Unis. Cela ne signifie toutefois pas qu'il néglige complètement le travail de la France libre au Canada. Laugier s'associe en 1941 aux demandes de charte fédérale de Roumefort. De plus, Laugier a de nombreux contacts au gouvernement fédéral, qu'il n'hésite pas à utiliser quand bon lui semble, parfois d'ailleurs, comme on l'a vu, au détriment — ou contre la volonté — de la direction de la France combattante. Aux Éditions de l'Arbre, il dirige la collection « France Forever » qui, entre 1942 et 1945, s'enrichit d'une douzaine de titres[179].

Cette sympathie ménagée, cette libre association à l'égard du mouvement gaulliste, la plupart des « indépendants » vont, tour à tour, l'abandonner, soit pour un engagement complet derrière de Gaulle, soit pour une opposition ouverte au Général.

Pour plusieurs, l'invasion de l'Afrique du Nord en novembre 1942 par les troupes alliées et l'arrivée en scène du général Henri Giraud précipitent les choix[180]. Déconcertés par l'attitude de général de Gaulle à l'endroit des Alliés et du général Giraud, les gens de *Pour la Victoire*, Geneviève Tabouis et Kérillis en tête, basculeront graduellement dans l'opposition ouverte au général de Gaulle[181]. Le cas de Kérillis frise le tragique.

En effet, après avoir été l'un des premiers alliés du général de Gaulle, Henri de Kérillis termine la guerre en opposant acharné du chef de la France libre. Il publie en 1945 — à la fois en France et au Canada (chez Beauchemin) — un ouvrage dans lequel il accuse de Gaulle d'avoir, en cours de route, abandonné l'objectif premier qu'il s'était fixé, à savoir la libération de la France, au profit de ses propres ambitions politiques[182]. Kérillis y dénonce l'entourage du Général, composé d'après lui de « Cagoulards[183] » à la solde des nazis ; il re-

179. MICHON, « L'effort de guerre des éditeurs », p. 343 ; NARDOUT, *Le champ littéraire québécois et la France, 1940-1950*, p. 111-112. Avant de s'associer à l'Arbre, Laugier publia chez Valiquette, en 1941, *Service de France au Canada*, un recueil de conférences et d'articles présentés et écrits au Canada en 1941.

180. Voir chapitre 7.

181. D'ORNANO, *L'action gaulliste aux États-Unis*, p. 126-127.

182. Henri DE KÉRILLIS, *De Gaulle dictateur*, Éditions la liberté retrouvée, 1945.

183. Nom donné aux membres du Comité secret d'action révolutionnaire, mieux connu sous le nom de la Cagoule, groupe terroriste d'extrême droite qui, dans les années 1930, par des actions violentes, tenta de déstabiliser la Troisième République dans le but de la renverser.

proche à de Gaulle d'avoir refusé une somme d'argent qu'il lui aurait avancée pour organiser la libération d'hommes politiques français de peur que ces derniers lui fassent ombrage; d'avoir pensé avant tout à sa propre gloire, contre les bienfaits de la France, en refusant de coopérer avec les Américains et le général Giraud après l'opération Torch[184]...

Mais la plupart des compagnons, à l'inverse, s'investiront totalement dans la France combattante. Alors qu'Henri Laugier devient, avant de partir pour Alger, cadre de France Forever, Ève Curie, après avoir parcouru le monde entier, y compris le Canada, s'engage, en 1942, dans le Corps auxiliaire féminin des Forces Françaises libres[185]. Au début de l'année 1944, le père Delos, pour sa part, rejoint Alger où il entre au service du Commissariat de la Justice du CFLN[186]. Par la suite, par un décret du 1er février 1945, le père Delos «est nommé consulteur canoniste de l'ambassade de France près du Saint-Siège[187]» où il rejoint Maritain, ambassadeur de France au Vatican depuis décembre 1944.

---

184. Nom de code donné au débarquement allié de novembre 1942 en Afrique du Nord.

185 AGLION, *De Gaulle et Roosevelt*, p. 106.

186. *MAE*, guerre 39-45, sous-série Alger, vol. 1615. Télégramme du 18 novembre 1943, Bonneau à Massigli.

187. *Journal officiel de la République française*, n° 29, 3 février 1945.

7

Le général Giraud et le Canada français

Novembre 1942 – juillet 1943

De Gaulle, Giraud, les États-Unis et la Grande-Bretagne

Afrique du Nord, novembre 1942. — À l'été 1942, le commandement militaire anglo-américain abandonne l'idée, défendue jusque-là par les Américains, d'une attaque frontale sur la forteresse Europe, en faveur de la stratégie privilégiée par Churchill : l'encerclement progressif du continent avant l'assaut final[1]. L'Afrique du Nord est au centre de ce plan. Les Alliés prévoient y débarquer pour, tout d'abord, prendre en tenailles les troupes de Rommel, et ensuite utiliser le territoire pour organiser l'invasion du sud de l'Europe, probablement par l'Italie, le « ventre mou » de la défense continentale.

Pour faciliter la réussite du projet et éviter les pertes de vie inutiles, on souhaite arriver à un accord avec les forces de Vichy sur le terrain, d'autant plus que les troupes engagées dans l'opération sont peu nombreuses et inexpérimentées. Au minimum, on espère que les soldats français stationnés en Afrique du Nord laisseront les forces anglo-américaines débarquer sans opposer de résistance. Depuis plusieurs mois déjà, Murphy, le chargé d'affaires américain en Afrique du Nord,

---

1. Arthur LAYTON FUNK, *The Politics of Torch*, Lawrence, Manhattan et Wichita, University Press of Kansas, 1974, chapitre 4.

appuyé par une petite armée de consuls, multiplie les contacts avec les personnalités françaises. Devant la faiblesse du gaullisme dans la région et la popularité du maréchal Pétain, on écarte le général de Gaulle de l'opération[2]. Mais depuis le limogeage de Weygand, aucune autorité n'a pris un réel ascendant en Afrique du Nord.

Les Alliés comptent sur le général Giraud, qui a mérité l'admiration de plusieurs en s'évadant de façon spectaculaire de sa prison allemande en avril 1942, pour convaincre les troupes françaises d'Afrique du Nord de reprendre le combat contre l'Axe[3]. Giraud a le mérite d'être à la fois violemment anti-allemand et sympathique à la Révolution nationale. Dans une région où le pétainisme conserve encore, à l'automne 1942, de nombreux appuis, ce dernier détail n'est pas insignifiant. Son respect pour la Révolution nationale et Pétain, Giraud l'a manifesté en mai 1942 dans une lettre qu'il adressait au Maréchal:

> Monsieur le Maréchal [...]. Je tiens à vous exprimer mes sentiments de parfait loyalisme. Je suis pleinement d'accord avec vous. Je vous donne ma parole d'officier que je ne ferai rien qui puisse gêner en quoi que ce soit vos rapports avec le gouvernement allemand ou entraver l'œuvre que vous avez chargé l'amiral Darlan ou le président Pierre Laval d'accomplir sous votre autorité. Mon passé est garant de ma loyauté[4].

Dans la nuit du 7 au 8 novembre, les forces anglo-américaines débarquent entre Agadir et Alger. C'est le début de l'opération Torch. Dans les grandes villes d'Afrique du Nord, et principalement à Alger, des groupes de résistants, gaullistes et non gaullistes, prennent le contrôle des installations stratégiques. Quelques heures plus tard, Giraud gagne l'Afrique du Nord. Malheureusement pour lui, l'amiral Darlan est déjà sur place.

En novembre 1942, Darlan est toujours, malgré le retour de Laval, le dauphin attitré du Maréchal et le commandant en chef des armées de Terre, de l'Air et de Mer[5]. Frustré d'avoir été écarté du pouvoir et doutant de plus en plus des chances de l'Axe de sortir victorieux

---

2. Jean LACOUTURE, *De Gaulle*, I: *Le rebelle*, p. 597-599; VIORST, *Hostile Allies, FDR and Charles de Gaulle*, p. 97; NETTELBECK, *Forever French: Exile in the United States, 1939-1945*, p. 53.
3. FUNK, *The Politics of Torch*, chapitre 3.
4. Cité dans LACOUTURE, *De Gaulle*, I: *Le rebelle*, p. 600.
5. FERRO, *Pétain*, p. 392-394.

du conflit mondial, Darlan remet en cause la politique de collaboration qu'il a lui-même activement poursuivie. Dès avant son renvoi,
Darlan avait entrepris des «négociations» avec les autorités américaines en vue de son ralliement possible à la cause alliée[6].

Les Anglo-Américains ne jugeront toutefois pas utile d'aviser Darlan
du déclenchement de l'opération Torch. Mais, par ce que certains
hésitent à qualifier de hasard[7], Darlan se trouvait depuis le 5 novembre à Alger, au chevet de son fils, retenu malade dans un hôpital.
Arrêté tout au début des opérations, Darlan refuse, dans un premier
temps, de rappeler dans leurs campements les troupes françaises qui
résistent aux Américains[8]. Finalement, le 10, soucieux de couper l'herbe
sous le pied de Giraud, il ordonne un cessez-le-feu. Les Américains,
par souci d'efficacité, laissent le pouvoir civil entre les mains de l'amiral
Darlan, Giraud devant se contenter du commandement militaire[9].

La réaction de Vichy ne se fait pas attendre. Devant la menace
d'une opération allemande sur la zone libre, Pétain signe le 8 novembre 1942 la réponse au président Roosevelt préparée par Laval et
Krug von Nidda, le représentant allemand à Vichy :

> C'est avec stupeur et chagrin que j'ai appris cette nuit l'agression
> de vos troupes contre l'Afrique du Nord. J'ai lu votre message.
> Vous invoquez des prétextes que rien ne justifie[10]. Vous attribuez
> à vos ennemis des intentions qu'ils n'ont jamais manifestées par

---

6. *Ibid.*, p. 420-421 ; Henri MICHEL, *François Darlan*, Paris, Hachette, 1993.,
p. 281-283.

7. Certains ont prétendu que Darlan connaissait les projets de débarquement anglo-
américain en Afrique du Nord. Cela expliquerait sa présence à Alger le 5 novembre.
Il est vrai que depuis plusieurs mois, Darlan cultivait ses relations avec les autorités
américaines. Aujourd'hui, on s'entend pour dire que Darlan n'avait probablement
pas eu vent des opérations prévues pour le mois de novembre. Il n'avait pas été
informé des derniers développements, les autorités alliées ayant plutôt jeté leur dévolu
sur Giraud. DUROSELLE, *Politique étrangère de la France*, p. 483 ; FERRO, *Pétain*, p.
421-422 ; MICHEL, *François Darlan*, p. 289-292.

8. MICHEL, *François Darlan*, p. 297-307.

9. LACOUTURE, *De Gaulle*, I: *Le rebelle*, p. 613.

10. Voici la traduction du message livré par Roosevelt au peuple français dans la
nuit du 7 au 8 novembre : « Comme ami de longue date de la France et du peuple
français, ma colère et ma sympathie vont croissant chaque jour qui passe quand je
considère la misère, le besoin et l'absence de leur foyer de la fleur des jeunes hommes
de France. Vu l'humiliation subie par votre pays aux mains des Allemands et la
menace qui pèse sur les colonies, afin d'anticiper sur l'agression allemande, j'ai décidé
d'envoyer de puissantes forces armées américaines en Afrique du Nord pour y coopérer avec les délégation locales de Vichy. » (Cité dans FERRO, *Pétain*, p. 430)

des actes. J'ai déjà déclaré que nous défendrions notre empire s'il était attaqué ; vous savez que nous le défendrons contre tout agresseur quel qu'il puisse être. Vous savez que je tiendrai parole. Dans notre malheur, j'ai protégé notre empire en demandant l'armistice et c'est vous, agissant au nom d'un pays auquel tant de souvenirs nous attachent, qui avez pris une si cruelle initiative. Il y va de l'honneur de la France. Nous sommes attaqués. Nous nous défendrons. C'est l'ordre que j'ai donné[11].

Le lendemain matin, Vichy met officiellement un terme à ses relations avec les États-Unis[12]. Ce en pure perte puisque, dans la nuit du 10 au 11 novembre, les troupes allemandes franchissent les lignes de démarcation[13]. On connaît la réaction canadienne à ces développements[14]. La France de Vichy, en s'opposant à l'opération alliée, se discrédite aux yeux de la population canadienne, tant francophone qu'anglophone. Vichy cesse d'être une préoccupation pour le gouvernement King.

Comment réagit de Gaulle aux événements d'Afrique du Nord ? Le 8 novembre, alors qu'il n'a aucune idée des tractations qui ont cours entre Darlan et les Américains, croyant que Giraud reste l'homme des Américains, de Gaulle, même si la France combattante a été tenue volontairement à l'écart de l'opération Torch, lance un appel à l'unité :

Les Alliés de la France ont entrepris d'entraîner l'Afrique du Nord française dans la guerre de libération. Ils commencent à y débarquer des forces énormes. Il s'agit de faire en sorte que notre Algérie, notre Maroc, notre Tunisie constituent la base de départ pour la libération de la France...

[...]

Chefs français, soldats, marins, aviateurs, fonctionnaires, colons, levez-vous donc ! Aidez nos alliés !... Ne vous souciez pas des noms ni des formules [...]

[...]

Allons ! Voici le grand moment. Voici l'heure du bon sens et du courage. Partout l'ennemi chancelle et fléchit. Français de l'Afrique du Nord ! Que par vous nous rentrions en ligne d'un bout à

11. Cité dans FERRO, *Pétain*, p. 431.
12. FERRO, *Pétain*, p. 435.
13. *Ibid.*, p. 441-442.
14. Voir chapitre 1.

l'autre de la Méditerranée, et voilà la guerre gagnée grâce à la France[15] !

Mais avec Darlan en Afrique du Nord, de Gaulle ne marche plus. Pour les Français combattants qui ont promis de restaurer les lois républicaines, il est inconcevable de travailler avec un des piliers de la Révolution nationale[16]. Pendant ce temps, en Afrique du Nord, les portraits du maréchal Pétain ornent toujours les édifices publics, et les lois de Vichy, y compris les lois raciales, restent en vigueur[17].

Tout bascule de nouveau le 24 décembre 1942, avec l'assassinat par un résistant[18] de « l'expédient temporaire[19] », François Darlan, autoproclamé depuis quelques semaines « chef de l'État ». Après la disparition de Darlan, Giraud, avec l'appui des Américains, prend le pouvoir en Afrique du Nord.

Les deux généraux et le CFLN[20]. — À l'hiver 1943, même si pour l'instant l'Afrique du Nord échappe à de Gaulle, la situation de la France combattante n'a jamais été aussi bonne. Tout d'abord, le mouvement gaulliste, face aux compromissions et aux manœuvres douteuses de Darlan et de Giraud, et devant le maintien de certaines lois anti-républicaines en Afrique du Nord, conserve tout son prestige moral[21]. Cette position assure à la France combattante l'estime de la majorité des Français et la sympathie de l'opinion internationale. De plus, alors qu'un psychodrame se joue à Alger, en France, les réseaux de résistance rallient un à un le général de Gaulle[22]. Fort de ces appuis, de Gaulle sait qu'il deviendra un interlocuteur incontournable lorsque viendra le temps de préparer l'invasion de l'Europe. Autre raison pour de Gaulle de se réjouir : au cours des mois de novembre et de décembre, Madagascar — dont l'autorité est enfin confiée à la France

15. DE GAULLE, *Mémoires de guerre*, II : *L'unité*, p. 408-409.

16. LACOUTURE, *De Gaulle*, I : *Le rebelle*, p. 614-615.

17. CRÉMIEUX-BRILHAC, *La France libre*, p. 430-432.

18. Fernand Bonnier de la Chapelle, âgé de 20 ans. À peine 24 heures plus tard, Bonnier de la Chapelle est jugé par un tribunal militaire et exécuté. CRÉMIEUX-BRILHAC, *La France libre*, p. 450-454.

19. C'est la formule utilisée par Roosevelt le 17 novembre pour justifier, devant une opinion publique américaine perplexe, le choix de Darlan à la tête des autorités françaises en Afrique du Nord.

20. Comité français de libération nationale.

21. DUROSELLE, *Politique étrangère de la France*, p. 520-526.

22. CRÉMIEUX-BRILHAC, *La France libre*, chapitre 22.

combattante par les troupes britanniques —, Djibouti et la Réunion tombent tour à tour sous l'autorité du général de Gaulle. En quelques semaines, le poids géostratégique de la France combattante a considérablement augmenté.

Finalement, dans la foulée de Torch, la stratégie américaine centrée sur Vichy s'effondre[23]. La zone libre est occupée et la flotte repose sous les flots, en rade de Toulon[24]. L'utilité de Vichy ayant vécu, de Gaulle sait qu'à moyen terme il reste la seule alternative crédible. Il lui doit encore circonscrire Giraud, mais cela ne saurait tarder, ce dernier ayant déjà entamé une partie de sa crédibilité et de son réservoir de sympathie en acceptant de travailler sous Darlan.

À la fin de l'année 1942, de Gaulle tente quelques ouvertures en direction de Giraud. Mais ce dernier, encouragé par les Américains, refuse de discuter d'autre chose que de la subordination des Français combattants à son autorité[25]. Pendant ce temps, l'homme fort d'Alger s'entoure de vichystes notoires et maintient le système concentrationnaire mis en place par Vichy.

Sous la pression de Roosevelt et de Churchill, les deux généraux se rencontrent tout de même en janvier 1943 à Anfa, au Maroc. Mais le mariage forcé n'a pas lieu, Giraud et de Gaulle se contentant d'établir entre eux une liaison[26]. De Gaulle dépêche le général Catroux à Alger. Catroux, aidé par l'envoyé de Churchill, Harold Macmillan, et par Jean Monnet, délégué par Roosevelt pour assister Giraud, parviendra, à force de travail et de patience, à rapprocher les deux parties.

Avant d'envisager tout accord avec Giraud, de Gaulle pose trois conditions : *(1)* que soit constitué un gouvernement provisoire ayant pour tâche de mener la lutte contre l'Axe et de négocier avec les autorités alliées ; *(2)* que les forces militaires françaises soient subordonnées à l'autorité politique ; *(3)* que ce gouvernement condamne le régime de Vichy et purge son administration des éléments qui s'y sont compromis[27].

---

23. Lacouture, *De Gaulle*, I : *Le rebelle*, p. 628.

24. Dans la nuit du 26 au 27 novembre 1942, alors que les Allemands foncent sur le port de Toulon, la flotte française, en rade dans le port, se saborde. Quelques jours plus tôt, par fidélité au maréchal Pétain, l'amiral de Laborde, commandant de l'escadre de Toulon, avait rejeté cavalièrement l'ordre de l'amiral Darlan de rejoindre les ports de l'Afrique du Nord. Ainsi disparaissait en quelques minutes, de façon tragique et absurde, une des plus belles flottes de l'époque.

25. Duroselle, *Politique étrangère de la France*, p. 529-533.

26. *Ibid.*, p. 534-537.

27. Azéma, *Nouvelle histoire de la France contemporaine*, p. 291.

Jean Monnet se charge de rendre l'administration giraudiste fréquentable. C'est Monnet qui inspire le fameux discours du 14 mars 1943, par lequel Giraud, pour la première fois, prend ses distances vis-à-vis du régime de Vichy. Selon Monnet, Giraud s'est plié à l'exercice seulement lorsqu'on lui a fait comprendre que les Américains n'équiperaient pas une armée inspirée par des idées réactionnaires[28]. Dans son discours, Giraud déclare l'armistice de 1940 nul et non avenu, répudie le régime de Vichy et promet le rétablissement des lois républicaines. Fidèle à sa parole, Giraud abolit progressivement la législation vichyste et évince de son administration la plupart des cadres vichystes[29].

Après de laborieuses négociations, Giraud accepte à la fin de mai le principe d'un comité national coprésidé par lui-même et le général de Gaulle. Ce dernier atterrit à Alger le 30 mai. Le 3 juin est créé le Comité français de libération nationale (CFLN)[30]. Le Comité s'engage à diriger l'effort de guerre français, à exercer la souveraineté française, à rétablir toutes les lois et libertés de la République, avant de remettre l'autorité nationale à un futur gouvernement provisoire.

De Gaulle n'aura besoin que de six mois pour marginaliser Giraud au sein du Comité. Giraud lui-même n'aidera pas sa propre cause. Par son manque d'habileté politique, il perdra peu à peu toute crédibilité aux yeux de ses partisans initiaux[31]. Par décrets successifs, signés par Giraud lui-même, et conformément aux souhaits du général de Gaulle, le Comité entérine le principe de la suprématie du politique sur le militaire. Espérant, en vain, obtenir un grand commandement allié, Giraud abandonne au général de Gaulle la direction politique du Comité. En avril 1944, amer, Giraud refuse toute position officielle et se retire de la scène[32].

---

28. Jean MONNET, *Mémoires*, Paris, Fayard, 1976, p. 222-223.

29. Toutefois, certains décrets tardent à disparaître. C'est le cas par exemple de la révocation du décret Crémieux. Grâce à ce décret, les Juifs d'Afrique du Nord jouissaient, depuis 1870, d'une égalité juridique avec les Français installés dans cette partie de l'Empire. En 1940, Vichy abrogeait le décret. Giraud, prétextant vouloir éviter de réveiller la rancœur des populations musulmanes exclues de la vie civile, refuse de rétablir pleinement le décret. DUROSELLE, *Politique étrangère de la France*, p. 539-541; AZÉMA, *Nouvelle histoire de la France contemporaine*, p. 290-291; MICHEL, *Les courants de pensée de la Résistance*, p. 468.

30. CRÉMIEUX-BRILHAC, *La France libre*, p. 557-558; DUROSELLE, *Politique étrangère de la France*, p. 564.

31. AZÉMA, *Nouvelle histoire de la France contemporaine*, p. 294-297.

32. *Ibid.*, p. 308.

Le giraudisme et le Canada français

Giraud et le pétainisme respectable. — On aurait cru qu'après la fermeture de la légation de Vichy à Ottawa, après l'ordre donné par Pétain aux troupes françaises d'Afrique du Nord de résister au débarquement anglo-américain, ordre qui discréditait le Maréchal et enlevait tout espoir de voir la France de Vichy reprendre le combat aux côtés des Alliés, on aurait cru donc que la tâche de la France combattante au Canada deviendrait subitement plus aisée. Malheureusement pour de Miribel, Bonneau (le nouveau représentant de la France combattante venu remplacer au début de l'année 1943 le colonel Pierrené), Simard et leurs compagnons, les choses ne sont pas aussi simples.

S'il devenait pratiquement impossible pour les sympathisants du Maréchal de croire à la stricte neutralité de son régime, si les ralliements de plus en plus nombreux à la Résistance témoignaient de l'effritement de l'appui populaire du gouvernement de Vichy et, par conséquent, de sa légitimité, l'idéologie clérico-nationaliste — qui était à la base de la sympathie d'une partie de la population canadienne-française pour le régime de Pétain — restait toujours bien vivante sur les rives du Saint-Laurent[33]. De même, les griefs contre la Troisième République, ce repaire de communistes, de francs-maçons et de Juifs, n'avaient pas tout bonnement disparu dès l'instant où les soldats américains foulèrent le sol africain. Par conséquent, le gaullisme, qui pour plusieurs symbolisait l'héritage de la Troisième République, en portait toujours les stigmates infamants.

Devenus orphelins, certains partisans de Pétain se rangeront finalement derrière le général de Gaulle. D'autres, gardant toute leur sympathie pour Pétain, s'enfermeront dans le mutisme. D'autres enfin opteront, pour un temps du moins, pour un nouveau champion de cette France éternelle et catholique.

---

33. L'image même du Maréchal n'était encore que partiellement atteinte. Certains croyaient ou voulaient croire que Pétain n'avait pas entièrement plié devant les Allemands. Voici ce que l'on pouvait encore lire le 14 novembre 1942 :

« Jusqu'ici le gouvernement Pétain n'a pas désavoué le geste de Darlan. Le reconnaîtra-t-il ? Ira-t-il jusqu'à abandonner le pouvoir et confier le gouvernement de la France à Darlan ? Si le Maréchal faisait ce geste ce serait probablement son dernier acte d'héroïsme. S'il ne le fait pas, ce ne sera pas par manque de patriotisme, ce geste d'abnégation concerne aussi les Français. »

Voir AA, vol. 4P28 : État-major du général de Gaulle. Revue de la presse canadienne du 17 août au 15 novembre 1942, faite le 22 décembre 1942 par le commissariat national à l'Information.

Ces derniers se tournent tout d'abord vers Darlan puis, après l'assassinat de l'amiral, vers le général Giraud et les autorités françaises d'Afrique du Nord. Maintenant engagée aux côtés des Alliés, la Révolution nationale version Giraud survivrait peut-être à la victoire alliée. C'est du moins l'espoir de plusieurs hommes de Vichy qui s'engagent aux côtés de Giraud[34]. « Si Vichy continue à Alger, tout ce qui a été accompli serait légitimé et la continuité assurée des deux côtés de la Méditerranée. » Pour les sympathisants canadiens de la Révolution nationale, il était dorénavant possible de condamner la politique de collaboration menée par l'administration de Vichy, tout en appuyant encore l'œuvre de « salubrité publique » amorcée par le maréchal Pétain.

Selon Henri Michel, les partisans de Giraud, déterminés à bouter hors de France les Allemands, abhorrent les gaullistes et les Anglais[35]. Les giraudistes restent fidèles au maréchal Pétain et aux principes de la Révolution nationale[36]. On a déjà cité la déclaration de loyauté envoyée par le général Giraud au maréchal Pétain. Quelques mois plus tard, alors que Giraud règne sur l'Afrique du Nord, les cadres de l'État pétainiste s'appliquent toujours à y faire respecter la législation vichyste.

Rester fidèle au maréchal Pétain tout en reprenant les armes contre l'Allemagne n'est pas en soi contradictoire. En France, dès 1940, certains jeunes gens, tout en se déclarant partisans de la Révolution nationale, établissent des réseaux de résistants. À Vichy, au sein même de l'administration de l'État français, des individus organisent, parfois sans grande discrétion, la résistance à l'occupant[37]. Ces patriotes, souvent des militaires, osent croire, du moins jusqu'au mois de novembre 1942, que le vieux Maréchal n'attend que le bon moment pour reprendre la guerre du côté des Alliés[38].

---

34. COINTET, *La France à Londres*, p. 219-220.
35. MICHEL, *Les courants de pensée de la Résistance*, p. 456-457.
36. *Ibid.*
37. L'itinéraire de François Mitterrand pendant la guerre, retracé par Pierre Péan, illustre très bien l'évolution d'un jeune cadre du régime de Vichy glissant graduellement dans la résistance. En 1943, le réseau de Mitterrand est de sympathie giraudiste. Pierre PÉAN, *Une jeunesse française*, Paris, Fayard, 1994. Voir aussi COINTET, *Histoire de Vichy*, p. 151-156.
38. MICHEL, *Les courants de pensée de la Résistance*, p. 448.

Politiquement, elle [la résistance fidèle à la Révolution nationale] est pénétrée de la mystique du chef, d'une façon qui touche à la dévotion ; elle voit le salut de la Nation dans la pratique d'une obéissance sans réserve et d'une discipline sans limite. De tendance générale anti-gaulliste et anglophobe, elle confond dans la même réprobation République et démagogie, libéralisme et communisme. Elle approuve la Révolution nationale[39].

Le giraudisme a tout pour plaire aux anciens partisans canadiens du maréchal Pétain. C'est, en quelque sorte, le meilleur des deux mondes. Avec Giraud, on peut à la fois s'afficher partisan de la Révolution nationale tout en combattant efficacement le nazisme.

Giraud vu par la presse canadienne-française. — Mais dans les semaines qui suivent le débarquement, c'est Darlan l'homme fort de l'Afrique du Nord. Trop lié à la politique de collaboration, Darlan n'attire guère la sympathie des Canadiens français. À la lecture des journaux de l'époque, on pourrait croire que la partie est enfin gagnée pour les Français libres. Dans une revue de la presse écrite, effectuée par le Service de l'information de la France combattante le 22 décembre 1942, on peut lire : « Parmi les journaux canadiens-français, seul *Le Devoir* est anti-gaulliste, *La Patrie* et *L'Action catholique* ménagent la chèvre et le chou. Tous les autres journaux appuient la France combattante avec un enthousiasme qui confine au lyrisme[40]. »

Il est vrai que les commentaires favorables à l'héritier désigné du maréchal Pétain se font rares. Georges Pelletier est un de ceux qui osent encore défendre publiquement Darlan :

L'agitation quant aux mérites de l'accord Eisenhower-Darlan se continue dans certains milieux, surtout par suite de campagnes féroces menées contre Darlan par des anciens profiteurs de la IIIe République qui ne sauraient admettre [...] que la France fût libérée par d'autres que par des gens qui restaureraient immédiatement la IIIe République dont ils ont grassement vécu en attendant qu'elle mourût de leur parasitisme extrême[41].

Certains, comme l'équipe éditoriale de *La Patrie,* sont prêts à oublier le passé de l'amiral Darlan si ce dernier peut aider la cause alliée.

---

39. *Ibid.*, p. 450.
40. AA, 4P28, revue de la presse canadienne du 17 août au 15 novembre 1942, faite le 22 décembre 1942 par Commissariat national à l'information.
41. *Le Devoir*, 15 décembre 1942.

Les intérêts militaires passent ici avant toutes les autres considérations. Les à-côtés politiques de la campagne d'Afrique n'ont qu'une importance secondaire. C'est donc une erreur, nous semble-t-il, que de s'attacher à démêler les intrigues politiques qui se nouent autour de l'administration civile de l'Afrique française[42].

Le journal, au nom de l'unité, va même jusqu'à s'en prendre indirectement aux gaullistes :

L'union sacrée s'impose. Nous n'avons que faire des personnalités injurieuses, de gens qui s'affairent pour eux-mêmes au nom de la France, de tous les « patriotes » qui s'agitent dans le vide, dans le négatif. Leurs ambitions particulières ne nous intéressent point. « Seule », compte la victoire à remporter, « exclusivement », n'importe ce qui s'y rattache[43].

Pour leur part, les journaux libéraux ne cachent pas leur mécontentement alors que Darlan prend en charge l'Afrique du Nord française. Fidèle à lui-même, *Le Jour* attaque durement Darlan[44]. Mais les autres publications libérales ne sont pas plus tendres avec le nouvel homme fort d'Afrique du Nord. Au *Canada*, Edmond Turcotte questionne les motifs alliés : « Nous demanderait-on des sacrifices énormes et des flots de sang pour qu'enfin, après la victoire, le fascisme et la trahison des peuples continuent de régner sur le monde comme si rien ne s'était passé[45]. » Quant aux quotidiens libéraux de Québec, *Le Soleil* et *L'Événement Journal*, ils empruntent le ton rageur du *Jour*. Voici, quelques heures après le débarquement allié en Afrique du Nord et alors qu'on annonce la présence de Darlan à Alger, la réaction du *Soleil* :

Quelles que soient les dispositions présentes de Darlan et quel qu'ait été son jeu dans le gouvernement de Vichy, il fait figure de crapule. Marquer des égards à un être pareil serait fort compromettant pour les chefs politiques ou militaires des Alliés. Chose certaine, un Charles de Gaulle ne se prêterait point à un marchandage aussi peu digne. Au mieux, l'amiral Jean-François Darlan apparaît comme un drôle qui a tiré avantage des malheurs de sa patrie. Il a été l'un des agents serviles des puissances de l'Axe[46].

42. *La Patrie*, 16 novembre 1942.
43. *La Patrie*, 18 décembre 1942.
44. *Le Jour*, 21 novembre et 19 décembre 1942.
45. *Le Canada*, 18 novembre 1942.
46. *Le Soleil*, 12 novembre 1942.

Après la disparition de Darlan, alors que la presse anglophone du Canada se désintéresse peu à peu de la situation politique en Afrique du Nord, au Canada français, les journaux s'emparent de la question. Deux camps s'affrontent: gaullistes et giraudistes. Le général de Gaulle peut toujours compter sur l'appui des journaux libéraux qui n'ont cessé d'être derrière lui depuis l'été 1941. Mais cet appui n'est pas indéfectible. À quelques reprises, au printemps 1943, on discerne une certaine impatience à son endroit. D'après Sylvie Guillaume, qui a dépouillé les journaux canadiens-français de l'époque, « avant son éviction, le général Giraud suscitait beaucoup plus de sympathie, dans l'ensemble de la presse, que le général de Gaulle[47] ». Les représentants gaullistes au Canada remarquent que même leurs alliés d'hier s'expliquent mal l'intransigeance du chef de la France combattante à l'endroit de son rival d'Afrique du Nord[48]. Aux yeux de plusieurs, de Gaulle se montre ambitieux, jaloux de son autorité et trop attentif aux dimensions politiques, au détriment des questions militaires.

Mais, encore, une fois, *Le Jour* fait bande à part et, sans atteindre la violence de ses propos contre le régime de Vichy, critique assez vertement Giraud et son administration. Voici ce qu'écrivait Marcel H. Estienne peu de temps après le rendez-vous manqué d'Anfa :

Vichy s'en est allé d'Allier.

Vichy se situe aujourd'hui par 0 degrés 44 de longitude Est, 56 degrés 47 de l'attitude Nord, soit El Djezan en arabe, Alger en français...

On y rencontre couramment MM. Noguès[49], Bergeret[50], Boisson[51], Peyrouton[52] et autres...

---

47. Guillaume, *Les Québécois et la vie politique française*, p. 115.

48. *MAE*, série guerre 39-45, sous-série Londres, vol. 199. Télégramme du 20 avril 1943, de Miribel à Massigli ; télégramme du 27 avril 1943, de Miribel à Massigli.

49. Le général Noguès, résident général au Maroc, avait, en novembre 1942, ordonné aux troupes françaises de résister au débarquement allié. Il se rallia à Darlan, puis à Giraud.

50. Ancien ministre de l'aviation sous Pétain, le général Bergeret rallie Darlan puis, après l'assassinat de l'amiral, Giraud.

51. C'est Pierre Boisson, gouverneur général de l'Afrique-Occidentale française, qui s'était opposé militairement à l'expédition anglo-gaulliste sur Dakar en septembre 1940.

52. Ancien ministre de l'Intérieur sous Pétain, Peyrouton se retrouve en janvier 1943 auprès de Giraud.

[...]

Tout comme le maréchal Pétain, le général Giraud est sans doute un excellent soldat... Mais l'on peut avancer que ses sentiments politiques s'accordent assez mal avec les fins que poursuivent les Alliés[53]...

Une partie de la presse catholique partage les hésitations des journaux libéraux. C'est le cas de *L'Action catholique*[54]. Reprenant l'équilibre qu'il avait maintenu jusqu'à la fin de l'année 1942, le quotidien de Québec refuse de choisir entre les deux généraux. Il salue tous les efforts de Giraud qui, peu à peu, sous la pression de l'opinion publique alliée, éloigne ses collaborateurs les plus compromis avec le régime de Vichy et répudie une à une les dispositions légales postérieures à juin 1940[55]. Louis-Philippe Roy applaudit au discours du 14 mars qui rend enfin possible l'union des forces de résistance :

La IIIe République avait ses partisans et ses adversaires. En replaçant l'Afrique sous le régime républicain et en promettant aux Français de les replacer en attendant qu'ils puissent se prononcer en toute liberté, Giraud n'entend pas juger la IIIe République. Pas plus que de Gaulle d'ailleurs. L'un et l'autre veulent tout simplement remettre leur pays dans la légalité constitutionnelle[56].

Le Droit d'Ottawa refuse lui aussi de prendre parti dans la querelle Giraud/de Gaulle. Ce qui importe avant tout, c'est l'union des Français.

De part et d'autre, des concessions s'imposent pour arriver à une franche entente. À bien analyser les événements, le général Giraud en a déjà fait plusieurs...

Si les concessions ont été faites jusqu'ici par le général Giraud, c'est là, il faut le reconnaître, un hommage à l'idéal et à l'attitude de la France combattante[57].

De son côté, *Le Devoir* appuie le général Giraud. Pourquoi le quotidien montréalais se range-t-il derrière Giraud ? Pour Sylvie

---

53. *Le Jour*, 6 février 1943.

54. DIONNE, *La presse écrite canadienne-française et de Gaulle*, p. 89-90.

55. *L'Action catholique*, 4 février, 8 et 15 mars 1943.

56. *L'Action catholique*, 16 mars 1943. Cité dans Dionne, *La presse écrite canadienne-française et de Gaulle*, p. 90.

57. *Le Droit*, 2 mars 1943.

Guillaume, les sympathies giraudistes du *Devoir* découlent de l'antipathie profonde du quotidien pour le général de Gaulle[58].

Mais Giraud est bien plus que le rival du général de Gaulle. Giraud représente également l'espoir de voir la Révolution nationale survivre à l'après-guerre. Appuyer Giraud contre de Gaulle, c'est aussi appuyer la Révolution nationale contre un éventuel retour à la Troisième République. Après s'être discrédités aux yeux de l'opinion, Pétain et son régime n'ont plus les capacités d'assurer à terme le redressement moral de la France. Alors que de Gaulle est sur le point de triompher, voilà que Giraud reprend, en partie du moins, le flambeau de la Révolution nationale.

Le Devoir constate avec bonheur que plusieurs cadres de Vichy rallient le général Giraud. Devant les protestations des milieux gaullistes, Pelletier utilise sa tribune pour accuser de sectarisme les Français libres :

> Ainsi donc, le général Giraud, pour s'entendre avec de Gaulle, devrait commencer par sacrifier ses électeurs et ses collaborateurs. Le fera-t-il ? On le croit difficilement. Il veut bien l'union et l'accord, mais à ce prix, qui ne ferait en somme qu'accroître les causes de discorde et multiplier les divisions au sein des groupes français ? On doute de la sagesse politique du général de Gaulle[59].

À la fin du mois de mars, alors que les négociations Giraud-de Gaulle avancent péniblement, Pelletier prend de nouveau la défense des collaborateurs de Giraud :

> Les partisans de de Gaulle voudraient faire s'engager Giraud à liquider Noguès et Pierre Boisson. Or l'un et l'autre ont été pour beaucoup dans la reddition du Maroc aux Alliés et surtout, quant à Pierre Boisson, dans la remise de Dakar et des navires de guerre français qui s'y trouvaient, aux Américains. Se laisseraient-ils exécuter, politiquement, et Giraud consentira-t-il à les sacrifier pour plaire à de Gaulle et à ses partisans acharnés, qui pensent plus, du moins en certains milieux, à satisfaire des rancunes personnelles qu'à hâter le jour de la libération de la France continentale[60] ?

58. Guillaume, *Les Québécois et la vie politique française*, p. 115.
59. *Le Devoir*, 4 janvier 1943.
60. *Le Devoir*, 31 mars 1943.

Le quotidien constate avec satisfaction que Giraud protège du mieux qu'il le peut la législation vichyste en Afrique du Nord. Par exemple, dans la foulée du discours du 14 mars prononcé par le général Giraud, *Le Devoir* approuve la décision de ne pas rétablir le décret Crémieux[61]. *Le Devoir* en profite pour dénoncer au passage les abus commis par les Juifs d'Afrique du Nord depuis 1870, et déplore la restauration de certaines lois de la Troisième République, soulignant que cette dernière a eu « des périodes dont il faudrait effacer jusqu'aux vestiges[62] ».

Pelletier et ses collaborateurs se méfient toujours des objectifs politiques du général de Gaulle. On craint tout d'abord le retour de la Troisième République. Le 30 mars, le directeur du journal accuse les partisans du général de Gaulle « d'excès de démocratie » qui risquerait de mener à « la démagogie et à la pire tyrannie[63] ». De plus, on reproche à de Gaulle de faire le jeu de la gauche, et principalement des communistes[64]. En avril, alors que Londres et Alger négocient toujours, *Le Devoir* oppose la position de Giraud qui veut instaurer un Conseil français composé de gouverneurs et d'administrateurs coloniaux, à celle du général de Gaulle, qui préconise une représentation des mouvements clandestins de France, ce qui aurait pour conséquence d'y introduire les communistes[65].

Alors que les journalistes libéraux et leurs collègues de *L'Action catholique* et du *Droit* souhaitent l'entente entre les deux hommes qui permettrait de mettre un terme aux divisions françaises et éclipserait pour de bon la France de Vichy[66], Pelletier, s'abritant derrière des dépêches de la presse américaine et britannique, ne cesse de souligner les différences insurmontables entre les positions défendues par Giraud et de Gaulle, soulignant la responsabilité du second dans la discorde :

61. *Le Devoir*, 15 et 23 mars 1943. Sur le décret Crémieux, voir note n° 29.

62. *MAE*, série guerre 39-45, sous-série Londres, vol. 199. Télégramme du 29 mars 1943, de Miribel à Massigli ; télégramme du 24 mars 1943, É. de Miribel à Massigli.

63. *Le Devoir*, 30 mars 1943.

64. *Le Devoir*, 1er mars 1943.

65. *MAE*, série guerre 39-45, sous-série Londres, vol. 199. Télégramme du 20 avril 1943, É. de Miribel à Massigli.

66. *MAE*, série guerre 39-45, sous-série Londres, vol. 199. Télégramme du 24 mars 1943, É. de Miribel à Massigli.

Le différend qui sépare le général de Gaulle, commandant de France combattante, du général Henri Giraud, commandant de la France africaine, est tellement profond que des observateurs diplomatiques à Washington, au dire d'un correspondant de presse dans cette même capitale [...] Et cela tiendrait tout particulièrement aux ambitions pour le moins démesurées de M. de Gaulle[67].

D'autres publications proches des milieux clérico-nationalistes se rangent aussi derrière Giraud. *La Terre de Chez-Nous* tient le nouvel homme fort de l'Afrique du Nord pour un homme intègre, qui « semble conduire sa barque de très habile façon[68] » et qui, contrairement au général de Gaulle et à ses partisans, refuse de tomber dans le sectarisme. Pour l'hebdomadaire agricole, l'échec d'Anfa s'explique avant tout par l'intransigeance gaulliste :

Le général de Gaulle, chef de la France libre, et le général Giraud se sont également rencontrés à Casablanca. Ils ont constaté tous deux qu'ils ne s'entendaient pas [...] Il est évident que l'attitude prise jusqu'ici par le clan des Français libres ne peut aboutir à aucune entente. Ils ont critiqué toutes les nominations faites en Afrique du Nord. Ils s'opposent, semble-t-il, à ce que ceux qui ont été loyaux envers le gouvernement du maréchal Pétain combattent les Allemands. De même qu'ils ont nui à la France en répandant des médisances et des calomnies sur son compte depuis la capitulation de 1940, ils continuent à mettre leurs intérêts propres à l'avant et ils voudraient être les maîtres partout en Afrique du Nord quoi que pense la population [...] Mais ce qu'ils cherchent à sauver avant tout, c'est le régime républicain qui a conduit la France où elle est aujourd'hui[69].

Pour *La Boussole*, petite publication d'extrême droite, entre de Gaulle « qui devient de plus en plus le général de Gauche », et le général Giraud, le choix est évident.

L'intransigeance de de Gaulle vis-à-vis les partisans pétainistes de Giraud, intransigeance visiblement inspirée par l'épine dorsale juive et communiste de son mouvement, a seule contribué à lui faire perdre du prestige aux yeux des Américains.

---

67. *Le Devoir*, 8 avril 1943.
68. *La Terre de Chez-Nous*, 13 janvier 1943.
69. *La Terre de Chez-Nous*, 2 février 1943.

[...]

Il est donc regrettable que des Philippe Barrès, des capitaine d'Argenlieu, des général Catroux et même des général de Gaulle restent acoquinés aux résidus du Front populaire, qui en trois ans, ont perdu la France. Que ces patriotes français de la France combattante se lavent les mains du contact de la France juive et rouge et les tendent à Giraud. Nous aurions alors la véritable politique française de la « main tendue[70] ».

Giraud et le gouvernement canadien

Prudence à Ottawa. — Quelques heures à peine après que le Canada a officiellement rompu avec le régime du maréchal Pétain, Ristelhueber approche Robertson pour lui faire part du désir de sa délégation de représenter l'amiral Darlan au Canada[71]. L'aisance avec laquelle Ristelhueber et ses associés offrent leurs services aux autorités d'Afrique du Nord montre à quel point le nouveau régime est perçu pour ce qu'il est : le digne successeur de Vichy. En ce mois de novembre 1942, une chose semble acquise : le personnel de la légation n'acceptera pas de travailler pour un gouvernement dirigé par le général de Gaulle[72]. Après l'assassinat de Darlan, c'est au général Giraud que Ristelhueber et ses collaborateurs offrent leur allégeance[73].

Mais les diplomates français se heurtent au refus catégorique du gouvernement canadien. Avant de se prononcer sur le bien-fondé d'une représentation fidèle à Darlan au Canada, Robertson croit préférable d'attendre les réactions de l'opinion en France et en Afrique du Nord[74]. Quelques jours plus tard, s'abritant derrière le discours de Roosevelt

---

70. *La Boussole*, 17 avril 1943.

71. APC, RG 25, série A.3, vol. 3011, dossier 3618-A-40C partie 1. Mémorandum sans date mais écrit dans les heures qui suivent le 9 novembre 1942, Robertson pour King.

72. APC, RG 25, série A.3, vol. 3011, dossier 3618-A-40C partie 1. Mémorandum du 13 novembre 1942, Wrong à Robertson.

73. MAE, série guerre 39-45, sous-série Alger, vol. 738. Note du 15 janvier 1943, du secrétariat aux Relations extérieures d'Alger ; liste nominative des agents ralliés à Giraud datée du 11 avril 1943, dressée par le secrétariat aux Relations extérieures d'Alger.

74. APC, RG 25, série A.3, vol. 3011, dossier 3618-A-40C partie 1. Mémorandum sans date mais écrit dans les heures qui suivent le 9 novembre 1942, Robertson à King.

au sujet de « l'expédient Darlan », Ottawa juge qu'il serait prématuré d'accepter une représentation fidèle à l'amiral au Canada[75].

Le 27 novembre 1942, Robertson livre à Ristelhueber le fond de sa pensée sur le régime de Vichy :

> Apart altogether from their [aux dirigeants de Vichy] enforced collaboration with the Nazis in the field of external policy, they were identified with a policy of domestic legislation that had gone far to make a fascist nation. The internal measures taken by Vichy for the suppression of free institutions, persecution of Jews and political refugees, and abolition of trade unions bore all the hallmarks of fascist policy, and were commended to the French people by the Marshal, Darlan and Laval as a "national revolution[76]".

Et Robertson poursuit en énonçant les conditions fixées par le Canada à toute reconnaissance formelle d'une nouvelle administration française :

> [W]e would all wish to be very sure that before any new French provisional government were recognized it really stood in the great French tradition and was really representative of the true wishes and feelings of the French people. This seemed to me a much more important test of the validity and legitimacy of a government than the fact that Admiral Darlan might or might not have been acting in agreement with Marshal Pétain when he decided to support the United Nations[77].

---

75. *APC*, RG 25, série A.3, vol. 3011, dossier 3618-A-40C, partie 1. Télégramme du 25 novembre 1942, Robertson à Massey.

76. *DREC*, vol. 9, p. 1703. Mémorandum du 27 novembre 1942, Robertson à King.

« Mise à part leur politique de collaboration avec les Nazis, ils [les dirigeants de Vichy] ont été identifiés à une politique intérieure qui semblait vouloir faire de la France une nation fasciste. Les mesures internes prises par Vichy en vue de réprimer les institutions démocratiques, de persécuter les Juifs et les réfugiés politiques, de même que l'abolition des syndicats portent tous la marque d'une politique fasciste. Et c'est le Maréchal, aidé de Darlan et de Laval qui a fait l'éloge d'une telle politique auprès du peuple français, la présentant comme une "révolution nationale". » (*Nous traduisons.*)

77. *Ibid.* « Avant qu'un nouveau gouvernement provisoire ne soit reconnu, nous aimerions avoir la certitude absolue qu'il s'insère réellement dans la grande tradition française et qu'il représente bien les souhaits et les sentiments véritables du peuple français. Cela m'apparaît beaucoup plus important pour vérifier la légitimité d'un gouvernement que le fait de savoir si l'amiral Darlan a agi avec la bénédiction du maréchal Pétain lorsqu'il a décidé de soutenir les Nations Unies. » (*Nous traduisons.*)

Mais, au-delà des questions de principes, le gouvernement canadien refuse de reconnaître officiellement l'autorité de l'amiral Darlan, puis du général Giraud, pour des raisons de politique interne. La fermeture de la légation vichyste à Ottawa a enfin mis un terme à une situation pour le moins embarrassante pour les autorités canadiennes : la présence de deux représentations françaises au Canada. Voulant à tout prix empêcher que l'opinion publique canadienne-française se divise de nouveau, cette fois-ci entre gaullistes et giraudistes, Ottawa n'a pas l'intention de permettre l'ouverture d'une représentation giraudiste.

En décembre 1942, Giraud dépêche le général Émile Béthouart à Washington[78]. Béthouart a pour mandat de négocier avec les autorités américaines les modalités du réarmement des troupes françaises d'Afrique du Nord. À la fin janvier, les attributions de Béthouart se précisent[79]. À titre de représentant pour les questions militaires et politiques, Béthouart doit « représenter et défendre les intérêts de la France et des Français établis aux États-Unis[80] ». Mais, comme l'écrit Béthouart, « la mission de de Gaulle dirigée par M. Tixier ayant des attributions analogues sauf en ce qui concerne l'armement, la dualité est dangereuse. Elle alimente les polémiques de presse[81]. » La confusion qui règne à Washington constitue un avertissement sérieux pour le gouvernement canadien.

En plus de ses responsabilités aux États-Unis, Béthouart a pour tâche de mettre sur pied une représentation giraudiste au Canada. Le général français se rend à Ottawa les 21 et 22 mars. Aux autorités canadiennes, Béthouart évoque la possibilité d'utiliser les anciens agents de Vichy au Canada au sein d'une future représentation giraudiste à Ottawa[82]. Si King ne rejette pas d'emblée l'idée d'une représentation

---

78. Colonel en 1939, Béthouart est promu général en avril 1940 et prend en charge l'expédition de Narvik. Rapatrié en Angleterre pendant la campagne de France, Béthouart refuse de se joindre à de Gaulle. On le retrouve ensuite au Maroc. Rallié à Giraud, Béthouart assiste les Américains lors de l'opération Torch, mais Noguès, résident général français au Maroc, le met aux arrêts. Les Américains le sauvent d'une condamnation à mort.

79. Général Émile BÉTHOUART, *Cinq années d'espérance, mémoires de guerre. 1939-1945*, Paris, Plon, 1968, p. 185.

80. *Ibid.*, p. 189.

81. *Ibid.*

82. *DREC*, vol. 9, p. 1716. Télétype du 25 mars 1943, Wrong à Pearson.

giraudiste au Canada, le premier ministre canadien est très clair sur un point : malgré tout le respect qu'il dit porter à Ristelhueber, pour des considérations de politique interne, ni lui ni aucun de ses proches collaborateurs ne devront en faire partie[83].

En réalité, le gouvernement canadien tente par tous les moyens de gagner du temps, pariant que le conflit Giraud/de Gaulle s'estompera de lui-même[84]. Au début du mois de janvier 1943, Ottawa informe ses alliés américains et anglais de son vif souhait de voir se réaliser le plus rapidement possible l'unification de tous les Français sous un seul drapeau[85]. Le 27 avril, dictant à Pierre Dupuy les termes de la mission qu'il s'apprête à entreprendre à Alger, King écrit :

> Our attitude is that while we do not object to the opening of such a mission, with the same status as the Fighting French Delegation, we hope that action may be deferred until a greater degree of unity has been achieved between Giraud and de Gaulle[86].

Et pourquoi King souhaite-t-il l'union des Français ?

> The establishment of two missions here, both representing French resistance, would tend to revive the confusion of minds toward French affairs, especially in Quebec, which has abated since the closing of the French Legation[87].

Si bien qu'à son second passage à Ottawa, le 12 mai, Béthouart, qui croyait avoir l'assentiment des autorités fédérales pour nommer le général Lelong à la tête de la Mission française à Ottawa, se heurte au refus du gouvernement canadien. Voici le télégramme qu'il envoie à Giraud le 15 mai de Washington :

---

83. *MAE*, série guerre 39-45, sous-série Alger, vol. 1246. Télégramme du 26 mars 1943, Béthouart à Giraud.

84. *DREC*, vol. 9, p. 1719. Mémorandum du 31 mars 1943, Robertson à King.

85. *DREC*, vol. 9, p. 1707-1710. Télégramme du 8 janvier 1943, King au secrétaire d'État aux Dominions à Londres.

86. *APC*, papiers King, MG 26 J1, vol. 346. Télégramme du 27 avril 1943, King à Dupuy. « Notre position est la suivante : nous ne nous opposons pas à l'ouverture d'une mission avec le même statut que la délégation française combattante, mais nous espérons que cette décision soit reportée jusqu'à ce qu'il règne un meilleur climat d'entente entre Giraud et de Gaulle. » (*Nous traduisons.*)

87. *Ibid.* « Le fait d'avoir au pays deux missions représentant la résistance française tendrait à ranimer la confusion au sujet des affaires françaises, surtout au Québec, où le calme est revenu depuis la fermeture de la légation française. » (*Nous traduisons.*)

Au cours de l'entretien que je viens d'avoir avec lui à Ottawa [le 12 mai], M. Mackenzie King est revenu sur l'accord qu'il m'avait précédemment donné à l'envoi d'une mission du général Giraud au Canada. Le premier ministre m'a déclaré que cette décision négative était uniquement inspirée par des raisons de politique intérieure canadienne et par les réactions diverses qu'il craignait de voir suscitées par la désignation d'un délégué du général Giraud au moment où l'opinion publique escomptait la conclusion imminente d'un accord entre Londres et Alger qui permettrait l'envoi d'une délégation française unique[88].

En spectatrice intéressée, la représentation gaulliste à Ottawa suit de près les tractations entre Béthouart et les autorités canadiennes. Au début de mai, Bonneau rend compte d'une conversation qu'il a eue avec Robertson. Ottawa souhaite l'union des Français, d'abord dans l'intérêt de la conduite de la guerre, ensuite pour le bien de la France, et finalement pour la paix intérieure du Canada.

S'étendant sur ce dernier point le sous-secrétaire d'État a marqué que la rupture des relations avec Vichy, l'Afrique du Nord, l'occupation de la France avaient à son avis diminué considérablement la force du parti pro Vichy opposé à l'effort de guerre de la province de Québec. Ce résultat obtenu, le gouvernement d'Ottawa voudrait éviter que cette masse plus ou moins profondément gagnée ne se divise sur une autre question française, une partie optant pour Giraud, pour un régime autoritaire et hiérarchisé, un conservatisme social, la puissance temporelle de l'Église une teinte d'antisémitisme et pour l'amitié américaine, l'autre pro de Gaulle, d'un idéal social plus avancé. Pour diminuer ce risque le gouvernement canadien désire éviter la présence de deux missions françaises. Il a donc prié le général Béthouart de différer sa demande de représentation à Ottawa[89].

Le général Giraud au Canada, juillet 1943. — Après le 3 juin 1943, de réservée qu'elle était, l'attitude du gouvernement canadien à l'endroit du général Giraud devient chaleureuse. Avec la constitution à Alger

---

88. *MAE*, série guerre 39-45, sous-série Alger, vol. 1246. Télégramme du 15 mai 1943, Béthouart à Giraud.
89. *MAE*, série guerre 39-45, sous-série Londres, vol. 198. Télégramme du 2 mai 1943, Bonneau à Massigli.

du Comité français de libération nationale, sous la double présidence Giraud-de Gaulle, le danger que l'opinion publique se divise au sujet de la France est maintenant écarté. D'ailleurs, à part *Le Devoir,* qui accuse de Gaulle d'outrepasser ses pouvoirs en exigeant la démission de certains collaborateurs de Giraud[90], l'annonce de l'accord Giraud-de Gaulle réjouit l'ensemble de la presse canadienne-française[91]. Thomas Greenwood, dans *Le Droit,* parle de « l'union sacrée » alors qu'Hamel, au *Jour,* salue dans l'accord des deux hommes « la victoire de la volonté populaire[92] ».

La nouvelle arrive à temps. Le 1er juin 1943, Pierre Dupuy, en mission à Alger, avise Ottawa que le général Giraud souhaite se rendre au Canada lors de son séjour aux États-Unis, prévu pour le mois de juillet. Entre-temps, le 3, l'accord Giraud-de Gaulle unit enfin la résistance française. Le 9 juin, soulagé, Ottawa invite officiellement le général Giraud au Canada[93].

Giraud est accueilli à Ottawa le 15 juillet par Bonneau et Dupuy[94]. Dans la soirée, King préside une réception donnée en son honneur. Le gouvernement canadien, soucieux d'encourager l'unité des Français, invite Bonneau et Ristelhueber. Devant ses hôtes, King prononce ce qu'il considère lui-même avoir été l'un de ses meilleurs discours. « This was all more remarkable in that my guest did not understand English and I had a difficult time during dinner to keep my thoughts concentrated[95]. » À son tour, Giraud y va d'une allocution qui, d'après le ministre de la Justice Louis Saint-Laurent[96], fut également très émouvante[97].

Si la première journée de son périple canadien se passe sans incidents regrettables, il en va autrement le lendemain. Avant de quitter

90. *Le Devoir,* 2, 5 et 14 juin 1943.

91. Dionne, *La presse écrite canadienne-française et de Gaulle,* p. 92-93.

92. *Le Droit,* 4 juin 1943 ; *Le Jour,* 12 juin 1943.

93. DREC, vol. 9, p. 1727. Télégramme du 9 juin 1943, Robertson à Dupuy.

94. Dans son autobiographie, Giraud parle du 16 juillet. Toutefois, d'après les archives et les journaux de l'époque, Giraud serait bel et bien arrivé au Canada le 15. Tout au long de son séjour au Canada, Giraud sera accompagné par Dupuy.

95. J.W. Pickergill, *The Mackenzie King Record,* vol. I: *1939-1944.* Toronto, University of Toronto Press, 1960, p. 535. « C'était d'autant plus remarquable que mon invité ne comprenait pas l'anglais et que j'eus de la difficulté à me concentrer pendant le repas. »

96. Depuis la mort d'Ernest Lapointe à l'automne 1941, Louis Saint-Laurent était le nouveau bras droit de Mackenzie King.

97. Pickergill, *The Mackenzie King Record,* p. 535-536.

Ottawa pour Montréal, Giraud rencontre les journalistes. Alors qu'aux États-Unis des membres du département de Guerre entouraient constamment le général Giraud pour l'empêcher de prononcer des paroles regrettables, au Canada, « Mackenzie King ne prend [pas] les mêmes précautions[98] »... Au grand dam du général Béthouart qui l'accompagne, et devant de nombreux journalistes, Giraud :

> pris par son sujet, [...] a l'imprudence de parler de l'Allemagne dans des termes que, volontairement ou non, certains Américains interprètent d'une façon très tendancieuse puisque le lendemain, en grosses lettres, leurs journaux titrent « à la une » : « Giraud praises nazis[99]. »

Refus du politique, primauté de l'action militaire, Giraud reprend ce thème le lendemain, lors d'une allocution diffusée de Montréal sur les ondes de Radio-Canada :

> Je viens d'arriver parmi vous après un voyage très rapide, mais aussi très utile, chez vos voisins du Sud. Mon seul but, en me rendant aux États-Unis, était celui d'un soldat. Je suis venu demander à l'Amérique un appui supplémentaire pour les forces armées de la France [...] Aujourd'hui, pour ceux qui luttent en France et pour ceux qui ont eu le privilège de reprendre les armes, une seule volonté, un seul but s'imposent : faire la guerre pour que la France soit libre...
>
> La France, demain, j'en suis intimement persuadé, lorsqu'elle sera libérée, choisira ses institutions, ses hommes, et définira son orientation[100].

Dans son discours, comme dans tous les autres qu'il prononce au Canada, Giraud omet systématiquement les noms du général de Gaulle ou du Comité français de libération nationale[101].

---

98. BÉTHOUART, *Cinq années d'espérance*, p. 213-214.
99. *Ibid.*
100. *MAE*, série guerre 39-45, sous-série Alger, vol. 1215. Texte de l'allocution du général Giraud radiodiffusée le 16 juillet, envoyé le 21 juillet 1943 par Bonneau à Massigli.
101. Robert SPEAIGHT, *Vanier, Soldier, Diplomat and Governor General*, Toronto, Collins, 1970, p. 254 ; *APC*, papiers King, MG 26 J1, vol. 346. Télégramme du 17 juillet 1943, King à Massey.

Arrivé à Montréal le 16, Giraud a droit à l'accueil triomphal d'une foule massée devant l'hôtel Windsor[102]. Laissons au général Giraud le soin de décrire l'accueil que lui réservèrent les Montréalais :

La foule encombre les rues, la place devant l'hôtel [hôtel Windsor] est noire de monde. C'est l'immense acclamation, au moment où je descends de voiture, et à peine suis-je dans l'appartement du premier étage qu'on me réclame au balcon. J'y parais un instant pour envoyer un baiser à toutes les Canadiennes qui sont là. Enthousiasme, applaudissements, délire. Ce n'est que longtemps après la nuit tombée que la place reprendra son aspect habituel et calme[103].

À Montréal, Giraud reçoit d'autres marques d'attention qui le touchent. À la cathédrale Notre-Dame :

des fauteuils ont été disposés au premier rang à droite de la grande allée. Conduit par le curé, qui est venu m'attendre à la porte, nous y prenons place, M. Dupuy, mes officiers et moi. Messe basse sans musique. Le sermon est prêché par un jeune prêtre, un Français, et pour la première fois, j'ai entendu faire mon éloge en chaire. Je ne m'attendais pas à cet honneur. J'en ai été un peu gêné[104].

Les journaux de Montréal consacrent plusieurs pages au célèbre visiteur. Dans *La Patrie*, Letellier de Saint-Just lui rend un vibrant hommage : « Giraud incarne la vraie France ! Ce qu'il y a de plus beau en lui : la foi, l'esprit, la bonté, le dynamisme mesuré, mais une abnégation sans mesure[105]. »

Les Montréalais qui saluent Giraud ne se doutent pas que, dans quelques mois, victime à la fois de son ineptie politique et du flair du général de Gaulle, il sera écarté de la direction de la Résistance.

---

102. Dionne conclut peut-être rapidement lorsqu'il écrit : « L'accueil chaleureux que reçoit le général Giraud lors de sa première visite au Canada démontre que les Canadiens sont acquis à la cause que défend le Comité de libération nationale. Une visite du général de Gaulle aurait certainement provoqué le même enthousiasme. D'ailleurs, n'est-il pas juste d'affirmer qu'à travers Giraud, c'est de Gaulle qu'on salue ? » DIONNE, *La presse écrite canadienne-française et de Gaulle*, p. 97.

103. Général GIRAUD, *Un seul but la victoire. Alger, 1942-1944*, Paris, Julliard, 1949, p. 224.

104. *Ibid.*, p. 227.

105. *La Patrie*, 16 juillet 1944.

8

La victoire du général de Gaulle

Août 1943 – mai 1945

Gabriel Bonneau

Un nouveau représentant à Ottawa. — Au début de l'année 1943, de Gaulle, malgré ses succès en France et à l'étranger, était sur le point d'être abandonné par les Alliés au profit de Giraud. Six mois plus tard, grâce à son intelligence et aux erreurs de son rival, l'homme du 18 juin copréside le Comité français de libération nationale. Il suffira au général de Gaulle de six autres mois pour devenir le chef incontesté du CFLN. Son succès, de Gaulle le doit en grande partie à ses propres habiletés. Mais il le doit également à ses collaborateurs qui, en France, à Alger, à Londres, à Washington ont travaillé d'arrache-pied pour relayer le message gaulliste. Au Canada, de Gaulle pourra compter sur la lucidité de son nouveau délégué, un diplomate de carrière, rallié de la première heure à la France libre: Gabriel Bonneau.

À l'été 1942, pour renforcer sa représentation au Canada, la France combattante tentait, sans succès, de remplacer le colonel Pierrené par un diplomate chevronné: Léon Marchal. Comme on l'a vu, la façon plutôt cavalière avec laquelle Londres avait annoncé la nomination de Marchal, le désir du gouvernement canadien de voir un militaire remplacer Pierrené, la campagne de diffamation à l'endroit du diplomate et l'indiscrétion et le manque de coopération de certains gaullistes au Canada, tout avait contrecarré les plans de la France combattante.

Mais le problème demeurait entier. La délégation de la France combattante à Ottawa avait toujours besoin d'un diplomate de carrière pour faire face à des tâches de plus en plus délicates. Cette fois-ci, le Comité national n'avait pas l'intention de répéter les erreurs qui l'avaient empêché d'envoyer Marchal.

Premier défi à relever : trouver un homme ayant à la fois un profil militaire, pour plaire au gouvernement canadien, et des compétences diplomatiques, pour répondre aux exigences stratégiques de la France combattante. Or le commissariat national aux Affaires étrangères, en son sein même, comptait en Gabriel Bonneau un tel individu.

Né en 1904, Gabriel Bonneau entre au Quai d'Orsay en 1931. Spécialiste des langues du Moyen-Orient, Bonneau occupe dans les années 1930 divers postes en Iran et en Afghanistan[1]. La défaite et l'armistice le surprennent à Kaboul où il dirige, à titre de chargé d'affaires, la mission française en Afghanistan. S'insurgeant contre la reddition de son gouvernement, Bonneau démissionne et joint la France libre le jour même où, à Rethondes, les représentants de Vichy signent l'armistice[2]. À la fin de l'année, Bonneau, qui porte également depuis 1928 le grade de lieutenant de réserve, rejoint les Forces françaises libres qui combattent en Égypte aux côtés de la VIIIe armée britannique. Avant de se rendre au Caire, Bonneau embarque, sur un navire en partance pour l'Amérique, sa femme, une princesse perse, et ses deux jeunes garçons[3]. La petite famille s'installe finalement à Vancouver. Elle y restera jusqu'à l'arrivée de Bonneau à Ottawa. Bonneau combat en Erythrée et en Syrie. En décembre 1941, le diplomate est affecté à l'état-major du général de Gaulle et en mai 1942, le commissariat national des Affaires étrangères lui confie l'administration du service Afrique-Levant.

Le Comité national tient donc la perle rare : un diplomate doublé d'un militaire[4]. Cette condition remplie, Londres prépare minutieuse-

---

1. *APC*, RG 25, série A.3, vol. 2792, dossier 712-B-40. Lettre du 20 octobre 1942, Jacques-Camille Paris à Ritchie (Canada House à Londres).

2. ARNOLD, *One Woman's War*, p. 140 ; entretien avec Michel Bonneau, 23 mars 1995.

3. Entretien avec Michel Bonneau, 23 mars 1995.

4. De lieutenant de réserve qu'il était en 1940, Bonneau est entre-temps devenu commandant.

ment la nomination de Bonneau au Canada. Au mois d'octobre, Jacques-Camille Paris, chef du service Amérique au commissariat national aux Affaires étrangères, introduit Bonneau auprès du Haut Commissariat canadien à Londres. Quelques jours plus tard, le Comité national transmet la note suivante aux autorités canadiennes :

1) Le commandant Bonneau partirait au Canada, à titre privé (sa femme et ses enfants sont actuellement à Vancouver) ;

2) À Ottawa, le commandant Bonneau prendrait contact avec le ministre des Affaires étrangères, d'une part, et avec le colonel Pierrené, d'autre part.
Aucune publicité ne serait faite autour de ces visites.
Après accord des autorités canadiennes, une date serait alors fixée pour la transmission des fonctions du colonel Pierrené au commandant Bonneau.

3) La désignation du commandant Bonneau serait publiée à cette date.
Nous serions heureux d'avoir l'avis de votre ministère des Affaires étrangères sur cette procédure[5].

Cette fois-ci, pour ne pas froisser l'amour-propre des autorités canadiennes, le Comité national implique les autorités fédérales à toutes les étapes. Le gouvernement canadien, appréciant le geste, comprend également toute l'étendue de la mission Bonneau au Canada. En témoigne cet extrait de la lettre accompagnant la note du Comité national, envoyée par la mission canadienne à Londres le 22 octobre :

The latest approach of the Free French is, as you will see from the accompanying correspondence, an effort to get the best of both worlds by sending a diplomat who has had a fighting record with the Free French Forces since June 1940. Commandant Bonneau would go in uniform and would take over the military functions of Colonel Pierrené, but it is obviously the intention of the Free French that should he proved acceptable to the Canadian authorities and to Canadian public opinion he would eventually become the

---

5. APC, RG 25, série A.3, vol. 2792, dossier 712-B-40. Lettre du 20 octobre 1942, Jacques-Camille Paris à Ritchie (Canada House à Londres).

delegate of the Committee with functions considerably wider and different in character from those of Col. Pierrené[6].

À la fin du mois de novembre, devant le silence canadien et alors que la situation en Afrique du Nord reste confuse, la France combattante réitère sa demande au sujet de Bonneau[7]. Robertson, conscient que le débarquement en Afrique du Nord a entièrement modifié la situation, accepte de recevoir le diplomate français, « in the capacity suggested[8] ».

À Londres, on sait que la mission Marchal avait échoué en partie à cause d'indiscrétions commises par des Français libres du Canada. La France combattante n'a pas l'intention de voir ses plans à nouveau sabotés par des indiscrets. Dans un télégramme envoyé à la délégation de Washington, les directives sont claires : « Le colonel Pierrené ne sera mis au courant que par M. Bonneau lui-même à son arrivée au Canada. L'affaire ne concerne pas M. Laugier[9]. » Finalement, c'est Pleven qui, dans un télégramme daté du 19 janvier 1943, préviendra Pierrené de l'arrivée prochaine de son successeur[10].

Le 9 décembre 1942, le gouvernement canadien délivre un laissez-passer pour le commandant Bonneau[11]. Ce dernier quitte l'Angleterre le 12 décembre. Une fois au Canada, il se rend tout d'abord à Vancouver retrouver sa famille[12]. De là, le diplomate français et les siens

---

6. *APC*, RG 25, série A.3, vol. 2792 dossier 712-B-40. Lettre du 22 octobre, Ritchie à Robertson. « Comme vous pourrez le constater dans la correspondance ci-jointe, la plus récente démarche des Français libres vise à obtenir le meilleur des deux mondes en envoyant un diplomate qui, depuis 1940, s'est battu avec les Forces françaises libres. Le commandant Bonneau, en uniforme, irait remplacer le colonel Pierrené dans ses fonctions militaires. Il est clair toutefois que s'il convenait aux autorités et à l'opinion publique canadiennes, l'intention des Français libres serait de le voir éventuellement devenir délégué du Comité, avec des fonctions considérablement plus étendues de celles du colonel Pierrené. » (*Nous traduisons*.)

7. *APC*, RG 25, série A.3, vol. 2792 dossier 712-B-40. Télégramme du 1er décembre 1942, Massey à Robertson.

8. *APC*, RG 25, série A.3, vol. 2792 dossier 712-B-40. Télégramme du 5 décembre 1942, Robertson à Massey.

9. *MAE*, série guerre 39-45, sous-série Londres, vol. 121. Télégramme du 26 octobre 1942, Pleven à Tixier.

10. *MAE*, série guerre 39-45, sous-série Londres, vol. 307. Télégramme du 19 janvier 1943, France combattante à Pierrené.

11. *AP*, archives Michel Bonneau. Laissez-passer remis à Gabriel Bonneau le 9 décembre 1942 par le Haut Commissariat canadien à Londres.

12. Entretien avec Michel Bonneau, 23 mars 1995.

gagnent Ottawa le 21 janvier 1943[13]. Quelques jours plus tard, le 2 février 1943, le gouvernement canadien annonce publiquement la nomination de Bonneau[14].

À peine installé, Bonneau met un peu d'ordre dans la délégation[15], et s'entoure de nouveaux collaborateurs, dont Nellita MacNulty[16]. Les collaborateurs de Bonneau ont laissé des témoignages élogieux du nouveau représentant gaulliste. Selon Élisabeth de Miribel, « [D]e toute sa personne émane une conviction profonde. Il est modeste mais ferme. Il ne cherche pas à imposer sa personne mais à gagner ses interlocuteurs à la cause qu'il sert[17]. » Et voici la description que nous a laissée Gladys Arnold de Gabriel Bonneau :

I think we all instantly fell under the spell of his charm, transparent honesty and thoughtful wisdom. Well disciplined himself, he expected the same of us, though he never raised his voice. His every move was measured, but I remember how his inner dynamism always betrayed itself when he came to a staircase and took the steps two and sometimes three at a time[18].

Le nouveau délégué prête volontiers son concours au service de l'Information, toujours dirigé par Élisabeth de Miribel. Alors que la confusion règne à Alger, le représentant gaulliste veut faire comprendre aux Canadiens, et particulièrement aux Canadiens français, que

---

13. *MAE*, série guerre 39-45, sous-série Londres, vol. 307. Télégramme du 21 janvier 1943, Pierrené à Massigli.

14. *MAE*, série guerre 39-45, sous-série Londres, vol. 198. Télégramme du 2 février 1943, Bonneau à Massigli.

15. *MAE*, série guerre 39-45, sous-série Londres, vol. 307. Télégramme du 22 février 1943, Bonneau à Londres.

16. Nellita MacNulty, ancienne diplômée de l'École libre de science politique de Paris, s'enfuit de France en novembre 1941 et parvient à gagner le Canada, via Lisbonne, à la fin de l'année 1941. Après une rencontre avec Élisabeth de Miribel, elle se joint à la France libre. Elle se rend à Saint-Pierre-et-Miquelon aider l'administrateur gaulliste, Alain Savary. Au début du printemps 1943, elle est affectée à la délégation d'Ottawa. Elle quitte le Canada pour la France à la fin de l'année 1944. Entretien avec Nellita MacNulty, 18 avril 1995.

17. É. DE MIRIBEL, *La liberté souffre violence*, p. 114.

18. ARNOLD, *One Woman's War*, p. 140-141. « Je crois que nous avons tous aussitôt succombé à son charme, à son honnêteté transparente et à sa sagesse. Même s'il n'élevait jamais la voix, il s'attendait à ce que nous soyons aussi disciplinés que lui. Ses moindres gestes étaient mesurés. Je me souviens toutefois que son dynamisme intérieur transparaissait toujours lorsque, arrivé au bas d'un escalier, il entreprenait d'en monter les marches deux à deux, parfois trois à trois. » (*Nous traduisons.*)

la France combattante est la seule force crédible pour assurer le redressement de la France.

C'est le message que livre Bonneau sur les ondes françaises de
Radio-Canada le 14 février 1943 :

> L'unité française est maintenant accomplie en France, c'est que les
> Français de France se sont unis, qu'ils n'ont jamais été aussi una-
> nimes, qu'ils le sont aujourd'hui.
>
> [...]
>
> C'est un fait aussi que, sans aucune exception, toutes les orga-
> nisations de résistance en France se sont placées sous les ordres du
> général de Gaulle; c'est un fait que, maintenant que la France est
> entièrement occupée, le peuple français tout entier considère la
> Croix de Lorraine, la Croix de Sainte Jeanne d'Arc, comme le
> symbole de la résistance à l'Allemagne et de la lutte pour la recon-
> quête des libertés perdues[19].

Et si les Français sont unanimes derrière de Gaulle, c'est parce
qu'il a été le seul, en juin 1940, à refuser l'inacceptable, le seul qui
a conservé toute sa foi et sa confiance en la France et les Français.

Les autres, les hommes de peu de foi, se sont résignés, certains se
sont consolés. Ceux-là non seulement n'avaient pas confiance dans
les hommes de France, ils en avaient peur. Aujourd'hui les Français
se souviennent et font la différence. Un homme n'a jamais accepté
l'idée que la France pourrait mourir même si elle était envahie et
écrasée; un homme n'a jamais accepté l'idée que la civilisation
chrétienne pourrait être submergée par le néopaganisme germani-
que même si sa défense devait reposer sur les épaules d'un tout
petit nombre de pilotes britanniques; un homme a dit non à Hitler.

Alors que se joue en Afrique du Nord le destin de la France combattante, Élisabeth de Miribel et ses collaborateurs poursuivent sans
relâche leur travail au nom du général de Gaulle. Au début de l'année
1943, le Service d'information distribue 10 000 exemplaires de l'hebdomadaire *France combattante*[20], et 20 000 numéros du mensuel

---

19. *AP*, archives Michel Bonneau. Texte d'une allocution prononcée le 14 février
1943 par Gabriel Bonneau sur les ondes françaises de Radio-Canada.

20. Six mille exemplaires en anglais et 4000 en français. *MAE*, série guerre 39-
45, sous-série Londres, vol. 305. Télégramme du 18 janvier 1943, Pierrené à France
combattante.

France-Canada[21]. Élisabeth de Miribel, Gladys Arnold et les autres parcourent le pays, multipliant les rencontres avec les journalistes, les apparitions aux manifestations publiques et les discours devant diverses associations.

Le Comité national envoie toujours au Canada des personnalités pour mousser le travail de propagande. Un de ces visiteurs, le lieutenant-colonel Gounouilhou, laissera une forte impression. Gustave Gounouilhou, ancien héros de la Première Guerre mondiale, directeur avant 1939 de *La Petite Gironde*, reprend du service en 1939 à titre de capitaine d'infanterie[22]. Il est promu commandant avant d'être fait prisonnier par les Allemands. Le 29 août 1940, il s'évade de la prison de Sarrebourg et gagne Londres, où il s'engage dans les Forces françaises libres. Gounouilhou étant en tournée de conférences en Amérique latine depuis plusieurs mois, Londres décide, à la fin octobre 1942, de l'envoyer en mission au Canada[23].

Arrivé le 9 janvier 1943, Gounouilhou, maintenant colonel, quittera le Canada le 1er février après avoir prononcé plus d'une quarantaine de conférences[24]. De l'avis d'Élisabeth de Miribel et de Paul Thériault, qui accompagnent le colonel dans la plupart de ses déplacements, la tournée connaît un franc succès. La personnalité du colonel y est certainement pour quelque chose. D'après Élisabeth de Miribel, « [i]l est drôle, plein de verve, ses arguments sont irrésistibles. D'un naturel bon vivant, il met tout le monde à l'aise. Les amis comme les adversaires[25]. »

Gounouilhou visite Montréal, Ottawa, Trois-Rivières, Québec, Rimouski, Saint-Hyacinthe, Sherbrooke... enfilant assemblées publiques et tête-à-tête avec les notabilités canadiennes-françaises.

Ses contacts avec la presse, les autorités, les évêques, ont partout été excellents. Sa connaissance des hommes et son talent extraordinaire d'adaptation aux auditoires et aux milieux les plus divers, ainsi que sa cordialité et sa fierté de soldat ont été vivement appréciés.

---

21. Treize mille exemplaires en anglais et 7000 en français.

22. *MAE*, série guerre 39-45, sous-série Londres, vol. 390. Lettre du 12 décembre 1942, Pleven à Simard.

23. *MAE*, série guerre 39-45, sous-série Londres, vol. 449. Ordre de mission daté du 27 octobre 1942, signé Jacques Soustelle, commissaire national à l'Information.

24. *MAE*, série guerre 39-45, sous-série Londres, vol. 449. Compte rendu de la mission Gounouilhou au Canada, fait le 5 février 1943 par de Miribel.

25. É. DE MIRIBEL, *La liberté souffre violence*, p. 113.

Passant avec facilité des milieux officiels d'Ottawa aux milieux cléricaux du bas Québec, des journalistes qui aiment la France éternelle « mieux que nous », à ceux qui à Toronto attachent une suspicion certaine aux divisions « françaises », le colonel Gounouilhou a résolu les problèmes, répondu aux questions, établi et resserré des liens de sympathie avec les Canadiens des deux langues[26].

Élisabeth de Miribel et ses collaborateurs continuent donc leur travail amorcé depuis plus de deux ans déjà. Et, comme nous allons le voir un peu plus loin, leurs efforts soutenus donneront enfin les résultats espérés. Mais Élisabeth de Miribel quittera le Canada avant de recueillir tous les fruits de ses durs labeurs. À la fin de l'été 1943, l'heure de la libération approchant, elle obtient l'autorisation de rejoindre le général de Gaulle en Afrique du Nord[27]. Ainsi, après plus de trois ans au Canada, la jeune femme allait porter en Afrique, puis en Italie et enfin en France, cette même détermination qui lui avait permis de braver tant d'obstacles.

Le Canada, champion du CFLN. — En 1943 et 1944, alors que le général de Gaulle et le CFLN font peu à peu l'unanimité chez les Français et s'assurent l'estime de l'opinion publique internationale, les gouvernements alliés, et principalement les autorités américaines, hésitent encore. Mackenzie King, soucieux de se maintenir au diapason avec le président américain, ne veut rien brusquer. Pourtant, grâce à l'habileté diplomatique de Bonneau et à l'assistance du secrétariat aux Affaires extérieures, le Canada deviendra un discret mais ardent promoteur de la reconnaissance internationale du CFLN, puis du GPRF.

Les choses débutent pourtant lentement. En novembre 1942, alors que le gouvernement américain, malgré les réserves de Roosevelt, maintient depuis juillet 1942 une représentation auprès de la France combattante, le Canada n'a pas encore de délégation auprès du général de Gaulle. Ottawa met finalement un terme à cette aberration le 30 novembre 1942 en dépêchant le général Vanier à Londres[28]. En théorie, Vanier n'est habilité à discuter avec le Comité national que des

---

26. *MAE*, série guerre 39-45, sous-série Londres, vol. 449. Compte rendu de la mission Gounouilhou au Canada, fait le 5 février 1943 par É. de Miribel.

27. É. DE MIRIBEL, *La liberté souffre violence*, p. 116-117.

28. *APC*, RG 25, série A.3, vol. 3120 dossier 4600-J-40C. Télégramme du 30 novembre 1942, Robertson à Vanier.

questions militaires. Mais en pratique, sa mission prend des allures semi-diplomatiques[29]. L'accord Giraud-de Gaulle du 3 juin bouleverse les données. La presse canadienne, tant francophone qu'anglophone, accueille avec joie la nouvelle[30]. À partir de cette date, les médias canadiens vont presser Londres et Washington de reconnaître au plus vite la nouvelle autorité française. Devant les hésitations anglo-américaines, les membres du service des Affaires extérieures s'impatientent. Stone, dans un mémorandum daté du 10 juillet, critique sévèrement la politique du State Department et du Foreign Office:

> In actual fact de Gaulle and the Fighting French represent a force both inside France and outside France, however variable may be the estimates of its strength, which no Giraud, with the support of all the State Departments in the world, could have resisted or ignored or can resist or ignore in French affairs[31].

De son côté, le général Vanier encourage Ottawa à agir rapidement. Pour l'ancien ministre canadien à Paris, refuser encore plus longtemps de reconnaître le Comité d'Alger permettrait aux communistes de consolider leur position au sein de la résistance. Il est d'autant plus important d'agir que, d'après le réprésentant du CFLN à Londres, Pierre Viénot, l'URSS serait sur le point de reconnaître le comité d'Alger[32]. Conclusion de Vanier: «If we do not wish to develop in the French people generally a feeling of deep resentment against us, which may be lasting and which may eventually throw France into the arms of the Soviet Union, it is essential that such recognition be no longer delayed[33].»

29. APC, RG 25, série A.3, vol. 3120 dossier 4600-J-40C. Télégramme du 15 décembre 1942, Massey à Robertson; lettre du 23 février 1943, King à Vanier.

30. MAE, série guerre 39-45, sous-série Londres, vol. 200. Télégramme du 8 juin 1943, de Miribel à CFLN (Londres).

31. APC, RG 25, série A.3, vol. 3011, dossier 3618-A-40C partie 1. Mémorandum du 10 juillet 1943, de Stone. «En fait, de Gaulle et la France combattante représentent un pouvoir, à la fois à l'intérieur et à l'extérieur de la France, auquel nul Giraud, même soutenu par tous les départements d'État du monde entier, n'aurait pu, et ne peut, résister ou qu'il ne peut ignorer.» (Nous traduisons.)

32. Philippe PRÉVOST, La France et le Canada, d'une après-guerre à l'autre, 1918-1944, Saint-Boniface (Manitoba), Éditions du blé, 1994, p. 358-359.

33. APC, RG 25, série A.3, vol. 3011, dossier 3618-A-40C partie 1. Télégramme du 19 juillet 1943, Vanier à King. «Si nous voulons éviter qu'il ne se développe chez

Le 21 juillet, sous la recommandation de Robertson, le cabinet canadien accepte de faire pression sur ses alliés[34]. Le même jour, King, pressé par son cabinet et ses fonctionnaires, charge l'ambassade canadienne à Washington de transmettre le message suivant au gouvernement américain :

> The Canadian government has delayed its reply to the request of the French Committee of National Liberation for recognition because it was considered desirable that recognition should be extended by the Governments of the United Nations as far as possible at the same time and in agreed terms. The Canadian Government which is deeply interested in the early return of France to her high place among the nations, is becoming increasingly concerned at the delay in extending recognition of the Committee[35].

King énumère ensuite les raisons pour lesquelles le gouvernement canadien considère la question urgente : l'impact positif sur le moral français et sur la résistance intérieure d'une reconnaissance alliée du Comité d'Alger ; le risque de voir l'influence de l'URSS augmenter en France si cette dernière décidait de reconnaître unilatéralement le Comité ; le besoin de contenir, grâce au Comité, le pouvoir personnel du général de Gaulle... À la fin du télégramme, King rajoute :

> While we have not wished to emphasize in the aide-mémoire to be left with the Department of State the particular domestic interest of Canada in the French questions, you will not be unmindful of the paramount importance to Canada of the consolidation and unity of the French forces resisting the enemy and of the mainte-

---

le peuple français un sentiment de profond ressentiment contre nous, sentiment qui pourrait persister et éventuellement jeter la France entre les mains de l'Union soviétique, il est essentiel de ne plus repousser une telle reconnaissance. » (*Nous traduisons.*)

34. J.F. HILLIKER, « The Canadian Government and the Free French : Perceptions and Constraints 1940-1946 », *The International History Review*, vol. II, n° 1, janvier 1980, p. 101.

35. *DREC*, vol. 9, p. 1736. Télétype du 21 juillet 1943, King à McCarthy. « Le gouvernement canadien a tardé à répondre à la demande de reconnaissance du Comité français de libération nationale parce qu'il considérait que les gouvernements des Nations Unies devaient, dans la mesure du possible, reconnaître le Comité en même temps et dans les termes convenus. Le gouvernement canadien souhaite ardemment voir la France reprendre sa place dans le concert des nations et est de plus en plus préoccupé par le délai actuel à reconnaître le Comité. » (*Nous traduisons.*)

nance of cordial and confident relations between the French people and their Allies[36].

Le lendemain, Pearson transmet aux autorités américaines le contenu du télégramme. Avant de quitter ses collègues américains, le diplomate canadien ajoute que, bien qu'espérant que les pays alliés en viennent à une déclaration unique et simultanée au sujet de la reconnaissance du Comité national, son gouvernement pourrait agir unilatéralement[37].

Londres et Washington ne s'entendent toujours pas sur le texte d'une reconnaissance conjointe du CFLN. Prenant prétexte du libellé d'un avant-projet rédigé conjointement par les deux gouvernements et qui omet le Canada, King informe, le 5 août, le gouvernement anglais de sa décision de reconnaître le CFLN le 7 août[38]. Sur réception du télégramme, Lord Attlee répond d'urgence au premier ministre du Canada :

> I most earnestly beg that you will not proceed with your proposal to recognize the French Committee of National Liberation until you can discuss the matter with the Prime Minister [Churchill]. He is proposing to explore the whole situation with the President [Roosevelt] [...]. What we are aiming at is simultaneaous recognition of the Committee by ourselves, the Dominions, the US Government and the Soviet Government [...]. Unilateral action by the Canadian Government in these circumstances would certainly not be understood by the Soviet Government with whom we are also in consultation; and it would obviously make agreement between the Prime Minister and the President much more difficult[39].

---

36. *Ibid.* « Même si, dans l'aide-mémoire adressé au département d'État, nous ne souhaitions pas mettre l'accent sur l'impact possible des questions françaises sur la politique intérieure canadienne, vous n'êtes pas sans savoir l'importance que le Canada accorde à l'unité des forces françaises qui résistent à l'ennemi et au maintien d'une relation cordiale et de confiance entre le peuple français et les Alliés. » (*Nous traduisons.*)

37. DREC, vol. 9, p. 1740. Télétype du 22 juillet 1943, McCarthy à King.

38. DREC, vol. 9, p. 1749. Télégramme du 5 août 1943, King à Attlee.

39. DREC, vol. 9, p. 1750. Message du 6 août 1943, Attlee à King. « Je vous supplie de ne pas aller de l'avant avec votre projet de reconnaissance du Comité de libération nationale tant que vous n'aurez pas discuté de la question avec le premier ministre. Ce dernier propose d'étudier la question avec le président [...]. Nous souhaitons une reconnaissance simultanée du Comité par les gouvernements britannique, des Dominions, des États-Unis et de l'Union soviétique. Dans les circonstances, toute action unilatérale entreprise par le gouvernement canadien serait certainement incom-

Ottawa accepte de suspendre sa décision. Mais les autorités canadiennes ont l'intention, lors de la conférence de Québec qui doit rassembler les chefs des gouvernements américain, britannique et canadien, de remettre la question de la reconnaissance du CFLN sur la table. Le 11 août, avant le début officiel de la conférence, les cabinets britannique et canadien se réunissent pour une réunion conjointe à Québec[40]. Les deux gouvernements s'entendent sur la nécessité de reconnaître dans les plus brefs délais le CFLN. Mais comment vaincre l'hostilité de Roosevelt? Churchill propose d'inviter de Gaulle à la conférence; proposition aussitôt rejetée par Mackenzie King, qui croit que la présence du Général ne ferait que braquer encore plus Roosevelt.

Dans les jours qui précèdent l'ouverture de la conférence, les médias canadiens-français harcèlent les gouvernements alliés sur la question de la reconnaissance du CFLN. Le 12 août, Louis-Philippe Roy écrit dans *L'Action catholique*:

> Combien MM. Churchill et Roosevelt feraient preuve de psychologie s'ils profitaient de la conférence de Québec pour reconnaître un gouvernement provisoire en France en ce Comité de libération dont de Gaulle et Giraud sont les présidents conjoints. Ainsi Québec, le cœur de la Nouvelle-France, verrait renaître officiellement la France dont, aux yeux des Nations Unies, le gouvernement n'existe plus depuis des mois. Les Canadiens de langue française salueraient une telle décision avec un enthousiasme délirant, car ils verraient la France qui leur est toujours chère, surtout dans ses malheurs, reprendre sa place dans les milieux diplomatiques et politiques où se décide le sort de l'Europe et du monde[41].

Roosevelt arrive à Québec le 17 août 1943. Gabriel Bonneau profite de l'occasion pour lancer un pavé dans la mare. Jusque-là, Bonneau était resté plutôt discret, se contentant d'encourager les autorités canadiennes à agir unilatéralement. Mais le coup de frein provoqué par le télégramme d'Attlee et les résultats plutôt minces des discussions canado-britanniques poussent Bonneau à sortir de l'ombre.

---

prise par le gouvernement soviétique, avec lequel nous sommes également en consultation. De plus, cela rendrait une entente entre le premier ministre et le président encore plus difficile. » (*Nous traduisons*.)

40. Prévost, *La France et le Canada, d'une après-guerre à l'autre*, p. 359.

41. *L'Action catholique*, 12 août 1943. Cité dans Dionne, *La presse écrite canadienne-française et de Gaulle*, p. 98.

Le 17 août, dans une interview à la BUP (British United Press), le diplomate français souligne les risques que ferait courir à la cause alliée le refus de reconnaître le CFLN[42]. Bonneau croit que toute reconfiguration de l'Europe de l'après-guerre sans la présence de la France pourrait être désastreuse. Écarter la France signifie laisser le sort de l'Europe entre les mains de puissances dont seulement deux — la Grande Bretagne et l'URSS — ne sont que partiellement européennes. Bonneau profite de l'occasion pour mettre en garde les Alliés sur la réaction des Français si on leur imposait l'AMGOT[43] au lieu d'une autorité purement française pour administrer les territoires libérés. La presse canadienne-française s'empresse de publier les propos du diplomate[44]. Alors que les Alliés discutent, entre autres choses, de la question française, la presse s'impatiente. Sous pression, le gouvernement canadien défend sans relâche la cause du CFLN[45]. Bonneau est heureux de pouvoir envoyer le message suivant à Alger :

Le gouvernement canadien dans [passage indéchiffrable] prend très à cœur la question de la reconnaissance et de la place qui doit être attribuée à la France au moment des négociations de paix. La ville de Québec en fait pour ainsi dire une affaire personnelle. Ses gouvernants voient dans [indéchiffrable] une occasion inespérée de réparer leur erreur de jugement de 39-40 à l'égard de la France libre.

Il y a lieu de croire que les négociateurs anglais se sentent poussés eux aussi par ce sentiment public dans leurs débats avec le Département d'État. Le cardinal Villeneuve aurait été convoqué quatre fois à la citadelle ces jours derniers[46].

Quelques heures avant la fin de la conférence, les Alliés, incapables de s'entendre sur un texte commun, s'accordent à tout le moins pour reconnaître simultanément, le 26 août, le Comité français de libéra-

---

42. *AP*, archives Michel Bonneau. Texte sténographié de l'interview donnée le 17 août par Bonneau au correspondant de la BUP à Ottawa.

43. AMGOT : Allied Military Government for Occupied Territories. L'AMGOT, composé de fonctionnaires alliés, devait administrer les territoires conquis par les forces alliées en attendant que soit mise sur pied une administration nationale responsable.

44. Prévost, *La France et le Canada, d'une après-guerre à l'autre*, p. 360.

45. *DREC*, vol. 9, p. 1754. Mémorandum du 24 août 1943, Robertson à King.

46. *MAE*, série guerre 39-45, sous-série Alger, vol. 646. Télégramme du 23 août 1943, Bonneau à CFLN (Alger).

tion nationale. Les formules utilisées varient sensiblement d'un gouvernement allié à un autre. L'URSS, absente de Québec, se montre la plus généreuse en reconnaissant « le représentant des intérêts gouvernementaux de la République française et comme chef de tous les Français patriotes combattant contre la tyrannie hitlérienne[47] ». Des trois gouvernements présents à Québec, le gouvernement américain y va de la formule la plus restrictive, reconnaissant le CFLN comme organisme qualifié à gouverner les territoires d'outre-mer français sous son autorité. La déclaration n'engage toutefois pas Washington pour l'avenir : « Cette déclaration ne constitue pas la reconnaissance par le gouvernement des États-Unis d'un gouvernement de la France ou de l'Empire Français... Dans l'avenir, le peuple français doit choisir son propre gouvernement librement et sans interférence[48]. »

Le Canada et la Grande-Bretagne emploient une formule similaire, le Canada y mettant toutefois un peu plus de chaleur, montrant son intention « d'aider tous les Français patriotes à libérer la France et son peuple de l'oppression ennemie » pour que, « dans un avenir prochain, [la France] reprenne au milieu des nations la place éminente qu'elle occupait et il [le gouvernement canadien] considère que la constitution du Comité contribue d'une manière importante à cette fin[49] ». Une fois le préambule passé, le texte de la déclaration canadienne suit de prêt le texte britannique :

> Sur cette base, le gouvernement du Canada reconnaît le Comité français de la libération nationale comme l'administrateur des Territoires français d'outre-mer qui ont reconnu son autorité, et comme l'organisme qualifié pour assurer la direction de l'effort de guerre français dans le cadre de la coopération interalliée. Il note avec sympathie le désir du Comité d'être reconnu comme l'organisme qualifié pour assurer la gestion et la défense de tous les intérêts Français. Il est dans les intentions du Gouvernement du Canada d'acquiescer à cette demande autant que possible, tout en se réservant le droit de considérer, en consultation avec le Comité, l'application de ce principe dans les cas particuliers qui se présenteront.
>
> Le gouvernement du Canada se réjouit vivement de la détermination du Comité de poursuivre la lutte commune en étroite

---

47. Cité dans Duroselle, *Politique étrangère de la France*, p. 614.
48. *Ibid.*, p. 613-614.
49. *MAE*, série guerre 39-45, sous-série Alger, vol. 647. Télégramme du 28 août 1943, Bonneau à CFLN (Alger).

coopération avec tous les alliés jusqu'à ce que les territoires Français et alliés aient été entièrement libres et qu'une victoire complète ait été remportée sur toutes les puissances ennemies. Il est entendu que le Comité accordera dans les territoires soumis à sa gestion toutes les facilités militaires et économiques dont les gouvernements des nations unies pourraient avoir besoin dans la poursuite de la guerre[50].

La reconnaissance du CFLN fait la manchette de tous les journaux canadiens-français. La satisfaction est grande. Mais plusieurs, dont *L'Action catholique*, relèvent avec déception le caractère limitatif des déclarations alliées :

Ils ont fait un pas dans la bonne voie, mais les Français de France qui résistent à l'oppresseur et veulent coopérer à leur délivrance auraient sans doute préféré qu'on assurât une administration authentiquement française au sol métropolitain au fur et à mesure qu'il sera libéré. Bref, on ne peut pas célébrer encore la renaissance politique de la France[51].

Une fois la reconnaissance du CFLN acquise, le gouvernement canadien prépare l'envoi d'un représentant officiel à Alger. À la fin du mois, le nom de Pierre Dupuy circule à Ottawa[52]. D'après Bonneau, Dupuy serait le choix de King. Mais les dirigeants du secrétariat aux Affaires étrangères qui, on le sait, n'avaient guère apprécié les positions de Dupuy au sujet de Vichy et de la France libre, s'opposent à l'envoi de leur confrère. Bonneau lui-même juge assez sévèrement le diplomate canadien, le qualifiant de « Murphy canadien[53] ». De plus, l'idée de voir Dupuy à Alger n'enthousiasme pas les autorités françaises d'Alger. Le 6 septembre 1943, Bonneau reçoit le télégramme suivant :

---

50. *Ibid.*
51. *MAE*, série guerre 39-45, sous-série Alger, vol. 1246. Analyse de la presse canadienne-française faite le 1er septembre 1943 par Paul Thériault pour Massigli à Alger.
52. *MAE*, série guerre 39-45, sous-série Alger, vol. 750. Télégramme du 27 août 1943, Bonneau à CFLN (Alger).
53. Les Français combattants appréciaient peu Robert Murphy, le diplomate américain en poste en Afrique du Nord qui, de concert avec ses collègues du State Department, les avaient écartés des préparatifs de l'opération Torch en novembre 1942.

Veuillez faire savoir discrètement au ministère des Affaires extérieures que le CFLN souhaiterait que le poste de représentant du Canada à Alger fût attribué à une personnalité n'ayant pas été associée, comme l'a été M. Dupuy, à une certaine politique des Alliés auprès du Gouvernement de Vichy[54].

Dupuy écarté, Ottawa opte pour le général Vanier, déjà en poste à Londres auprès des gouvernements alliés en exil. Le 6 octobre, Wrong informe Bonneau des intentions de son gouvernement[55]. Quelques jours plus tard, Bonneau reçoit de Massigli, qui dirige depuis juin 1943 les Affaires étrangères du CFLN, le télégramme suivant: « Il est particulièrement agréable au Comité de la libération de donner son agrément à la désignation du général Vanier comme représentant du Canada auprès de lui. Veuillez le faire savoir d'urgence au gouvernement canadien[56]. »

Vanier, qui en janvier 1944 prendra le titre d'ambassadeur[57], se montrera un allié utile pour le CFLN. Entre autres choses, le diplomate fera pression auprès des autorités alliées pour qu'une division blindée française participe aux opérations en Normandie[58]. Vanier militera également pour que les Nations Unies abandonnent l'idée de confier à l'AMGOT l'administration des territoires français, au profit du CFLN[59].

Il ne faut toutefois pas penser que la situation politique intérieure canadienne était devenue l'unique aiguilleur de la politique française poursuivie par Ottawa. Les considérations géopolitiques dictaient encore la marche à suivre. Le Canada n'avait pas l'intention de faire bande à part et la politique suivie par Londres et Washington donnait toujours le ton. C'est pourquoi le gouvernement canadien, alignant sa politique sur la leur, ne reconnaît pas immédiatement le Gouvernement provisoire de la République française proclamé à Alger le 3

54. *MAE*, série guerre 39-45, sous-série Alger, vol. 1246. Télégramme du 6 septembre 1943, CFLN (Alger) à Bonneau.

55. *MAE*, série guerre 39-45, sous-série Alger, vol. 750. Télégramme du 6 octobre 1943, Bonneau à Massigli.

56. *MAE*, série guerre 39-45, sous-série Alger, vol. 750. Télégramme du 15 octobre 1943, Massigli à Bonneau.

57. *MAE*, série guerre 39-45, sous-série Alger, vol. 1615. Télégramme du 24 janvier 1944, Massigli à Bonneau.

58. Prévost, *La France et le Canada, d'un après-guerre à l'autre*, p. 366.

59. Hilliker, « The Canadian Government and the Free French », p. 103.

juin 1944. Le GPRF doit attendre jusqu'au 23 octobre 1944 pour être reconnu par les Alliés. Cette reconnaissance qui tardait à venir, de Gaulle la commenta en quelques mots, le 25 octobre: « Le gouvernement est satisfait qu'on veuille bien l'appeler par son nom[60]. »

Les Français de Montréal enfin unis ?

Depuis l'été 1940, la France libre au Canada traînait comme un boulet à ses pieds ses rapports conflictuels avec les Français de Montréal. Les luttes incessantes entre la délégation gaulliste à Ottawa et l'importante communauté française de la métropole canadienne minaient, auprès de l'opinion publique canadienne-française et du gouvernement canadien, la crédibilité du général de Gaulle et de son mouvement. La fortune du mouvement gaulliste au Canada passait également par le ralliement de la communauté française. Aidé par la situation en France et en Afrique du Nord, le commandant Bonneau, à force de travail et de patience, présidera à la réconciliation des Français de Montréal.

À l'automne 1942, la communauté de Montréal est divisée en trois groupes. Les partisans de la France combattante militent au sein de l'Association des Français libres de Montréal dirigée par René Daguerre. À l'opposé, Marcel Nougier, président de l'Association des anciens combattants français, et François Ducros, président de l'Union nationale française, rassemblent les inconditionnels du maréchal Pétain. Entre ces deux groupes, Roumefort et ses amis, sympathisants du général de Gaulle mais incapables de travailler avec la représentation gaulliste à Ottawa, se font discrets.

L'opération Torch et l'invasion de la zone dite « libre » par les troupes allemandes bouleversent pendant quelque temps la confiance des uns et la certitude des autres. Mais le revirement propice de l'amiral Darlan et, après son assassinat, la succession assumée par le général Giraud rétablissent les divisions entre les Français de Montréal.

Le 16 novembre 1942, les Français libres de Montréal se joignent aux 84 autres comités du Canada pour renouveler leur fidélité au général de Gaulle: « Nous sentons le devoir de parler au nom de tous

60. Cité dans Lacouture, *De Gaulle*, tome II : *Le politique*, p. 78.

les Français bâillonnés dont le général de Gaulle incarne la volonté de la résistance et qui meurent pour que la liberté vive[61]. » La même journée, Nougier, Ducros et Tarut envoient à Darlan le télégramme suivant :

> Sociétés françaises de Montréal Anciens combattants Union nationale française Chambre de commerce française approuvent action Nations Unies et Afrique du Nord qui permet France de reprendre place parmi alliés stop Souhaitent ardemment constitution en France outremer gouvernement autour duquel la Nation poursuivra lutte en vue de victoire et libération territoire métropolitain[62].

Après l'assassinat de Darlan, les admirateurs du Maréchal se tournent vers le général Giraud. Mais Bonneau est optimiste. Le 25 avril 1943, deux mois à peine après avoir remplacé Pierrené, Bonneau écrit à son collègue Paris :

> Je viens de passer quelques jours à Montréal. Les présidents des diverses associations françaises sont encore ou à peine neutres (Chambre de commerce) ou sournoisement hostiles à la France combattante (Union nationale, Union des anciens combattants). Je suis allé à une réception organisée à l'Union nationale qui regroupe toutes les sociétés françaises de Montréal. J'y ai été très bien accueilli et mon impression est qu'il y a beaucoup à faire et pas mal à espérer sitôt traversée la croûte des présidents[63].

À mesure que progresse le printemps 1943, les anciens partisans du maréchal Pétain, devenus par la force des choses supporters de Giraud, comprennent que le général de Gaulle est devenu incontournable. Mais comment rallier les Français combattants sans perdre la face ?

La création du CFLN le 3 juin 1943 arrive à point nommé pour les notables français de Montréal. L'accord Giraud-de Gaulle permet en effet aux anciens adversaires de la France libre de rejoindre officiellement, sans avoir à passer par le purgatoire, la lutte des Français

---

61. *AN*, fonds René Cassin, vol. 382, AP 31. Télégramme du 16 novembre 1942, Pierrené et les 85 comités de Français libres du Canada à de Gaulle.

62. *APC*, RG 25, série A.3, vol. 3011 dossier 3618-A-40C, part 1. Télégramme du 16 novembre 1942, Nougier, Tarut et Ducros à Darlan, intercepté par les autorités canadiennes.

63. *AP*, archives Michel Bonneau. Lettre du 25 avril 1943, Bonneau à Paris.

libres pour la libération de la patrie. Acceptent-ils sans broncher l'union en espérant que, grâce à l'appui américain, Giraud parviendra à prendre l'ascendant sur le général à deux étoiles?

Mais les espoirs mis en Giraud seront vites déçus. L'accord Giraud-de Gaulle à peine signé, les gaullistes s'imposent déjà au sein des communautés françaises à l'étranger. Connaissant la puissance des symboles, de Gaulle demande à ses fidèles représentants d'organiser pour le 18 juin une célébration soulignant l'union de tous les Français[64]. Le choix de la date, trois ans jour pour jour après le célèbre appel du général de Gaulle aux Français, n'a rien d'innocent. L'union à Alger à peine réalisée, les anciens adversaires du général de Gaulle ne peuvent s'y soustraire de crainte de paraître les alliés objectifs du gouvernement de Vichy. Mais en participant aux célébrations du 18 juin, ils admettent implicitement la justesse du jugement du général de Gaulle en 1940.

Bonneau et l'attaché naval de la France combattante à Montréal, Jacques Le Normand, organisent donc à la hâte les célébrations. Le succès est total. À Ottawa, Ristelhueber, accompagné de tous les membres de sa délégation, assiste à la cérémonie qui se tient au domicile du représentant officiel du général de Gaulle[65]. Le lendemain, c'est au tour de la communauté française de Montréal de célébrer l'union. Ici encore, les gaullistes triomphent. Plus de 800 personnes se déplacent pour applaudir le nom du général de Gaulle. Bonneau remarque avec satisfaction la présence de Marcel Nougier, d'Alfred Tarut, de François Ducros et du président de l'Alliance française,

---

64. APC, RG 25, série A.3, vol. 2793, dossier 712-C-40, partie 3. Transcription d'une conversation téléphonique du 16 juin 1943 entre Bonneau et le lieutenant de vaisseau Le Normand, interceptée par la censure militaire canadienne. Jacques Le Normand, rallié au général de Gaulle dès juin 1940, organise la propagande et le recrutement pour la France libre au Togo, au Dahomey et au Niger. Il participe, à titre d'agent d'information, à l'expédition manquée de Dakar. Capturé par les autorités vichystes, Le Normand s'évade à la fin octobre 1940. Engagé dans les FNFL, Le Normand effectue quelques missions sur les côtes françaises, puis en Afrique. On dépêche ensuite Le Normand au Canada, où il arrive en mars 1943. Il devait à l'origine être le second de Bellaigue. Toutefois, la maladie empêche Bellaigue d'exercer ses fonctions, et c'est Le Normand qui devient l'attaché naval de la France combattante à Montréal. En plus de ses fonctions navales, Le Normand représente officiellement le général de Gaulle à Montréal et supervise l'entraînement des pilotes français au Canada. Entretien avec Jacques Le Normand Jr, 13 janvier 1999.

65. AN, Fonds René Cassin, vol. 383 AP/64. Télégramme du 20 juin 1943, Bonneau à CNF (Londres).

Ernest Tétrault, toutes des personnalités connues jusque-là pour leur tiédeur envers la France libre[66].

L'union semble enfin acquise. Mais ce mariage quelque peu forcé n'a pas effacé le climat de suspicion qui caractérisait depuis 1940 les relations entre la communauté française de Montréal et les Français libres du Canada. Un rien pouvait mettre le feu aux poudres. Et la nomination de Marthe Simard par le général de Gaulle pour représenter les Français du Canada à l'Assemblée consultative d'Alger allait replonger la communauté française du Canada dans une nouvelle querelle franco-française.

À la fin de l'année 1943, répondant à une exigence de la résistance intérieure, on met sur pied à Alger une assemblée pour représenter les mouvements de résistance. Des 102 sièges à pourvoir à l'Assemblée consultative, cinq sont réservés aux comités français à l'étranger. Marthe Simard, choisie par le général de Gaulle, représente les Français du Canada. Ce faisant, elle devient la première femme à siéger à une assemblée française[67]. La nouvelle réjouit ses amis de Québec[68]. Il en va tout autrement des Français de Montréal. Outrés de ne pas avoir été consultés par Alger et sans avertir au préalable la délégation d'Ottawa, les présidents des principales associations françaises de Montréal publient le 29 décembre 1943 une lettre dans le quotidien *La Patrie* pour protester contre la nomination de Marthe Simard[69]. Roumefort est cosignataire de la lettre.

La réaction de Bonneau ne se fait pas attendre. Il écrit le 16 janvier la lettre suivante :

Le jour est venu de nous séparer de lui [Roumefort] et je sollicite du général de Gaulle le retrait du patronage qu'il avait accordé à l'œuvre de Roumefort en 1940. Je serais également reconnaissant au général Giraud de vouloir bien lui retirer le sien[70].

---

66. *AN*, Fonds René Cassin, vol. 383 AP/64. Télégramme du 22 juin 1943, Bonneau à CNF (Londres).

67. Michelle GAZET, « L'Assemblée consultative provisoire, Alger 3 novembre 1943 – 25 juillet 1944 », thèse de doctorat, Fondation nationale des sciences politiques, Paris, 1970, p. 47.

68. *MAE*, série guerre 39-45, sous-série Alger, vol. 1617. Télégramme du 11 novembre 1943, comité France combattante (Québec) à de Gaulle.

69. *La Patrie*, 29 décembre 1943.

70. *MAE*, série guerre 39-45, sous-série Alger, vol. 750. Télégramme du 16 janvier 1944, Bonneau à Massigli.

Mais, malgré les tensions, malgré la méfiance toujours présente à Montréal, les Français libres continuent d'y enregistrer des gains. En janvier 1945, Ducros, considéré par Bonneau comme le plus important obstacle à toute réconciliation définitive des Français de Montréal, est enfin remplacé à la tête de l'Union nationale française[71]. Le vicomte de Roumefort est élu à l'unanimité président de l'association. Dans les circonstances, et malgré la méfiance que suscite encore l'individu, la délégation d'Ottawa accueille avec soulagement l'élection de Roumefort à la tête de l'association la plus conservatrice et la plus hostile au général de Gaulle. Entre-temps, le général de Gaulle et son gouvernement provisoire ont enfin obtenu la reconnaissance internationale. Le Général et ses partisans n'étant plus perçus comme des aventuriers, l'ensemble de la communauté française de Montréal se rassemble enfin sous un seul drapeau. La « guerre froide » franco-française de Montréal prenait fin peu de temps après la fin de la « guerre civile » en France, qui avait opposé, pendant de longs mois, partisans et adversaires du gouvernement de Vichy.

De Gaulle et les Canadiens français

Le triomphe tardif du gaullisme au Canada français. — Appuyée par l'appareil fédéral, la propagande gaulliste au Canada n'a cessé, depuis la visite du commandant d'Argenlieu au printemps 1941, de marquer des points auprès de l'opinion publique canadienne-française. À la fin de l'année 1941, les journaux libéraux sont acquis à la cause gaulliste. À l'été 1942, l'opinion est partagée entre de Gaulle et Pétain. Avec la campagne d'Afrique du Nord et l'effondrement de Vichy, c'est la fin du rêve caressé par certains d'assister à la renaissance de cette France éternelle, bafouée depuis 1789 par ses régimes successifs.

Mais Darlan, puis Giraud, en reprenant le flambeau des mains du Maréchal, récupèrent une partie des orphelins de Pétain. En juin 1943, l'entente Giraud-de Gaulle modifie une fois de plus la donne. À partir de cette date, de Gaulle, jour après jour, consolide son emprise sur la résistance, devenant le seul mandataire de la légitimité française.

---

71. *MAE*, série Amérique 44-52, sous-série Canada, vol. 71. Télégramme du 29 janvier 1945, Moeneclaey, consul français de Montréal, au ministère des Affaires étrangères, Paris ; lettre du 1er février 1945, Bonneau à Moeneclaey.

Au Canada français, exception faite d'une minorité toujours fidèle aux principes de la Révolution nationale, l'opinion allait dans son ensemble pencher en faveur de la France libre.

Il est difficile d'étudier l'évolution de l'opinion au cours des six premiers mois de l'année 1943, aucun sondage, à notre connaissance, n'ayant mesuré la popularité respective du général Giraud et du général de Gaulle. De plus, dans cette phase de la « guerre » franco-française, il devient de plus en plus laborieux pour les observateurs éloignés d'en saisir les enjeux. Pour de nombreux Canadiens français, la situation doit paraître quelque peu absurde. Pourquoi de Gaulle et Giraud n'arrivent-ils pas à s'entendre alors qu'ils prétendent tous les deux vouloir combattre l'Allemagne aux côtés des Alliés ?

Mais l'élite intellectuelle, celle qui suit de près la question française, en comprend les enjeux. Elle ne confond pas de Gaulle et Giraud. Comme on l'a vu précédemment, plusieurs organes de presse autrefois fidèles à Pétain appuient Giraud, conscients du programme politique de leur nouveau champion.

Une fois l'union Giraud-de Gaulle accomplie, une fois que le chef des Français libres entame sa marche vers le pouvoir, isolant de plus en plus son rival, les admirateurs du Maréchal se retrouvent de nouveau sans champion. Vont-ils, de bonne grâce, appuyer enfin le général de Gaulle qui, de jour en jour, ressort clairement comme le chef incontesté de tous les Français ?

À la fin de l'été 1943, les représentants du général de Gaulle au Canada ne cachent pas leur optimisme. Paul Thériault, membre du Service d'information de la France combattante à Ottawa, écrit de Québec le 21 août 1943, où il assiste à la Conférence de Québec, le télégramme suivant :

> Les journalistes anglais et américains furent surpris des progrès qu'a fait au Canada la cause de la France combattante depuis quelques mois. Ils en étaient restés, à ce sujet, à une conception qui ne répond plus à l'état actuel de l'opinion. Mme Churchill, elle-même, en a exprimé son contentement à la présidente du comité des Français libres de Québec, Marthe Simard. Grâce à une propagande d'une ampleur extraordinaire, Vichy et Pétain avaient pu, dans le Québec, faire illusion jusqu'au début de cette année. La légende est aujourd'hui complètement discréditée et c'est aux Combattants de la nouvelle France que vont les sympathies et la fierté des Canadiens dans cette région. C'est, en même temps, au Comité de libération que va leur confiance pour la restauration de

l'indépendance et la grandeur de la France, facteurs essentiels du développement de la culture canadienne-française sur le continent nord-américain[72].

Signe des temps, Bonneau, au début de novembre 1943, devient, à l'occasion du bicentenaire du chimiste français Lavoisier, le premier représentant gaulliste invité officiellement à l'Université de Montréal[73].

Tous les espoirs sont donc permis quand surgit l'« Affaire Kotowski ». Sans le savoir, ce prêtre polonais allait être à l'origine d'une crise qui aurait pu avoir des conséquences graves sur les rapports entre la France du général de Gaulle et le Canada français.

En décembre 1942, soucieux d'accroître l'effort de guerre des Canadiens français, le gouvernement fédéral invitait au Canada un prêtre polonais réfugié au Brésil, l'abbé Thaddée Kotowski. Officiellement, Kotowski devait témoigner des événements survenus en Pologne depuis 1939[74]. Jusqu'au mois de juin 1943, Kotowski parcourra le Québec, multipliant interventions publiques et rencontres avec le clergé canadien-français. Avant de quitter le Canada, au début de juin 1943, le prêtre polonais aurait déposé un rapport dans lequel il dressait un portrait peu flatteur de la société canadienne-française, et particulièrement de son clergé. Selon Rumilly, c'est la commission d'Information qui aurait commandé le rapport[75].

Au début de l'année 1944, six mois après le départ du prêtre polonais, ce que l'on croit être une copie du rapport de Kotowski circule au sein du clergé canadien. On attribue la diffusion du rapport à la délégation du Comité de libération nationale. C'est le cardinal Villeneuve qui en informe Bonneau:

L'Abbé Kotowski, prêtre polonais, venu l'an passé au Canada, a laissé, dit-on au Comité de la libération nationale d'Ottawa, un mémoire sur le clergé et les fidèles canadiens-français et dont on attribue la diffusion au Comité français de la libération, ce que je

---

72. AN, Fonds René Cassin, vol. 383 AP/64. Télégramme du 21 août 1943, Thériault à France combattante (Alger).

73. MAE, série guerre 39-45, sous-série Alger, vol. 1615. Télégramme du 10 novembre 1943, Bonneau à Massigli.

74. André PATRY, Le Québec dans le monde, Montréal, 1980, p. 40-41.

75. RUMILLY, Histoire de la province de Québec, tome 40: le Bloc populaire, p. 161.

ne puis croire. Diverses copies en sont envoyées on ne sait d'où à des prélats et à des prêtres qui en sont fort étonnés.

[...]

De sorte que ledit rapport est, à mon sens, sans autorité, et de nature à froisser les sentiments des Canadiens français que le Comité de la libération a pourtant tout intérêt à ménager, et parmi lesquels il trouvera ses amis les plus fidèles. Je crois donc devoir le dénoncer, et je crois que les Français au pays feront bien de s'en dégager. Si certaine presse s'en emparait, la publication ferait grand mal aux causes qui nous sont parmi les plus chères[76].

Absent d'Ottawa, Bonneau ne prend connaissance de la lettre du cardinal Villeneuve qu'à la fin de février. Saisissant tout le danger de l'affaire, le diplomate s'empresse de répondre au prélat. Dans sa lettre, le représentant du CFLN écrit :

Aucun mémoire rédigé par l'Abbé Kotowski n'existe à la Délégation et n'a figuré dans ses archives non plus qu'aucun document présentant une similitude même lointaine avec celui dont Votre Éminence signale l'existence[77].

Bonneau mentionne toutefois la présence, au sein des documents du Service d'information, d'un compte rendu d'un entretien avec l'abbé Kotowski daté du 14 mai 1943. Mais Bonneau précise :

Il ne semble pas que ce document puisse être celui qui circule actuellement à Québec mais le serait-il que, nulle part et pour aucun usage, on ne pourrait en faire état comme d'un texte émanant de cette Délégation ou approuvé par elle ou représentant ses vues à quelque degré que ce soit. Enfin, la diffusion ne peut, je le répète, provenir de ce poste et n'en provient pas. Pareille hypothèse doit d'autant plus être écartée que la personne qui, de sa propre initiative, avait rédigé cette note a quitté le Canada depuis huit mois[78].

Élisabeth de Miribel avait effectivement, au mois de mai 1943, rencontré le père Kotowski. À la suite de leur rencontre, la jeune

---

76. *MAE*, série guerre 39-45, sous-série Alger, vol. 1246. Copie d'une lettre du 31 janvier 1944, Mgr Villeneuve à Bonneau.

77. *MAE*, série guerre 39-45, sous-série Alger, vol. 1246. Copie d'une lettre du 25 février 1944, Bonneau à Mgr Villeneuve.

78. *Ibid.*

femme avait rédigé un compte rendu qu'elle avait ensuite remis à Bonneau. Ce dernier, considérant les propos de l'abbé trop tranchés, n'avait pas jugé opportun d'envoyer un rapport qui, pris isolément, aurait donné une impression erronée de la situation[79]. Il est vrai que le rapport est plutôt excessif :

Les Jésuites possèdent l'influence la plus considérable sur la jeunesse canadienne-française, à la fois par leurs Collèges, par leur journal *Relations*, par leur presse populaire répandue dans les milieux ouvriers... L'influence des Jésuites s'exerce dans un sens réactionnaire opposé à la guerre par crainte de changements sociaux qui leur feraient perdre leur influence temporelle, par antibritannisme, etc. Les Jésuites ont une action dangereuse sur un grand nombre de jeunes Canadiens français. Ce danger est à la fois direct par les idées fausses qui sont ainsi inculquées et indirectement par les réactions violentes et révolutionnaires irréfléchies qui sont créées parmi les jeunes s'opposant à cette contrainte morale.

[...]

À l'Université d'Ottawa, les Pères Oblats sont de tendance réactionnaire.

[...]

Chez les collégiens, comme les étudiants et les jeunes professeurs, l'action du clergé est nocive parce qu'elle fait perdre de vue le sens de cette guerre, la notion des principes pour lesquels nous nous battons et les jette de façon irréfléchie vers l'action politique, nationaliste ou communiste, divisant ainsi l'effort de guerre...

Le Devoir, organe réactionnaire, *Les Relations*, organe des jésuites, *L'Œil*, *Vers Demain*, hebdomadaires extrêmement nocifs. L'action dangereuse de ces journaux est déjà assez connue pour qu'il ne soit pas nécessaire d'y revenir...

[...]

Conclusion du prêtre :

[...]

Supprimer les journaux ci-dessus mentionnés.

Sous prétexte d'éducation physique, créer des camps spéciaux d'entraînement où les aumôniers militaires passeraient quelques mois et recevraient une formation intellectuelle les préparant à leur action sur les soldats.

---

79. *MAE*, série guerre 39-45, sous-série Alger, vol. 1246. Lettre du 3 mai 1944, Bonneau à Massigli.

Nommer un conseiller ecclésiastique auprès des Affaires extérieures. Son rôle serait d'étudier toutes questions religieuses, catholiques, protestantes, et de donner des indications de politique aux individus ou aux services officiels travaillant à l'amélioration du problème religieux. Enfin ce prêtre souhaite que les dirigeants éclairés saisissent toute occasion d'influencer l'opinion de façon à mieux faire comprendre la portée profonde de l'issue de cette guerre.

Nous nous battons contre des forces « totalitaires » et seuls les hommes ayant le sens profond de la valeur de l'humanisme et de l'individualisme conçus sur des bases rationnelles et avec un idéal éclairé pourront diriger leur pays dans le sens de l'avenir[80]...

Malgré les assurances faites au cardinal Villeneuve, Bonneau, comparant le texte qu'il a trouvé dans les papiers de la délégation avec le texte circulant dans les milieux cléricaux, constate que le rapport incriminant « est bien, en fait, celui qui figurait dans les archives de notre service d'Information[81] ». Au texte original, on a rajouté quelques éléments, dont le titre, « Document secret émanant du Comité de France libre au Canada » et le nom du père Kotowski, qui ne figure pas sur le rapport original. Mais, à part ces quelques éléments ajoutés pour embarrasser les Français libres, les deux textes sont identiques.

Comment ce rapport, que Bonneau avait jugé bon ne pas envoyer à Londres, avait-il pu sortir des bureaux de la délégation, et qui pouvait bien profiter d'une telle manœuvre ?

Le rapport sur l'entretien entre Mlle de Miribel et le Père Kotowski n'est pas le seul document rédigé chez nous et au sujet desquels des indiscrétions aient été commises. De pareils rapports étaient, me dit-on, établis en six exemplaires dont trois étaient distribués immédiatement hors de chez nous à certains fonctionnaires ou à des personnalités canadiennes qui soutenaient alors notre cause. Il semble en outre que faute d'un classement convenable, faute même d'un coffre-fort, le secret n'ait jamais été sérieusement gardé[82].

---

80. *MAE*, série guerre 39-45, sous-série Alger, vol. 1246. « Document secret, émanant du comité de France libre au Canada, note sur la mission au Canada d'un religieux, le Père Kotowski, le 14 mai 43 ». Envoyé par Villeneuve à Bonneau le 13 mars 1944, renvoyé ensuite par Bonneau à Massigli le 3 mai 1944.
81. *MAE*, série guerre 39-45, sous-série Alger, vol. 1246. Lettre du 3 mai 1944, Bonneau à Massigli.
82. *Ibid.*

Pour les indiscrétions commises, y compris lors de l'Affaire Marchal, Bonneau blâme l'inexpérience d'Élisabeth de Miribel et l'hostilité du milieu dans lequel la jeune femme et ses collaborateurs évoluaient. Mais qui utilisait maintenant le rapport Kotowski et à quelles fins ? Les services fédéraux, qui espéraient inquiéter les milieux catholiques et ainsi obtenir leur silence ? Certains journalistes gravitant autour de l'hebdomadaire *Le Jour* utilisant le rapport pour embarrasser leurs ennemis ? Des adversaires du gaullisme qui voulaient rendre encore plus difficile le rapprochement entre le CFLN et les milieux catholiques canadiens-français ? L'état des archives ne nous permet pas, pour l'instant, de répondre à ces interrogations.

Une chose est sûre, la mise en circulation d'un rapport compromettant la France combattante inquiétait au plus haut point Bonneau. Déjà, l'affaire avait provoqué un échange le 29 mars à la Chambre des communes entre le député Frédéric Dorion et le premier ministre Mackenzie King. Mais fort heureusement, le nom de la France combattante n'avait pas été mentionné lors de l'escarmouche oratoire entre King et Dorion[83]. Mais la menace d'un scandale public planait toujours. Plusieurs journaux étaient au courant de toute l'affaire. « Le fait qu'aucun n'ait rien fait encore est encourageant sans pouvoir être considéré comme constituant une garantie de silence dans les mois qui viennent[84]. » En fait, l'histoire ne paraîtra jamais publiquement dans les journaux, évitant ainsi de graves problèmes au CFLN.

De Gaulle au Canada, juillet 1944. — Entre-temps, de l'autre côté de l'Atlantique, les Alliés entreprennent la reconquête de l'Europe. Le Canada, aux côtés des États-Unis, de l'Angleterre, puis bientôt de la France, participe en première ligne à la colossale opération militaire. Le 6 juin, les Canadiens débarquent sur les plages de Juno Beach. La Première Armée canadienne se signale ensuite dans les combats acharnés qui se déroulent autour de Caen, puis à Falaise. De la Normandie, les Canadiens longeront les côtes françaises avant de pénétrer en Belgique, puis en Hollande, et enfin en Allemagne.

---

83. *MAE*, série guerre 39-45, sous-série Alger, vol. 1246. Copie du débat de la Chambre des communes du 29 mars 1944, envoyée en annexe à la lettre du 3 mai 1944 par Bonneau à Massigli.
84. *MAE*, série guerre 39-45, sous-série Alger, vol. 1246. Lettre du 3 mai 1944, Bonneau à Massigli.

Une tête de pont à peine établie en Normandie, de Gaulle se rend le 14 juin à Bayeux où l'acclame une foule rassemblée en toute hâte. Voulant asseoir l'autorité du Gouvernement provisoire, le Général installe dans la petite ville le premier préfet civil appelé à administrer les territoires français libérés. De Gaulle a pris de vitesse les autorités militaires alliées et son bras civil, l'AMGOT[85]. Dans les semaines qui suivent, Roosevelt se rend enfin à l'évidence : de Gaulle est incontournable et son gouvernement, la seule autorité qui puisse légitimement administrer la France libérée. Après avoir tout fait pour l'écarter, le gouvernement américain invite enfin le général de Gaulle à se rendre aux États-Unis. De Gaulle accepte et quitte Alger le 5 juillet pour Washington.

Mis au fait de la visite du Général aux États-Unis, le Canada l'invite officiellement le 2 juillet[86]. La visite est prévue pour les 11 et 12 juillet.

De Gaulle s'apprête à visiter un Canada français qui l'ignorait quatre années plus tôt. Les sentiments de la population à son égard sont maintenant généralement favorables. Mais certains milieux restent réfractaires au général de Gaulle. Encore une fois, la résistance vient des milieux clérico-nationalistes. C'est que l'entrée de commissaires communistes en mars 1944 au sein du Comité français de libération nationale est venue confirmer la principale crainte des pétainistes jusqu'au-boutistes : la bolchévisation de la société française après le renversement par de Gaulle du régime de Vichy[87].

Au printemps 1944, le procès bâclé et l'exécution de Pierre Pucheu — ancien ministre de l'Intérieur vichyste qui s'était rallié au général Giraud au début de l'année 1943 — par les autorités d'Afrique du Nord[88] inquiètent les rédacteurs du *Devoir* et du *Bloc*, le journal du Bloc populaire. En réaction à l'exécution de Pucheu, Pierre Vigeant, qui signe les éditoriaux du *Devoir* depuis que la maladie a cloué Pelletier au lit, évoque la possibilité d'une guerre civile en France :

---

85. En fait, il semble que les autorités militaires alliées en Normandie aient grandement facilité la tâche des représentants gaullistes. Crémieux-Brilhac, *La France libre*, p. 848-849.

86. *MAE*, série guerre 39-45, sous-série Alger, vol. 1246. Télégramme du 5 juillet, Massigli à Bonneau.

87. HALARY, « De Gaulle et les Français de Montréal pendant la Deuxième Guerre mondiale », p. 86.

88. Fred KUPFERMAN, *Le procès de Vichy : Pucheu, Pétain, Laval*, Bruxelles, Éditions Complexe, 1980, p. 43-69.

Pierre Pucheu a été exécuté ce matin à Alger. C'est une mauvaise nouvelle pour tous ceux qui aiment la France de façon désintéressée, qui espéraient que les Français réussiraient à faire la véritable union sacrée pour se remettre rapidement des terribles épreuves de ces dernières années.

[...]

L'accusation de trahison portée contre l'ancien ministre de l'Intérieur de Vichy pourrait valoir en substance contre tous ceux qui ont participé dans une fonction importante au gouvernement de France depuis la défaite de 1940, à partir du maréchal Pétain en descendant. On comprend que le condamné lui-même et ses avocats aient représenté aux membres du tribunal qu'une condamnation courrait le risque d'allumer la guerre civile parmi les Français[89].

Devant les événements d'Afrique, Luc Mercier du *Bloc* comprend les hésitations américaines à reconnaître le Comité d'Alger.

Si Washington n'a pas reconnu le Comité français de libération nationale et si Londres se montre parfois si réticent envers de Gaulle, c'est parce que les hommes qui l'entourent, tout en étant censés représenter toute la France, donnent la nette impression qu'ils n'en représentent qu'une partie et non pas la plus belle[90].

Une semaine plus tard, Mercier regrette l'absence du général Giraud, qui « s'est toujours refusé à faire de la politique » et qui serait « mieux accueilli en France libérée » que le général de Gaulle. « Giraud pourra pénétrer en France sans déclencher de guerre civile. M. de Gaulle le pourra-t-il[91] ? »

Le 27 mai, Paul Laliberté, toujours dans *Le Bloc*, prend la relève de son collègue :

89. *Le Devoir*, 20 mars 1944. L'éditorial de Vigeant fait réagir l'équipe éditoriale du *Canada* qui, le 22 mars, riposte en ces termes : « Quant au spectre de la guerre civile en France, nul n'a l'assurance qu'on saura l'éviter, quoi qu'on fasse. Mais il est bien certain que rien n'inciterait plus les Français à la révolution et à la guerre civile que le soupçon que même le général de Gaulle et son entourage ne seraient pas fermement résolus à punir les quislings — et Pierre Pucheu était indéniablement un des quislings les plus en vue de France après Laval. »
90. *Le Bloc*, 8 avril 1944.
91. *Le Bloc*, 15 avril 1944.

Le chef de la France libre et combattante vient de satisfaire son goût chatouilleux pour les modifications onomastiques. Il a changé le nom du Comité français de libération nationale en celui de Gouvernement provisoire de la République française. Au moins nous savons où nous allons ! Le jour où une dizaine de Canadiens se rencontreront ensemble quelque part en Asie, ils n'auront qu'à se former en comité du Canada libre et un gouvernement du Dominion canadien, et le tour sera joué...

[...]

Mon Général, vous n'êtes pas la France[92].

Au *Devoir*, on va jusqu'à appuyer l'administration américaine dans la dispute au sujet de l'AMGOT :

Les activités du Comité d'Alger, depuis le procès Pucheu et autres ne sont pas de nature à apaiser les craintes états-uniennes. Le groupe qui vise à gouverner provisoirement la France et qui commence par exercer les représailles qu'on sait n'offre pas de garanties tout à fait rassurantes contre le danger de guerre civile [...]

Dans la douloureuse épreuve qu'elle traverse, la France ne compte pas d'ami plus sûr et intelligent que M. Roosevelt. Les États-Unis sont et resteront pour elle le plus sûr appui. D'autant qu'ils n'ont aucun intérêt à servir en l'occurrence. Dans la situation incertaine où elle se trouve au cours de l'invasion, d'aucuns estiment qu'il sera peut-être plus sage de laisser l'autorité au général Eisenhower que de risquer le grave danger de guerre civile et de représailles entre Français[93].

Et le 22 juin, Vigeant parle du « coup d'État du général de Gaulle », qui, à mesure que les Alliés progressent, installe ses hommes pour prendre en charge l'administration civile et ce, « même si la Grande-Bretagne et les États-Unis n'ont pas encore reconnu le gouvernement provisoire[94] ».

Pour sa part, Roger Duhamel qui, depuis qu'il s'est joint à *La Patrie*, a modifié quelque peu la ligne éditoriale du journal, blâme le général de Gaulle pour ses difficultés avec les Américains :

---

92. *Le Bloc*, 27 mai 1944.
93. *Le Devoir*, 2 juin 1944.
94. *Le Devoir*, 22 juin 1944.

De Gaulle est un militaire de mérite et un patriote sincère qui lutte de toutes ses forces pour la reconnaissance passablement compliquée de la souveraineté française, mais il est aussi un piètre politicien, maladroit, hautain, incapable de saisir les occasions qui pourraient faciliter sa tâche. Il s'est également composé un entourage douteux et il s'est trop souvent abandonné à des sautes d'humeur et à des actes d'étroitesse à l'égard de gens qui ne partageaient pas ses vues, mais qui pouvaient être aussi bien inspirés que lui. En agissant ainsi, il a accumulé tout un capital d'antipathie dont il commence de toucher les intérêts[95].

Mais ces voix sont maintenant minoritaires. La majorité des médias canadiens-français appuient sans réserve le général de Gaulle. Voici les commentaires du *Droit*, naguère chiche de son appui au Général, quelques jours après son triomphe à Bayeux :

Dans les capitales de Londres et de Washington, les experts sensibles aux moindres frissonnements des peuples ont dû se rendre compte que les ovations faites par les Français libérés au général de Gaulle dépassent l'expression d'un simple enthousiasme du moment, pour prendre les notes d'un profond attachement susceptible de s'affirmer comme tel sur le terrain politique [...]

Dans ces conditions, on ne voit pas trop pourquoi les gouvernements alliés ne reconnaîtraient pas le Comité du général de Gaulle comme il s'appelle lui-même maintenant[96].

Après sa tournée triomphale aux États-Unis, de Gaulle arrive au Canada le 11 juillet, non pas à Québec, comme il le laisse entendre dans ses mémoires, mais à Ottawa[97]. Mackenzie King l'accueille à sa descente d'avion. La journée se passe admirablement bien, de Gaulle étant reçu avec tous les égards dus à un chef d'État. Après un tête-à-tête avec Mackenzie King, de Gaulle rencontre en fin d'après-midi la presse canadienne. Gabriel Bonneau, commentant les passages des *Mémoires de Guerre* relatifs au voyage du général de Gaulle au Canada, se souvient de l'effet qu'avait provoqué la conférence de presse, surtout auprès de la presse francophone. Entre autres choses, les journaux du Québec notèrent avec intérêt les commentaires du Général sur sa rencontre avec le pape Pie XII lors de son passage à

95. *La Patrie*, 15 juin 1944.
96. *Le Droit*, 20 juin 1944.
97. De Gaulle, *Mémoires de guerre*, tome II, p. 286-287.

Rome[98]. Sa Sainteté avait donc reçu celui qui, à côté des communistes et des francs-maçons, combattait depuis juin 1940 le maréchal Pétain et la Révolution nationale! Cette première journée au Canada se termine par un dîner offert par le gouvernement canadien en l'honneur du général de Gaulle.

La suite du voyage l'amène à Québec où, selon Gabriel Bonneau, l'accueil qu'on lui réserve est triomphal[99]. Les personnalités de la Vieille Capitale se pressent auprès du général de Gaulle[100]. Les journaux de Québec réservent leurs manchettes à l'illustre visiteur alors que les éditorialistes rivalisent d'éloges dithyrambiques. Tandis que Louis-Philippe Roy coiffe son éditorial d'un « Vive la France! Vive de Gaulle[101]! », *Le Soleil* termine le sien en clamant : « Vive le général Charles de Gaulle, l'homme providentiel du salut de la France[102]! »

De Québec, de Gaulle se rend à Montréal. D'après Adhémar Raynault, encore maire de Montréal pour quelques semaines, la visite du Général dans la métropole canadienne connaît un franc succès. « Ce fut un jour mémorable pour les Montréalais. Tout au long du parcours qui le conduisait de Dorval à Montréal, la foule se pressait le long du chemin, agitant des drapeaux et criant sa joie. Le général de Gaulle semblait impressionné par cet accueil chaleureux[103]. »

La foule se rassemble ensuite devant l'hôtel Windsor pour entendre le discours du Général, maintes fois interrompu par des « bravo et des applaudissements nourris et sincères ». Voici ce qu'écrivait *La Presse* le lendemain :

> Bien que l'horaire de sa visite au Canada n'ait pas permis au général Charles de Gaulle de passer plus que quelques heures à Montréal, ce court laps de temps aura sans doute suffi à notre hôte illustre pour juger de la joie causée par sa présence au milieu de nous, pour sentir combien le culte de la France demeure vivace parmi nos concitoyens de toutes classes. Ce commandant suprême de la résistance et aujourd'hui de l'offensive française trouvera-t-

---

98. *AP*, archives Michel Bonneau. Notes sur les passages des *Mémoires de guerre* portant sur le voyage du Général au Canada, fait par Gabriel Bonneau.
99. *Ibid.*
100. *L'Action catholique*, 12 juillet 1944.
101. *Ibid.*
102. *Le Soleil*, 12 juillet 1944.
103. Adhémar RAYNAULT, *Témoin d'une époque*, Montréal, Fides, 1970, p. 169.

il l'occasion après la victoire, de revenir nous visiter ? Nous l'espérons vivement[104].

Les irréductibles antigaullistes. — Il est indéniable que le voyage du général de Gaulle a consolidé l'appui laborieusement gagné au sein de la population canadienne-française. À l'été 1944, exception faite du *Devoir* et de Roger Duhamel dans *La Patrie*, les quotidiens canadiens-français pressent les gouvernements alliés de reconnaître le GPRF[105]. À la fin août, le conseil des échevins de la ville de Québec adopte la résolution suivante :

> Le conseil municipal de la cité de Québec à l'annonce de l'entrée à Paris des troupes françaises de la libération dirigées par le glorieux général Jacques Leclerc[106] pour parachever la victoire des héroïques partisans de l'intérieur, est heureux de se joindre à tous les citoyens du Dominion du Canada et particulièrement à tous les Canadiens d'origine et de langue françaises pour transmettre à la France immortelle l'expression de sa foi inébranlable en sa résurrection totale après quatre années d'effroyable martyre sous le joug des barbares.
>
> Le conseil de la cité de Québec croit représenter le sentiment unanime de tous les citoyens sans distinction de race ou de langue en témoignant une fois de plus à l'illustre Charles de Gaulle président du GPRF ainsi qu'à ses armes victorieuses et à tout le peuple français dont le courage et la foi en l'avenir furent d'un sublime réconfort pour tous les peuples alliés sa profonde admiration et ses vœux les plus sincères pour une victoire définitive contre toutes les influences néfastes qui pour la seconde fois en un quart de siècle, ont bouleversé l'univers et mis en péril l'héritage sacré de la civilisation chrétienne[107].

De Gaulle devenu symbole de la France immortelle et défenseur de la civilisation chrétienne ! Le voilà maintenant occupant les rôles naguère réservés au maréchal Pétain. Que de chemin parcouru en quatre ans !

---

104. *La Presse*, 13 juillet 1944. Cité dans Dionne, *La presse écrite canadienne-française et de Gaulle*, p. 111-112.

105. WADE, *Les Canadiens français, de 1760 à nos jours*, p. 426-427.

106. Les auteurs du texte parlent ici du général Philippe de Hauteclocque, dit Leclerc.

107. MAE, série guerre 39-45, sous-série Alger, vol. 1615. Télégramme du 31 août 1944, Bonneau à Massigli.

Mais le triomphe attendu du général de Gaulle n'impressionne pas ses plus coriaces adversaires. Plusieurs désespèrent toujours de l'orientation politique du général de Gaulle. Pendant que le gouvernement du maréchal Pétain s'enfuit devant les troupes alliées et alors que ce n'est qu'une question de temps avant que la coalition alliée reconnaisse le GPRF, les derniers défenseurs du Maréchal remettent encore en cause la légitimité du gouvernement présidé par de Gaulle. Le 11 septembre 1944, Pierre Vigeant écrit dans *Le Devoir*:

> On voit quelle ingéniosité les légistes doivent parfois déployer pour trouver une fiction légale qui s'ajuste aux faits et justifie la politique qui a été arrêtée. C'est souvent la force qui crée le droit. Si les événements avaient été autres, si le général de Gaulle n'avait pu entrer en France à la suite des armes victorieuses du général Eisenhower, la légalité du gouvernement du maréchal Pétain était difficilement contestable.
>
> [...]
>
> La transmission des pouvoirs de la IIIᵉ République à l'État français [Vichy] s'était opérée de façon absolument régulière. Le président Albert Lebrun avait démissionné librement pour faire place au maréchal Pétain, qui avait obtenu le pouvoir de modifier la Constitution de l'Assemblée nationale. C'est même à une très forte majorité que les députés et sénateurs de la IIIᵉ République avaient voté les pleins pouvoirs au Maréchal. Le groupe du général de Gaulle, au contraire, ne tenait son mandat que d'un petit groupe d'émigrés, prétendant parler au nom de la France, et plus tard d'un gouvernement provisoire de l'Afrique du Nord, qui avait d'abord été constitué par l'amiral Darlan en invoquant de façon inattendue l'autorité qu'il prétendait tenir du maréchal Pétain[108].

Mais un incident bien plus grave que les protestations de ces irréductibles pétainistes aurait pu, au début de l'automne 1944, mettre en cause une partie des progrès enregistrés par le général de Gaulle au Canada.

Lors de son passage dans la ville de Québec, en effet, de Gaulle a eu droit aux égards de l'élite de la Vieille Capitale. Une seule personnalité marquante évite le Général : le cardinal Villeneuve. Surprenante absence que celle de l'un des plus importants et des plus pré-

---

108. *Le Devoir*, 11 septembre 1944, cité dans GUILLAUME, *Les Québécois et la vie politique française*, p. 119-121.

coces alliés du général de Gaulle au Canada. Officiellement, le cardinal était à l'extérieur de Québec pour honorer ses engagements pastoraux[109]. En réalité, dans les jours précédant la venue du Général à Québec, le prélat canadien aurait reçu plus d'une centaine de lettres de membres du clergé québécois pour le prévenir d'éviter toute rencontre avec le Général[110]. Préférant ne pas blesser la susceptibilité, déjà égratignée par l'affaire Kotowski, d'une partie du clergé canadien-français, le cardinal Villeneuve décide de s'éloigner quelques jours de la Vieille Capitale. Sur le coup, la manœuvre passe inaperçue et le « scandale » semble évité.

Quelques semaines plus tard, l'entourage du cardinal Villeneuve informe les autorités françaises que le prélat canadien désire effectuer un voyage en Europe pour rencontrer les troupes canadiennes[111]. Mgr Villeneuve profiterait également de l'occasion pour rendre visite au Saint-Père. On parle aussi d'un possible arrêt à Paris. Une telle étape impliquerait une rencontre entre l'évêque de Québec et le chef du GPRF. De Gaulle, qui connaît pourtant le pourquoi de l'éclipse momentanée du cardinal Villeneuve le 12 juillet, demande tout de même une explication officielle avant d'accorder l'entrevue[112]. Le 22 septembre, Bonneau fait parvenir un premier télégramme pour présenter la position du gouvernement canadien[113]. Ce dernier déconseille fortement aux autorités françaises d'exiger une explication officielle, de peur de provoquer une réaction négative au Canada. Devant l'intransigeance de ses supérieurs, Bonneau envoie de nouveau, le 8 octobre, un télégramme dans lequel il exprime ses propres craintes devant la position prise par son gouvernement :

Primo : On ne doit pas sous-estimer les conséquences que risque fort d'avoir ici une attitude de froideur publique marquée par le Chef de l'État français à l'égard du Primat Canadien français. Ces conséquences sont importantes ou négligeables dans la mesure même

---

109. Il est intéressant de noter que *L'Action catholique* du 10 juillet 1944 annonçait une rencontre entre de Gaulle et Villeneuve prévue pour le 12 juillet. Or, la veille de la visite, dans la description du parcours du Général à Québec, il n'est plus fait mention de l'arrêt au palais cardinalice par de Gaulle.

110. *MAE*, série guerre 39-45, sous-série Alger, vol. 1246. Télégramme du 13 août 1944, Bonneau à Massigli.

111. *MAE*, série guerre 39-45, sous-série Alger, vol. 1246. Télégramme du 13 septembre 1944, Bonneau à Diplofrance (Alger).

112. *MAE*, série guerre 39-45, sous-série Alger, vol. 1246. Télégramme du 22 septembre 1944, Bonneau à Diplofrance (Alger).

113. *Ibid.*

où sont importantes où négligeables à nos yeux, les sympathies que la France s'est gagnée dans la province de Québec et qu'elle devrait normalement accroître dans les années qui viennent.

Secundo : Il est évidemment possible que l'incident soit passé sous silence, ou ne soit pas remarqué comme cela a été le cas dans la province de Québec. Les probabilités sont toutefois [omission] pour qu'il fasse l'objet d'une exploitation malveillante dont nous aurons beaucoup à souffrir. L'attachement presque aveugle de la masse des Canadiens français à leur clergé, leur susceptibilité qui est particulièrement vive dans leurs rapports avec les Français, donneraient un champ facile à nos adversaires. Il leur deviendrait par trop aisé de présenter la France nouvelle comme l'ennemie de l'Église. Or nous n'avons pas encore un auditoire assez large pour nous défendre convenablement de pareilles attaques et nos progrès en ce pays [omission] retard de plusieurs années[114].

Finalement, le cardinal Villeneuve effectuera un séjour de deux mois en Europe, mais ne se rendra pas en France. Le prélat évoquera la situation militaire en Europe et l'absence de soldats canadiens en France pour expliquer cet « oubli ». *L'Œil* parlera plutôt de la présence de communistes au sein du gouvernement français, présence qui aurait indisposé au plus au point l'anticommuniste Villeneuve[115]. Qui dit vrai ? Le cardinal ? *L'Œil* ?... Quelle part joua l'« affaire Kotowski » dans toute cette histoire ? Mgr Villeneuve évita-t-il la France, et donc Paris, pour ne pas répondre aux exigences du général de Gaulle ? Malheureusement, les documents disponibles nous empêchent, encore une fois, de trancher définitivement la question.

À l'été 1944, aux élections provinciales, l'Union nationale de Maurice Duplessis, profitant de la présence du Bloc populaire et du système électoral, renverse la majorité parlementaire des libéraux de Godbout. Avec le gouvernement Godbout, la France du général de Gaulle perd un allié qui, depuis la fin de l'année 1940, a à plusieurs reprises démontré ses sympathies gaullistes. Et avec Duplessis, si la France et de Gaulle ne se font peut-être pas un ennemi, ils ne gagnent pas un nouvel admirateur.

---

114. *MAE*, série guerre 39-45, sous-série Alger, vol. 1615. Télégramme du 8 octobre 1944, Bonneau à de Gaulle et Bidault.
115. *L'Œil*, 15 décembre 1944.

Tout au long du conflit, Duplessis évite habilement de se prononcer sur l'épineuse question française. Mais, d'après Robert Rumilly, l'historien de l'Union nationale, Maurice Duplessis « partage les sentiments de la masse des Canadiens français [en faveur de Pétain]. L'Union nationale compte un plus grand nombre d'admirateurs de Pétain, un moins grand nombre de partisans de la guerre à outrance[116]. » Pour ce qui est de ses sentiments à l'égard des Français en général, voici comment René Chaloult les décrit :

> Quant aux Français, il [Duplessis] enviait, c'était manifeste, leur supériorité culturelle que l'histoire explique très naturellement. Il refusait de visiter la France et lorsque, par obligation d'État, il recevait un Français éminent, il le traitait maintes fois d'une façon cavalière. Nous sommes des « Français améliorés », aimait-il a répéter pour rire[117].

Sous Duplessis, les représentants du GPRF ne jouissent plus des mêmes amitiés que leur portaient les membres du gouvernement Godbout. En janvier 1945, à peine arrivé au Canada pour prendre en charge les opérations consulaires à Montréal et à Québec, Pierre Moeneclaey note que, à l'opposé du premier ministre de l'Ontario, « M. Duplessis, fuit au contraire, d'une façon qui semble être systématique, toutes les occasions de me rencontrer[118]».

Ne pouvant toutefois pas éviter éternellement les « Maquisards[119] », Duplessis reçoit une délégation de huit journalistes français en tournée aux États-Unis. Jean-Paul Sartre, journaliste pour *Combat*, est au nombre des invités. Moeneclaey accompagne le groupe. D'après le diplomate français, le premier ministre se montre grossier envers ses hôtes. Voici quelques extraits significatifs du rapport qu'en fit Moeneclaey :

> M. Duplessis nous reçut, les journalistes, les représentants de la radio française et moi. Il se lança tout de suite dans un exposé de

---

116. Robert RUMILLY, *Maurice Duplessis et son temps*, tome I : *1890-1944*, Montréal, Fides, 1973, p. 580.

117. René CHALOULT, *Mémoires politiques*, Montréal, Éditions du Jour, 1969, p. 42.

118. *MAE*, série Amérique 44-52, sous-série Canada, vol. 3. Lettre du 19 janvier 1945, Moeneclaey à Bidault.

119. *MAE*, série Amérique 44-52, sous-série Canada, vol. 43. Lettre du 20 mars 1945, Moeneclaey à Hauteclocque.

la politique provinciale. Il se plaignit que les officiels français identifiassent avec la province de Québec le parti libéral. Il fit allusion avec aigreur, à la prétendue déclaration de M. Villiers [un des journalistes français] parue dans les journaux de l'Ontario et relative à la conscription militaire. Il nous parla des dissensions qui à son avis divisent entre eux les Français de France.

Je lui répondis que nous ne nous intéressions pas à la politique intérieure canadienne, et que les admirables soldats du Dominion sont de sublimes ambassadeurs à qui nous ne demandons pas quelles sont leurs opinions politiques.

Il eut alors l'étrange idée de dire que la résistance de 200 ans des Canadiens français était une chose dépassant en grandeur les faits d'armes militaires, et de faire un parallèle entre les quatre ans de résistance française et les 200 ans de résistance québécoise, en mettant la seconde au-dessus de la première.

M. Desnoyers [autre journaliste français] lui fit observer que les Français, loin d'avoir des discordes entre eux, sont tous unis aujourd'hui derrière le général de Gaulle. Le ministre [sic] voulut bien reconnaître que M. Desnoyers devait savoir mieux que lui, mais dit que c'était pour lui une notion absolument nouvelle.

[...]

Après cette entrevue, [...] les journalistes français me demandèrent un entretien en particulier.

Nous eûmes donc un court colloque au Château Frontenac. Ces messieurs me remercièrent d'avoir assisté à l'audience. Ils croient que cela a limité quelque peu les impertinences du premier ministre, qui sans cela n'auraient pas eu de bornes. Ils me demandèrent s'il convenait de faire un pieux silence sur la lamentable et grossière attitude de M. Duplessis. Je leur répondis qu'il y avait en effet lieu de n'en pas parler, et que seul mon rapport à l'Ambassadeur devait en faire mention[120].

Espérant peut-être se racheter, Duplessis organise à la dernière minute une réception en l'honneur de ses hôtes. Toutefois, l'éditeur de *L'Événement Journal*, Jean-Louis Gagnon, avait déjà organisé pour la même soirée une réception avec Jean-Charles Harvey et d'autres éléments de gauche de Montréal[121]. Refusant de fusionner les deux

---

120. *Ibid.*
121. GAGNON, *Les apostasies*, tome II: *les dangers de la vertu*, p. 272-274.

réceptions, Duplessis doit se contenter de la présence du représentant du *Figaro*; les autres, dont Sartre, honorant leur premier engagement. Le lendemain matin, le *Montréal-Matin* dans son éditorial y allait d'une dénonciation des « gauchistes montréalais » et de ces « maudits français ».

Après avoir servi avec diligence la cause de la France au Canada pendant deux ans, Gabriel Bonneau est rappelé à Paris. C'est le 2 novembre 1944 que Bonneau obtient l'agrément des autorités fédérales pour la nomination du nouveau représentant[122]. Officiellement reconnu par les pays alliés depuis quelques jours, le GPRF élève le titre de représentant au Canada à celui d'ambassadeur de France. C'est à Jean de Hauteclocque que l'on confie le poste.

Cousin germain du général Leclerc, Hauteclocque n'avait pas immédiatement, en juin 1940, suivi les pas de son illustre parent. Mais à l'automne 1941, refusant de prêter le serment de fidélité au maréchal Pétain, il rejoignait la dissidence gaulliste[123].

À cause des difficultés de transport entre l'Europe et l'Amérique, ce n'est que le 15 février 1945 que Hauteclocque prend officiellement charge de ses fonctions[124]. À son départ, la plupart des journaux font l'éloge de Gabriel Bonneau. Dans l'éditorial du *Canada* du 22 février, on peut lire:

> M. Bonneau est au Canada depuis deux ans. Après avoir participé magnifiquement à la libération de la Syrie, il nous arrivait le 1er février 1943 comme envoyé personnel du général de Gaulle. Il connut à ce titre la fortune diplomatique ascendante du général de Gaulle [...] Mais le succès grandissant et le triomphe final de la cause qu'il représentait si admirablement au Canada, à la fois par sa dignité, son intelligence et sa ferveur, n'altérèrent à aucun moment, l'attachante simplicité d'un homme qui incarne en vérité les plus hautes vertus civiques de la Résistance française[125].

---

122. *MAE*, série Amérique 44-52, sous-série Canada, vol. 1. Télégramme du 2 novembre 1944, Bonneau à Bidault.

123. Henri DU MOULIN DE LABARTHÈTE, *Le temps des illusions, souvenirs, juillet 1940 à avril 1942*, Genève, Éditions du Cheval Ailé, 1946, p. 232.

124. *MAE*, série Amérique 44-52, sous-série Canada, vol. 1. Lettre du 26 février 1945, Hauteclocque à Bidault.

125. *MAE*, série Amérique 44-52, sous-série Canada, vol. 1. Éditorial du 22 février 1945 envoyé en annexe à la lettre du 28 février 1945, Hauteclocque à Bidault.

À peine arrivé, Hauteclocque effectue un premier voyage au Québec. Ce premier contact se déroule sans anicroches. À Québec, « j'ai reçu un très cordial accueil auprès de tous, et même auprès de M. Duplessis, dont les premières réactions à l'égard de notre consul général et de plusieurs de nos compatriotes de passage à Québec n'avaient généralement pas été aimables[126] ». À Montréal, Hauteclocque a droit au même accueil chaleureux, tant de la part des autorités politiques que religieuses. Il fait connaissance avec le maire Camillien Houde, tout juste réélu après avoir passé plus de quatre années en détention pour ses positions anti-conscriptionnistes. Mgr Charbonneau reçoit Hauteclocque. Le diplomate est également invité à l'Université de Montréal, « certainement une des plus belles et des mieux conçues dans le monde[127] ». Dans cette institution, longtemps réfractaire aux gaullistes, l'Ambassadeur est accueilli par le recteur, Mgr Maurault, ainsi que par les professeurs et les étudiants, qui lui réservent « un accueil particulièrement chaleureux ».

Mon séjour à Montréal s'est terminé le dimanche 22 avril par une grand-messe pontificale à la Basilique Notre-Dame [...] Des places d'honneur m'avaient été réservées ainsi qu'à ma famille et aux membres de l'Ambassade et du Consulat. Le Curé, au prône, m'a souhaité la bienvenue en termes particulièrement heureux et a exalté l'amour que conservaient les Canadiens français pour leur « mère patrie la France[128] ».

La boucle est bouclée. Dans la basilique de Notre-Dame, Hauteclocque s'assoit au même endroit où, trois ans auparavant, Coursier prenait place en tant que représentant de la France lors des célébrations religieuses entourant le tricentenaire de Montréal. De Gaulle et ses acolytes, de parias qu'ils étaient en 1940, symbolisent enfin la légitimité française.

---

126. *MAE*, série Amérique 44-52, sous-série Canada vol. 1. Lettre du 2 mai 1945, Hauteclocque à Bidault.

127. *Ibid.*

128. *Ibid.*

Conclusion

Le Québec a-t-il été, entre 1940 et 1945, pétainiste ou gaulliste? Nous avons, à travers notre étude de la propagande française au Canada pendant la Deuxième Guerre mondiale, offert l'esquisse d'une réponse à une question qui passionne, aujourd'hui encore, plus d'un féru d'histoire contemporaine.

Il y a plus de 50 ans, cette question hantait les coulisses du pouvoir à Ottawa et motivait les agents français en poste au Canada. C'est à la lecture de cette opinion, lecture souvent divergente, que les fonctionnaires canadiens et français ont parfois ajusté leurs politiques. C'est également dans l'espoir de l'orienter qu'ils ont redoublé d'efforts pour la séduire.

La guerre terminée, la France de nouveau rassemblée sous l'égide républicaine, et Paris et Ottawa unis au sein de la coalition occidentale, l'affaire a cessé d'être d'intérêt public. Elle n'est toutefois pas devenue immédiatement digne d'intérêt historique. Pendant plus de trente ans, le sujet n'a soulevé que très peu d'enthousiasme chez les chercheurs. De rares historiens, on pense à Mason Wade et Robert Rumilly, y ont certes jeté un regard furtif; mais, dans le cas de Wade, pour en minimiser l'importance et, pour Rumilly, pour rajouter du piquant à son histoire polémique du Québec.

On devra attendre la fin des années 1970 avant qu'apparaissent les premières études approfondies sur la question. Et, fait à noter, ce sont les historiens français et canadiens-anglais qui s'emparent alors du sujet. C'est Sylvie Guillaume qui, à l'aide des journaux canadiens-français et dans une étude plus large des sentiments canadiens-français à l'endroit de la France, dresse un premier portrait de l'état de l'opinion pendant la Deuxième Guerre mondiale. Suivront ensuite les travaux de John Hilliker et de Paul Couture qui, bien qu'étudiant les politiques françaises du gouvernement King, évalueront également l'opinion publique. Dans les années 1980 et 1990, trois autres travaux, ceux de Patrick Lambert, Sandrine Romy et Dale Thomson, les deux premiers écrits en France, précisent les couleurs de l'opinion.

Pourquoi voit-on ainsi les historiens français et canadiens-anglais se saisir d'un sujet délaissé par les historiens du Québec ? L'intérêt français découle tout naturellement de ce qui est devenu aujourd'hui une obsession historique : l'attitude de la France pendant la Deuxième Guerre mondiale. Au Canada anglais, la Deuxième Guerre mondiale et la diplomatie canadienne ont également fait l'objet de nombreuses études. Les travaux de Couture, Hilliker et Thomson contribuent avant tout à l'histoire diplomatique canadienne.

Mais comment expliquer le silence des historiens francophones du Québec ? La domination, au cours des dernières décennies, de l'histoire socio-économique explique partiellement cette lacune. Sujet éminemment politique, l'étude de l'opinion canadienne-française ne s'inscrivait pas dans l'analyse des tendances macro-économiques. À cela s'ajoute le peu d'intérêt manifesté par la société québécoise pour la Deuxième Guerre mondiale. L'espace et les compétences nous manquent pour nous pencher plus à fond sur cette question, mais force est de constater qu'un malaise généralisé éloignait de la période les chercheurs.

Puis, soudainement, au début des années 1990, plus de 50 ans après les faits, les historiens québécois s'emparent enfin du sujet. Stéphane Dionne en 1990 et Robert Arcand en 1991 livrent les résultats de leurs travaux sur l'attitude des journaux canadiens-français face à Pétain et à de Gaulle. Viendront ensuite, en 1994, les recherches de Yves Lavertu et de l'Association québécoise d'histoire politique.

Malheureusement, les historiens n'ont, jusqu'à présent, utilisé que les journaux pour prendre le pouls de l'opinion canadienne-française. Nous avons déjà mentionné les qualités et les défauts de tels instruments de mesure. Dans le cas qui nous concerne, à la lecture des journaux, les chercheurs ont souvent hâté la désaffection de l'opinion vis-à-vis du régime de Vichy ; et du même souffle ils ont accéléré la maturation de l'opinion pro-de Gaulle.

D'autre part, les historiens ont rarement pris en compte l'ambiguïté de l'opinion publique canadienne-française qui, tout en appuyant

— du moins au début du régime de Vichy — la Révolution nationale, manifeste clairement son aversion pour la politique de collaboration. Nous n'avons pas la prétention de livrer ici l'étude définitive sur le sujet et de mettre fin au débat. Nous pensons toutefois qu'en prenant en compte, d'une part, les dilemmes de l'opinion et, d'autre part, en utilisant simultanément plusieurs sources, nous arrivons à une lecture plus juste des sentiments canadiens-français. À l'instar de nos prédécesseurs, nous avons certes consulté les imprimés de l'époque. Nous avons parfois fait nôtre leurs conclusions, souvent forts justes. Mais nous les avons utilisés avec d'autres sources : mémoires, sondages, correspondances diplomatiques... Ces instruments permettent de préciser et de nuancer les opinions exprimées à travers les médias écrits.

Après le choc initial de juin 1940, les Canadiens français se consolent à l'annonce de la formation d'un gouvernement français dirigé par le maréchal Pétain. Quelques semaines plus tard, les premières mesures du programme de la Révolution nationale suscitent l'enthousiasme de la droite conservatrice et nationaliste canadienne-française. Seule la frange radicale de l'opinion libérale, représentée par l'hebdomadaire *Le Jour*, condamne dès l'été 1940 le nouveau régime. C'est cette même fraction de l'opinion qui salue l'initiative du général de Gaulle.

L'ensemble de l'opinion s'inquiète toutefois, à l'automne 1940, des orientations que prend la politique étrangère du gouvernement de Vichy. Les Canadiens français condamnent l'esprit de Montoire. Toutefois, on se garde bien de désavouer le maréchal Pétain et son programme de restauration nationale. C'est d'ailleurs avec soulagement que l'opinion apprend, en décembre 1940, la disgrâce de Pierre Laval, principal architecte, à ses yeux, de la collaboration franco-allemande. À l'hiver 1941, à ces nuances près, le régime de Vichy conserve l'essentiel de sa popularité au Canada français.

La visite du commandant d'Argenlieu au printemps 1941 procure au mouvement du général de Gaulle la visibilité qui lui avait jusquelà fait défaut. Quelques semaines plus tard, le nouveau souffle donné à la collaboration par l'amiral Darlan ébranle sérieusement la popularité du régime de Vichy. Fait nouveau, à la fin de l'année 1941, des voix s'élèvent pour condamner certains aspects de la Révolution nationale. La plus célèbre est sans doute celle du cardinal Villeneuve, prélat de l'Église canadienne, qui s'en prend à la politique de la jeunesse et à la Charte du travail du gouvernement Pétain. À l'hiver 1942, le ton de la presse et les rapports rédigés par les représentants français au Canada font état d'une opinion de plus en plus divisée : les libéraux soutiennent les Français libres alors que les clérico-nationalistes, quoique plus discrètement, appuient toujours le régime de Vichy. Le retour de Laval en avril 1942 n'arrange en rien les choses pour l'État français. Toutefois, Pétain conserve toujours la faveur d'une bonne partie de l'opinion. À l'été 1942, un sondage indique que les Canadiens français sont maintenant divisés entre partisans du général de Gaulle et supporters du maréchal Pétain.

Au fil des mois, la politique étrangère du gouvernement Pétain rend de plus en plus ardue la defense du régime. L'attitude du Maréchal en novembre 1942, lors du débarquement anglo-américain en Afrique du Nord, discrédite son gouvernement auprès de l'opinion. Mais Darlan, puis Giraud, récupèrent une partie des anciens partisans du maréchal Pétain. Avec le giraudisme, la Révolution nationale survivra peut-être, en partie du moins, à la libération de la France par les forces alliées.

Ces espoirs sont terriblement déçus. Une fois l'union Giraud-de Gaulle assurée en juin 1943, ce dernier n'a besoin que de quelques mois pour évincer son adversaire, à la grande joie de l'opinion libérale canadienne-française. Les réactions au débarquement en Normandie, à la visite du général de Gaulle au Canada et à la libération de Paris en 1944 confirment la victoire du général de Gaulle sur le pétainisme au Canada français.

Il ne suffit pas d'établir que le Canada français a été, pendant un certain temps, favorable au régime du maréchal Pétain. Tout comme on ne doit pas se satisfaire de savoir que le général de Gaulle a longtemps été ignoré par la population francophone du Canada. Encore faut-il expliquer les humeurs de l'opinion.

On doit d'emblée revenir sur un aspect crucial : le pétainisme canadien-français exclut la collaboration. Mis à part une fraction infime de l'opinion, le Canada français condamne le nazisme et juge sévèrement la politique étrangère vichyste. À la formule de Marc Ferro qui, parlant du Canada français, faisait référence au « pétainisme sans occupation », il serait donc à propos d'ajouter « sans collaboration ». D'autre part, cette aversion pour la collaboration ne fait pas ombrage à la Révolution nationale. Le maréchal Pétain n'ayant jamais incarné, aux yeux de l'opinion canadienne-française, la collaboration — laissant à Pierre Laval ce rôle odieux —, on parvient aisément à séparer ces deux aspects de la politique de Vichy.

La puissance idéologique de l'Église catholique au Canada avait préparé le terrain à la Révolution nationale. Pour plus d'un Canadien français, la France de Vichy représentait le triomphe de la vraie France, la France catholique qui allait redonner à l'ex-mère patrie sa splendeur passée que plus de cent cinquante ans de républicanisme et de laïcisme avaient lourdement entachée. La Révolution nationale, avec sa devise «Famille - Travail - Patrie», semblait tout indiquée pour purifier la société française des doctrines cosmopolites et individualistes.

Comme partout ailleurs dans le monde catholique, les intellectuels canadiens-français cherchaient depuis le début du siècle des moyens pour maîtriser les bouleversements socio-économiques qui menaçaient le pouvoir de l'Église. Cette quête d'une troisième voie, entre l'individualisme du capitalisme et le collectivisme athée du socialisme, s'accéléra au cours des années 1930. Pour les catholiques, le corporatisme semblait la solution idéale. Et voilà que la France, sous la gouverne du maréchal Pétain, tentait l'expérience. Dans ces circonstances, le programme socio-économique du nouveau régime ne pouvait que plaire aux clérico-nationalistes du Canada français.

Et d'ailleurs, pourquoi auraient-ils condamné d'entrée de jeu un régime officiellement reconnu par leur propre gouvernement jusqu'en novembre 1942? Ironiquement, la politique du gouvernement King à l'endroit du nouvel État français, politique elle-même partiellement tributaire de l'opinion canadienne-française, renforçait les sympathies initiales des Canadiens français. Les diplomates de Vichy en poste au Canada allaient habilement entretenir ces sentiments.

En France, on s'entend pour dire que l'opinion commence à déserter massivement le régime de Vichy à partir de l'année 1941. Au Canada, on doit attendre au début de l'année 1942 pour constater le même désenchantement. C'est qu'au Canada, contrairement à la France, la Révolution nationale demeure une abstraction, un concept que l'on ne vit pas au quotidien. On ne connaît pas le rationnement et la répression de plus en plus marquée pratiquée à la fois par les autorités d'occupation et par la police française. En bout de piste, ce n'est pas la Révolution nationale qui éloignera finalement les Canadiens français de Vichy, mais une politique de collaboration poussée à ses extrêmes par Pétain et Laval.

Les succès du général Giraud auprès d'une partie de l'opinion témoignent d'ailleurs de la persistance des sympathies canadiennes-françaises à l'endroit de la Révolution nationale. Qu'est-ce que le giraudisme, si ce n'est la Révolution nationale sans la collaboration ? Ce pétainisme bon teint n'avait-il pas tout ce qu'il fallait pour charmer les plus fidèles partisans du maréchal Pétain au Canada ?

Autant Vichy possédait plusieurs cartes maîtresses en 1940, autant les chances de succès de la France libre paraissaient minces. Comment prendre au sérieux, à l'été 1940, le petit mouvement dirigé par un simple général de brigade inconnu du grand public ? À l'époque, l'Empire britannique peinait à contenir les armées du Reich. Qui pouvait espérer une libération prochaine du territoire français ? De plus, le gouvernement légitimement reconnu de la France condamnait la France libre. Pourquoi les Canadiens français auraient-ils appuyé une cause quasi désespérée ?

Avant que l'on connaisse la personnalité et les objectifs du général de Gaulle, nombreux ont été ceux qui ne voyaient dans la France libre qu'un simple appendice militaire français à l'armée britannique. Pour les nationalistes canadiens-français de l'époque, souvent anglophobes, la simple présence en Angleterre des Français libres pouvait paraître suspecte. Les tensions, toujours plus perceptibles, entre Londres et Vichy n'arrangèrent en rien la situation.

Au fil des mois, par ses exploits en Afrique et ailleurs, la France libre se fait graduellement connaître. Le message du général de Gaulle gagne ainsi en crédibilité. Mais, alors que les médias canadiens-français s'intéressent de plus en plus aux Français qui se battent sous la Croix de Lorraine, les problèmes organisationnels du mouvement gaulliste au Canada freinent sa croissance. Alors que le régime de Vichy peut compter sur la présence au Canada de diplomates professionnels, la France libre doit se contenter de la bonne volonté de Français résidant au Canada pour mettre sur pied un corps représentatif. Inexpérimentés, les premiers gaullistes font face à une communauté française réticente à appuyer une aventure aussi téméraire.

Les Français du Canada n'ont pas encore rallié le général de Gaulle que déjà les Français libres s'entre-déchirent. Il y a tout d'abord les conflits opposant entre eux les notables français de Montréal pour le leadership du mouvement. Ces tensions ne sont pas encore résorbées que surgissent des divisions encore plus graves entre les représentants du général de Gaulle au Canada et les comités locaux de Français libres ; les premiers veulent prendre le contrôle effectif du mouvement alors que les seconds ne partagent pas nécessairement l'orientation politique donnée au mouvement. En 1942, pendant que Vichy s'enlise dans la collaboration et que la France libre ne cesse de gagner de la crédibilité aux yeux des Canadiens français, une autre lutte fratricide paralyse ses activités au Canada. Cette fois-ci, ce sont les pionniers du mouvement qui, craignant d'être doublés par les « ouvriers de la onzième heure », mettent les bâtons dans les roues.

Mais, ralentie dans sa progression, la popularité de la France libre au Canada français s'accroît néanmoins. Après voir rallié la frange militante du courant libéral, le mouvement gagne ensuite l'adhésion de l'ensemble du milieu libéral. Au cours de l'année 1943, le général de Gaulle progresse même au sein de l'opinion clérico-nationaliste. Résultat : à l'été 1944, à l'heure de la libération de la France, le gouvernement provisoire dirigé par de Gaulle suscite l'enthousiasme des Canadiens français.

Alors que les troupes alliées poussent les restes des armées du Reich dans leurs derniers retranchements et que la France, sous le commandement du général de Gaulle, participe aux opérations et prend enfin sa revanche de l'humiliante défaite de 1940, le Canada français dans son ensemble a-t-il enfin fait la paix avec son ancienne mère patrie ? L'accueil réservé au général de Gaulle en juillet 1944 et la déférence dont font preuve les autorités canadiennes-françaises vis-à-vis de l'ambassadeur Hauteclocque présagent-ils d'heureuses choses pour les futurs rapports entre la société canadienne-française et la France du XXe siècle ?

Pour l'opinion libérale canadienne-française, le triomphe du général de Gaulle signifie également la victoire des valeurs politiques qu'elle partageait avec les Français libres : démocratie et liberté. Pour les Harvey, Turcotte et Gagnon, il est plus à propos de parler de « réappropriation » de la France moderne que de réconciliation.

Qu'en est-il du clérico-nationalisme ? A-t-il fait la paix avec la véritable France ? Non pas avec celle fantasmée par une partie de l'élite qui, à l'instar de son pendant en France, rêve d'un improbable retour aux valeurs prérévolutionnaires, mais avec celle du XXe siècle, moderne et industrielle ? Ce Canada français est-il prêt à se projeter, avec la France, vers l'avenir, et non pas à s'enfermer dans le passé ?

Le Québec de 1945 n'est pas encore celui de la Révolution tranquille. Nombreux sont ceux qui rêvent encore de bâtir un Canada français catholique et corporatiste. Les propos du général de Gaulle lors de sa visite au Canada avaient peut-être apaisé leurs craintes de voir

surgir, sur les cendres du gouvernement de Vichy, un régime sociali-
sant ou, pire encore, communiste. Mais la méfiance que cultive une
partie des élites canadiennes-françaises envers la France républicaine
et laïque demeure. C'était du moins le constat que dressait Gabriel
Bonneau, en août 1944, quelques semaines après la visite du Général
au Canada :

> Cette inquiétude est essentiellement de nature politique. L'idéal
> unique des milieux réactionnaires du Canada français est de main-
> tenir entre le Canada et la France contemporaine un barrage aussi
> étanche que possible partout où la pensée française leur paraît
> risquer d'accéder à une évolution cependant inévitable[1].

La victoire du général de Gaulle n'a d'ailleurs pas totalement dis-
sipé chez certains le désir d'en découdre avec cette France laïque et
républicaine que l'on refuse toujours d'accepter. L'épuration en France
allait être l'occasion de reprendre la lutte entre gaullistes et pétainistes.

Les réactions de la presse canadienne-française au jugement et à
l'exécution de Pierre Pucheu en mars 1944 avaient déjà donné un
avant-goût du débat à venir : les médias libéraux approuvant la décision prise par le CFLN, les médias cléricaux s'en désolant.

Les combats n'ont pas cessé en Europe que déjà le Gouvernement
provisoire français juge les cas flagrants de collaboration avec l'occupant allemand[2]. L'épuration frappe l'entourage du maréchal Pétain
et une partie de l'élite intellectuelle de droite qui s'est compromise
avec les Allemands et Vichy. Les milieux clérico-nationalistes s'offus-
quent devant ce qu'ils considèrent, dans certains cas, comme de
véritables actes d'injustice. En février 1945, Roger Duhamel, au nom
de la Société Saint-Jean-Baptiste de Montréal, fait publier dans les
journaux la résolution suivante :

---

1. *MAE*, série guerre 39-45, sous-série Alger, vol. 1246. Télégramme du 13 août
1944, de Bonneau à Massigli.
2. Sur l'épuration, voir Fred KUPFERMAN, *Le procès de Vichy : Pucheu, Pétain,
Laval* ; Pierre ASSOULINE, *L'épuration des intellectuels*, Bruxelles, Éditions Complexe,
1985 ; Peter NOVICK, *L'épuration française, 1944-1949*, Paris, Balland, 1985. Le
procès Papon — ancien fonctionnaire de Vichy qui aurait prêté son concours à la
solution finale nazie et qui est parvenu, après la guerre, à poursuivre une brillante
carrière administrative et politique sans être sérieusement inquiété —, à l'automne
1997, montre à quel point l'épuration a été loin d'être aussi implacable que certains
ont bien voulu le faire croire.

La Société Saint-Jean-Baptiste de Montréal croit exprimer le sentiment des Canadiens français en transmettant au représentant du gouvernement français à Ottawa l'expression de leurs très vifs regrets, pour ne pas dire de leur indignation, devant les événements qui se déroulent actuellement en France.

Au moment où ce pays a besoin de toutes ses énergies, de tous ses fils comme de tous ses amis pour assurer sa restauration, des procès, des condamnations et des exécutions qui atteignent brutalement une partie de l'élite française aggravent les divisions de la France et attristent chez nous ses meilleurs amis, ses amis de toujours. Nous comprenons mal que des procès d'opinion aboutissent à la peine capitale et non pas au bannissement ou à la perte des droits civils, comme il est d'usage dans tous les pays.

Nous avons nettement l'impression que ces diverses démonstrations d'arbitraire ne sont pas inspirées par des Français et ne servent par les meilleurs intérêts de la France.

Les condamnés sont accusés d'avoir collaboré avec les vainqueurs après un armistice légalement signé. Ce fut peut-être une erreur, mais est-ce un crime ? N'est-ce pas exactement ce que font à l'heure actuelle en faveur des alliés, les Hongrois, les Roumains, les Italiens et d'autres peuples récemment libérés ? N'est-ce pas précisément ce que les chefs du peuple canadien-français, y compris les chefs religieux, nous ont ordonné de faire au lendemain de la cession de notre pays ?

Par amour de la France que nous voulons toujours grande, prospère et généreuse, nous élevons notre voix pour marquer notre désapprobation en face de persécutions dont l'appareil judiciaire n'est qu'un vain camouflage[3].

La sortie publique de la Société Saint-Jean-Baptiste provoque l'indignation de plusieurs Canadiens français. Au sein même de la SSJBM de Montréal, certains se désolidarisent de la résolution du 20 février :

---

3. *MAE*, série Amérique 1944-52, sous-série Canada, vol. 43. Copie de l'extrait du procès-verbal du Conseil général de la SSJM de Montréal du 20 février 1945, envoyée avec la lettre n° 55 du 5 avril 1945, de Hauteclocque à Bidault. La SSJB de Québec vota une proposition similaire qui fut également expédiée à Hauteclocque. Le fonds de la SSJBM déposé aux Archives nationales du Québec à Montréal renferme également quelques documents sur cet épisode. Voir *ANQ*, fonds Société Saint-Jean-Baptiste, cote 06-M.P. 82-299, correspondance, France 1945.

N'est-ce pas une singulière façon de souhaiter la bienvenue en notre pays à un personnage de si haute venue que l'ambassadeur de la France, car c'est je crois une première communication de notre Société à M. de Hautecloque [...] À quel titre nous mêlons-nous donc des affaires de la France [...]

Et cette élite à laquelle fait allusion la protestation, est-elle la vraie élite de la France? Je préfère à Maurras, Pujo, Brasillach, Béraud et Carbuccia les Jacques Maritain, les François Mauriac, les Paul Claudel, les Bernanos, les Saint-Exupéry... et les autres qui en exilés, ont tenu bien haut dans le monde la flamme intellectuelle de leur pays[4].

Et des personnalités canadiennes-françaises écrivent à Hauteclocque pour marquer leur désaccord avec la position prise par la SSJBM :

Seule, la France est juge des mesures de justice et d'hygiène sociale à prendre à l'égard des hommes de Vichy et de ceux qui ont pactisé avec l'ennemi. Ayant fait la séparation entre les résistants — fils de Jeanne d'Arc — libérant le sol sacré de la patrie, et les collaborationnistes — fils d'Isabeau de Bavière —, sacrifiant leur pays au barbare envahisseur, la France reprendra dans une atmosphère purifiée, sa marche vers les sommets d'une civilisation chrétienne en harmonie avec l'âme des hommes et des femmes de la Résistance nationale[5].

Les commentateurs canadiens-français fourbissent leurs armes en vue du procès que tout le monde attend : celui du maréchal Pétain[6]. Avant même que les audiences ne débutent, *Le Devoir* entame la défense de l'accusé :

Nous avons mentionné hier ces deux arguments que Vichy a empêché les Allemands de prendre la flotte française et d'occuper l'Afrique du Nord. Ce régime tant vilipendé a en effet dans son

---

4. ANQ, fonds SSJBM, 06-M.P. 82-299, correspondance, France 1945. Lettre du 27 février 1945, de Gérard Lavoie à Duhamel.

5. *MAE*, série Amérique 1944-52, sous-série Canada, vol. 43. Copie d'une lettre du 10 mars 1945 adressée à Hauteclocque et signée Thibaubeau Rinfret, Gustave Lanctôt, Robert Taschereau, Pierre-A. Deviault, Louis-Philippe Gagnon, Fulgence Charpentier, envoyée avec la lettre n° 55 du 5 avril 1945, de Hauteclocque à Bidault.

6. Pour une étude détaillée des réactions canadiennes-françaises au procès, voir Lise QUIRION, « Le procès du maréchal Pétain dans la presse québécoise d'expression française (juillet et août 1945) », mémoire de maîtrise, Université du Québec à Montréal, 1998.

extrême faiblesse assuré aux Alliés le facteur dont ils avaient le plus besoin : du temps[7].

Une fois le procès ouvert, *Le Devoir* et *L'Action catholique* s'appliquent à réfuter les deux principaux chefs d'accusation portés contre Pétain : *(1)* avoir comploté contre la sécurité de la France ; *(2)* avoir pactisé avec l'ennemi[8]. Dans son éditorial du 25 juillet, *L'Action catholique* remet en cause tout le processus :

Rien n'est plus disgracieux ni plus ridicule que le procès du maréchal Pétain. Cela ressemble à du mélodrame. Les ennemis et les diffamateurs de la France ont beau faire les gorges chaudes. Jusqu'ici, deux points retiennent principalement l'attention : la partialité du tribunal et le manque de sérieux des premiers témoins notamment Reynaud et Daladier. Il n'y a pas à hésiter pour affirmer la partialité du tribunal et des jurés[9].

La presse catholique et nationaliste accueille avec consternation la condamnation à mort rendue le 15 août[10]. Les plus ardents défenseurs du Maréchal font pression sur le gouvernement français pour qu'il renverse la décision. C'est le cas de la Ligue d'Action nationale, comme en fait foi la lettre que son président, Anatole Vanier, envoie au maréchal Pétain :

Monsieur le Maréchal,

Les Canadiens de langue française sont authentiquement français par le sang, la langue et la culture. Amis de tous les Français et de tous les régimes en France, ils ont été très généralement pendant la guerre, et le sont demeurés depuis, des admirateurs de votre personne. Ils disent couramment : le héros de Vichy n'a-t-il pas été plus grand encore que le héros de Verdun ? Ce sera sans doute pour vous un réconfort que de le savoir.

C'est dans cette pensée que je prends l'initiative de vous dire aussi qu'il existe à New York un groupement qui se nomme « American Committee to free Pétain » et que ce comité a profité

---

7. *Le Devoir*, 25 avril 1945. Cité dans DIONNE, *La presse écrite canadienne-française et de Gaulle*, p. 120.

8. DIONNE, *La presse écrite canadienne-française et de Gaulle*, p. 121.

9. *L'Action catholique*, 25 juillet 1945. Cité dans DIONNE, *La presse écrite canadienne-française et de Gaulle*, p. 121.

10. DIONNE, *La presse écrite canadienne-française et de Gaulle*, p. 122-123.

du passage du général de Gaulle aux États-Unis pour lui adresser une vibrante requête, qui a paru dans le « Star » de Washington et dans le « Daily News » de New York.

Les Canadiens de langue française appellent eux aussi votre complète libération. La Ligue d'Action nationale, dont je suis le président, vient de voter une résolution demandant, de son côté au général de Gaulle[11], de passage au Canada, l'union et l'amnistie dont la France a tant besoin pour sa liberté intérieure, pour son prestige et sa force extérieure.

Veuillez agréer, Monsieur le Maréchal, l'expression des sentiments très sympathiques dont je suis heureux de me faire l'interprète[12].

Les admirateurs canadiens-français du maréchal Pétain reprendront, quelques années plus tard, la défense de sa mémoire à l'occasion de la désormais célèbre « Affaire de Bernonville[13] ». Au-delà du groupe d'irréductibles maréchalistes mené par Rumilly et qui organise la défense des « réfugiés politiques » français, une partie de la presse catholique reprendra, dans un baroud d'honneur, les thèmes qu'elle avait défendus entre 1940 et 1945.

Mais ces derniers zélateurs du maréchal Pétain livrent un combat d'arrière-garde. La réalité socio-économique du Québec les rattrape et rend illusoire le Canada français dont ils rêvent. Certes, une partie du clergé et de l'élite canadienne-française essaie, du mieux qu'il le peut, de freiner le processus, mais c'est peine perdue...

À l'instar du monde occidental, le Québec des années d'après-guerre connaît une croissance économique phénoménale. Le plein emploi est atteint, l'inflation contrôlée et les revenus augmentent de façon importante.

L'accès à un travail régulier, l'augmentation des salaires et les versements des nouveaux programmes sociaux (assurance-chômage, allocations familiales et pensions de vieillesse plus généreuses) per-

---

11. À la fin de l'été 1945, le général de Gaulle, en visite aux États-Unis, s'arrêtera effectivement à Ottawa quelques heures pour s'entretenir avec les autorités canadiennes. Lors de ce passage, de Gaulle ne vint pas au Québec.

12. CRLG, fonds Anatole-Vanier, P29/K, 661. Lettre du 29 août 1945, d'Anatole Vanier à Pétain.

13. Nous renvoyons encore une fois le lecteur à l'ouvrage de LAVERTU, *L'affaire Bernonville*.

mettent à la majorité des Québécois d'entrer dans la société de consommation et d'avoir accès au confort moderne[14].

Bien sûr, la discrimination dont sont victimes les Canadiens français freine toujours leur essor social dans une économie encore largement dominée par la minorité anglo-saxonne. Mais « [l]a prospérité d'après-guerre favorise le développement d'une classe moyenne dont les aspirations expriment un net désir de modernisation et d'ascension sociale[15] ». Face à un capital anglais et à une administration provinciale duplessiste, une nouvelle classe moyenne prépare la révolte. Acoquiné à Duplessis, le nationalisme traditionnel se discrédite peu à peu :

> En somme, si sa récupération par le pouvoir duplessiste donne au nationalisme traditionaliste une influence décisive dans la vie publique, elle tend par ailleurs à le dépouiller de sa vitalité et à le transformer en un discours autoritaire et fermé à toute discussion[16].

Dans les années qui précèdent la Révolution tranquille, stimulée par la guerre, l'élite intellectuelle du Québec poursuit la réflexion socio-économique entamée durant les années 1930.

Alors que, malgré la défaite de 1944 et les revers électoraux successifs devant l'Union nationale, le Parti libéral provincial porte toujours le flambeau du libéralisme politique[17], d'autres voix s'élèvent pour critiquer le clérico-nationalisme. Cette tentative de remise en question des anciens dogmes s'opère parfois au sein même des milieux catholiques. On pense en particulier à l'École des sciences sociales de l'Université Laval, devenue en 1942 la Faculté des sciences sociales. D'autre part, des jeunes qui se réclament d'Emmanuel Mounier et de Jacques Maritain lancent une revue, *Cité libre*, qui devient rapidement un des principaux pôles de contestation du duplessisme[18].

---

14. Linteau, Durocher, Robert, Ricard, *Histoire du Québec contemporain*, tome II, p. 188.
15. *Ibid.*, p. 190.
16. *Ibid.*, p. 325.
17. Voir Paule Duchesneau, « L'idéologie du Parti libéral du Québec, 1940-1975 », *in* Dumont, Hamelin, Montminy, *Idéologies au Canada français, 1940-1976*, tome III, Québec, Presses de l'Université Laval, 1981, p. 185-211.
18. Michael D. Behiels, *Prelude to Quebec's Quiet Revolution*, Montréal et Kingston, McGill-Queen's University Press, 1985.

Pendant ce temps, la nouvelle équipe éditoriale du *Devoir* (Gérard Filion, André Laurendeau) et certains anciens membres du Bloc populaire jettent les bases d'un nouveau nationalisme qui tourne le dos à la pensée nationale traditionnelle, maintenant retranchée derrière le pouvoir de Maurice Duplessis[19]. C'est un nationalisme qui prend enfin en compte la réalité sociologique du Québec. Il n'est plus question de revenir en arrière, d'idéaliser la vie rurale, mais de faire en sorte que les Canadiens français s'affirment et prospèrent dans un monde urbain et industriel. Le processus de modernisation du nationalisme passe également par sa laïcisation, par l'affirmation de son autonomie par rapport à l'Église catholique. À terme, le néo-nationalisme veut remplacer le terme Canadien français, jugé trop étroit, par Québécois.

Ces bouleversements socio-économiques et idéologiques se produisent alors même que les contacts entre la France et le Québec augmentent. Radio-Canada ouvre un bureau à Paris et les voyages d'études en France se multiplient. L'idée que se font les Canadiens français de la France est de plus en plus conforme à la réalité. Et ce reflet de la France les choque moins puisqu'ils peuvent, en partie du moins, s'y reconnaître de plus en plus. Pour la génération montante, la France du XXe siècle devient, mais elle n'est pas le seul, un pôle d'attraction.

---

19. Jean-François NADEAU, « André Laurendeau et Jacques Perrault, deux anti-duplessistes », in Robert COMEAU et Luc DESROCHER (dir.), Le Devoir. *Un journal indépendant (1910-1995)*, Sainte-Foy, Presses de l'Université du Québec, 1996 ; BEHIELS, *Prelude to Quebec's Quiet Revolution*.

Remerciements

Je voudrais tout d'abord exprimer ma gratitude à M. John Hellman de l'Université McGill pour m'avoir suggéré le sujet du présent ouvrage, pour ses commentaires judicieux et pour son enthousiasme et sa passion contagieux. Je voudrais aussi souligner l'assistance du personnel du département d'histoire de l'Université McGill. J'adresse des remerciements particuliers au regretté Robert Vogel, à Faith Wallis, à John Zucchi, à Mary McDaid et à Georgii Mikula.

Je tiens à remercier les professeurs Robert Frank et Henri Rousso, qui m'ont permis d'utiliser les services de l'Institut d'histoire du temps présent à Paris, ainsi qu'à son bibliothécaire, Jean Astruc, qui m'a été d'une précieuse collaboration. Je n'ai que de bons souvenirs du personnel des Archives du ministère des Affaires étrangères de France, des Archives nationales à Paris, des Archives de l'Armée de terre et de la Marine à Vincennes, des Archives publiques du Canada, des Archives nationales du Québec, de l'Université de Montréal et du Centre Lionel-Groulx.

Merci également à Henri Marchal et Michel Bonneau qui m'ont ouvert leurs archives familiales. Je désire témoigner ma gratitude à Élisabeth de Miribel, Nelita McNulty et Georges-Henri Lévesque, qui ont gentiment accepté de partager avec moi leurs souvenirs. Au cours des quatre dernières années, j'ai eu l'occasion de discuter avec plusieurs personnes du présent ouvrage et ces discussions ont toujours été stimulantes et utiles. Je pense entre autres aux professeurs Robert Comeau et Yvan Lamonde, à Susan Dalton, Esther Delisle, Jean Gould, Michel Goyer, Dimitri Karmis, Jacques Le Normand Jr, Cécile Lohézic-Charpentier, André Malavoy, Michel Pasquin, Philippe

Prévost... Aline Francœur, François Poisson et Christian Braën ont révisé le manuscrit. Aline Francœur a également traduit les passages nécessaires.

Je voudrais aussi exprimer ma profonde reconnaissance au Conseil de recherches en sciences humaines du Canada, au Fonds pour la formation de chercheurs et l'aide à la recherche et à l'Université McGill pour l'assistance financière qu'ils m'ont accordée. Cette aide m'a permis de consacrer le meilleur de moi-même à la recherche et à la rédaction de ce livre.

Enfin, je suis reconnaissant aux membres de ma famille, qui n'ont cessé de m'appuyer, à Mimi Nevers, Bini Bhavan et Jules Beaugarçan pour leur soutien indéfectible et à ma conjointe, Chantal Thériault, qui a toujours été là aux bons moments.

Chronologie

17 juin **1940**	Le maréchal Pétain, dernier président du Conseil de la Troisième République
18 juin	Appel du général de Gaulle aux Français
22 juin	Signature de l'armistice franco-allemand à Rethondes
28 juin	Churchill reconnaît de Gaulle chef de tous les Français libres
juillet	Docteur Vignal, premier représentant du général de Gaulle au Canada; à Québec, Marthe Simard met sur pied un comité de Français libres
1ᵉʳ juillet	Le gouvernement Pétain à Vichy; le personnel diplomatique français au Canada reste fidèle au nouveau régime: René Ristelhueber, ministre à Ottawa; Henri Coursier, consul à Montréal
10 juillet	À Vichy, l'Assemblée nationale accorde au maréchal Pétain les pleins pouvoirs
août	Élisabeth de Miribel arrive au Canada
1ᵉʳ août	Appel du général de Gaulle aux Canadiens français
23-25 sept.	Échec britannique et gaulliste à Dakar
24 octobre	Rencontre Hitler-Pétain à Montoire
décembre	Première mission Dupuy à Vichy
13 décembre	Renvoi de Laval
10 février **1941**	Darlan, nouvel homme fort à Vichy
mars-avril	Visite du commandant d'Argenlieu au Canada
mai	Colonel Jacques-Émile Martin-Prével (Pierrené), nouveau représentant du général de Gaulle au Canada
27-28 mai	Protocoles de Paris
été	Élisabeth de Miribel et Gladys Arnold mettent sur pied le Service d'information de la France libre
22 juin	Invasion allemande en URSS
24 septembre	Création du Comité national français
octobre	Ricard, consul vichyste à Québec
7 octobre	Ouverture d'une «Maison France libre» à Ottawa
18 novembre	Démission de Weygand
7 décembre	Pearl Harbor, entrée en guerre des Américains

21 décembre	Message du cardinal Villeneuve aux Français
24 décembre	L'amiral Muselier et les Forces navales françaises libres à Saint-Pierre-et-Miquelon
avril **1942**	Ricard expulsé du Canada
17 avril	Retour de Laval au pouvoir
27 avril	Plébiscite sur la conscription pour service outre-mer
mai	Fermeture des consultats français au Canada
été	80 comités et sous-comitiés de Français libres au Canada
14 juillet	La France libre devient la France combattante
19 août	Échec du raid anglo-canadien à Dieppe
8 novembre	Débarquement anglo-américain en Afrique du Nord
9 novembre	Le Canada ne reconnaît plus le gouvernement de Vichy; fermeture de la légation vichyste au Canada
13 novembre	Darlan prend le pouvoir en Afrique du Nord; l'ancien corps diplomatique vichyste au Canada se rallie à Darlan, puis à Giraud
25 décembre	Darlan assassiné, Giraud devient le nouvel homme fort en Afrique du Nord
2 février **1943**	Gabriel Bonneau, nouveau représentant de la France combattante
3 juin	Création à Alger du Comité français de libération nationale
15 et 16 juillet	Giraud au Canada
août	Élisabeth de Miribel quitte le Canada pour Alger
26 août	Après la conférence de Québec, reconnaissance alliée du CFLN
6-9 novembre	Réoganisation du CFLN, de Gaulle reste seul président
3 juin **1944**	Le CFLN devient le gouvernement provisoire de la République française (GPRF)
6 juin	Débarquement allié en Normandie
11 et 12 juillet	De Gaulle au Canada
24-25 août	Libération de Paris
23 octobre	Les Alliés reconnaissent officiellement le GPRF
8 mai **1945**	Fin des combats en Europe
23 juillet	Début du procès Pétain

Sigles et abréviations

Sources littéraires et d'archives

AA   Archives de l'Armée de terre, Vincennes
AM   Archives de la Marine, Vincennes
AN   Archives nationales, Paris
ANQ   Archives nationales du Québec, Montréal
AP   Archives privées
APC   Archives publiques du Canada, Ottawa
AUdeM   Archives de l'Université de Montréal
CRLG   Archives du Centre de recherche Lionel-Groulx, Outremont
DREC   Documents relatifs aux relations extérieures du Canada
MAE   Archives du ministère des Affaires étrangères, Paris

Territoires, unités, organismes et services

AMGOT   Allied Military Government for Occupied Territories
BBC   British Broadcasting Corporation
BUP   British United Press
CCF   Cooperative Commonwealth Federation
CFLN   Comité français de libération nationale
CNF   Comité national français
FFL   Forces françaises libres
FNFL   Forces navales françaises libres
GPRF   Gouvernement provisoire de la République française
GRC   Gendarmerie royale du Canada
IFC   Information France combattante
IFL   Information France libre
PC   Presse canadienne
RAF   Royal Air Force
SOE   Special Operations Executive
SSJBM   Société Saint-Jean-Baptiste de Montréal
URSS   Union des Républiques socialistes soviétiques

Bibliographie

Archives

Archives du ministère des Affaires étrangères (Paris)

Série guerre 1939-1945, Vichy
Sous-série Amérique: vol. 1, 2, 3, 4, 5, 6, 7, 8, 9, 10, 11, 12, 31, 35,
167, 168, 169, 171, 173, 180, 183, 184, 185; sous-série Europe: vol.
292, 329, 672; sous-série International: vol. 288, 289, 290, 293, 295,
296, 301; sous-série État français: vol. 1, 2, 3, 4, 129, 140, 172, 270,
271, 273, 274; sous-série Service des Œuvres: vol. 2, 65, 82, 95, 108.
Série guerre 1939-1945, Londres
Vol. 11, 30, 118, 120, 121, 134, 135, 136, 198, 199, 200, 212, 214,
305, 306, 307, 308, 309, 310, 311, 381, 382, 383, 384, 386, 387,
388, 389, 390, 391, 449.
Série guerre 1939-1945, Alger, CFLN et GPRF
Vol. 646, 647, 738, 750, 755, 770, 1215, 1246, 1615, 1617.
Série Amérique, 1944 à 1952
Sous-série Canada 1944 à 1952: vol. 1, 3, 43, 63, 64, 71.
Papiers 1940
Papiers Baudouin: vol. 2, 4, 13; papiers Charles-Roux: vol. 8; papiers
d'études Chauvel: vol. 5, 24; papiers Lacoste: vol. 87.

Archives nationales (Paris)

Secrétariat général du gouvernement. France libre et GPRF
Cotes F60/1725, F60/1726, F60/1733, F60/179.
État français, 1940-1944
Cote 2AG443.
Ministère de l'Information
Cote F41, vol. 96.
Comité d'histoire de la Deuxième Guerre mondiale
Cote 72A223.
Fonds René Cassin
Cotes 382 AP/31, 383 AP/64.

Archives de la Marine (Vincennes)

Forces navales de la France libre
Cotes TTC1, TTC2, TTC11, TTC15, TTC45, TTC49, TTD800,
TTD996.

Archives de l'Armée de terre (Vincennes)

Cote 4P28.

Archives publiques du Canada, Ottawa

Affaires extérieures (RG 25)
    Série A-2, papiers du sous-secrétaire d'État aux Affaires extérieures; vol. 778 (dossier 375), 800 (dossier 536); série A-3, registre central: vol. 2938 (dossier 2984-40, 2984-40C), 2792 (dossiers 712-B-40, 712-C-40 partie 2), 2793 (dossiers 712-C-40 partie 3, 712-C-40 partie 4, 712-D-40), 2910 (dossier 2434-40C), 2914 (dossier 2532-40), 2931 (dossier 2861-40), 2957 (dossier 3166-C-40C), 3011 (dossiers 3618-A-40C, 3618-C-40C), 3017 (dossier 3712-40C), 3119 (dossier 4587-B-40C), 3120 (dossier 4600-J-40C).
Archives privées
    Papiers King (MG 26): Correspondance générale (J 1), vol. 302, 312, 316, 317, 320, 334, 343, 344, 346; Mémoires et notes (J 4), vol. 241, 275, 3829; papiers Louis Saint-Laurent (MG 26 L): vol. 3, 4; papiers Ernest Lapointe (MG 27 III B 10): vol. 13, 14, 24.
Bureau du Conseil Privé (RG 2)
    Série C-2, section censure: vol. 5969, 5971, 5974.
Services nationaux de guerre (RG 44)
    Série dossiers ministre: vol. 3.

Archives nationales du Québec (Montréal)

Fonds Société Saint-Jean-Baptiste
    Cote 06-M, P82-299.

Archives de l'Université de Montréal

Fonds Olivier Maurault (P7)
Fonds de l'Institut scientifique franco-canadien (P12)

Centre de recherche Lionel-Groulx

Fonds Lionel Groulx (P1)
Fonds familles Laurendeau Perrault (P2)
Fonds Georges Pelletier (P5)
Fonds Anatole Vanier (P29)

Archives privées

Archives Michel Bonneau
Archives Henri Marchal

Entretiens

Michel Bonneau, mars 1995
Jacques Le Normand Jr, janvier 1999
Père Georges-Henri Lévesque, mai 1996
Henri Marchal, avril 1995
Nellita McNulty, avril 1995
Élisabeth de Miribel, janvier 1995
Michel Pasquin, janvier 1999

Périodiques et imprimés

L'Action catholique
L'Action nationale
L'Actualité
Le Bloc
La Boussole
Le Canada
Le Carabin
Le Devoir
Le Droit
La Droite
L'École sociale populaire
L'Événement journal
Le Jour
Montréal Matin
L'Œil
L'Œuvre des Tracts
La Patrie
Le Quartier Latin
Le Soleil
Le Temps
La Terre de Chez-Nous
L'Union

Thèses, mémoires et recherches non publiés

AGLION, Raoul, « Les ennemis du général de Gaulle aux États-Unis », texte présenté lors des *Journées internationales De Gaulle en son siècle*, organisées entre le 19 et le 24 novembre 1990 à l'UNESCO par l'Institut Charles-de-Gaulle.

ARRIAGA, Gonzalo, « Idéologie et praxis : Robert Rumilly : intellectuel engagé du Canada français, 1934-1969 », mémoire de maîtrise (histoire), Université du Québec à Montréal, 1994.

CHANDLER, William M., «De Gaulle, le Canada et la guerre», texte présenté lors des Journées internationales *De Gaulle et son siècle*, organisées à l'UNESCO entre le 19 et le 24 novembre 1990 par l'Institut Charles-de-Gaulle. Ce texte est aussi publié dans *Espoir*, n° 72, septembre 1990, p. 68 à 78.

CHARPENTIER, Marc, « Columns on the March: Montreal Newspapers Interpret the Spanish Civil War, 1936-1939», mémoire de maîtrise (histoire), Université McGill, 1992.

COUTURE, Paul, « Politics of Diplomacy: The Crisis of Canada-France Relations », thèse de doctorat (histoire), Université de York, 1981.

DIONNE, Stéphane, «La presse écrite canadienne-française et de Gaulle de 1940 à 1946», mémoire de maîtrise (science politique), Université de Montréal, 1990.

GAZET, Michelle, « L'Assemblée consultative provisoire, Alger 3 novembre 1943 – 25 juillet 1944», thèse de doctorat, Fondation nationale des sciences politiques, Paris, 1970.

GUILLAUME, Sylvie, « Les Québécois et la vie politique française, 1914-1969, parenté et dissemblances », thèse de doctorat de IIIe cycle, Université de Bordeaux III, 1975.

HALARY, Charles, «De Gaulle et les Français de Montréal, 1940-1970», Université du Québec à Montréal, 1989.

LAMBERT, Patrick, «Les Gaullistes au Canada, 1940-1942», mémoire de maîtrise (histoire), Paris I, 1982.

McLELLAN, Derek John, «Canada-France relations, 1940-1947», mémoire de maîtrise (histoire), Université Mount Allison, 1988.

MULHOLLAND, Kim, « L'image traditionnelle de la France aux États-Unis et l'action du général de Gaulle, 1940-1945», texte présenté lors des *Journées internationales De Gaulle en son siècle*, organisées entre le 19 et le 24 novembre 1990 à l'UNESCO par l'Institut Charles-de-Gaulle.

NARDOUT, Élisabeth, « Le champ littéraire québécois et la France, 1940-1950», thèse de doctorat (département d'études françaises), Université McGill, 1987.

QUIRION, Lise, « Le procès du maréchal Pétain dans la presse québécoise d'expression française (juillet – août 1945)», mémoire de maîtrise (histoire), Université du Québec à Montréal, 1998.

ROMY, Sandrine, « Les Canadiens face au Régime de Vichy (1940-1942), d'après les archives diplomatiques françaises », mémoire de maîtrise (histoire), Paris I, 1991.

ROUSSEL, Luc, « Les relations culturelles du Québec avec la France, 1920-1967 », thèse de doctorat (histoire), Université Laval, 1983.

SINDING, Richard, « Les Îles Saint-Pierre-et-Miquelon pendant la Deuxième Guerre mondiale », mémoire de maîtrise (histoire), Paris I, 1972.

THOMSON, Dale C., « La personnalité du général de Gaulle et son influence sur sa politique canado-québécoise », texte présenté lors des *Journées internationales De Gaulle en son siècle*, organisées entre le 19 et le 24 novembre 1990 à l'UNESCO par l'Institut Charles-de-Gaulle.

WOOLNER, David B., « Storm in the North Atlantic : The St. Pierre and Miquelon Affair of 1941 », mémoire de maîtrise (histoire), Université McGill, 1990.

Sources publiées

AGLION, Raoul, *L'épopée de la France combattante*, New York, Éditions de la Maison française, 1943.

CANADIAN INSTITUTE OF PUBLIC OPINION, *Public Opinion News Service Release*, 1941-1947.

DILKS, David, *The Diaries of Sir Alexander Cadogan*, Londres, Cassels & Company, 1971.

MURRAY, David R. (dir.), *Documents relatifs aux relations extérieures du Canada*, vol. 8, Ottawa, Ministère des Affaires extérieures du Canada, 1976.

GAULLE, Charles DE, *Lettres, notes et carnets*, vol. 3 : *Juin 1940 – juillet 1941* ; vol. 4 : *Juillet 1941 – mai 1943*, Paris, Plon, 1981-1982.

HILLIKER, John F., *Documents relatifs aux relations extérieures du Canada*, vol. 8 et 9, Ottawa, Ministère des Affaires extérieures du Canada, 1980, 1987.

HOOKER, Nancy H. (dir.), *The Moffat Papers : Selections from the Diplomatic Journals of Jay Pierrepont Moffat, 1919-1943*, Cambridge, Harvard University Press, 1956.

Journal officiel de l'État français.

Journal officiel de la République française.

Journal officiel France combattante.

OFFROY, Raymond, *La France combattante à l'étranger*, Londres, mars 1943.

PÉTAIN, maréchal Philippe, *Pétain dans ses plus beaux textes*, Montréal, Fides, coll. « Le message français », 1943.

PICKERSGILL, J.W., *The Mackenzie King Record*, Toronto, University of Toronto Press, 1960.

SANDERS, Wilfrid, *Jack et Jacques, une étude à caractère scientifique sur l'opinion des francophones et des non-francophones au Canada*, Montréal, Comeau & Nadeau éditeurs, 1996 (1943).

Torrès, Henri, « Vichy cède, la France résiste », texte des deux allocutions prononcées à Montréal sur le réseau français de Radio-Canada les 9 et 10 septembre 1941.

Témoignages

Arnold, Gladys, *One Woman's War, a Canadian Reporter with the Free French*, Toronto, James Lorimer & Company, 1987.

Baudouin, Paul, *Neuf mois au Gouvernement, avril à décembre 1940*, Paris, Table Ronde, 1948.

Béthouart, général Antoine, *Cinq années d'espérance, mémoires de guerre, 1939-1945*, Paris, Plon, 1968.

Bourbon, prince Xavier de, « Les accords secrets franco-britanniques de 1940 », *Revue des Deux Mondes*, juillet 1954.

—, *Les accords secrets franco-britanniques*, Paris, Plon, 1949.

Cassin, René, *Les hommes partis de rien*, Paris, Plon, 1974.

Catroux, général Georges, *Dans la bataille de Méditerranée*, Paris, Julliard, 1949.

Chaloult, René, *Mémoires politiques*, Montréal, Éditions du Jour, 1969.

Charles-Roux, François, *Cinq mois tragiques au Affaires étrangères (21 mai – 1ᵉʳ novembre 1940)*, Paris, Plon, 1949.

D'Argenlieu, amiral Georges Thiery, *Souvenirs de guerre, juin 1940 – janvier 1941*, Paris, Plon, 1973.

Duhamel, Roger, *Bilan provisoire*, Montréal, Librairie Beauchemin, 1958.

Dupuy, Pierre, « Mission à Vichy : Novembre 1940 », *International Journal*, vol. 22, n° 3, 1967, p. 395-401.

Fritsh-Estrangin, Guy, *New York entre de Gaulle et Pétain*, Paris, La Table Ronde, 1969.

Gagnon, Jean-Louis, *Les apostasies*, tome II : *Les dangers de la vertu*, Montréal, Éditions La Presse, 1988.

Gaulle, Charles de, *Mémoires de guerre*, Paris, Plon, Presse-Pocket, 1954.

Giraud, général Henri, *Un seul but, la victoire. Alger, 1942-1944*, Paris, Julliard, 1949.

Groulx, Lionel, *Mes mémoires*, tome IV, Montréal, Fides, 1974.

—, *Constantes de vie*, Montréal, Fides, 1967.

Francœur, Louis, *La situation ce soir*, vol. 1-10, Montréal, 1941.

Henry-Haye, Gaston, *La grande éclipse franco-américaine*, Paris, Plon, 1972.

Hull, Cordell, *The Memoirs of Cordell Hull*, New York, Macmillan Press, 1948.

Kérillis, Henri de, *De Gaulle dictateur*, Éditions la liberté retrouvée, 1945.

LAPALME, Georges-Émile, *Le bruit des choses réveillées*, tome I, Ottawa, Leméac, 1969.

LAUGIER, Henri, *Combat de l'exil*, Montréal, Éditions de l'Arbre, coll. «France Forever», 1943.

LAURENDEAU, André, *La crise de la conscription, 1942*, Montréal, Éditions du Jour, 1962.

LÉVESQUE, Georges-Henri, *Souvenances*, Montréal, Éditions La Presse, 1983.

MIRIBEL, Élisabeth DE, «Le Canada et la France libre», *Espoir*, n° 72, septembre 1990, p. 65-67.

—, *La liberté souffre violence*, Paris, Plon, 1981.

MONNET, Jean, *Mémoires*, Paris, Fayard, 1976.

MOULIN DE LABARTHÈTE, Henri DU, *Le temps des illusions, souvenirs, juillet 1940 à avril 1942*, Genève, Éditions du Cheval Ailé, 1946.

MUSELIER, vice-amiral Émile, *De Gaulle contre le gaullisme*, Paris, Édition du Chêne, 1946.

PEARSON, Lester B., *Mike, the Memoirs of the Right Honourable Lester B. Pearson*, vol. 1, Toronto, University of Toronto Press, 1972.

PÉLADEAU, Paul, *On disait en France*, Montréal, Éditions Variétés, 1941.

PELLETIER, Gérard, *Les années d'impatience*, Montréal, Éditions Stanké, 1983.

RAYNAULT, Adhémar, *Témoin d'une époque*, Montréal, Éditions du Jour, 1970.

RISTELHUEBER, René, «Les Canadiens, dépositaires de la culture française pendant la guerre», *Écrits de Paris*, n° 151, 1957, p. 56-61.

—, «Mackenzie King et la France», *Revue des Deux Mondes*, n°s du 1er, 15 mars et du 1er avril 1954.

RITCHIE, Charles, *The Siren Years: A Canadian Diplomat Abroad, 1937-1945*, Toronto, Macmillan Press, 1974.

ROUGIER, Louis, *Mission secrète à Londres, les accords Pétain-Churchill*, Montréal, Beauchemin, 1945.

ROUSSY DE SALES, Raoul, *L'Amérique en guerre*, Paris, La Jeune Parque, 1948.

SIMARD-REID, Marthe, «Au Canada», *Revue de la France libre*, n° 126, 1960, p. 19.

SOUSTELLE, Jacques, *Envers et contre tout*, tome I: *De Londres à Alger. Souvenirs et documents sur la France libre*, Paris, Robert Laffont, 1947.

VILLEFOSSE, Louis DE, *Les îles de la liberté, aventures d'un marin de la France libre*, Paris, Albin Michel, 1972.

Biographies

DUCROCQ-POIRIER, Madeleine, *Robert Charbonneau*, Montréal, Fides, 1972.

FERRO, Marc, *Pétain*, Paris, Fayard, coll. « Pluriel », 1987.

KUPFERMAN, Fred, *Laval, 1883-1945*, Paris, Ballan, 1987.

LACOUTURE, Jean, *De Gaulle*, Paris, Seuil, coll. « Point-Histoire », 1984.

MICHEL, Henri, *François Darlan*, Paris, Hachette, 1993.

MONIÈRE, Denis, *André Laurendeau et le destin d'un peuple*, Montréal, Québec-Amérique, 1983.

NEATBY, Blair, *William Lyon Mackenzie King*, vol. III: *The Prism of Unity*, Toronto & Buffalo, University of Toronto Press, 1976.

PÉAN, PIERRE, *Une jeunesse française*, Paris, Fayard, 1994.

RUMILLY, Robert, *Maurice Duplessis et son temps*, tome I: *1890-1944*, Montréal, Fides, 1973.

SPEAIGHT, Robert, *Vanier, Soldier, Diplomat and Governor General*, Toronto, Collins, 1970.

Monographies sur l'histoire des relations Canada-France

ANGLIN, Douglas G., *The Saint-Pierre and Miquelon Affair of 1941*, Toronto, University of Toronto Press, 1966.

ECK, Hélène, *La guerre des ondes. Histoire des radios de langue française pendant la Deuxième Guerre mondiale*, Paris, Lausanne, Bruxelles, Montréal, Armand Colin, Payot, Complexe, Hurtubise HMH, 1985.

LAVERTU, Yves, *L'affaire Bernonville*, Montréal, VLB éditeur, 1994.

LESCOP, Renée, *Le pari québécois du général de Gaulle*, Montréal, Boréal Express, 1981.

PRÉVOST, Philippe, *La France et le Canada, d'un après-guerre à l'autre, 1918-1944*, Saint-Boniface (Manitoba), Éditions du Blé, 1994.

THOMSON, Dale C., *De Gaulle et le Québec*, Saint-Laurent, Éditions du Trécarré, 1990.

Monographies sur l'histoire de la France de Vichy et la France libre

AGLION, Raoul, *De Gaulle et Roosevelt*, Paris, Plon, 1984.

ARON, Robert, *Histoire de Vichy*, Paris, Fayard, 1954.

ASSOULINE, Pierre, *L'épuration des intellectuels*, Bruxelles, Éditions Complexe, 1985.

AZÉMA, Jean-Pierre, *Nouvelle histoire de la France contemporaine*, tome 14 : *De Munich à la Libération, 1938-1944*, Paris, Seuil, coll. « Point-Histoire », 1992 (1979).

AZÉMA, Jean-Pierre, et François BÉDARIDA (dir.), *Vichy et les Français*, Paris, Fayard, 1992.

BURRIN, Philippe, *La France à l'heure allemande, 1940-1944*, Paris, Seuil, 1995.

CHABOT, Jean-Luc, *La doctrine sociale de l'Église*, Paris, PUF, coll. « Que sais-je ? », 1989.

COINTET, Michèle et Jean-Paul, *La France à Londres, renaissance d'un État, 1940-1943*, Bruxelles, Éditions Complexe, 1990.

COINTET, Jean-Paul, *Histoire de Vichy*, Paris, Plon, 1996.

COMTE, Bernard, *Une utopie combattante. L'école des cadres d'Uriage, 1940-1942*, Paris, Fayard, 1991.

CRÉMIEUX-BRILHAC, Jean-Louis, *La France libre*, Paris, Gallimard, 1996.

— (dir.), *Henri Laugier en son siècle, 1888-1973*, Paris, CNRS Éditions.

DREYFUS, François-Georges, *Histoire de la démocratie chrétienne en France*, Paris, Albin Michel, 1988.

DUROSELLE, Jean-Baptiste, *Politique étrangère de la France. L'abîme, 1939-1944*, Paris, Imprimerie nationale, coll. «Point-Histoire», 1986 (1982).

FUNK, Arthur Layton, *The Politics of Torch*, Lawrence, Manhattan, Wichita, University Press of Kansas, 1974.

GORDON, Bertram M., *Collaborationism in France During the Second World War*, Ithaca & Londres, Cornell University Press, 1980.

HALLS, W.D., *Politics, Society and Christianity in Vichy France*, Oxford & Providence (É.-U.), Berg, 1995.

HELLMAN, John, *The Knight-Monks of Vichy France. Uriage, 1940-1945*, Montréal & Kingston, McGill-Queen's University Press, 1993.

HURSTFIELD, Julian, *America and the French Nation, 1939-1945*, Chapel Hill & Londres, University of North Carolina Press, 1986.

HYTHIER, Adrienne Doris, *Two Years of French Foreign Policy, Vichy 1940-1942*, Genève et Paris, Librairie E. Droz et Minard, 1958.

KERSAUDY, François, *De Gaulle et Churchill*, Paris, Plon, 1981.

KUPFERMAN, Fred, *Le procès de Vichy : Pucheu, Pétain, Laval*, Bruxelles, Éditions Complexe, 1980.

LABORIE, Pierre, *L'opinion française sous Vichy*, Paris, Seuil, 1990.

LANGER, William L., *Our Vichy Gamble*, Hamde (Conn.), Archon Books, 1965 (1947).

MARCHAL, Léon, *De Pétain à Laval*, Paris, Office français d'éditions, 1945.

MARRUS, Michaël R., et Robert O. PAXTON, *Vichy et les Juifs*, Paris, Calmann-Lévy, 1981.

MAYEUR, Jean-Marie, *Catholicisme social et démocratie chrétienne*, Paris, Éditions du Cerf, 1986.

Michel, Henri, *Vichy année 40*, Paris, Robert Laffont, 1966.

—, *Histoire de la France libre*, Paris, PUF, 1963.

—, *Les courants de pensée de la Résistance*, Paris, PUF, 1962.

Nettelbeck, Colin W., *Forever French: Exile in the United States, 1939-1945*, New York & Oxford, Berg, 1991.

Novick, Peter, *L'épuration française, 1944-1949*, Paris, Balland, 1985.

Ornano, Henri d', *L'action gaulliste aux États-Unis*, Paris, 1948.

Paxton, Robert O., *La France de Vichy*, Paris, Seuil, coll. « Point-Histoire », 1973.

Rolland, Denis, *Vichy et la France libre au Mexique, guerre, cultures et propagandes pendant la Deuxième Guerre mondiale*, Paris, L'Harmattan, 1990.

Rollo, Charles J., *Radio Goes to War*, New York, G.P. Putman's Sons, 1942.

Rousso, Henri, *Le syndrome de Vichy, de 1944 à nos jours*, Paris, Seuil, coll. « Point-Histoire », 1990 (1987).

Shipley-White, Dorothy, *Les origines de la discorde. De Gaulle, la France libre et les Alliés*, Paris, Éditions de Trévise, 1967.

Thomas, R.T., *The Dilemma of Anglo-French Relations 1940-1942*, Londres, Macmillan Press, 1979.

Veillon, Dominique, *La Collaboration*, Paris, Librairie générale française, 1984.

Viorst, Milton, *Hostile Allies, FDR and Charles de Gaulle*, New York, Macmillan Press, 1965.

Young, Robert J., *French Foreign Policy, 1918-1945: A Guide to Research and Research Materials*, Wilmington (Delaware), Scholarly Resources Inc, 1991.

Monographies sur l'histoire du Québec et du Canada

Abella, Irving, et Harold Troper, *None Is Too Many, Canada and the Jews of Europe, 1933-1948*, Toronto, Lester & Orpen Dennys, 1982.

Anctil, Pierre, *Le Devoir, les Juifs et l'immigration*, Québec, Institut québécois de recherche sur la culture, 1988.

—, *Les Juifs de Montréal face au Québec de l'entre-deux-guerres. Le rendez-vous manqué*, Québec, Institut québécois de recherche sur la culture, 1988.

Archibald, Clinton, *Un Québec corporatiste?*, Hull (Québec), Éditions Asticou, 1983.

Armstrong, Elisabeth H., *French Canadian Opinion on the War*, Toronto, Canadian Institute of International Affairs, 1942.

Behiels, Michael D., *Prelude to Quebec's Quiet Revolution*, Montréal & Kingston, McGill-Queen's University Press, 1985.

BÉLANGER, André J., *Ruptures et constantes*, Montréal, Hurtubise HMH, 1977.

—, *L'apolitisme des idéologies québécoises. Le grand tournant de 1934-1936*, Québec, Presses de l'Université Laval, 1974.

BETCHEMAN, Lita-Rose, *The Swastika and the Maple Leaf : Fascist Movements in Canada in the Thirties*, Toronto, Fitzhenry & Whiteside, 1975.

BOUCHARD, Gérard, et Yvan LAMONDE (dir), *Québécois et Américains. La culture québécoise aux XIXe et XXe siècles*, Montréal, Fides, 1995.

COMEAU, Paul-André, *Le Bloc populaire*, Montréal, Québec-Amérique, 1982.

COMEAU, Robert, et Luc DESROCHERS (dir.), *Le Devoir, un journal indépendant (1910-1995)*, Montréal, Presses de l'Université du Québec, 1995.

COMEAU, Robert, et Lucette BEAUDRY (dir.), *André Laurendeau, un intellectuel d'ici*, Sillery, Presses de l'Université du Québec, 1990.

COMEAU, Robert, et Bernard DIONNE (dir.), *Le droit de se taire. Histoire des communistes au Québec, de la Première Guerre mondiale à la Révolution tranquille*, Montréal, VLB éditeur, 1989.

DAVIES, Alan (dir.), *Antisemitism in Canada : History and Interpretation*, Waterloo, Wilfrid Laurier University Press, 1992.

DAWSON, Robert M., *Canada in World Affairs. Two Years of War, 1939-1941*, Londres, Toronto, Oxford University Press, 1943.

DELISLE, Esther, *Le Traître et le Juif. Lionel Groulx, Le Devoir et le délire du nationalisme d'extrême droite dans la province de Québec 1929-1939*, Montréal, l'Étincelle éditeur, 1992.

DUMONT, Fernand, Jean HAMELIN et Jean-Paul MONTMINY (dir.), *Idéologies au Canada français, 1930-1939*, Québec, Presses de l'Université Laval, 1978.

— (dir.), *Idéologies au Canada français, 1940-1976*, Québec, Presses de l'Université Laval, 1981.

FAUCHER, Albert (dir.), *Cinquante ans de sciences sociales à l'Université Laval*, Sainte-Foy, Faculté des sciences sociales de l'Université Laval, 1988.

FOURNIER, Marcel, *Communisme et anticommunisme au Québec 1920-1950*, Montréal, Éditions coopératives A. Saint-Martin, 1979.

GRANATSTEIN, J.L., *Canada's War : The Politics of the Mackenzie King Government, 1939-1945*, Toronto, Toronto University Press, 1990.

—, *How Britain's Weakness Forced Canada into the Arms of the United States*, Toronto, University of Toronto Press, 1988.

—, *The Ottawa Men : The Civil Service Mandarins, 1937-1957*, Toronto & Oxford, Oxford University Press, 1982.

GRAVEL, Jean-Yves (dir.), *Le Québec et la guerre*, Montréal, Boréal Express, 1974.

HATCH, F.J., *Le Canada, aérodrome de la démocratie. Le plan d'entraînement du Commonwealth britannique, 1939-1945*, Ottawa, Service historique du ministère de la Défense nationale, 1983.

HILLIKER, John, *Le ministère des Affaires extérieures du Canada*, vol. 1 : *Les années de formation 1909-1946*, Québec et Ottawa, Presses de l'Université Laval et Institut d'administration publique du Canada, 1990, p. 278.

HILLMER, Norman, et J.L. GRANATSTEIN, *Empire to Umpire, Canada and the World to the 1990's*, Toronto, Copp Clark Longman Ltd., 1994.

HILLMER, Norman, Kordan BOHDAN et Ludomyr LUCIUK (dir.), *On Guard for Thee : War, Ethnicity, and the Canadian State, 1939-1945*, Ottawa, Comité canadien d'histoire de la Deuxième Guerre mondiale, 1988.

LAMONDE, Yvan, *Territoires de la culture québécoise*, Sainte-Foy, Presses de l'Université Laval, 1991.

—, *L'histoire des idées au Québec 1760-1960. Bibliographie des études*, Montréal, Bibliothèque nationale du Québec, 1989.

LAMONDE, Yvan, et Esther TRÉPANIER, *L'avènement de la modernité culturelle au Québec*, Québec, Institut québécois de recherche sur la culture, 1986.

LEMIRE, Maurice (dir.), *Dictionnaire des œuvres littéraires du Québec*, tome III, Montréal, Fides, 1980.

LÉVESQUE, Andrée, *Virage à gauche interdit. Les communistes, les socialistes et leurs ennemis au Québec, 1929-1939*, Montréal, Boréal Express, 1985.

LINGARD, Cecil C., et Reginal G. TROTTER, *Canada in World Affairs : September 1941 to May 1944*, Toronto, Oxford University Press, 1950.

LINTEAU, Paul-André, René DUROCHER, Jean-Claude ROBERT et François RICARD, *Histoire du Québec contemporain*, tome II, Montréal, Boréal, 1986.

MICHON, Jacques, *Les éditeurs transatlantiques*, Sherbrooke et Montréal, Éditions Ex-Libris et Éditions Triptyques, 1991.

PATRY, André, *Le Québec dans le monde*, Montréal, 1980.

POMEYROLS, Catherine, *Les intellectuels québécois. Formation et engagements, 1919-1939*, Paris et Montréal, L'Harmattan, 1996.

ROBIN, Martin, *Shades of Right : Nativist and Fascist Politics in Canada, 1920-1940*, Toronto, Toronto University Press, 1992.

ROUILLARD, Jacques, *Histoire du syndicalisme québécois*, Montréal, Boréal, 1989.

ROY, Fernande, *Histoire des idéologies au Québec aux XIXe et XXe siècles*, Montréal, Boréal Express, 1993.

ROY, Jean-Louis, *Les programmes électoraux du Québec*, tome II : *1931-1966*, Montréal, Éditions Leméac, 1971.

RUMILLY, Robert, *Histoire de la Société Saint-Jean-Baptiste de Montréal*, Montréal, L'Aurore, 1975.

—, *Histoire de Montréal*, tome V : *1939-1967*, Montréal, Fides, 1974.

—, *Histoire de la province de Québec*, tomes 38, 39 et 40, Montréal, Fides, 1968-1969.

STACEY, Charles, *Arms, Men and Government, the War Policies of Canada*, Ottawa, ministère de la Défense nationale, 1970.

TROFIMENKOFF, Susan Mann, *Visions nationales. Une histoire du Québec*, Saint-Laurent, Éditions du Trécarré, 1986.

—, *Action Française : French Canadian Nationalism in the Twenties*, Toronto, University of Toronto Press, 1975.

WADE, Mason, *Les Canadiens français, de 1760 à nos jours*, tome II : *1911-1963*, Montréal, Cercle du livre de France, 1963.

Articles

ARCAND, Robert, « Pétain et de Gaulle dans la presse québécoise entre juin 1940 et novembre 1942 », *Revue d'histoire de l'Amérique française*, vol. 44, n° 3, hiver 1991, p. 363-395.

BEHIELS, Michael D., « The Bloc Populaire Canadien and Origins of French-Canadian Neo-Nationalism, 1942-1948 », *Canadian Historical Review*, vol. 63, n° 4, 1982, p. 487-512.

—, « The Bloc Populaire Canadien : Anatomy of Failure, 1942-1947 », *Journal of Canadian Studies*, vol. 18, n° 4, hiver 1983-1984, p. 45-74.

BELL, Philip M.H., « 1940-1944 : un bienfait oublié ? La Grande-Bretagne et de Gaulle », *Espoir*, n° 71 (juin 1990).

BERNIER, Sylvie, « Variétés, premier éditeur québécois des années quarante », *Cahiers d'études littéraires et culturelles*, n° 9, 1985.

BLANCHET, Charles, « Les rapports entre le général de Gaulle et Jacques Maritain », *Espoir*, n° 72, sept. 1990, p. 29-38.

BURIN DES ROZIERS, Étienne, « Trois voyages du général de Gaulle », *Études gaulliennes*, n° 7, 1979.

COMEAU, Robert, « La tentation fasciste du nationalisme canadien-français avant la guerre, 1936-1939 », *Bulletin d'histoire politique*, vol. 3, n°s 3/4, été 1995, p. 159-167.

COUTURE, Paul, « The Vichy - Free French Propaganda War in Quebec, 1940-1942 », *Historical Papers/communications historiques*, 1978, p. 200-215.

CUCCIOLETTA, Donald, « L'isolationnisme ou le refus de l'Europe : les Canadiens français, les Américains et la Deuxième Guerre mondiale », *Bulletin d'histoire politique*, vol. 3, n°s 3/4, été 1995, p. 129-135.

DEDEYAN, Charles, « Le général de Gaulle et l'histoire du Québec francophone », *Études gaulliennes*, n°s 27-28, septembre – décembre 1979.

DENNERY, Étienne, « Avec la France libre : de Gaulle et l'information, juin 1941 – juin 1942 », *Revue des Deux Mondes*, mars 1977, p. 580-593.

GAUTHIER, Raymonde, « M.-A. Couturier, o.p., et le milieu de l'architecture à Montréal, 1939-1946 », *Questions de culture*, n° 4, 1983, p. 103-124.

GRAVEL, Jean-Yves, « Le Canada français et la guerre 1939-1945 », *Revue d'histoire de la Deuxième Guerre mondiale*, n° 104, octobre 1976.

HALARY, Charles, « De Gaulle et les Français de Montréal pendant la Deuxième Guerre mondiale », *Espoir*, n° 72, septembre 1990, p. 79-90.

HILLIKER, John, « The Canadian Government and the Free French : Perceptions and Constraints 1940-1941 », *The International History Review*, vol. II, n° 1, janvier 1980, p. 87-108.

LALIBERTÉ, G.-Raymond, « Dix-huit ans de corporatisme militant. L'École sociale populaire de Montréal, 1933-1950 », *Recherches sociographiques*, vol. 21, n°s 1-2, janv.-août 1980, p. 55-96.

LAMONDE, Yvan, « L'histoire des idées au Québec (1760-1993). Premier supplément bibliographique et tendances de la recherche », *Cahiers d'histoire du Québec au XXe siècle*, n° 4, été 1995, p. 152-167.

LAVERTU, Yves, « Singularité du pétainisme québécois », *Bulletin d'histoire politique*, vol. 3, n°s 3/4, été 1995, p. 178-183.

LESCOP, Renée, « De Gaulle, sa perception du Canada et du Québec 1940-1970 », *Études gaulliennes*, n° 7, 1979.

MICHON, Jacques, « L'effort de guerre des éditeurs, l'Arbre et Fides, entre de Gaulle et Pétain », *Bulletin d'histoire politique*, vol. 3, n°s 3/4, été 1995, p. 341-349.

—, « L'édition littéraire au Québec, 1940-1960 », *Cahiers d'études littéraires et culturelles*, n° 9, 1985, Université de Sherbrooke.

MOSSERAY, Fabrice, « L'opinion des canadiens français envers le général de Gaulle et le maréchal Philippe Pétain », *Bulletin d'histoire politique*, vol. 3, n°s 3/4, été 1995, p. 168-177.

NADEAU, Jean-François, « André Laurendeau et la Crise de la conscription », *Bulletin d'histoire politique*, vol. 3, n°s 3/4, été 1995, p. 137-43.

ROMY, Sandrine, « Les Canadiens face au régime de Vichy », *Études canadiennes*, n° 32, 1992, p. 57-79.

ROUTHIER, Gilles, « L'ordre du monde. Capitalisme et communisme dans la doctrine de l'École sociale populaire. 1930-1936 », *Recherches sociographiques*, vol. 22, n° 1, janvier-avril 1981, p. 7-47.

SAVARD, Pierre, « L'ambassade de Francisque Gay au Canada en 1948-1949 », *Revue d'Ottawa*, vol. 44, 1974, p. 5-31.

TRÉPANIER, Pierre, « Quel corporatisme ? 1820-1965 », *Cahiers des dix*, n° 49, 1994, p. 159-212.

—, « La religion dans la pensée d'Adrien Arcand », *Cahiers des dix*, n° 46, 1991, p. 207-146.

VIATTE, Auguste, « La France captive », *Le Canada français*, vol. 28, n° 6, février 1941, p. 557-562.

Index onomastique

Table des matières

Québec, Canada
1999